NETWORK CENTRIC WARFARE

NCW서비스와 기술

윤희병 저

홍릉과학출판사

추천의 글

미래전은 네트워크 중심전(NCW)이 된다는 것이 전략가들의 공통된 견해입니다. 일반적으로 대치하고 있는 두 나라의 군대가 같은 수준의 무기(플랫폼)로 경쟁한다면, 정보의 우위를 확보한 측이 유리하게 마련입니다. 한 걸음 더 나아가, 정보기술이 고도로 발달한 현대전에서는, 정보능력의 우위가 전장에서 승리를 보장하는 결정적인 요소가 된다는 것입니다. 따라서 미래전은 정보능력의 우위를 누가 더 효과적으로 전투력화 하느냐 하는 것이 전장에서 승패를 결정하는 가장 중요한 요소가 될 것입니다.

필요한 정보를 획득하여 필요한 시간에 필요한 요원에게 전파하는 시스템은 작전운영체제와 정보기술의 유기적인 조합으로 이루어지는 산물입니다. 현대전을 준비하는 모든 나라들이 경쟁적으로 NCW를 준비하고 있지만, 그 추진이 부진한 이유는, 작전운영체제와 정보기술을 융합하여 NCW 서비스를 구체화하는 것이 그만큼 어렵기 때문입니다.

그런 관점에서, 이번에 윤희병교수가 "NCW 서비스와 기술"을 발간하여 NCW를 준비하는 기술적 기반을 제공한 것을 무척 다행스럽게 생각합니다. 또한 이 기술적 지침서가 미래전을 연구하는 전술분야와 융합하여 NCW를 발전시키는 데에 크게 기여할 것으로 생각됩니다.

(예) 육군대장 김 재 창

국방SW산학연협회 회장

유비쿼터스 정보기술은 모든 생물체/무생물체의 지능화로 생물체/무생물이 서로 연결하여 정보를 교환할 수 있는 네트워크 중심사회로 변화하게 하였습니다. 이러한 기술은 군에도 막대한 영향을 주어 군의 감시시스템, 지휘 및 통제시스템, 그리고 타격시스템을 지능화 하여 서로 간 연결을 가능하게 하였을 뿐 아니라 정보 교환도 가능하게 하였습니다. 복합체계의 개념은 이러한 유비쿼터스 기술을 이용한 시스템 간의 연결을 의미합니다. 인터넷 및 미국 국방부의 GIG(Global Information Grid)가 바로 대표적인 복합체계입니다.

이러한 정보기술은 군의 전쟁 패러다임을 기존의 PCW(Platform Centric Warfare)에서 NCW(Network Centric Warfare)로 변화를 강요하여, 미국을 중심으로 영국, 나토, 호주, 캐나다, 스웨덴 등 자국에 적합한 NCW의 개념 하에 NCO(Network Centric Operation)를 개발하여 적용하고 있습니다. 우리 국방부도 NCW의 도입을 위하여 최선을 다하고 있습니다. 그러나 NCW는 개념뿐 아니라 구축을 위한 방법론도 복잡하여 구축의 어려움이 많은 실정입니다.

이러한 시기에 이 분야에 전문가인 윤 희병 교수께서 "NCW 서비스와 기술" 이라는 책자를 출간하는 것은 시기적절합니다. 더구나 지금까지 NCW 기술 분야에 마땅한 지침서가 없던 터에 발간되어 더욱 의미가 있다고 생각합니다. 따라서 본서는 NCW 개념을 연구하고자 하는 사람들뿐 아니라 NCOE(Network Centric Operation Environment) 환경을 구축하려는 사람들에게도 중요한 도서가 될 것이라 확신합니다.

2011년 6월

아주대학교 대우교수 이 태 공

머리말

본서는 저자가 수행했던 국방과학연구소의 "차세대 국방 COE 환경 분석(2008)", 국방소프트웨어산학연협회의 "국방 임베디드 소프트웨어 현황분석 및 발전전략 연구(2008~2010)" 등의 연구보고서와 수년 동안의 연구결과 등을 참고하여 작성한 것임을 밝힌다.

정보기술(IT)의 비약적 발전은 사회 변화뿐만 아니라 전장 환경에도 많은 변화를 가져왔다. 최근에는 네트워크 중심적인 사고방식을 군 작전 및 전투 분야에도 적용시켜 그 효용성을 극대화한 네트워크 중심전(NCW)이 선진국을 중심으로 이미 실제 전장에 적용되고 있다. 현재 TV 뉴스를 통해 생생히 볼 수 있는 지구 곳곳의 군사 갈등이나 충돌 현장에서의 변화된 전장 환경 모습이 바로 그것일 것이다. 그러나 이러한 변화는 비단 정보기술과 네트워크의 발전으로 대변되는 컴퓨팅 환경의 발전도 중요하지만 실제 전장 환경에서 필요한 군의 요구, 즉 군 작전 및 전투를 효율적으로 지원하는 서비스와 이의 개발에 필수적인 기술의 발전이 융합되어야만 가능할 것이다.

본서는 NCW 구축의 핵심 요소인 서비스와 기술을 크게 1부와 2부로 구분하였으며, 1부인 서비스에서는 NCW의 기초, 서비스 개요 및 구조, 네트워크 중심 엔터프라이즈 서비스(NCES), 그리고 공통서비스(SOSCOE)라는 4개의 장으로, 2부인 기술에서는 컴퓨팅 환경, 기술 환경, 기술 요소, 그리고 서비스 기술이라는 4개의 장으로 각각 구성하였다. 이를 각 부별로 좀 더 자세히 설명하면, 먼저 1부 1장에서는 NCW의 기본개념 중에서도 핵심이 되는 내용을 서비스와 기술 측면에 초점을 맞추어 요약 형식으로 제시하였으며, 2장에서는 IT 패러다임의 변화에 따라 NCW에서 서비스가 등장하게 된 배경과 개념을 기술하였다. 3장에서는

NCES의 개념과 이를 획득하기 위해 필요한 두 가지 전략, 즉 네트워크 중심 서비스 전략(NCSS)과 모듈러 개방형 서비스 접근법(MOSA)을 제시하였으며, 4장에서는 미 육군의 미래전투체계(FCS) 구축의 핵심 소프트웨어 컴포넌트인 공통서비스(SOSCOE)에 대해 고찰하였다. 그 다음 2부 5장에서는 NCW 컴퓨팅 환경을 분산 컴퓨팅과 서비스 컴퓨팅으로 구분하여 사례와 함께 설명하였으며, 6장에서는 NCES 기술 환경을 SOA 기술과 서비스 기술로 구분하여 설명하였다. 7장에서는 NCW 기술 요소를 분산 기술과 서비스 기술로 구분하여 계층별로 설명하였으며, 마지막 8장에서는 NCW 서비스 기술을 핵심 서비스 기술과 미래 예상 서비스 기술로 구분하여 설명하였다.

다만 본서를 작성하면서 아쉬웠던 점은, NCW의 선진국인 미국조차도 NCES의 완전작전능력(FOC)을 2010년 9월 29일에 선언할 만큼 최근에야 서비스를 군 작전 및 전투에 활용하기 시작하였고, 또한 2004년 3월경 최초 9개의 서비스로 구축을 시작한 이래 두 번에 걸친 보완작업을 통해 최종적으로 11개 서비스로 확정하면서 새로 추가되거나 변경 및 보완된 서비스에 대해서는 세부내용을 공개하지 않고 개략적인 능력과 이점에 대해서만 공개하고 있어 충분한 자료를 확보할 수 없었다는 점이다. 따라서 본서에서는 우선 미 국방부가 최초 식별하여 추진했던 9개 서비스에 대한 개념 및 능력, 이들 서비스의 능력 구현에 필요한 기술이나 기술 표준, 그리고 이러한 기술을 이용하여 구현한 시스템 사례나 군 적용사례 등을 제시하였으며, 향후 NCES 11개 전 서비스에 대한 세부내용이 공개되어 분석되는 대로 보완작업을 거쳐 제시할 예정이다. 미래 예상 서비스도 마찬가지로 관련 기술에 대한 세부내용이 공개되어 있지 않아 본서에서는 개략적인 서비스의 능력 및 이점에 대해서만 언급하였으며 관련 기술에 대한 세부내용은 향후 공개되어 분석되는 대로 보완작업을 거쳐 개정판에서 제시할 수 있기를 기대한다.

어떤 면에서 본서는 향후 우리가 도전해야 될 이슈(서비스)가 무엇이고 어떤 솔루션(기술)으로 극복해야 하는가에 대해 이론적인 토대를 제공해줄 뿐만 아니라 진지한 사고도 함께 만들어 줄 것이다. 그 이유는 본서가 국방 영역에 종사하는 의사결정자들과 전문가들에게 그 동안 조각조각으로 떨어져 알 수 없었던 관련 이슈들을 한 눈에 보게 하면서 동시에 기술적으로 솔루션을 제공해줄 뿐만 아니라, 이를 통해 한국형 NCW 구축을 생각해 볼 수 있는 사고까지도 불러일으켜 줄 수 있기 때문이다. 또한 본서는 미래 전장 환경에서 군에 필요한 서비스와 기술이 무엇이 있는지를 이해시켜 줄 목적에서, NCW의 기초부터 서비스 개요 및 구조, 컴퓨팅 및 기술 환경, 서비스 요소 및 기술, 그리고 미래 개발을 위해 필요한 사항들을 가르쳐 주는 훌륭한 개요서라고 할 수 있다.

끝으로, 지금의 제가 될 수 있게 해준 해군 그리고 국방대학교에 진심으로 감사드린다. 또한 본서의 기초가 된 연구를 할 수 있도록 기회를 준 국방과학연구소와 국방소프트웨어산학연협회의 관계자들에게 깊은 감사를 드리며, 본서가 출판될 수 있도록 도와준 홍릉과학출판사에게 감사를 드린다. 마지막으로 항상 곁에서 인내하며 격려해준 나의 사랑하는 아내와 아들, 딸에게 이 책을 바친다.

2011년 6월

윤희병

차례

제 1 부

서비스

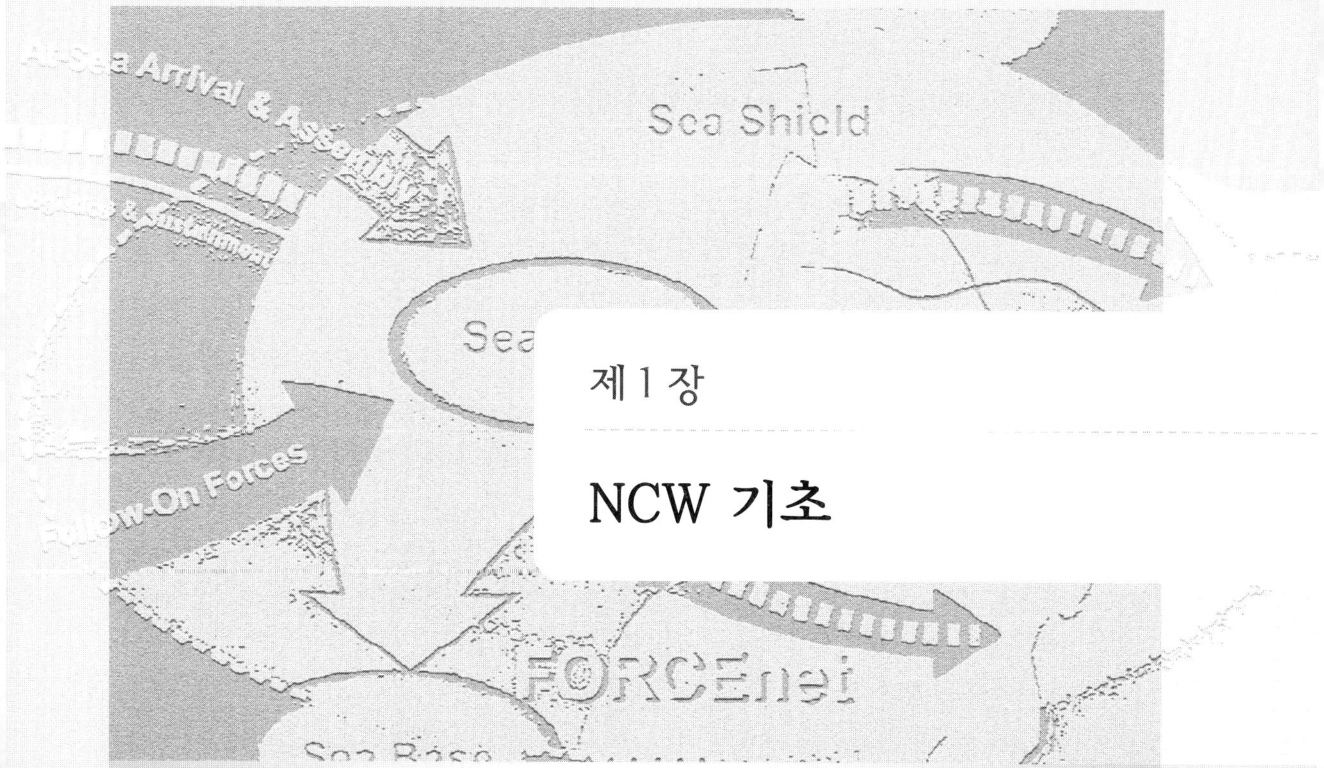

제 1 장

NCW 기초

본서를 이해하기 위해서는 먼저 NCW에 대한 기본개념부터 이해해야 한다. 이미 NCW의 기본개념을 상세히 다루고 있는 책자들이 발간되어 있으므로 본 장에서는 NCW의 기본개념 중에서도 핵심이 되는 NCW 등장배경 및 개념, GIG와 NCOW RM의 개념을 주로 서비스와 기술 측면에 초점을 맞추어 요약 형식으로 제시한다. 본 장은 다음과 같이 구성된다.

1.1 NCW 등장배경 및 개념

1.2 GIG 개념 및 특징

1.3 NCOW RM 개념

1.1 NCW 등장배경 및 개념

1.1.1 NCW 등장배경

네트워크 중심전(NCW: Network Centric Warfare) 개념이 등장하게 된 배경을 요약하면 정보기술(IT)의 비약적인 발전, 정보화 및 지식화를 거쳐 유비쿼터스 시대로 진화하는 사회상의 변화, 그리고 이러한 사회 변화에 따른 전쟁 패러다임의 변화라고 할 수 있다. 정보기술의 발달은 사회 변화뿐만 아니라 전장 환경에도 많은 변화를 가져왔다. 즉 정보기술의 발달은 복합체계(SOS)에 의한 정밀교전을 가능하게 하였고, 군 전투공간 내에서의 민간 전투요소의 역할을 증대시켰으며, 사이버전의 등장으로 민간과 군의 책임이 모호해졌고, 새로운 무기체계의 등장과 함께 정보의 수집, 분석, 결심의 프로세스 주기가 단축되어 보다 빠른 임무수행이 가능해졌으며, 정보작전에 대한 중요성도 크게 증가되었다.

> **복합체계(SOS: System of Systems)**
>
> 단순히 구성요소의 합이 아니라 기능과 성능이 향상된 최신의 복합적인 '메타-시스템'을 획득하기 위해 시스템 자원과 능력을 함께 모아 놓은 업무 지향적이거나 또는 전용 시스템들의 집합이다.

정보기술이 네트워크를 기반으로 비약적으로 발달함에 따라, 군에서도 효율적인 전쟁 수행을 위해서 네트워크를 중심으로 하는 네트워크 중심전(NCW) 개념이 등장하게 되었다. 네트워크 중심전은 1998년 세브로스키(Arthur K. Cebowski) 제독이 가스트카(John J. Garstka)와 함께 미 해군저널 'Proceedings of the Naval Institute' 에 기고한 'Network Centric Warfare: It' s Original and Future' 에서 처음 소개되었으며, 이에 따라 전쟁 수행에 있어 네트워크에 의한 전투자산의 연결과 통합적 운용을 중요하게 여기게 되었다.

그 이후 미 국방부(DoD)는 군사혁신을 통하여 정보기술(IT)을 군사부문에 반영하고자 추진하였으며, 냉전시대를 거쳐 불명확한 테러리스트에 의한 위협 등 안보환경이 변화하면서 이러한 군사혁신은 가속화되었다. 미군에 의해 정립된 NCW 개념은 2001년의 아프가니스탄 전쟁과 2003년 이라크 전쟁을 통해 실전에 적용되어 효율적으로 운용됨으로써 그 타당성을 입증받았으며, 이로써 네트워크 중심전(NCW)에 대한 공감대가 전 세계적으로 형성되었다.

1.1.2 NCW 개념

1.1.2.1 NCW 정의

NCW는 전투원과 군 전투세력의 행동에 관한 것이며, 정보시대의 네트워크 중심적인 사고방식을 군 작전 및 전투 분야에 적용하여 그 효율성을 극대화한 전투양상이라 할 수 있다. 또한 NCW는 지리적으로 분산된 세력을 통합 운용하고 지식능력을 보유하며, 전투공간의 구성요소 간 효과적인 연결을 통해 정보공유를 극대화시켜 주는 개념이라 할 수 있다.

NCW의 목적은 C4ISR 네트워크를 통해 센서와 전투원 간의 통합적인 연결성을 구현하여 전투공간 내의 모든 전투원들에게 정보공유 능력을 제공하고, 전투공간에 대한 공통의 상황인식과 자기 동기화, 즉 독립적인 의사결정 능력을 제공함으로써 군사작전에서의 정보우위가 가능함은 물론, 전투력의 상승효과를 유발하기 위한 것이다.

미국, 나토 등 각국에서 추진하고 있는 NCW의 정의 및 중점을 살펴보면 다음과 같다.

- **미국: NCW** 미국은 "지리적으로 분산 배치된 세력 간에 자기 동기화와 지휘관의 의도를 수행하는 네트워크 중심 작전(NCOW)을 통해 높은 수준의 전장 환경 인지능력을 제공하는 능력"으로 NCW를 정의하고 있으며, 정보우위를 선점하고 지휘결심 속도를 향상시키는 데에 그 중점을 두고 있다.

> **네트워크 중심 작전(NCOW: Net-Centric Operations Warfare)**
>
> 미래를 대비한 미 국방부의 업무와 작전 그리고 전사적 관리를 위한 수행방법으로 시간과 장소에 관계없이 모든 사용자에게 신뢰성 있는 정보를 제공할 수 있는 보증되고 동적이며 공유된 정보환경이다.

- **나토: NEC** 나토는 NCW를 NEC(Networked Enabled Capability)라는 이름으로 추진하고 있으며 "네트워크 및 정보기반을 통해 전략적 수준부터 전술적 수준까지의 다양한 작전환경 요소들을 연합시키는 연합세력의 인지적, 기술적 능력"으로 NEC를 정의하고 있다. 나토는 NEC를 추진하면서 정보 및 결심 우위를 구현하고 정보의 효율성을 확립하면서 증가된 나토 대응전력의 대응성 향상과 인터페이스 및 서비스 표준화 증가에 따른 나토의 유연성을 향상시키는데 그 중점을 두고 있다.
- **영국: NEC** 영국은 나토와 마찬가지로 NEC라는 이름으로 추진하고 있으며 "신속하고 신뢰도가 보장된 정확한 지휘통제와 군사적 효과가 미칠 수 있는 센서 요소와 정보의 융합, 네트

워크 요소, 그리고 타격체계 요소"로 NEC를 정의하고 있으며, 정보의 수집과 융합 그리고 전파를 통해 관련된 모든 전투지휘관에게 신속하게 공통의 이해를 제공하는데 그 중점을 두고 있다.

- **호주: NEO** 호주 방위군은 NEO(Network Enabled Operations)라는 이름으로 추진하고 있으며 "서로 다른 조직 간에 효율적인 연결성을 제공하여 전쟁의 효율성을 더욱 높이는 것"으로 NEO를 정의하고 있다. 이 개념은 플랫폼을 네트워크의 한 노드로 정의하고 네트워크에 연결된 모든 요소들은 정보를 공유하고 접근할 수 있으며, 공유된 정보는 실시간의 공통적인 전장 환경 상황도를 생성하여 상황 인지력, 세력 조정, 공격 잠재성 등을 이전보다 더욱 향상시킨다는 개념이다. 호주의 NEO는 공유된 전장 환경 인지를 통해 전투력과 정확성 템포를 생성하는 능력을 제공하는 것을 그 중점으로 하고 있다.
- **한국군: NCW** 한국군은 "탐지수단, 지휘통제기구, 타격수단 등 전장의 여러 전투요소들을 네트워킹하여 전장상황 공유를 통한 정보 우위로 지휘속도의 향상, 신속한 작전 전개, 높은 공격치명성, 생존 능력 향상과 같은 통합적이고 효율적인 전투력을 창출하는 전쟁 수행 개념"으로 NCW를 정의하고 있다.

1.1.2.2 NCW 영역

미 국방부는 NCW의 영역을 구분하기 위해 C4ISR 협력연구 프로그램(CCRP)을 통해 공학적으로 연구하였으며, 그 결과 NCW를 정보 영역, 인지(+사회) 영역, 물리적 영역의 세 가지 영역으로 그림 1.1과 같이 구분하고 있으며, 각 영역의 세부내용은 다음과 같다.

> **C4ISR 협력연구 프로그램(CCRP: C4ISR Cooperative Research Program)**
>
> CCRP는 정보화 시대에서 국가안보의 중요성과 관련된 미 국방부의 이해를 증진시키기 위해 시작한 협력적 연구 프로그램으로서 작전, 기술, 분석 및 교육 커뮤니티 간의 교량 역할을 수행하고 있다.

- **정보 영역** 정보 영역은 실제 정보가 존재하는 영역으로 정보가 생성되고, 분석되고, 공유되는 도메인 부분이다. 이 영역 안에서는 전투원 간의 정보가 교환되고 지휘관의 의도가 전달되며 적의 최상의 타격목표가 되므로 생존성을 고려하여 견고한 네트워크로 구성되어야 한다. 따라서 정보영역에서는 적이 취한 공세적인 활동에 대응하여 군의 전투력이 창출되도록 보호되고 방어되어야 한다. 즉 정보우세를 위한 모든 중요한 전투에서 정보영역은 전장이라 할 수 있다.
- **인지(+사회) 영역** 인지(+사회) 영역은 참여자의 마음 속에 있는 전투원의 사고영역으로 이

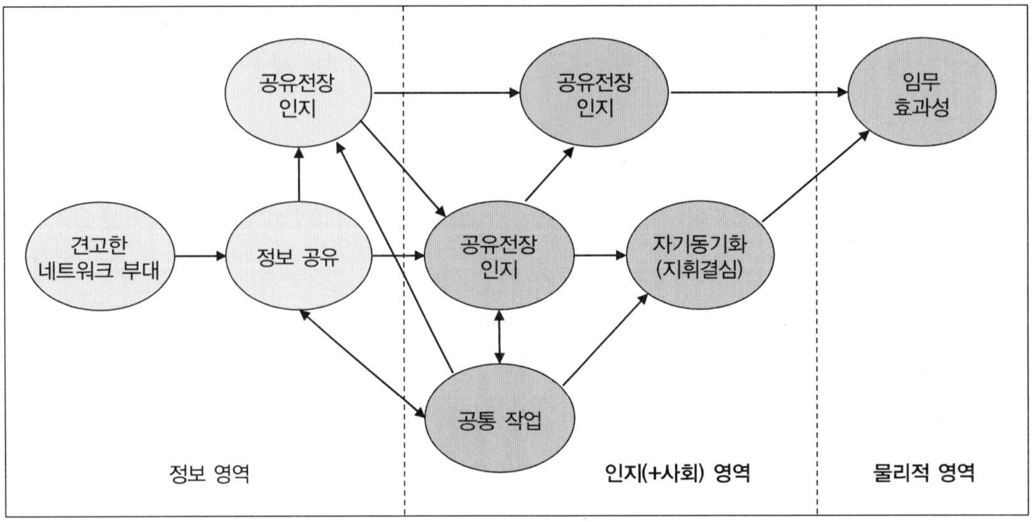

그림 1-1 NCW 영역 구분

영역의 속성은 극히 측정하기가 어렵다. 이 영역은 많은 전투와 전쟁의 승패를 좌우하는 중요한 요소인 전투원의 지도력, 사기, 단결, 훈련 숙달 수준, 상황인식 능력, 심리 등과 같은 사고방식이 존재하는 영역이며, 판단과정에 의하여 지휘 결심이 존재하는 장소이기도 하다.

- **물리적 영역** 실제 전투가 벌어지는 전장을 말하며 플랫폼(센서, 지휘통제체계, 무장 등)과 네트워크가 연결되어 있는 영역으로 전투력의 측정이나 손상 판정 등을 할 수 있는 전통적인 영역이다. 이 영역에서 전투력을 측정하는 중요한 기준은 치명성과 생존성 등이다.

1.1.2.3 NCW 효과 및 위험성

1.1.2.3.1 NCW 효과

NCW의 효과는 크게 지휘속도의 향상, 유효 사정거리의 확대, 지휘관의 정보인지 및 의사결정, 그리고 시간 단축 등에 의해 측정된다.

| 지휘속도의 향상 |

지휘속도의 향상은 1998년 적의 가상 특작부대 침투 및 대공위협에 대비해 David S. Alberts와 그의 동료들이 CCRP의 일환으로 실시했던 모의실험 결과에서 잘 나타난다. 모의실험 결과, 육군 및 해군의 센서 협조와 무장 제어가 가능한 NCW가 플랫폼 중심전(PCW: Platform Centric Warfare)보다 지휘속도가 증가하였고, 표적 파괴능력(Target Destroyed)은 그림 1-2와 같이 약 4배 정도 증가하는 등 급진적인 전투효과를 보였다.

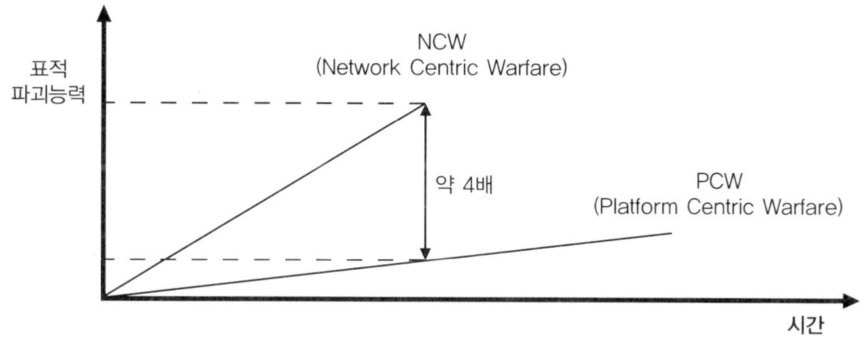

그림 1-2 표적 파괴능력에 대한 모의실험 결과(1998년)

유효 사정거리의 확대

NCW는 무기체계의 네트워크화를 통해 전투 초기단계에서 극적인 교전효과의 증가를 가져올 수 있어 단기간에 원하는 작전목표를 달성할 수 있지만, PCW에서는 표적이 유효 사정거리 이내에 위치하여도 표적 식별이 불가하여 교전할 수 없는 경우가 종종 발생한다. PCW에서는 단일 전투요소가 수집한 표적정보가 불확실한 정보일 수 있지만, NCW에서는 표적정보를 다른 전투요소의 정보와 융합하여 처리함으로써 보다 원거리에서 신속하게 정확한 표적정보를 획득할 수 있다. 따라서 NCW 하에서는 표적의 추적 및 식별, 획기적인 공격정보의 획득시간 단축, 그리고 유효 교전범위의 확대가 가능하다.

플랫폼 중심과 네트워크 중심의 유효 교전범위(거리)에 대한 비교가 그림 1-3에 제시되어 있다. 이 그림에서 E^3은 Effective Engagement Envelope의 약자로서 전투요소의 유효 교전범위를 의미한다. 그림 좌측의 EQTIO(Engagement Quality Tracking Information Only)는 플랫폼 중심의 전투요소들이 표적탐지는 가능하나 식별은 불가능하여 교전이 불가한 범위를 말하고, 그림 우측의 EQTTI(Engagement Quality Tracking and Typing Information)는 표적을 탐지하는 동시에 식별함으로써 원거리에서도 교전에 필요한 정보획득이 가능하여 원거리 교전이 가능하고 다른 정보들을 이용하여 표적을 식별할 수도 있는 범위를 말한다.

플랫폼 중심과 네트워크 중심의 유효 교전범위(거리)를 그림에서 비교해보면, 플랫폼 자체의 능력에 많이 좌우되는 표적 탐지거리와 유효 사정거리는 양쪽 모두 비슷하지만 E^3, 즉 유효 교전범위는 플랫폼 중심이 플랫폼 자체가 갖고 있는 식별범위 내로 제한되지만 네트워크 중심에서는 탐지와 동시 식별이 가능해짐으로써 유효 교전범위가 유효 사정거리까지 증가함을 알 수 있다. 즉 그림 우측의 가운데 검은색 부분이 유효 교점범위가 된다.

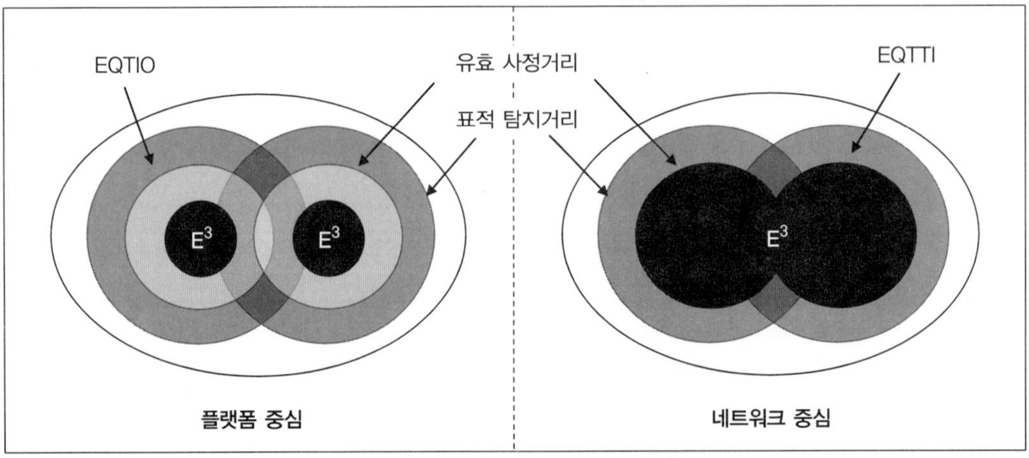

그림 1-3 플랫폼 중심과 네트워크 중심과의 유효 교전범위(거리) 비교

| 지휘관의 정보 인지 및 의사결정 시간 단축 |

전투상황에서 지휘관이 전장상황을 인지하고 의사결정 시간을 줄이는 것은 정보우위에 있어 매우 중요하며, 이때 지휘관의 음성 정보와 데이터 정보의 활용도에 따라 정보 인지 및 의사결정 시간의 차이가 발생함을 알 수 있다. 이와 같은 지휘관의 의사결정에 대한 음성 및 데이터 통신의 영향이 그림 1-4에 나타나 있다.

지휘관의 정보 인지 및 의사결정 시간 단축을 그림에서 살펴보면, 음성 정보만을 사용했을 경우(그림의 1, 3번째) 지휘관마다 시간적인 차이를 보인다는 점과 의사결정까지의 시간이 많이 소요된다는 점을 알 수 있으나, 음성과 데이터 정보를 동시에 사용했을 경우(그림의 2, 4번째) 의사

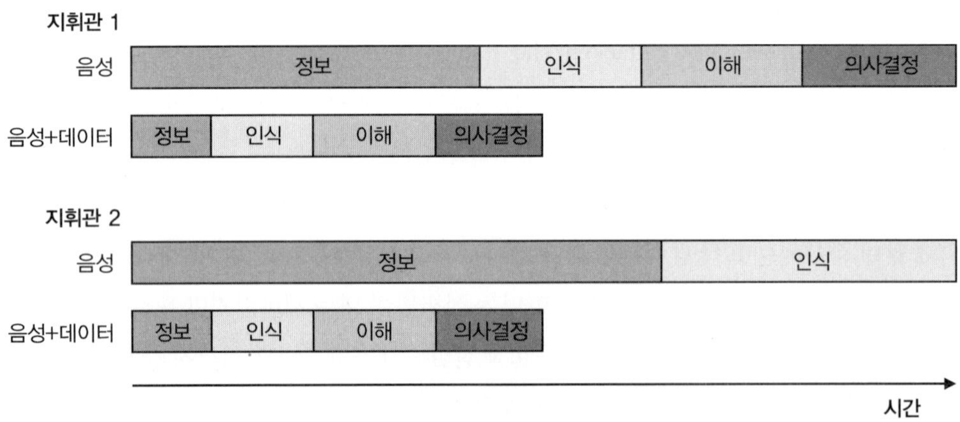

그림 1-4 의사결정에 대한 음성 및 데이터 통신의 영향

결정까지의 시간이 거의 절반 정도까지 단축되고 지휘관에 무관하게 비슷한 정보 인지 및 의사결정 시간을 갖는다는 점을 알 수 있다. 즉 지휘관이 음성 정보만을 이용했을 경우, 같은 시간 동안 지휘관 1은 의사결정(Decision)까지 마치는 반면에 지휘관 2는 인식(Awareness) 수준에 머물러 있다는 것이다. 그러나 지휘관이 음성과 데이터 정보를 동시에 이용했을 경우에는 같은 시간 동안 지휘관 1과 지휘관 2 모두 의사결정까지 마칠 수 있다는 것이다.

1.1.2.3.2 NCW 위험성

NCW는 자동화정보체계의 잠재적인 보안 취약성으로 인해 해킹과 같은 사이버 공격과 테러에 취약한 것으로 나타났으며, 기존의 교리나 훈련체계 등의 비현실적인 제도가 존재할 경우에 NCW 도입이 실패한다면 오히려 역효과와 부작용이 발생할 확률이 높을 수 있다. 또한 인터넷상에 산재해 있는 수많은 정보 중 개인이 원하는 정보를 찾기가 어려운 것과 같이, NCW에서도 네트워크로 연결된 수많은 전투자산과 정보들 중에 전투원이 실제로 원하는 정보를 찾아서 제공한다는 것은 매우 어려운 일이며, 정보의 홍수로 인해 핵심 정보를 놓칠 우려도 많이 상존하고 있는 것이 현실이라 할 수 있다.

1.2 GIG 개념 및 특징

1.2.1 GIG 개념

1.2.1.1 GIG 등장배경 및 정의

미 국방부의 합동비전(Joint Vision) 2020에서는 미국, 동맹국 및 연합국들이 가지고 있는 정보의 효율적인 활용을 위해 정보 운용능력을 획기적으로 개선하고 정보 공유능력을 극대화해야 한다는 점을 강조하고 있다. 이러한 합동비전을 구현하기 위해 미 국방부는 1999년 9월 22에 정보관리책임자(CIO)가 입안하고 2002년 9월 19일에 국방차관의 지시로 GIG(Global Information Grid)를 공식적으로 발표하였다. 이때 발표한 미 국방부의 GIG 정의를보면 "전투원, 정책입안자 및 지원업무 인원이 요구한 정보를 수집, 처리, 저장, 전파 및 유지를 위해 전 세계적으로 연결되어 있으며, 전체 정보 능력의 집합과 이와 관련된 프로세스 및 인원"이라고 정의하고 있다.

다시 말해 GIG는 국방 조직 내에 상존하고 있는 수많은 정보와 무기체계 간의 상호운용성을 개선하기 위한 것으로, 마치 인터넷이 전 세계적인 규모로 산업 및 사회를 변화시킨 것처럼 GIG도 전쟁방식을 네트워크 기반이나 "네트워크 중심"으로 변환시켜 적보다 우세한 정보우위를 달성하고자 하는 미 국방부의 노력이라 할 수 있다. 그리고 GIG는 합동군, 동맹국 및 연합국의 모든 구성요소 간 정보공유를 개선시켜 줌으로써 네트워크 중심 작전(NCO)에 매우 유용하며, GIG를 통해 개선된 정보공유는 전장 상황인식의 기초를 제공하는 토대가 된다.

> **네트워크 중심 작전(NCO: Network Centric Operation)**
>
> 분산되고 동적이며 불확실한 작전환경에서 수집된 각종 정보에 대한 인식, 지식, 경험을 가지고 고수준의 민첩성과 효과 달성을 위해 일관성 있는 결심과 인력, 기술, 네트워크 등 합동전력 요소들을 통합적으로 활용하는 개념이다.

GIG가 성공하기 위해서는 그림 1-5와 같이 기존에 존재했던 상호운용성의 섬들(Islands of Interoperability) 간을 연결시켜 광범위한 세력들이 정보를 공유하는 완전한 의미의 상호운용성을 달성하는데 그 여부가 달려있다. 여기서 상호운용성의 섬(Island)이란 용어를 사용한 것은 개별 세력, 즉 각 기관이나 군 그리고 부대 자체는 정보공유가 가능한 상호운용성을 가지고 있지만 이들 개별 세력 간의 정보공유를 가능하게 해주는 연결고리가 없어 섬처럼 고립되기 때문이다.

또한 GIG는 NCW를 기반으로 전 영역에서의 우세(Full Spectrum Dominance)를 확보하기 위한 가장 근간이 되는 궁극적인 개념이라 할 수 있다. 이러한 GIG가 갖는 위치 및 역할을 그림 1-6

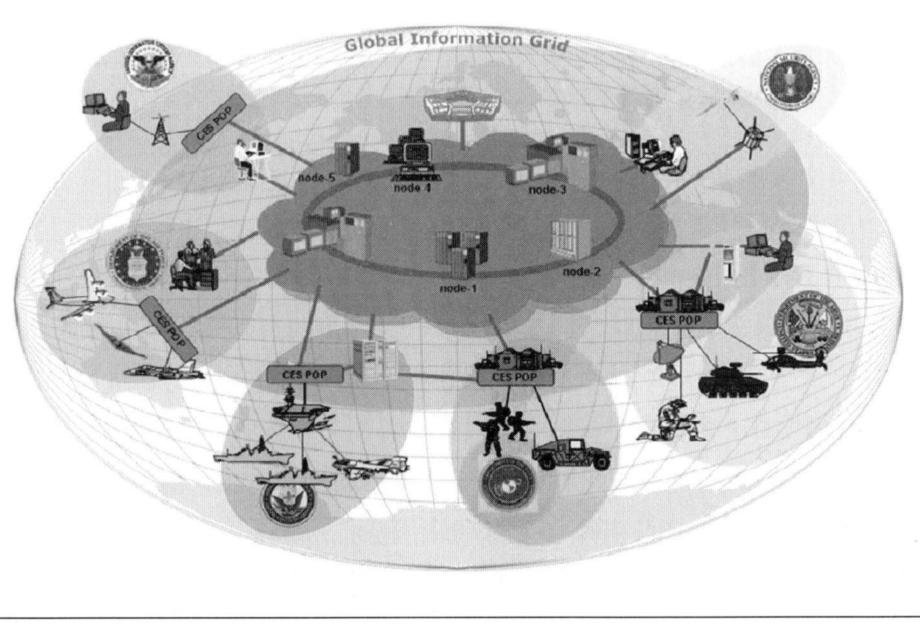

그림 1-5 상호운용성의 섬들과 GIG의 정보공유 개념도

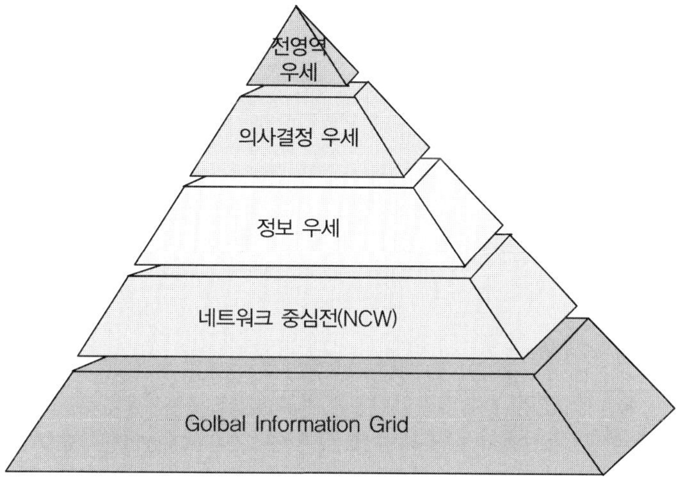

그림 1-6 GIG의 위치 및 역할

과 같이 피라미드 형태로 나타내면 제일 밑에 GIG가 기초를 이루고 바로 그 위에 NCW가 지원하는 모양을 갖추고 있다. NCW를 통해 정보 우세(Information Superiority) 및 의사결정 우세(Decision Superiority)를 확보함으로써 궁극적으로는 피라미드의 제일 상단과 같이 전 영역에서의 우세(Full Spectrum Dominance)를 확보할 수 있다는 것이다.

1.2.1.2 NCW 구현 통합모델

NCW 구현을 위해서는 국방정책 및 전략, 원칙 및 지침, 그리고 이들을 현실화시키는 수단으로서의 상호관계를 이해해야 한다. 미 국방부는 이러한 상호관계 하에 국방정보화의 획기적 개선을 위해 그림 1-7과 같이 목표(Ends), 원칙과 방법(Ways), 수단(Means)의 3개 계층으로 구성된 NCW 구현 통합모델을 제시하였다. 그림에서 정보 우세 및 의사결정 우세 확보라는 목표를 달성하기 위한 원칙과 방법 계층은 NCOW RM과 기타 여러 참조 아키텍처들로 구성되어 있으며, 원칙과 방법을 구현하는 수단 계층에서 GIG 개념이 도입된다.

1.2.1.2.1 목표(Ends)

목표는 미국의 국방전략서인 미 국가안보전략서(NSS: National Security Strategy of the United States of America), 미 합참의 국가 군사전략보고서(NMS: National Military Strategy), 그리고 4년 주기의 미 국방 전략계획인 국방검토보고서(QDR: Quadrennial Defense Review Report) 등을 토대로 수립된다. QDR에서 합동 지휘통제, 지상, 해상, 공중 능력의 전환과 더불어 중요하게 추진하고 있는 것이 네트워크 중심 능력의 달성이다. 네트워크 중심이 갖는 잠재적 능력을 완전하게 확보

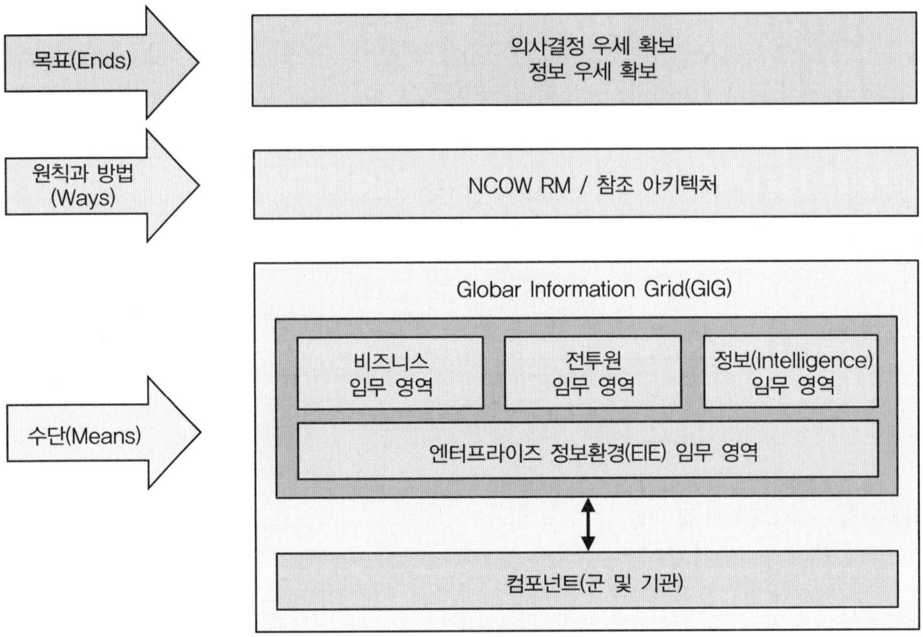

그림 1-7 NCW 구현 통합모델

하기 위해서는 정보를 조직 전체가 공유하는 엔터프라이즈(전군적) 자산인 동시에 보호해야 할 무기로 보아야 한다. 엔터프라이즈 자산으로서의 정보 수집과 분배는 기존의 연통형 체계를 수평적으로 통합하는 네트워크 기반의 지휘통제, 이동통신, 그리고 정보융합과 같은 새로운 체계에 의해 수행이 가능하기 때문에, 결국 NCW 구현을 위한 목표는 정보(Information) 및 의사결정(Decision)의 우세를 통하여 전쟁의 승리와 자국의 안보를 보장하는 것이라 할 수 있다.

1.2.1.2.2 원칙 및 방법(Ways)

미 국방부의 참조모델(RM)은 성과 참조모델(PRM), 비즈니스 참조모델(BRM), 서비스 참조모델(SRM), 기술 참조모델(TRM), 그리고 데이터 참조모델(DRM)의 5원화 관점에서 개발되었다. 여기서 참조모델은 GIG를 구성하는 4가지 임무 영역인 비즈니스(Business), 전투원(Warfighter), 정보(Intelligence), 엔터프라이즈 정보환경(EIE: Enterprise Information Environment)과 컴포넌트 수준의 아키텍처를 개발할 때 표준 원칙으로 사용되는 모델이며, 미 연방의 국가정책 및 목적에 순응하도록 제시함으로써 엔터프라이즈 아키텍처(EA: Enterprise Architecture) 기반의 통합 달성을 목표로 하고 있다.

미 국방부는 NCW 구현을 위한 원칙과 방법(Ways)을 위해 EA 개념을 적용하여 추진하고 있으며, 그림 1-8에 나오는 각종 참조모델 및 아키텍처 등을 개발하여 이용하고 있다.

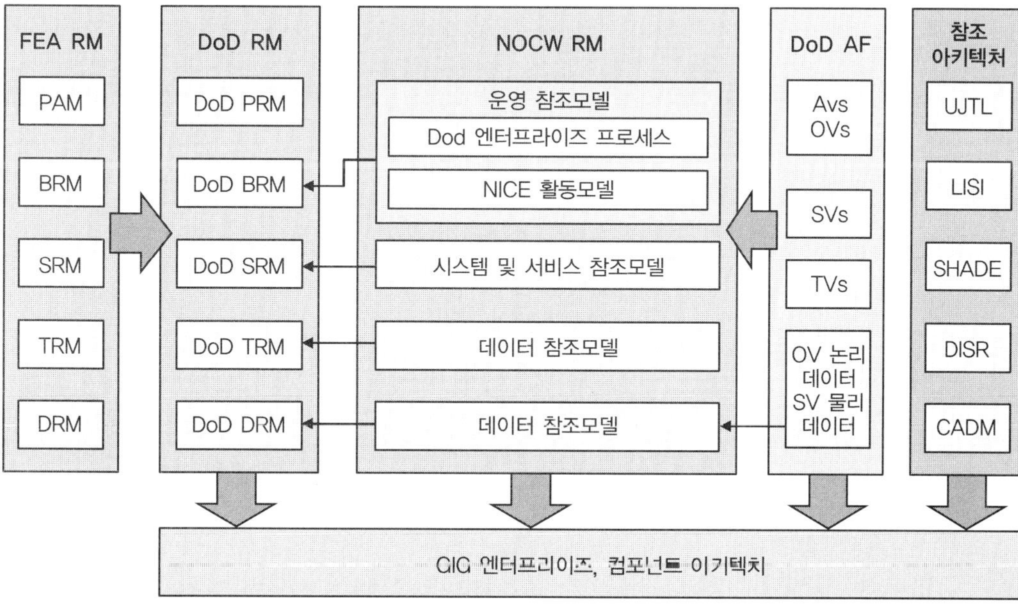

그림 1-8 NCW 구현을 위한 각종 참조모델 및 아키텍처

- 참조모델: FEA RM, DoD RM, NCOW RM
- 아키텍처: UJTL, LISI SHADE, DISR(JTA), CADM

> **엔터프라이즈 아키텍처(EA: Enterprise Architecture)**
>
> 전사적 아키텍처라는 용어와 혼용해서 사용하며, 조직의 프로세스 및 정보체계, 부서의 구조 및 기능을 포괄적이고도 정확한 방법으로 기술하는 것으로, EA를 통해 조직이 전략적 목표에 따라 행동하도록 방향을 제시해준다. 정보기술(IT)과 관련이 깊지만 업무 최적화와도 관련이 깊고 업무구조, 성과관리, 조직구조 아키텍처 등으로 불린다.

1.2.1.2.3 수단(Means)

NCW 구현 통합모델의 수단(Means)으로 사용되는 GIG는 미 국방부 전체 시스템의 통합과 상호운용성 관점에서 도출된 개념으로 NCW를 위한 정보 우세 및 의사결정 우세를 기반으로 전장 전 영역의 우세를 지원하는 기초가 된다. 또한 GIG는 범세계적인 환경 내에서 이루어지는 정보의 처리, 저장 및 전송을 제공하기 위해 사람과 GIG 간의 상호작용, 네트워크 관리, 정보분배 관리, 정보보증 등의 기능들을 효율적으로 운용하기 위해 요구되는 부가가치의 집합을 제공하는 복합시스템이다. 이러한 기능들은 GIG 전체의 상호운용성을 달성하기 위해 서로 관계되고 통

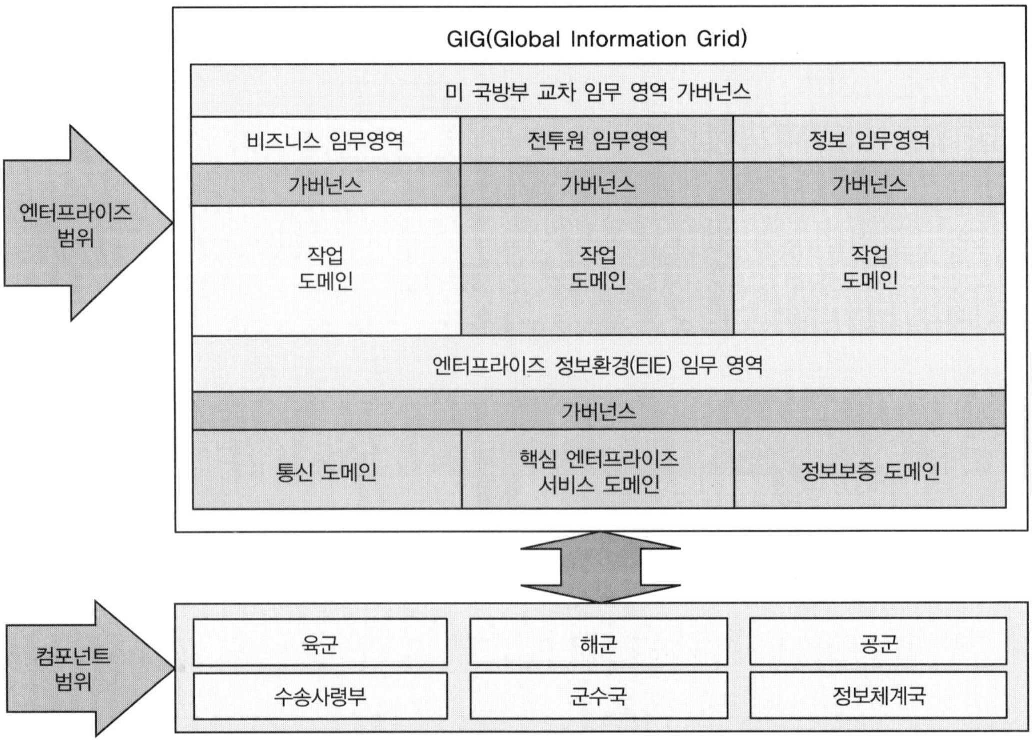

그림 1-9 GIG 구조

합되며 상호 작용된다.

GIG는 그림 1-9와 같이 미 국방부 전체 업무를 엔터프라이즈 아키텍처(EA) 기반으로 통합하기 위해 엔터프라이즈 범위(Enterprise Wide)와 컴포넌트 범위(Component Wide)로 구분하여 추진된다.

- **엔터프라이즈 범위** 비즈니스 임무 영역(BMA), 전투원 임무 영역(WMA), 정보 임무 영역(IMA), 그리고 엔터프라이즈 정보환경 임무 영역(EIEMA) 등 4개 영역으로 구성된다. 여기서 엔터프라이즈 정보환경 임무 영역(EIEMA)은 정보보증을 기반으로 나머지 3개 임무 영역(BMA, WMA, IMA)을 지원하기 위해 통신, 컴퓨팅 기반구조, 핵심 엔터프라이즈 서비스를 제공한다.
- **컴포넌트 범위** 육군, 해군, 공군 등 각 군과 기타 국방 기관으로 구성되며 엔터프라이즈 범위의 GIG와 상호 운용되는 특성을 갖고 있다.

1.2.2 GIG 특징

1.2.2.1 GIG 세부 특징 및 변화

GIG는 다양한 데이터 접속 및 생존성이 높은 통신 기반구조로서 군 작전, 협업 임무의 계획 및 실행, 전장에 대한 공통의 관점, 장비 조건 및 지원 수준 평가 등의 임무를 더욱 적시에 실행할 수 있도록 지원한다. 예를 들어, 다양한 정보공유는 신속한 적 · 아 식별, 이동용 함대공 유도탄 발사대와 같은 시간-치명적인 목표의 타격 등 극적인 능력을 증가시켜 준다. GIG로 인해 발생하는 군 작전의 변화가 표 1-1과 같이 2002년 9월 말을 기준으로 미래와 비교하여 제시되어 있다.

GIG로 인한 군 작진의 변화 중 중요한 몇 가지 사항에 대해서만 살펴보면, 현재 상태, 즉 GIG가 발표될 당시인 2002년이 플랫폼 기반 정보기술이라면 미래는 네트워크 기반, COTS (Commercial Off-The-Shelf) 및 웹 기반으로 변화될 것이고, 전송 기반구조는 현재의 회선 기반 전송에서 인터넷 프로토콜(IP) 기반의 전송구조로 변화될 것이다. 또한 정보를 사용자에게 방송(Broadcast)하는 push 개념에서 미래는 사용자가 정보를 게시(Post)하는 pull 개념으로 변화될 것이다. 그외 사항으로 제한된 대역폭, 제한된 작전 상황도, 스토브파이프식 의사결정, 단일 경로 라우팅 및 분리된 기반구조에서 미래는 수요에 따른 대역폭, 상황별 인지, 이익공동체(COI)에 의한

표 1-1 GIG로 인한 군 작전의 변화(미 국방부 발표자료 인용)

현재(2002년 9월말)	미래
• 플랫폼 기반 정보기술	• 네트워크 기반, COTS, 웹 기반
• 회선 기반 전송	• 인터넷 프로토콜 기반 전송
• 제한된 대역폭	• 수요에 따른 대역폭
• 제한된 작전 상황도	• 상황별 인지
• 고정 및 중계(remote) 지휘통제	• 이동, 전개, 통과 시 지휘통제
• 사용자에게 정보 방송(Broadcast): push	• 사용자에 의한 정보 게시(post): pull
• 작업-처리-활용-전파(TPED)	• 작업-게시-처리-이용(TPPU)
• 개인적	• 협업적
• 스토브파이프식 의사결정	• 이익공동체(COI)에 의한 의사결정
• 다양한 데이터 호출, 이중 데이터	• 1회 취급 정보
• 개인 데이터	• 공유 데이터
• 1회성 보안	• 지속적인 정보보증
• 단일 경로 라우팅	• 다중 경로 라우팅
• 분리된 기반구조	• 엔터프라이즈 서비스
• 표준 애플리케이션에 의한 상호운용성	• 합동을 위해 설계된 상호운용성

의사결정, 다중 경로 라우팅 및 엔터프라이즈 서비스로 변화될 것이다.

한편으로 GIG는 인터넷과 유사하지만 육상 기반인 데이터 전송 고정시스템이나 장비에 독립적이며, 우주 기반(Space-based)인 모바일과 애드혹(Ad-hoc) 시스템에는 종속적이다. 또한 GIG는 정보기술 서비스, 정보흐름 관리를 위한 애플리케이션, 네트워크 보장의 신뢰 및 보안에 사용되며, 다양한 정보기술 툴(Tool)은 사용자가 무슨 정보가 가용한지, 어디에서 찾을 수 있는지, 그리고 어떻게 최적으로 사용할 수 있는지 등을 결정하는 데 사용되어 궁극적으로 미 국방 조직 내 센서의 대부분과 무기체계, 비즈니스 및 의사결정체계뿐만 아니라 군 부대 및 동맹국까지도 모두 GIG 네트워크로 연결시킬 수 있다.

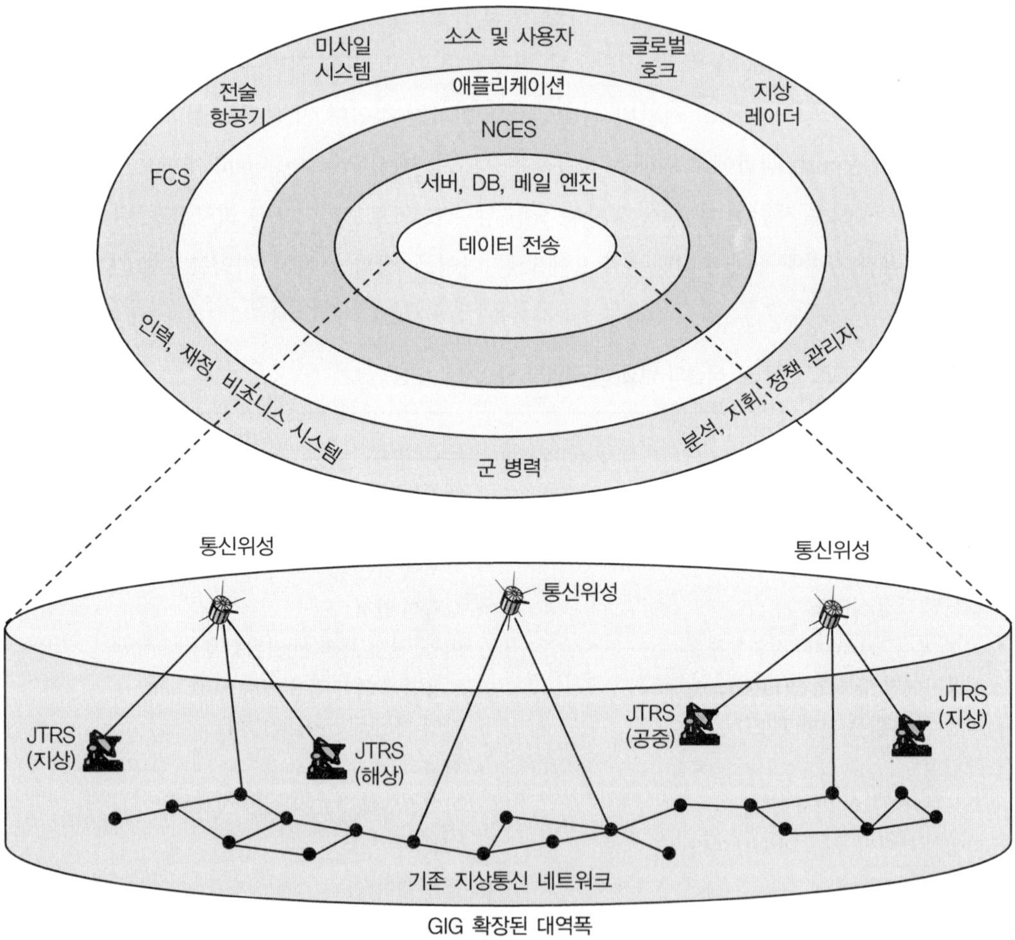

그림 1-10 일반적인 GIG 데이터 전송구조의 전체 계층 개념

이익공동체(COI: Community of Interest)

상호 간에 공유된 목적이나 이익, 임무 및 비즈니스 프로세스를 추구하기 위해 공용 언어를 이용하여 정보를 공유하는 협력적 사용자 그룹이다.

참고사항으로, 일반적인 GIG 데이터 전송구조의 전체 계층 개념이 그림 1-10에 도시되어 있는데, 여기서 핵심요소는 통신위성, 차세대 통신기인 합동전술무선시스템(JTRS), 확장된 대역폭 기반의 네트워크 등이며, 이들 요소들은 기존에 설치되어 있던 지상의 통신네트워크에 연결되어 데이터를 전송하거나 공유할 수 있는 데이터 전송 기반구조를 제공한다는 점이 특징이다.

합동전술 무선시스템(JTRS: Joint Tactical Radio System)

2010년 이후 미군이 전장에서 사용하기 위해 1997년부터 개발을 시작한 차세대 음성-데이터 통신기이다. JTRS는 기존에 군과 민간에서 사용하고 있던 통신기와 함께 사용하기 위해 SDR(software-defined radio) 기술을 이용하며 모바일 에드혹 네트워크를 위해 통합된 암호화 및 광대역 네트워킹 소프트웨어 등을 포함하고 있다.

1.2.2.2 GIG 구성요소

그림 1-9에서 제시했던 GIG 구조에서 엔터프라이즈 범위의 중간에 위치해 있는 EIE 임무 영역(MA)은 그림 1-11과 같이 구성되며 비즈니스, 전투원, 정보 임무 영역을 지원하는 컴퓨팅 기반구조(CI) 영역, 통신, 정보보증, 핵심 엔터프라이즈 서비스(CES)가 존재하는 영역, 그리고 EIE MA 거버넌스(Governance) 영역으로 구성된다.

1.2.2.2.1 컴퓨팅 기반구조(CI) 영역

컴퓨팅 기반구조(CI) 영역은 자동화된 체계 및 컴퓨터와 연관된 프로그램이나 활동과 연관된 영역을 의미하며 데이터 및 정보의 자동 획득, 저장, 조정, 거버넌스 및 전시를 통해 미 국방부에서 추진하고 있는 임무를 지원한다. 미 국방부는 상위의 전투원 임무 영역의 효과성을 창출하기 위해 각 비즈니스, 전투원, 정보 임무 영역에 해당하는 각종 시스템의 개발과 기존 시스템의 개선 및 통합을 추진하고 있다.

이 영역에 해당하는 대표적인 전장관리체계는 범세계지휘통제체계(GCCS: Global Command and Control System), 범세계전투지원체계(GCSS: Global Combat Support System) 등이 있다.

- 범세계지휘통제체계(GCCS)　전투지휘관에게 정보의 생성, 수집, 공유 및 사용 기능을 안전하

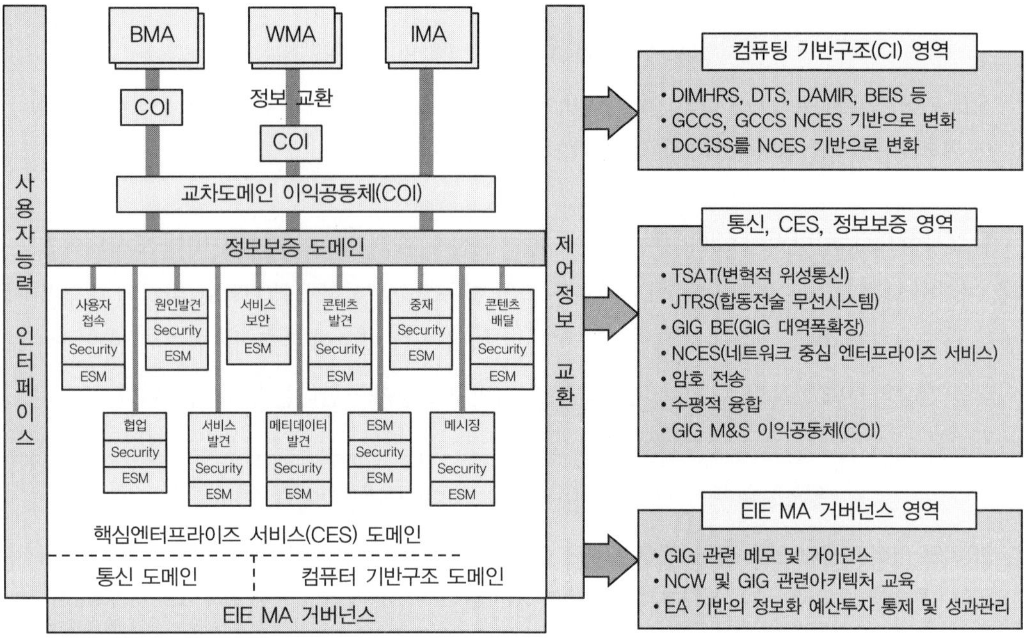

그림 1-11 EIE 임무 영역의 구성

게 제공하기 위해 작전 및 전투지원 정보를 하나로 통합하여 감시, 정찰 정보 및 아군의 정확한 위치를 제공하고 범세계 첩보자료 출처에 직접 연결할 수 있도록 지원하며, 위기계획 수립, 첩보 분석, 전술계획 수립 및 임무 수행, 그리고 협동계획 수립 등에 활용할 수 있는 시스템이다.

- **범세계전투지원체계(GCSS)** 전투지원의 모든 영역에 대한 정보를 연결시켜 종합된 정보를 제공해주는 시스템으로 전투지원의 각 기능분야에 대한 신뢰성있는 자료와 통합된 형태의 정보를 제공함으로써 전투원을 효율적으로 지원하고 상호운용성을 보장하는 시스템이다.

1.2.2.2.2 통신, 엔터프라이즈 핵심 서비스(CES), 정보보증 영역

통신, 엔터프라이즈 핵심 서비스(CES), 정보보증 영역과 관련된 주요 계획에는 위성체계변화(TSAT) 프로그램, 합동전술무선체계(JTRS), GIG-BE 계획, 네트워크 중심 엔터프라이즈 서비스(NCES), 암호변환 계획, 수평적 융합 계획 등이 있다. 미 국방부는 엔터프라이즈 아키텍처(EA)에 순응하기 위해 GIG EIE 임무 영역의 핵심계획에 대한 프로그램 아키텍처를 개발하여 추진하고 있다.

- **위성체계변화(TSAT) 프로그램** 대용량의 데이터를 전송하고 중계하기 위한 통신위성 재배치

계획이다.

- 합동전술무선체계(JTRS)　소프트웨어 기반의 상호운용성이 보장된 지상, 해상, 공중용 무선장비의 확보 계획이다.
- GIG 대역폭 확장(GIG-BE)계획　새로운 광 네트워크 기술과 개선된 라우터 및 스위칭 장비들의 설치를 통해 음성, 데이터, 영상전송을 위해 대역폭을 확장하고 네트워크 서비스를 개선하는 계획이다.
- 네트워크 중심 엔터프라이즈 서비스(NCES)　네트워크 관리와 사용자의 정보공유를 지원하기 위한 서비스 및 애플리케이션 집합을 개발하기 위한 계획으로, 엔터프라이즈 서비스관리(ESM), 메시징(Messaging), 발견(Discovery) 등 총 11개의 서비스로 구성되어 있으며 각각의 서비스들이 회의, 공유된 정보공간, 네트워크 중심 애플리케이션, 포털 등의 엔터프라이즈 핵심 서비스 능력을 지원하는 데 공통적으로 사용되는 서비스이다.
- 암호변환계획(Cryptography Transformation Initiative)　네트워크에 대한 공격을 방어하고 유통되는 중요 정보를 보호하기 위해 필요한 시스템을 개발하는 계획이다.
- 수평적 융합(Horizontal Fusion)계획　정보공유와 NCW를 위해 데이터 애플리케이션과 시스템들의 아키텍처 및 시스템을 개발하는 계획이다.

미 국방부는 GIG 구축에 걸림돌로 작용되는 정보화 사업의 위험요소를 제거하기 위해 미 국방부의 획득기술군수차관실 예하의 국방모델링 및 시뮬레이션실(DMSO)에서는 GIG 모델링 및 시뮬레이션(M&S) 이익공동체(COI) 프로그램을 운영하고 있으며 GIG에 맞는 모델링 및 시뮬레이션(M&S) 표준의 개발, GIG를 모델링하기 위해 필요한 서비스 식별, 그리고 애플리케이션의 개발 등을 추진하고 있다.

1.2.2.2.3 EIE 임무 영역 거버넌스(Governance) 영역

미 국방부는 GIG가 임무수행의 핵심으로 구현되어야 한다는 GIG의 최우선 정책, GIG의 임무영역에 대한 정보기술 투자지침을 명시한 정보기술 투자관리지침과 EIE 임무 영역의 도메인인 컴퓨팅, 정보보증, 통신망, 핵심 엔터프라이즈 서비스(CES) 구축을 위한 정책 및 지침 문서를 수립하여 GIG 구축을 위한 관리 및 통제임무를 수행하고 있다.

특히 GIG 구축을 위한 각 사업들이 GIG의 엔터프라이즈 아키텍처(EA), 각종 계획, 위험관리기술, 능력목표와 성과측정 등을 사용하여 추진되고 있으며, 의사결정지원체계인 합동능력통합개발체계(JCIDS) 및 획득체계 등과 상호 협조되고 통합되어 추진되고 있다. 이러한 GIG를 EA 개념을 적용하여 구축하기 위해 네트워크 및 정보통합차관실의 아키텍처 및 상호운용성 담당관이 정책을 담당하고 있고, 미 국방정보체계국(DISA)에서 정보화 사업 추진을 담당하고 있다.

합동능력 통합 및 개발체계
(JCIDS: Joint capabilities integration and development systems)

2002년 3월경 미 국방부의 럼스펠드 장관이 국방획득체계의 개선을 지시하면서 시작되었으며, 합참의장이 합동군사력 소요를 식별, 평가하고 소요 우선순위를 정하여 능력의 갭을 통합된 전투발전요소로 해결하기 위해 합동개념과 통합 아키텍처를 이용하여 만든 시스템이다.

국방정보체계국(DISA: The Defense Information Systems Agency)

1960년 5월 12일 미 국방장관인 토마스 게이츠에 의해 DCA(Defense Communications Agency)라는 이름으로 워싱턴에 최초 설립되었으며, 현재 미 국방부의 전투지원을 위해 필요한 모든 네트워크 및 정보 통합과 관련된 임무를 수행하고 있다.

1.2.2.2.4 핵심 획득요소

GIG 구축을 위해 필요한 핵심적인 획득요소를 확보하기 위해서는 다음과 같은 두 가지 접근방법이 있다.

- 핵심적인 엔터프라이즈 프로그램과 네트워크 및 정보능력 구축을 위해 투자하는 방법
- 이미 존재하고 계획된 무기체계, 지휘 · 통제 및 통신체계, 정보기술체계, 군수, 인원, GIG 네트워크 내 기타 비즈니스 관련 시스템 등을 구축하는 방법

표 1-2는 GIG 네트워크 및 정보능력을 구축하기 위해 필요한 핵심 획득요소와 GIG에 반드시 통합되어야 하는 획득요소의 예를 보여주고 있다.

표 1-2 GIG와 관련된 핵심 획득요소의 예

GIG 네트워크 및 정보능력 구축을 위한 핵심 획득요소의 예	GIG에 반드시 통합되어야 하는 획득요소의 예
• 통신위성 • 상호운용 가능한 무선체계 • 지상에서 확장된 대역폭 • 네트워크 지원을 위한 정보기술 애플리케이션	• 무기체계 • 센서 • 지휘 · 통제 및 통신체계 • 군수, 인원 및 기타 비즈니스 관련 시스템

1.3 NCOW RM 개요

1.3.1 NCOW RM 개념

네트워크 중심 작전 참조모델(NCOW RM: Net-Centric Operations and Warfare Reference Model)은 현재의 정보기술(IT) 환경에서 미래의 네트워크 중심 환경으로 전환하기 위한 수단과 메커니즘이며, 미 국방부가 네트워크 중심의 아키텍처를 개발할 때 사용하는 템플릿이다. 또한 NCOW RM은 GIG 아키텍처 버전 1.0 에서 GIG 아키텍처 버전 2.0으로 전환을 가능하게 해주는 참조모델로서 그림 1-12는 NCOW RM의 개념도를 나타낸다.

GIG 아키텍처 버전 1.0은 미 국방부의 기준이 되는 IT 아키텍처로서 현재의 IT환경을 기술하고 있다. 버전 1.0에 네트워크 중심 개념을 적용하여 미 국방부의 미래 목표 IT 아키텍처인 GIG 버전 2.0으로의 전환이 필요하게 되었고, 이러한 전환을 지원하기 위한 참조 모델로서 NCOW RM을 개발하게 되었다. 즉 NCOW RM은 현재의 IT환경에서 네트워크 중심 환경으로 전환하기 위한 수단 및 메커니즘이라 말할 수 있으며 네트워크 중심 개념, 언어 및 용어이자 네트워크 중심 아키텍처를 구축하기 위한 템플릿이라 할 수 있다.

NCOW RM의 목적은 미 국방부가 엔터프라이즈 아키텍처(EA)를 개발하고 네트워크 중심을 지원하는데 필요한 획득 프로그램을 효과적으로 개발할 수 있도록 공통의 엔터프라이즈 수준의 참조모델을 지원하는 데 있다. 따라서 NCOW RM은 미 국방부 자체적으로 네트워크 중심으로 변환할 수 있도록 지원해주며 GIG 구축을 위해 알아야 하는 대상(Target)이나 네트워크 중심 그리고 EIE 등이 기술되어 있다. 이 참조모델의 목표는 네트워크 중심 아키텍처를 개발하기 위해 필요한 획일적이며 공식적인 지침과 모델, 네트워크 아키텍처의 개발방향, NCOW RM에 적합한

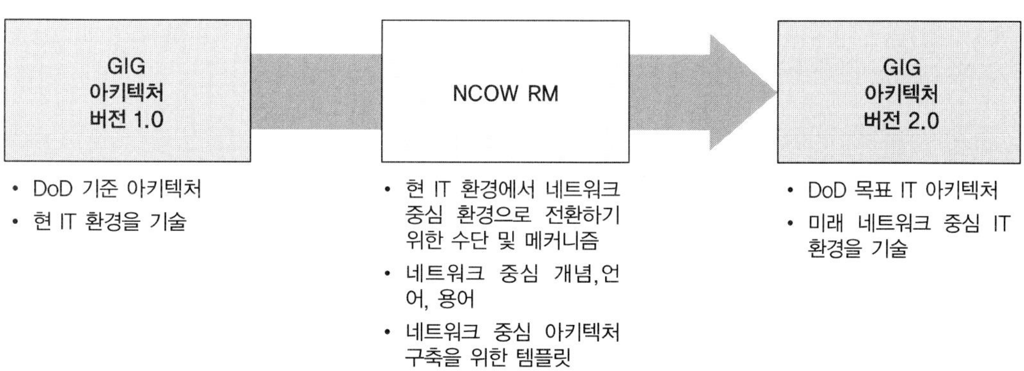

그림 1-12 NCOW RM 개념도

수단의 제공, 네트워크 중심 서비스와 시스템 능력에 요구되는 전사적인 정보기술 능력의 식별 및 묘사, 그리고 네트워크 중심으로 조직을 변환할 때 지원하기 위한 것이다.

1.3.2 NCOW RM 등장배경 및 진화

1.3.2.1 NCOW RM 등장배경

NCOW RM이 등장하게 된 배경은, 2001년 9월 30일에 발간된 국방검토보고서(QDR)의 소개글에서 미 국방장관이 "미국의 불균형적인 우위를 미래까지 확장하기 위한 미군의 세력이나 능력 그리고 조직의 변환"이 필요하다고 발표하면서 시작되었다. 그 이후 미 국방장관은 변환에 대한 지원과 변혁을 촉진할 목적으로 전력변환실(추정)을 만들면서 부터 NCOW RM에 대한 개념에 관심을 갖게 되었다. 또한 미 국방장관은 국방 관련 기관에 6가지의 주요 작전목표(주요 작전기지 보호, 효과적인 정보작전 수행 등)를 달성하는 데 필요한 서비스 능력 개발을 위해 변환로드맵을 개발하도록 지시하였는데, 이러한 배경으로 인해 NCOW RM이라는 참조모델이 등장하게 되었다.

NCOW RM을 사용하기 위해서는 네트워크 중심을 달성하는 데 중점을 두어야 하며, 네트워크 중심 환경으로 변환 시에는 도달성, 풍부성, 기민성, 보장성이라는 4개 특징을 만족시켜야 된다. 이와 같은 NCOW RM 사용 시 요구되는 4가지 특징에 대한 세부내용은 표 1-3과 같다.

1.3.2.2 NCOW RM 진화

NCOW RM의 버전은 2003년 3월 14일에 배포된 BETA 1.0을 시작으로 4월 11일에 BETA 1.5, 5월 20일에 BETA 2.0이 배포되었다. 그리고 동년 7월 2일에 정식 버전 0.9가 배포되었고, 12월 9일에

표 1-3 NCOW RM 사용 시 요구되는 4개 특징

특징	설명
• 도달성(Reach)	작전적으로 거리와 시간이 문제가 되지 않도록 하기 위해 공간적으로 비연결된 능력을 통합하는데 최소한의 시간을 소비한다는 개념이다.
• 풍부성(Richness)	작전적으로 결정이나 결정에 따른 행동에 영향을 미치는 전문기술, 정보, 능력에 대한 개념이다.
• 기민성(Agility)	작전 수행 시 얼마나 빨리 주어진 임무를 수행할 수 있는 지에 대한 개념이다.
• 보장성(Assurance)	작전 상황 하에서 시스템 수행 완수에 대한 개념이다.

버전 1.0, 2004년 11월 8일에는 버전 1.1이 배포되었다. NCOW RM 버전 1.0은 전체 뷰(AV), 운용 뷰(OV), 시스템 뷰(SV), 타겟 기술 뷰(TTV) 등 4개 요소로 구성되어 있으며, 전체 뷰(AV)에는 AV-1(개요 및 요약정보)과 AV-2(통합사전)가 있고, 운용 뷰(OV)에는 OV-1(운용개념도)과 OV-5(업무 활동 모델)가 있으며, 시스템 뷰(SV)에는 SV-1(체계노드 연결도)과 SV-2(체계통신 구성도)가 있다. NCOW RM 버전 1.1은 버전 1.0의 구성요소에 다음과 같은 6가지 사항이 더 추가되어 만들어졌다.

- GIG EIE 묘사
- 네트워크 중심에 관한 용어나 정의의 명료화
- SOA 접근방식 적용
- 데이터와 정보흐름을 보여주는 네트워크 중심 유스케이스
- NCOW RM 사용법에 대한 가이던스와 순응평가방법론 초안

1.3.3 NCOW RM 관련 전략

1.3.3.1 네트워크 중심 전사적 서비스 전략(NCESS)

네트워크 중심 전사적 서비스 전략(NCESS: Network Centric Enterprise Service Strategy)은 서비스 지향 아키텍처(SOA)에 기반을 둔 느슨하게 결합된 서비스와 더 이상 시스템에 종속되지 않는 환경을 제공한다. 서비스를 이용하는 소비자는 제공되는 정보와 서비스를 발견하고, 이해하며 사용할 수 있다. ESS는 사용자의 역할과 프로파일을 기반으로 하는 능력 인터페이스(CI: Capability Interface) 개념에 의해 특징지어진다. 여기서 CI란 사용자가 접근하여 적절한 정보와 서비스를 검색할 수 있도록 해주는 기능적인 게이트웨이로서 이를 통해서 사용자는 사용자 에이전트 서비스, 전사적 서비스, 전사적 자원에 접속할 수 있다. 사용자가 지역적으로 떨어져 있어도 이 CI를 통해 서비스 기능들을 볼 수 있고 운용할 수 있다. 이와 같은 사용자 상호작용을 위한 CI의 기능

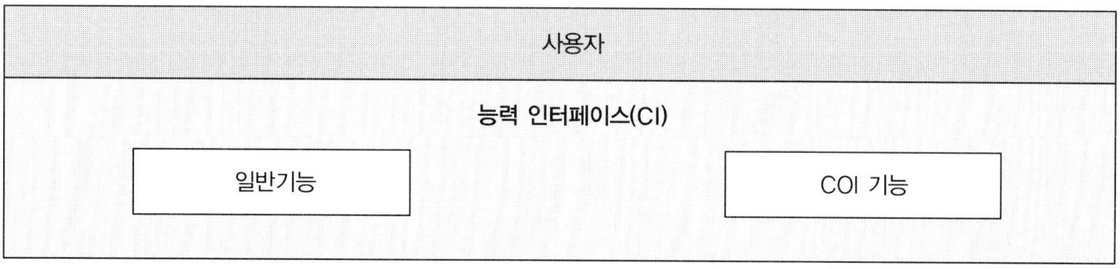

그림 1-13 사용자 상호작용을 위한 CI의 2가지 기능

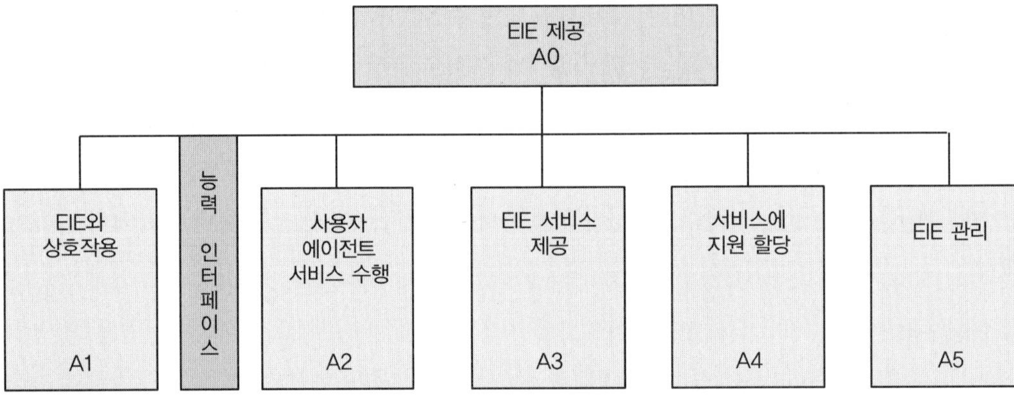

그림 1-14 NCOW RM 활동 구성도

에는 일반적인 기능과 이익공동체(COI) 기능이 있으며, 그림 1-13과 같이 표현할 수 있다.

EIE에서의 능력 인터페이스(CI) 상호작용을 위한 NCOW RM 활동 구성도가 그림 1-14에 표현되어 있다. 이 그림에서 EIE를 제공하는 A0 활동은 A1에서 A5까지 5개의 하위활동으로 구성된다. 여기서 A1은 사용자가 EIE에 접근하고 사용하기 위한 수단을 제공하기 위해 EIE와 상호작용하는 활동이며, A2는 사용자를 위한 정보를 지원하기 위해 사용자 에이전트 서비스를 수행하는 활동이다. A3은 핵심 서비스와 COI 서비스를 EIE에서 발견하기 위해 EIE 서비스를 제공하는 활동이며, A4는 통신, 컴퓨팅, 저장 자원을 서비스에 할당하는 활동이고, 마지막으로 A5는 계획, 개발, 관리를 포함하는 활동이다.

능력 인터페이스(CI) 상호작용이 어떻게 수행되는지는 그림 1-15에서 제시된 NCOW RM 활동 모델을 통해 알 수 있다. 먼저 사용자의 필요사항이 발생시(A1) EIE와 상호작용을 하기 위해 사용자 에이전트 서비스가 수행되고(A2), 서비스에 대한 요청이 발생시 EIE에서 해당 서비스를 제공하고(A3) 이 서비스에 자원을 할당한다(A4). 그 이후 EIE에서 해당 서비스와 정보를 에이전트에 전달하고, 사용자 에이전트는 요청된 서비스와 정보를 사용자에게 제공하며, 각 활동에서 일어나는 사항들은 관리 큐(Management Queue)에 의해 관리된다(A5).

네트워크 중심 전사적 서비스 전략(NCESS)은 GIG 엔터프라이즈 서비스(GES) 개념 내에 구체화되어 있고, GES가 어떻게 상호작용하고, 어떻게 NCOW RM 내에서 사용되고 공유되는지에 대해 기술하고 있다. 여기서 GES는 핵심 서비스(CES), COI 서비스, 환경제어 서비스(ECS: Environment Control Service)의 3가지 요소로 구성되며, 각 구성요소는 그림 1-16에 나와 있는 것처럼 다음과 같은 다양한 서비스로 구성된다.

- 핵심 엔터프라이즈 서비스(CES) 11가지 핵심 서비스(사용자 접속, 협업, 인원 발견, 서비스 발

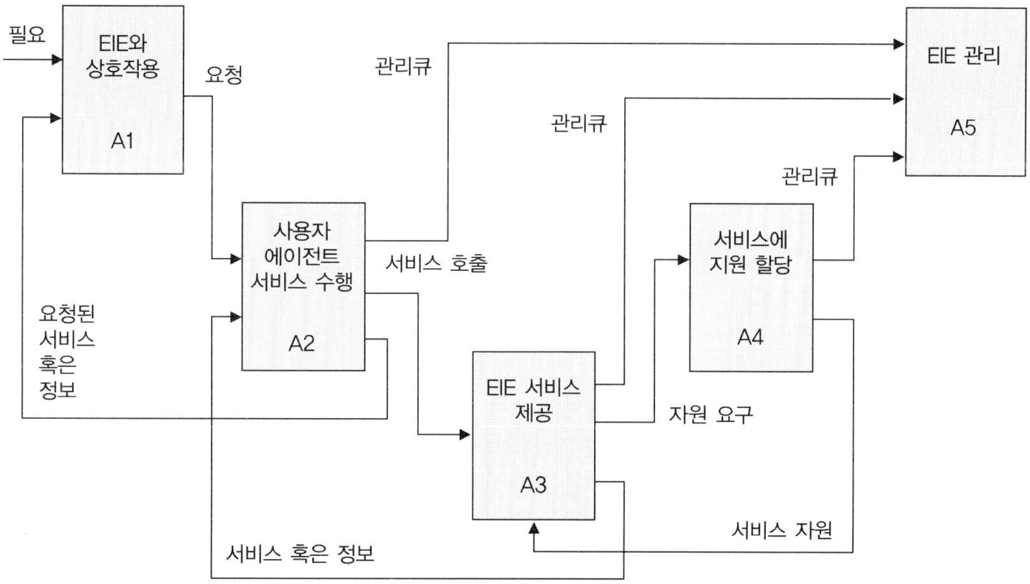

그림 1-15 NCOW RM 활동 모델

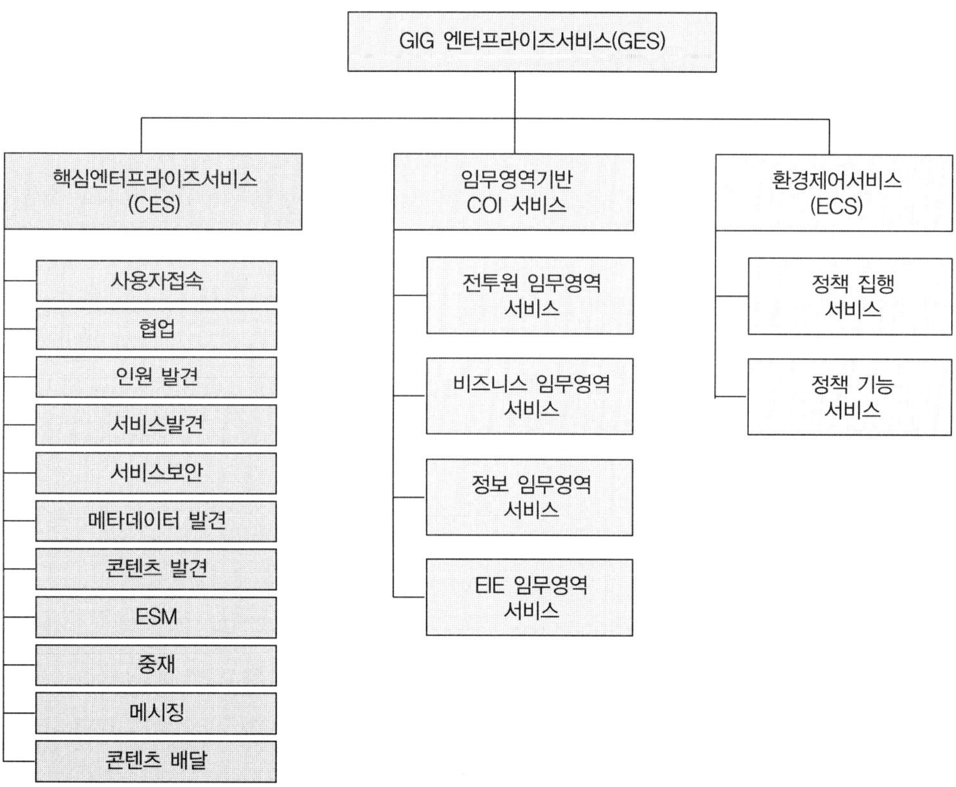

그림 1-16 GIG 엔터프라이즈 서비스(GES) 구성도

견, 서비스 보안, 메타데이터 발견, 콘텐츠 발견, ESM, 중재, 메시징, 콘텐츠 배달)로 구성된다.

- **COI 서비스** 4개의 임무 영역(전투원, 비즈니스, 정보, EIE) 서비스로 구성되며, 이 임무 영역 서비스는 다시 각 도메인 서비스로 구성된다.
- **환경제어 서비스(ECS)** 정책 집행 서비스와 정책 가능 서비스로 구성된다.

1.3.3.2 네트워크 중심 데이터 전략(NCDS)

네트워크 중심 데이터 전략(NCDS: Network Centric Data Strategy)은 데이터에 기반을 두고 아키텍트와 프로그램 관리자에게 가이드를 제공하는 활동이다. 이 활동은 5개의 주요 활동영역으로 구성되는데, 이에는 네트워크 데이터 전략/정책/계획 수립 활동, 데이터 기반구조 관리 활동, 이익공동체(COI) 관리 활동, 데이터 자원 관리 활동, 그리고 네트워크 중심 데이터 전략 제도화 활동이 있다. 이러한 5개의 주요 활동영역에 대한 세부설명은 다음과 같다.

- **네트워크 데이터 전략/정책/계획 수립** 데이터 계획, 표준, 명세, 가이던스 및 정책 관련 활동을 묘사하며, 다음과 같은 2가지 산출물이 있다.
  - 네트워크 중심 데이터 자산공유계획: 네트워크 중심의 데이터 전략 목표를 달성하기 위한 계획이다.
  - 네트워크 중심 자산관리계획: 데이터 자산을 위한 자산목록, 우선순위화, 자산 식별을 포함하고 있는 계획이다
- **데이터 기반구조 관리** 데이터 기반구조 구축과 관리를 위해 소프트웨어 및 하드웨어 솔루션이 구현되고 유지된다.
- **이익공동체(COI) 관리** COI와 관련된 COI 활동을 구축하며, COI 내 상호통신을 위한 용어집과 정보교환 포맷, 메타데이터 정의를 위해 적합한 구조이다.
- **데이터 자원 관리** 정보 발견을 제공하는 데이터 자산 태깅을 지원하며, 데이터 자산이 네트워크 중심 환경에서 발견되고 접속될 수 있도록 보장한다.
- **네트워크 중심 데이터 전략 제도화** 거버넌스, 리더십, 전략, 정책, 계획을 통해 네트워크 중심 데이터 전략을 제도화하도록 지원한다.

네트워크 중심 데이터 전략(NCDS)은 네트워크 중심 환경에서 데이터를 구현하고 공유하기 위한 기반을 제공한다. 네트워크 중심 데이터 환경 구축과 관련된 아키텍처 속성으로는 데이터 중심, OHIO(Only Handle Information Once), 스마트 풀(Smart Pull), 병렬식 게시, 애플리케이션(COI 서비스) 다양성 등이 있는데 이러한 NCDS 아키텍처 속성이 표 1-4에 나타나 있다.

표 1-4 네트워크 중심 데이터 전략(NCDS)의 아키텍처 속성

속성	설명
데이터 중심	• 데이터를 애플리케이션으로부터 분리 • 애플리케이션은 저장소에 등록된 메타데이터에 초점
OHIO	• 데이터는 소스 데이터의 복제 없이 재사용을 촉진하며 기존 데이터 저장소의 재사용에 초점
스마트 풀(Smart Pull)	• 애플리케이션 발견을 조장 • 저장된 데이터 발견을 위해 데이터 공유에 초점
병렬식 게시	• 데이터가 생성된 즉시 공유 기능 제공
애플리케이션(COI 서비스) 다양성	• 애플리케이션을 제공하는 기능성과 서비스에 초점

네트워크 중심 데이터 전략(NCDS)에는 공유 공간의 개념이 있는데, 이것은 네트워크 공간 내에서 사용자를 위해 데이터를 저장하고 접속을 가능하게 하는 메커니즘으로서 모든 사용자와 시스템 간 데이터 공유를 최적화시켜 주며, 사용자와 애플리케이션이 엔터프라이즈 내에서 데이터 자산을 송신하거나 게시할 수 있는 저장소의 역할을 수행한다. 게시된 데이터는 메타데이터에 의

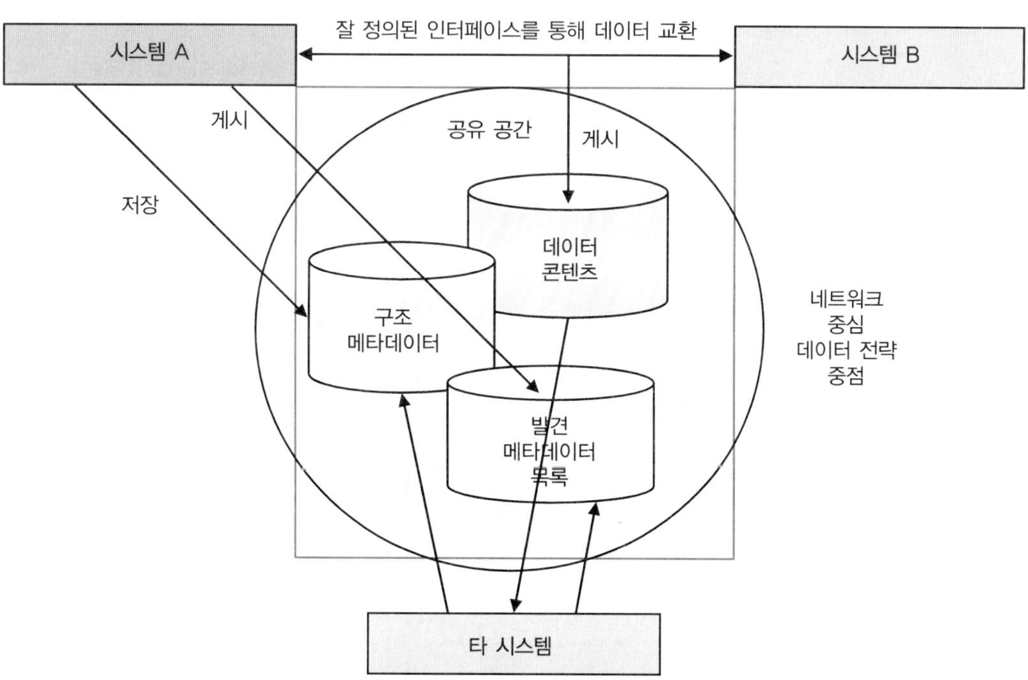

그림 1-17 네트워크 중심 데이터 전략(NCDS)의 데이터 저장 및 게시

해 통보되고 엔터프라이즈 검색 도구를 이용하여 발견할 수 있다. 이익공동체(COI)는 공유된 임무, 비즈니스, 프로세스, 목표를 지원하기 위해 정보를 교환하는 사용자의 협력체로 네트워크 중심 데이터 전략(NCDS)에서 사용된다.

네트워크 중심 데이터 전략(NCDS)의 중점은 엔터프라이즈 내에서 데이터 관리를 위한 개선된 패러다임을 정의하고, 데이터 교환 시 유연성을 향상시키며, 시스템 간의 상호운용성과 페어와이즈 인터페이스를 지원할 수 있는 접근법을 식별하는 것이다. 이러한 네트워크 중심의 데이터 전략이 중점으로 하는 부분에 대해서는 그림 1-17에 표현되어 있다. 이 그림에서 시스템 A는 미국방부의 메타데이터 레지스트리에 구조화된 메타데이터를 저장하고 발견 메타데이터 목록에 사용될 애플리케이션과 시스템을 위해 데이터를 게시한다. 그리고 시스템 A와 시스템 B가 인터페이스를 통해 상호작용 시 교환되는 데이터도 공유 공간에 저장된다. 타 시스템도 공유 공간을 통해 구조화된 메타데이터, 데이터 콘텐츠, 그리고 발견 메타데이터 목록을 사용할 수 있다.

1.3.3.3 엔터프라이즈 정보환경(EIE) 전략

엔터프라이즈 정보환경(EIE)에서 제공되는 상위 수준의 작전개념은 전투원, 비즈니스, 정보, EIE 관리 임무 영역에서 수행되는 네트워크 중심 작전(NCOW)을 지원하며 이를 가능하게 한다.

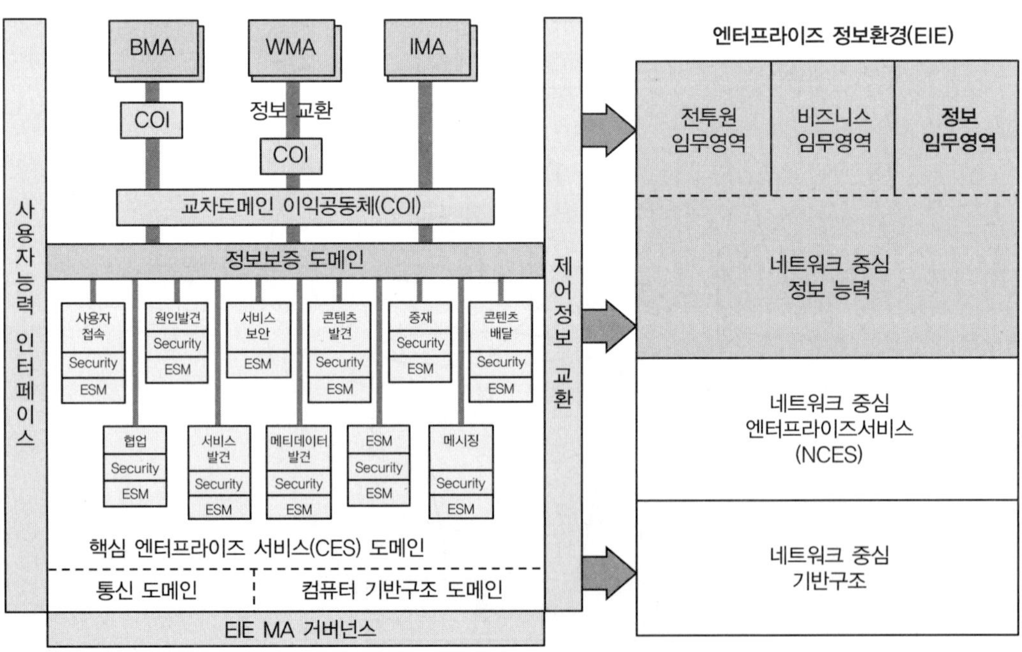

그림 1-18 EIE 상위 수준의 작전 개념도 및 EIE 다이어그램

이러한 상위 수준의 작전개념이 그림 1-18에 표현되어 있는데, 전투원, 비즈니스 임무 영역과 연관된 미 국방부의 도메인(정보보증, 핵심 서비스, 통신, 컴퓨팅 기반구조)을 통해 각 임무 영역의 이익공동체(COI)들은 정보를 교환하고, 사용자들은 인터페이스를 통해 서비스와 정보를 사용한다. 그림 우측 상단에 표시된 회색박스 부분은 정보 공유와 같은 네트워크 중심 정보 개념에 의해서 가능해지는 미 국방부의 능력과 임무 영역을 나타내며, 우측 하단의 흰색박스 부분은 네트워크 중심정보 개념을 지원하는 서비스와 통신 그리고 컴퓨팅 기반구조를 나타낸다.

네트워크 중심을 가능하게 하는 엔터프라이즈 정보환경(EIE) 요소는 다음의 7가지가 있다.

- 정의된 서비스를 이용하여 수직적이나 수평적으로 사용자에게 실질적인 연결을 지원해주는 기반구조
- 발견 및 메타데이터 레지스트리와 같은 데이터 자산 공유를 지원하는 데이터 기반구조
- 사용자가 발견하여 접속할 수 있으며, 이해 가능한 서비스를 제공받을 수 있도록 서비스 지향 접근을 구현한 기반구조
- 신뢰성 있는 조직의 기반구조
- 공유 공간을 제공하기 위한 자원 공유 기반구조
- EIE 자산 보호 및 방어를 통해 자산 보장을 지원해주는 리스크 관리 기반구조
- 공유 공간, 서비스, 데이터, 자원과 같은 개념을 공유하는 네트워크 중심 기반구조

엔터프라이즈 정보환경(EIE)의 마지막 요소인 네트워크 중심 기반구조를 구축하기 위해서는 도달성(Reach), 풍부성(Richness), 기민성(Agility), 보장성(Assurance)과 같은 속성이 요구되며, 각 속성별로 요구되는 기술은 표 1-5에 나타나 있다.

그 외 정보와 서비스 공유를 위해 그 토대를 형성해주는 EIE가 서비스 지향적이 되기 위해서는

표 1-5 네트워크 중심 기반구조가 요구하는 속성별 요구 기술

속성	요구 기술
• 도달성(Reach)	전송 기반구조, 정보 보증, 정보 공유, 정책-기반 관리, 서비스 지향 컴퓨팅
• 풍부성(Richness)	컴퓨팅 기반구조, 협업 컴퓨팅, 자율 컴퓨팅, 그리드 컴퓨팅, 서비스 지향 컴퓨팅, 정보 공유
• 기민성(Agility)	전송 기반구조, 컴퓨팅 기반구조, 정책-기반 관리, 서비스 지향 컴퓨팅, 정보 공유, 정보 보증
• 보장성(Assurance)	정보 보증, 정책-기반 관리

표 1-6 NCOW RM 구성요소

속성	설명
• 운용 뷰(OV)	운용배경, 개념, 활동 구성, 입력 통제 출력 메커니즘(ICOM)을 제공
• 시스템/서비스 뷰(SV)	그래픽을 포함한 기능 및 서비스를 제공하고 지원하는 시스템의 내부연결을 제공
• 타겟 기술 뷰(TTV)	정보우세를 달성하기 위해 필요한 최신 정보기술을 분석하고 우선사항을 결정하기 위한 가이드를 제공
• 통합사전	참조모델의 OV, SV, TV에서 확인할 수 있는 항목의 정의를 포함하고 약어를 제공
• 초기 단계의 유스케이스	참조모델로부터 활동을 이용하는 공통 프로세스 및 패턴을 제공

정보의 인식이나 접속, 그리고 전달 기술 등을 SOA로 구현해야 한다. 또한 GIG가 대상으로 하는 EIE가 효과적으로 구축되기 위해서는 무엇보다 먼저 네트워크 중심 전사적 서비스 전략(NCESS), 네트워크 중심 데이터 전략(NCDS), 그리고 정보보증 전략이 함께 구현되어야 한다.

1.3.4 NCOW RM 구성요소

NCOW RM은 운용 뷰(OV), 시스템/서비스 뷰(SV), 타겟 기술 뷰(TTV), 통합사전, 초기 단계의 유스케이스 등 총 5가지 요소로 구성된다. 각 구성요소별 세부 설명은 표 1-6과 같다.

1.3.4.1 운용 뷰(OV)

운용 뷰(OV)인 작전노드 연결도는 작전 수행에 요구되는 5가지의 주요 작전노드, 즉 전투원 노드, 비즈니스 노드, 정보(Intelligence) 노드, EIE 관리 노드, 의사결정 노드와 이들 5가지의 작전노드와 외부적으로 연결되는 외부 노드(연합군 및 동맹군, 연방정부, 주정부 및 지방정부, 학계 및 산업계) 형태로 구성된다. 이러한 각 작전노드 자체 간에 연결되는 형태와 작전노드와 외부 노드 간에 연결되는 형태가 그림 1-19에 표현되어 있다. 각 작전노드는 GIG의 한 부분이고 EIE에 의해 정보공유 및 상호교환이 가능하며, GIG와 EIE는 필요 시 정보교환을 지원하기 위해 외부 노드로 확장될 수 있다.

NCOW RM의 활동모델은 EIE를 통한 상호작용 발생 시 수행되는 참조모델의 내부 관계를 나타낸다. NCOW RM의 활동과 관련되어 EIE에서 상호작용 발생 시 수행되어야 하는 처리순서가

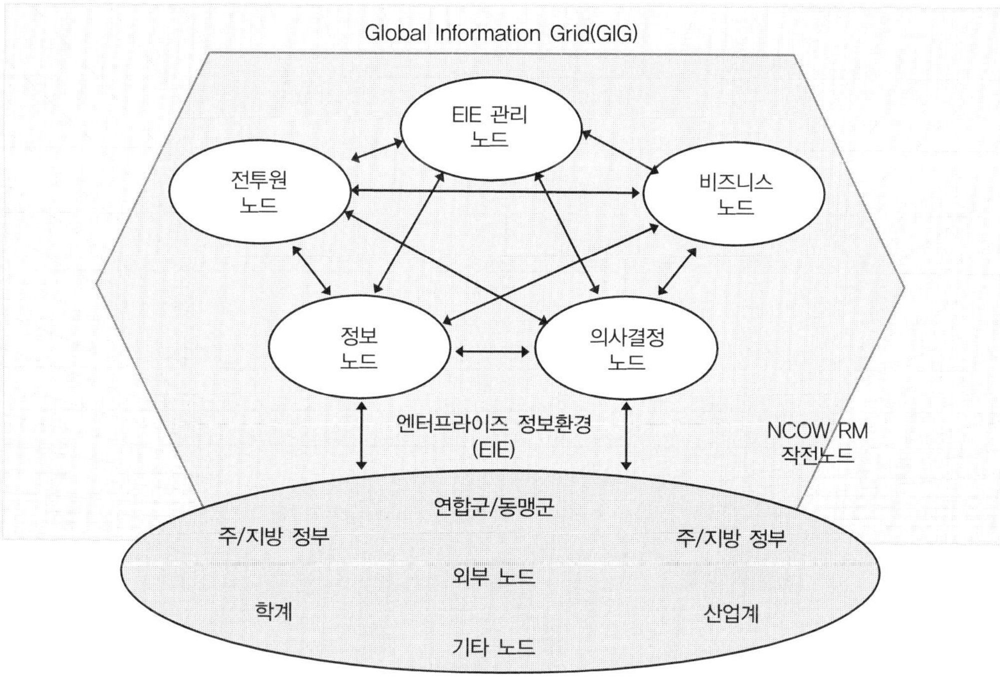

그림 1-19 NCOW RM의 운용 뷰(OV)인 작전노드 연결도

그림 1-20에 블록 다이어그램으로 표현되어 있다. 그림의 좌측 부분은 처리순서를 일반화한 것이고 우측 부분은 이 처리순서를 상세화한 것이다. 처리순서를 간단히 요약해보면, 먼저 (A1) EIE와의 상호작용이 발생 시, (A2) 사용자 에이전트 서비스가 수행되고, (A3) EIE 서비스가 제공된 후, (A4) 각 서비스에 자원을 할당해 주고, 마지막으로 (A5) EIE를 관리한다. 환경제어 서비스(ECS)는 정보를 관리하고 자원을 지원하는 역할을 수행하므로 모든 활동은 ECS를 통해서 발생된다.

NCOW RM의 활동은 그림 1-20에서 설명한 바와 같이 A1에서 A5까지 5단계로 구성되며, 이 활동은 다음과 같이 다시 여러 하위활동으로 세분된다.

- A1: EIE와 상호작용하는 활동
  - A11: EIE에 접근 요청
  - A12: 사용자 프로파일의 사용자-정의 요소 유지
  - A13: 서비스 요청
  - A14: 데이터 자산 제공
  - A15: 정보 획득
  - A16: 협업 세션 초기화 및 가입

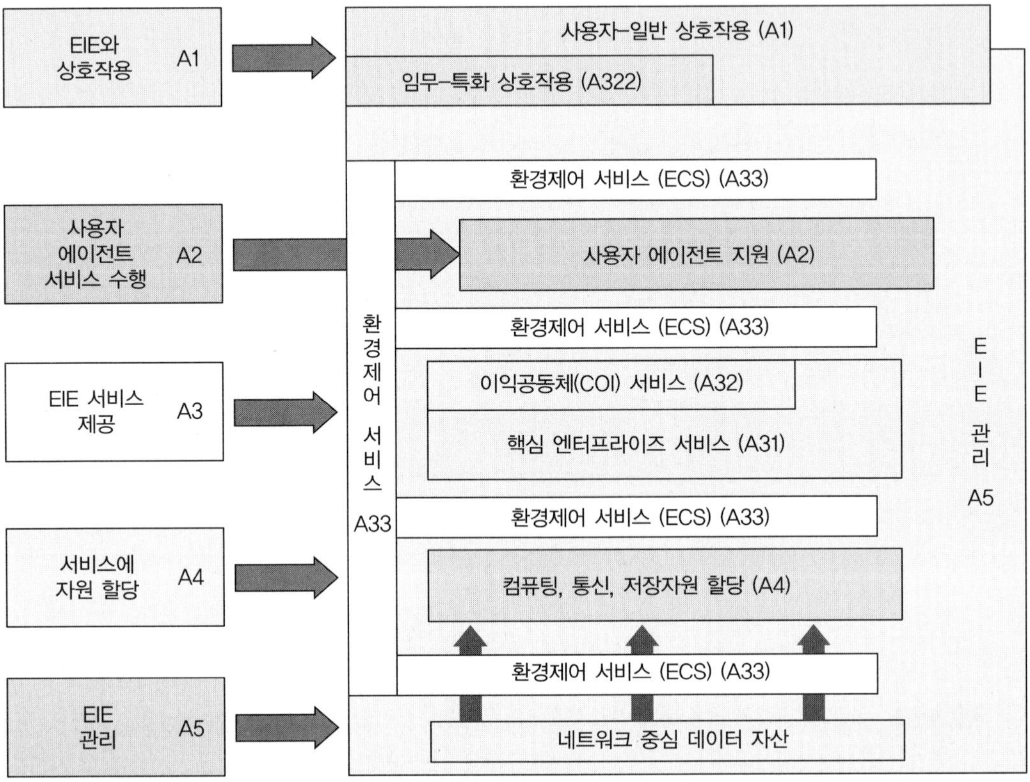

그림 1-20 NCOW RM 활동(A1~A5) 처리순서

- A2: 사용자 에이전트 서비스를 제공하는 활동
  - A21: 입력 평가
  - A22: 사용자 지원
  - A23: 서비스 호출

- A3: EIE 서비스를 제공하는 활동
  - A31: 핵심 서비스 제공
    - A311: 발견 수행
      - A3111: 협업 서비스 제공
      - A3112: 메시징 서비스 제공
      - A3113: 정보 중재 서비스 수행
      - A3114: 정보 저장 서비스 수행
  - A32: 이익공동체(COI) 서비스 제공
    - A321: 공통 서비스 제공

▫ A3211: 이익공동체(COI) 관리 서비스 제공

▫ A3212: 데이터 접근 메커니즘 제공

▫ A3213: 상호운용성 컴포넌트 제공

▫ A3214: 교차-기능 지원 서비스 제공

◆ A322: 임무-특화 서비스 제공

▫ A3221: 전투원 서비스 제공

▫ A3222: 국방 비즈니스 서비스 제공

▫ A3223: 국방 정보(Intelligence) 서비스 제공

▫ A3224: 국방부 엔터프라이즈 관리 서비스 제공

▫ A3225: 엔터프라이즈 의사결정 서비스 제공

- A33: 환경제어 서비스(ECS) 수행

◆ A331: 환경제어 정책 시행 서비스 제공

▫ A3311: 암호화 서비스 제공

▫ A3312: 유용성 서비스 수행

▫ A3313: 모니터링 서비스 제공

▫ A3314: 키(Key) 관리 기반구조 관리 서비스 제공

▫ A3315: 신원 관리 서비스 제공

▫ A3316: 정책 관리 서비스 제공

◆ A332: 환경제어 정책 시행 결정 제공

▫ A3321: 인증

▫ A3322: 인가

▫ A3323: 정보흐름 제어

▫ A3324: 자원할당 제어

▫ A3325: 책임 추적성 수행

▫ A3326: 유용성 활동 수행

- A4: 서비스에 자원을 할당하는 활동
  - A41: 컴퓨팅 자원 할당
  - A42: 통신 자원 할당
  - A43: 저장 자원 할당

- A5: EIE를 관리하는 활동
  - A51: EIE 전략, 정책, 계획 수립
  - A52: 엔터프라이즈 정보환경 능력 개발
  - A53: EIE 기반구조 능력 및 운용 유지

표 1-7 NCOW RM 활동과 NCES 서비스 매핑

NCOW RM 활동	NCES 핵심 서비스(CES)
A316 - 애플리케이션 서비스 제공	애플리케이션
A312 - 협업 서비스 제공	협업
A311 - 발견 수행	발견
A33 - 환경 통제 서비스(ECS) 수행 A5 - EIE 관리	엔터프라이즈 서비스 관리(ESM)
A33 - 환경 통제 서비스(ECS) 수행 A5 - EIE 관리	정보 보증/보안
A314 - 정보 중재 서비스 수행	중재
A313 - 메시징 서비스 제공	메시징
A315 - 정보 저장 서비스 수행	저장
A2 - 사용자 에이전트 서비스 수행	사용자 지원

- A54: 엔터프라이즈 정보환경 발전 통제

NCOW RM 활동과 제2장에서 설명할 네트워크 중심 엔터프라이즈 서비스(NCES)와의 서비스 상관관계를 확인하기 위해 매핑시켜 보면 표 1-7과 같다.

1.3.4.2 시스템 뷰, 서비스 뷰(SV)

시스템 인터페이스 뷰(SV-1)의 각 노드는 노드 간 인터페이스를 지원하는 시스템을 말하며, 노드 내의 시스템은 애플리케이션 프로그램 인터페이스(API)를 통해 GIG에 접속하고, 노드 내의 시스템들 사이에도 인터페이스로 연결된다. 각 노드는 상호접속위치(POP: Point Of Presence)를 통해 GIG의 공유 데이터에 접근이 가능한데, 이에 대한 표현이 그림 1-21에 나타나 있다. 예를 들면 그림에 5개의 노드가 존재하고 있고 각 노드는 POP를 통해 GIG에 연결되어 있다는 것을 알 수 있다. 그리고 이들 5개의 노드들 중 하나인 좌측 상단의 노드에는 3개의 시스템(CENTRIXS, BTCES, Griffin)이 시스템 인터페이스(Interface_1, Interface_2, Interface_3)에 의해 서로 연결되어 있음을 알 수 있다.

다음은 시스템 통신 뷰(SV-2)로서 SV-2에서는 위성통신시스템(SATCOM: SATellite COMmunications Systems)이 백본이 되고 혁신적 통신시스템(TCS: Transformational Communications

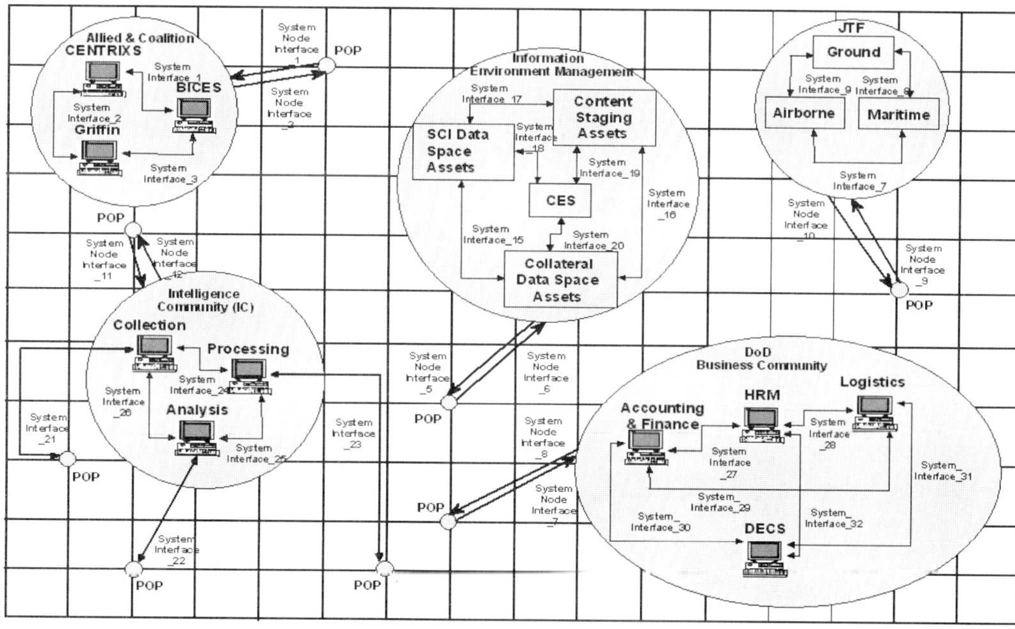

그림 1-21 시스템 인터페이스 뷰(SV-1)

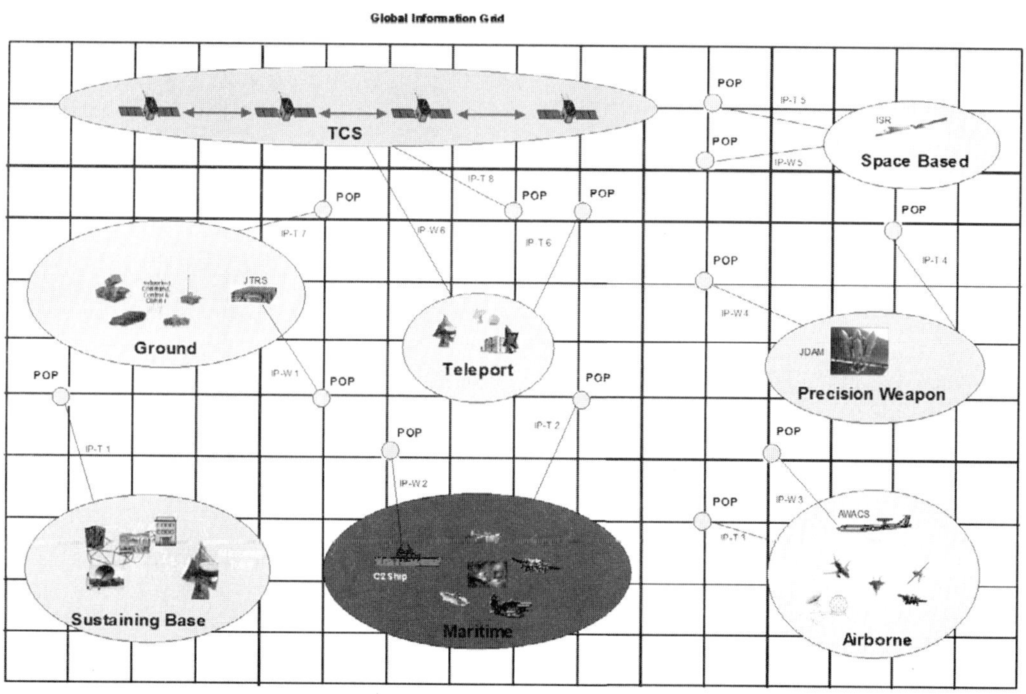

그림 1-22 시스템 통신 뷰(SV-2)

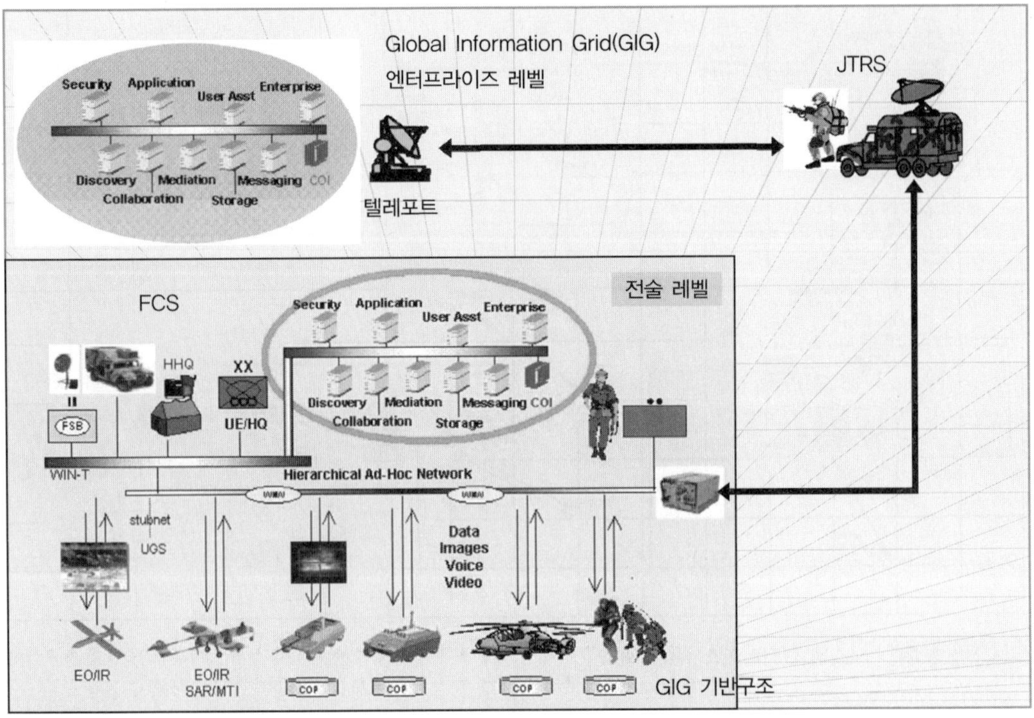

그림 1-23 GIG 엔터프라이즈 서비스(GES)의 배치 예

System)의 주요 인터페이스가 된다. 여기서 TCS는 인터넷 프로토콜(IP)과 EHF, Ka/X-band 링크를 통해 사용자들을 통합한다. 각 시스템은 SATCOM 링크나 전송 엔트리 포인트를 통해 SATCOM에 접속할 수 있으며, POP를 통해 유선구간은 IP-T, 무선구간은 IP-W로 GIG에 접속할 수 있는데 이에 대한 표현이 그림 1-22에 나타나 있다. 예를 들면 그림에는 TCS, 우주 기반 노드를 포함하여 총 8개의 노드가 존재하고 있고, 각 노드는 POP를 통해 GIG에 연결되어 있음을 알 수 있다. 그리고 각 노드 및 노드 내 시스템들은 유선 및 무선구간에 따라 IP-T와 IP-W로 GIG에 각각 접속되어 있는데, IT-T로는 TCS 노드부터 우주 기반, 정밀무기, 지상, 해상, 공중, 지원기지, 지상센터(텔레포트) 노드가 각각 접속되어 있고, IT-W로는 TCS, 우주 기반, 정밀무기(JDAM), 텔레포트 노드와 AWACS, C2 함정, JTRS가 각각 접속되어 있음을 알 수 있다.

다음은 시스템과 서비스와의 관계인데, 미래전투체계(FCS)는 JTRS와 WIN-T를 포함하고 있고 WIN -T를 통해 핵심 서비스(CES)를 사용할 수 있다. 그리고 FCS는 JTRS와 텔레포트를 통해 전술 레벨에서 엔터프라이즈 레벨로의 연결이 가능하다. 그림 1-23에 GIG 엔터프라이즈 서비스(GES)를 배치한 예를 통해 시스템과 서비스가 어떻게 서로 연결되어 있는지 보여주고 있다. 이 그림에서 좌측 하단의 FCS 박스에서 상단에 있는 타원형 부분에 9개의 서비스(보안, 애플리케이션, 사용자 지원, 서비스 관리, 발견, 협업, 중재, 저장, 메시징)가 있는데, 이 9개의 서비스가 엔터프라이즈 레벨이고 나머지 부분이 전술 레벨이다. 그리고 엔터프라이즈 레벨의 서비스들은 텔레포트를 통해 JTRS와 연결되어 있고, 나머지 FCS 부분은 JTRS와 연결됨으로써 엔터프라이즈 레벨과 전술 레벨이 서로 연결되어 있음을 알 수 있다. 이 9개의 서비스는 두 번에 걸친 보완작업을 통해 11개의 서비스로 최종 조정된다.

1.3.4.3 타겟 기술 뷰(TTV)

타겟 기술 뷰(TTV)는 NCOW RM의 기술 뷰(TV)의 구성요소이고, 정보우위를 달성하는데 필요한 최신 정보기술(IT)에 대한 분석과 우선순위화를 위한 가이던스를 제공한다. TTV가 제공하는 콘텐츠는 다음의 5가지가 있다.

- 네트워크 중심을 위한 최신 기술과 관련된 TV 개념과 용어에 대한 이해 제공
- TTV와 미 국방부 아키텍처 프레임워크(DoDAF) TV와의 관계

그림 1-24 IT 표준과 기술 진화 – JTA에서 DISR, TTV로 진화

- TTV와 미 국방부 정보기술 표준 레지스트리(DISR: DoD Information Technology Standards Registry)와의 관계
- TTV와 DoDAF SV 및 OV와의 관계
- IT 정보를 수집하고 GIG 아키텍처에 접목시키기 위한 기능 제공

TTV로 전환되는 IT 기술목록이 그림 1-24에 나타나 있는데, 그림 좌측 부분은 기존의 합동기술아키텍처(JTA: Joint Technical Architecture)에 나와 있는 IT 표준 목록을 나타내며, 중앙 부분은 JTA 후속 버전으로 현재 미 국방부가 사용 중에 있는 DISR에서 제시된 서비스 목록을 나타내며, 우측 부분은 TTV의 IT 기술 목록을 나타낸다.

다음으로 NCOW RM의 구성요소인 TTV가 DoDAF, DISR, 그리고 이익공동체(COI)와 어떤 관계를 유지하고 있는지 살펴보면, JTA 후속 버전인 DISR은 자체 레지스트리를 업데이트하기 위해 TTV를 사용하며, 프로그램 관리자(PM)는 아키텍처 기술 통합과 예측정보 개발을 위해 DoDAF의 산출물인 SV-8, SV-9, TV-2를 생산해야 하는데 이때 TTV를 사용한다. 참고로 COI는 IT 표준 조직, 벤더 컨소시엄, DoD 산학 R&D 센터를 포함한다. 이러한 NCOW RM의 TTV와 DoDAF, DISR, COI와의 상관관계가 그림 1-25에 표현되어 있다.

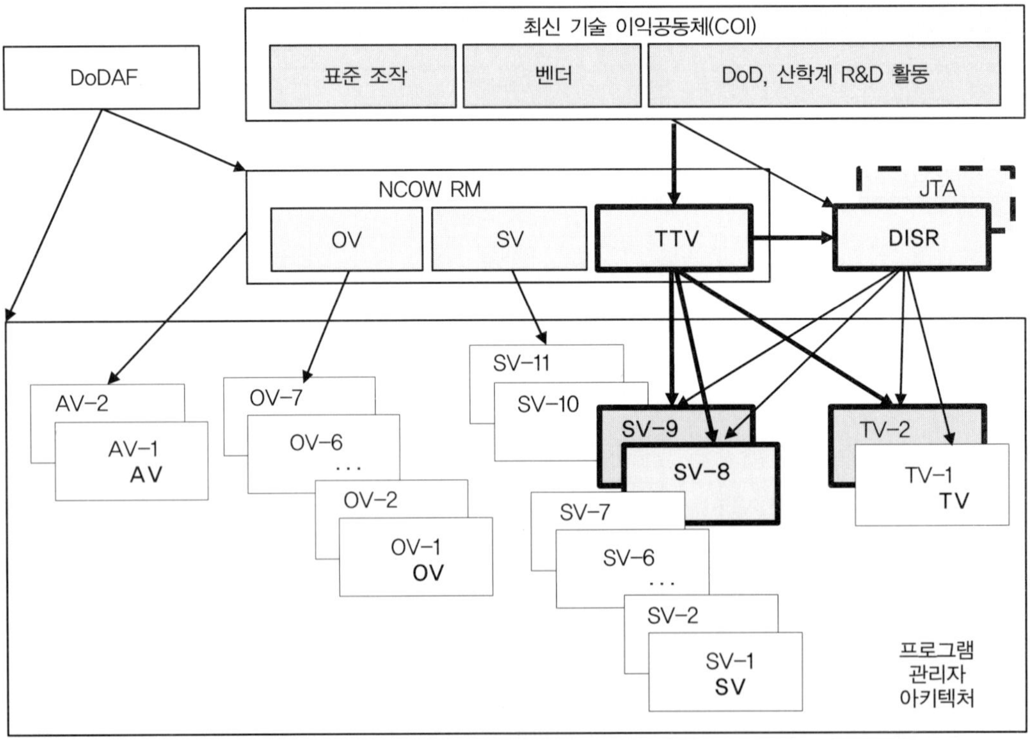

그림 1-25 NCOW RM의 TTV와 DoDAF, DISR, COI와의 상관관계

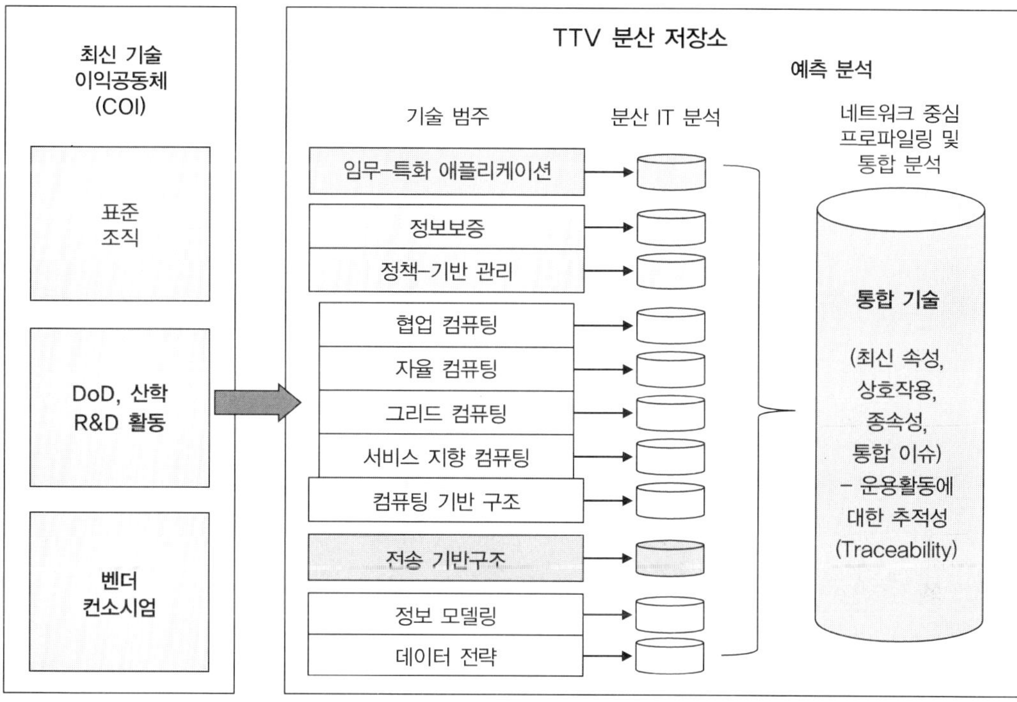

그림 1-26 TTV 분산 저장소

TTV의 분산 레파지토리에서 2단계 예측분석을 통해 향후 미 국방부에 요구되는 통합기술이 무엇인지 산출하는 방법이 그림 1-26에 도시되어 있다. 먼저 1단계 예측분석으로 TTV의 각 기술 범주를 대상으로 개별 IT 분석을 실시하여 필요 기술을 산출한다. 그런 다음 2단계 예측분석으로 분석된 IT 기술을 대상으로 네트워크 중심 프로파일링 및 통합분석을 이용하여 통합 기술을 산출한다. TTV 분산 저장소의 내용은 미 국방부 아키텍처 저장소 시스템(DARS: DoD Architecture Repository System)에 입력되거나 출력된다. 참고로 DARS는 핵심 아키텍처 데이터 모델(CADM: Core Architecture Data Model)이다.

기술 준비 수준(TRL: Technology Readiness Level)은 TTV 기술이 GIG 아키텍처에 적용될 수 있는 준비 수준을 제시한 것으로서 다음과 같이 총 9가지로 구분된다.

- **수준 1: 관찰 및 보고 수준** 기술 준비상태가 가장 낮은 상태로서 관련 연구 수준이다.
- **수준 2: 분석연구 수준** 애플리케이션 개발이 시작되는 분석연구 수준이다.
- **수준 3: 실험 수준** 개념에 대한 분석 및 실험 등 적극적인 연구 활동이 시작되는 수준이다.
- **수준 4: 실험적 환경에서의 검증 수준** 실험적 환경에서의 컴포넌트와 브레드보드 검증과 같이 기본적인 기술 컴포넌트가 통합되는 수준이다.

- 수준 5: 적절한 환경에서의 검증 수준 적절한 환경에서의 컴포넌트와 브레드보드 검증과 같이 기본적인 기술 컴포넌트가 시뮬레이트된 환경에서 테스트할 수 있는 실제 지원요소와 통합되는 수준이다.
- 수준 6: 적절한 환경에서의 프로토타입 구현 수준 적절한 환경에서의 시스템/서브시스템 모델 혹은 프로토타입 구현과 같이 대표적인 모델이나 프로토타입 시스템이 적절한 환경에서 테스트되는 수준이다.
- 수준 7: 작전환경에서의 프로토타입 구현 수준 작전 환경에서 실제 시스템 프로토타입이 시현되는 수준이다.
- 수준 8: 테스트, 구현을 통해 검증된 실제 시스템 수준 실제 시스템이 개발되어 기술 구현이 실제 증명되는 수준이다.
- 수준 9: 실제 작전환경에서 시스템이 사용되는 수준 성공적인 작전임무 수행을 통해 증명된 실제 시스템 수준이다.

TTV에서 제공하는 최신 기술 10가지를 TTV 분산 레파지토리에 나와 있는 순서대로 제시하면 다음과 같다.

- 임무-특화 애플리케이션
  - 비즈니스 임무 영역: 엔터프라이즈 자원 기획, 공급망 관리(SCM), 고객관계 관리(CRM), 로제타넷(RosettaNet)
  - 전투 임무 영역: SDR(Software Defined Radio)
- 정보 보증
  - 메커니즘 장점 식별과 입증
  - 안전한 종단 간 통신 환경
  - 분산된 정책 기반 액세스 제어
  - 동적인 정책 관리
  - 보증된 GIG 자원 관리 및 할당
  - 엔터프라이즈 광역 국방 네트워크와 상황 인식
  - 보증된 엔터프라이즈 광역 IA 메커니즘과 자산 관리
- 정책-기반 관리
  - 정책 전문용어
  - 정책에 관련된 표준 조직: DMTF(Distributed Management Task Force), IETF(Internet Engineering Task Force)

- 정책 프레임워크 및 정책 CIM(Common Information Management)
- 웹 기반 엔터프라이즈 관리
- 디렉토리 가능 네트워킹(DEN)
- 서비스 품질(QoS)

• 협업 컴퓨팅
- 통합 메시징: 상이한 메시지(이메일, 팩스, 음성, 비디오 등)를 한 개의 보관함에 통합하여 접속 가능

• 자율 컴퓨팅
- 자율 컴퓨팅: 대규모 컴퓨터와 소프트웨어 시스템의 복잡성을 처리하는 자율 컴퓨팅
- 에이전트 기반 기술: 에이전트(Agent)는 다양한 환경에서 상호작용하는 자율 엔티티
- 워크플로우 관리: 워크플로우(Workflow)는 전체 혹은 부분적으로 비즈니스 프로세스의 자동화를 표현

• 그리드 컴퓨팅
- 개방형 그리드 시스템 아키텍처: 이종 환경과 지리적 분산 환경에서 통신 가능
- 그리드 서비스: 웹 서비스
- CIM 기반의 스키마: CIM은 실세계의 객체를 관리
- Peer-to-Peer 프로토콜

• 서비스 지향 컴퓨팅
- 서비스 지향 아키텍처(SOA): 공개(Publish)-발견(Find)-연결(bind)
- 웹 서비스 아키텍처: 다양한 플랫폼에서 작동하는 애플리케이션을 상호 운용할 수 있게 하는 수단
- 시멘틱 웹: 차세대 지능형 웹
- 콘텐츠 관리: 정보 및 콘텐츠 교환, 웹 기반 저작, RSS(Really Simple Syndication)

• 컴퓨팅 기반구조
- 운용 환경: 리눅스, 윈도우
- 애플리케이션 플랫폼: .NET, J2EE, J2ME
- 애플리케이션 프레임워크: 애플리케이션 표준 구조를 구현하기 위한 라이브러리
- 엔터프라이즈 애플리케이션 통합(EAI): 데이터베이스, 애플리케이션 연결, 데이터웨어하우징, 공통 가상시스템
- 저장 기술: SAN(Storage Area Network), NAS(Network Attached Storage)

- 전송 기반구조
  - GIG-BE(Bandwidth Expansion): 광네트워크
  - TCA(Transformational Communication Architecture): SATCOM과 연관된 RF 처리, 통신 프로세싱, 네트워크/보안 프로토콜 실행
  - 전송 서비스(TCP)
  - IPv6(IETF에서 제정된 IP 버전 6)
  - 모바일 컴퓨팅(네트워킹): MANET(Mobile Ad-hoc NETwork) 프레임워크, SyncML(Synchronous Mark-up Language)
- 정보 모델링
  - UML: 데이터 구조, 비즈니스 프로세스, 애플리케이션 구조, 아키텍처를 위한 공통 모델링 지원
  - CIM(Common Information Modeling): 컴퓨팅과 비즈니스 엔티티를 관리하고 묘사
  - PML(Process Modeling Language): 비즈니스 프로세스 모델링을 위한 수단
- 데이터 전략
  - NCDS: EIE 내 데이터 관리
  - DDMS(DoD Discovery Metadata Standard): 공유 공간에 게시된 자원을 발견하기 위한 메타데이터 정의
  - XML: 웹에서 다양한 정보 교환을 위해 중요 역할
  - 국제화: W3C 아키텍처 도메인 일부분, W3C의 포맷과 프로토콜이 언어, 시스템과 독립적
  - 메타데이터 레지스트리, 정보센터(Clearing House): 소프트웨어 개발자가 데이터 기술 사용을 지원

※ 소프트웨어 개발자는 XML 데이터, 메타데이터, COE DB 세그먼트 등에 접속 가능

1.3.5 NCOW RM 사용단계

국방 획득 가이드북의 제7장 "Acquiring Information Technology and National Security Systems"에는 NCOW RM의 사용방법이 자세히 기술되어 있다. NCOW RM의 사용단계는 프로그램 목록화, 활동 매핑, 상관관계 식별, 데이터 및 메타데이터 식별, 정책 요구사항 식별, 그리고 기술 식별 등 총 6단계로 구성되며, 사용단계에 대한 세부설명은 다음과 같다.

- **1단계: 프로그램 목록화** 임무 영역, 도메인 구성과 플랫폼을 고려하여 프로그램을 목록화한다.

- 2단계: 활동 매핑 NCOW RM과 COI 서비스에 매핑하며 그 예는 다음과 같다.

도메인-프로그램	NCOW RM 활동
전투원-합동 FCS: 교전 수행 통제	A3221 - 전투원 서비스 제공
전투원-육군 FCS: 전술작전 수행 통제	A3221 - 전투원 서비스 제공
비즈니스-BEA: 교육제도 제공	A3222 - 국방 비즈니스 서비스 제공

- 3단계: 상관관계 식별 프로그램에서 정보 사용자와 제공자를 식별한다.
- 4단계: 프로그램에 사용될 데이터 자산을 식별하고, 데이터 자산이 메타데이터에 의해 식별되도록 보장한다.
- 5단계: 프로그램에 필요한 모든 정책 요구사항을 식별한다.
- 6단계: 프로그램 구현에 사용될 최신 기술과 표준을 식별한다.

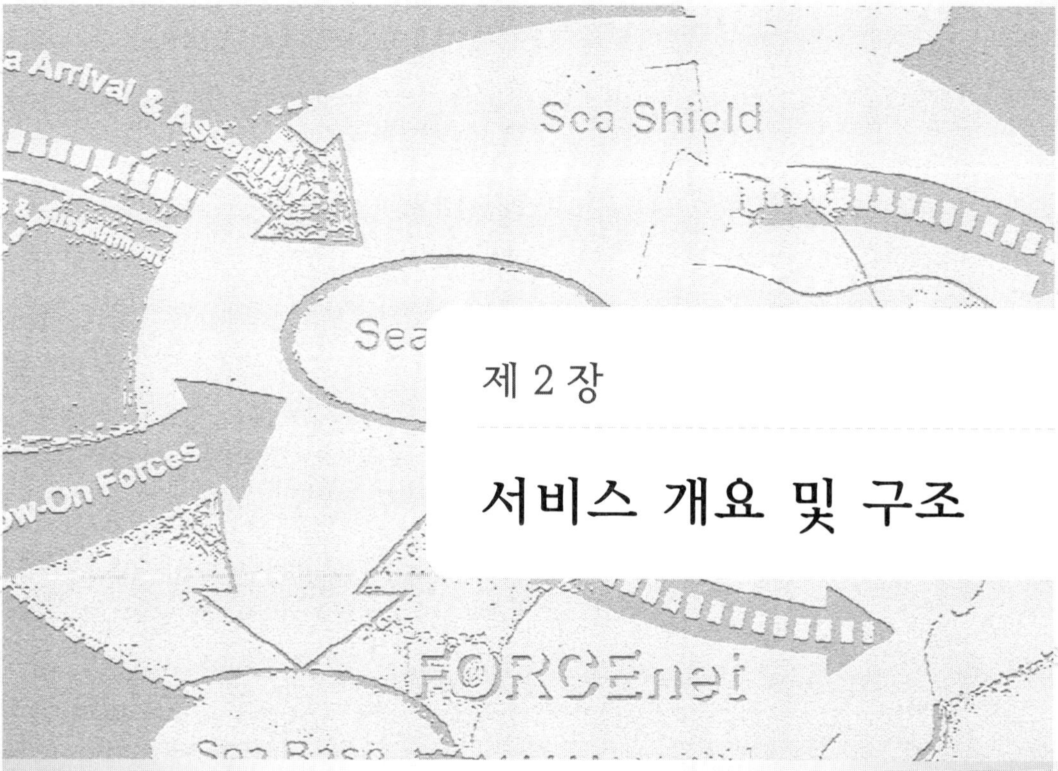

제 2 장

서비스 개요 및 구조

본 장에서는 정보기술(IT) 패러다임의 변화에 따라 NCW에서 서비스가 등장하게 된 배경과 개념을 기술한다. 특히 미군의 공통운용환경(COE) 변천사와 더불어 NCW 환경 하에서 COE가 네트워크 중심 엔터프라이즈 서비스(NCES)로 전환하게 된 추진동향 및 개념 그리고 전환계획을 함께 기술한다. 마지막으로 NCES에서의 서비스 구조와 운용환경, 그리고 제품계열(PL)과 연계하여 서비스가 제품으로 만들어지는 과정을 설명한다. 본 장은 다음과 같이 구성된다.

2.1 서비스 등장배경 및 개념

2.1.1 서비스 등장배경

2.1.1.1 COE 개념 및 특징

공통운용환경(COE: Common Operating Environment)은 공통적으로 사용되는 일련의 소프트웨어 집합체로서 데이터와 소프트웨어를 공동으로 활용할 수 있는 체계를 구축하기 위한 기반환경이다. COE의 구성요소에는 임무-애플리케이션, 공통 지원 애플리케이션, 공통 기반구조 서비스, COE 커널 등이 있다.

임무-애플리케이션은 각 군 및 기관에 의해 개발 및 통제되고 배치된 소프트웨어로서 임무에 따라 고유한 기능(서비스)을 제공한다. 공통 지원 애플리케이션은 데이터의 공통 뷰를 통해 상호운용성을 극대화하기 위한 소프트웨어로서 도메인 안에서 공통적인 기능을 나타내며, 공통 기반구조 서비스는 네트워크를 통하여 데이터의 이동을 극대화하기 위한 컴포넌트이고, COE 커널은 각 군 및 기관에 의해 개발, 통제 및 배치되는 핵심 부분으로 모든 커널 요소들은 COE의 호환성 워크스테이션에서 나타난다.

COE의 특징으로, COE는 직접적으로 정보체계가 운용되는 서버와 운영체제(OS) 그리고 시스템 소프트웨어와 같은 기술적 기반에 해당되며 거의 대부분 상용 기술이나 COTS로 구성된다. COE는 재사용이 가능한 소프트웨어의 집합으로써 시스템 아키텍처의 기초를 마련하고 다양한 서비스와 시스템 통합을 위한 접근방법을 제공한다. 또한 소프트웨어 개발의 가이드라인과 표준을 제공하고, 임무 애플리케이션에 독립적인 공통시스템 구축을 위한 플랫폼이 된다. 그러나 COE는 중복 개발된 각종 소프트웨어를 컴포넌트로 제공하여 중복성과 개발비용을 줄이는 효과를 가져 올 수 있지만 다음과 같은 세 가지 문제점으로 인해 COE 운영에는 제한을 가지고 있다.

- COE는 개방체계 환경에 기초한 기술참조모델(TRM)에 기반하였으나 운용체제에 종속적이기 때문에 윈도우즈 NT, 솔라리스, HP-UX의 운영체제에서 동작하는 세 가지 버전에 맞는 COE를 선택하여 개발해야 하는 문제점이 있다. 이는 세 가지 버전의 소프트웨어 개발에 따른 개발비용과 유지관리 비용이 많이 들뿐만 아니라 COE에서 지원하는 운영체제 이외의 플랫폼에서는 COE를 사용할 수 없다는 단점이 있다.
- COE는 컴포넌트 기반 개발방법론을 따르고 있어 COE 개발이 복잡하며 표준화된 요소 기능을 구현하기 어렵다.

• COE는 클라이언트-서버 환경에 적합한 반면 네트워크 환경에서의 정보처리에는 제한을 가지고 있다.

2.1.1.2 COE에서 서비스(NCES)로의 전환

미 국방부는 NCW를 도입하면서 COE를 지속적으로 운영하기에는 한계가 있다는 사실을 인식하였고, 정보기술(IT)의 발전과 IT 패러다임의 변화에 따라 COE에서 서비스, 즉 네트워크 중심 엔터프라이즈 서비스(NCES)로의 전환을 적극적으로 추진하게 되었다.

전쟁 패러다임은 과거 플랫폼 중심의 전쟁에서 네트워크 중심의 전쟁으로 변화하고 있고, NCW 개념이 등장하면서 기존 C4I체계도 플랫폼 중심에서 네트워크 중심으로 발전해야 하는 필요성이 대두되었다. IT 패러다임 또한 재사용성과 협업을 강조하는 사고의 변화와 함께 1980년대 클라이언트-서버 구조에서 1990년대 웹 기반의 분산 구조로, 현재는 서비스 지향 기반의 SOA 개념으로 변화하고 있으며, 특히 최근에는 서비스의 결합이 더욱 느슨해지고 적응성과 유연성이 향상되고 있음을 알 수 있다. 그림 2-1은 가트너에서 발표한 1970년대부터 2000년대까지의 일반적인 IT 패러다임의 변화를 보여준다.

정보기술(IT) 패러다임의 변화에 따라 미 국방부는 COE가 추구하던 개방체계 환경을 충족하는 동시에 운용체제에 독립적이며 네트워크 중심에 적합한 SOA 기반으로의 시스템 개발을 추진하고자 COBIT(IT Governance), TOGAF(Enterprise Architecture Methodology), openUP(Agile Systems Development), ITAC & ITSC(보안) 등의 데이터 교환 포맷과 인증 그리고 보안과 관련된 개방표준을 도입하여 업무 지원의 민첩성과 유연성을 달성하고, SOA와 XML 등을 기반으로 지속적으로 발전하는 웹 기술을 국방 분야에 적용하기 시작하였다.

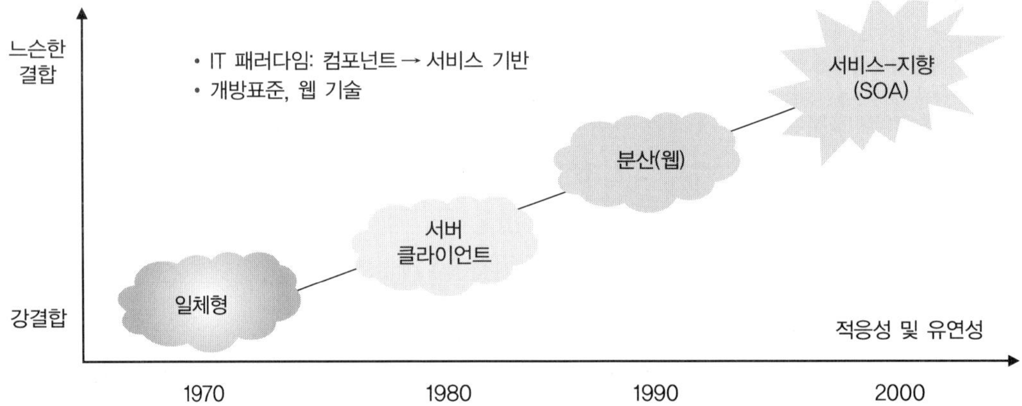

그림 2-1 정보기술(IT) 패러다임의 변화

COE와 NCES를 간략히 비교해보면, 먼저 COE는 플랫폼을 중심으로 시스템의 공통적인 부분을 공유하고 소프트웨어 이식성과 재사용성을 높임과 동시에 개발 비용을 절감하는데 초점을 두고 있다. 따라서 COE의 공통지원 서비스 집합에서 공통 소프트웨어를 플러그 앤 플레이 할 수 있다. 이에 반해 NCES는 네트워크상에서 서비스에 쉽게 연결하고 전투체계 간의 상호운용성을 극대화하기 위해 컴포넌트가 아닌 서비스 개념으로 사용자를 지원하는데 초점을 두고 있다. NCES에서는 웹에서 서비스를 받거나 혹은 다운로드 후 설치를 통해 필요한 정보와 서비스에 연결할 수 있다. 이와 같은 COE와 NCES의 비교가 표 2-1에 제시되어 있다.

2.1.2 서비스 개념

2.1.2.1 NCES 정의와 비전

NCES란 NCW의 환경을 지원하는 핵심 서비스로서 정보(데이터, 서비스)를 필요로 하는 곳과 정보를 가진 곳을 연결하여 조직 구성원 간 정보를 공유시키고 정책결정자 및 전투지휘관에게 의사결정을 지원하는 범세계적인 서비스를 말한다. NCES는 정보제공자를 위해서 정보 광고(Advertising)와 배달(Delivery) 서비스를 제공하고, 정보요구자를 위해서 정보발견(Find)과 수신(Receive) 서비스를 제공한다.

NCES의 비전은 네트워크상에서 안전하고 견고하면서 독립적인 상호운용성을 지원하고, 전투원과 비즈니스 사용자, 정보(Intelligence) 사용자를 연결하여 범세계적으로 지식을 공유하기 위한 것으로 정보우위, 신속한 지휘결심, 효율적인 조직운영을 달성하는 것이다.

표 2-1 COE와 NCES 비교

구분	COE	NCES
목적	• 입증된 컴포넌트의 재사용과 공통 기능 공유를 통해 개발 비용 절감	• 네트워크를 통하여 근/실시간 전투원의 요구 및 자원관리 사용자 지원
구성요소	• 공통 지원 애플리케이션 • 공통 기반구조 서비스 • COE 커널	• 핵심 엔터프라이즈 서비스(CES) • 제품라인(PL)
접근법	• 컴포넌트 기반 개발방법론(CBD)	• 서비스 지향 아키텍처(SOA)
기반	• 플랫폼 중심	• 네트워크 중심
시작년도	• 1993년	• 2003년

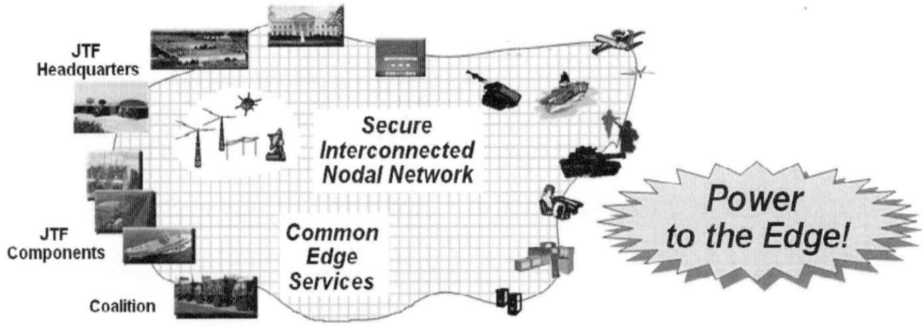

그림 2-2 NCES 비전

NCES는 정보우위에 도달하기 위해 필요한 모든 종류의 의사소통과 컴퓨팅 시스템, 서비스, 소프트웨어, 데이터, 보안서비스, 그리고 관련된 기타 서비스를 포함하고 있으며, 그림 2-2에서 보는 바와 같은 "Power to the edge"를 실현하는 것이 주목적이다. 여기서 "Power to the edge"란 사용자를 지원하기 위해 성능 기반의 서비스 환경을 제공하고 사용자로 하여금 언제 어디서나 결심을 위한 정보에 시기적절하고 안전하게 접근하도록 지원하는 개념이다. 다시 말해 사용자는 NCES를 통하여 신속하고 정확하게 정보자원을 발견하고 활용하는 것이 가능해졌으며, NCES의 동적인 협업 그룹과 정보 보안 그리고 데이터 공유를 통해 상호운용성을 향상시킬 수 있는 이점이 있다.

2.1.2.2 NCES 운영개념

NCES의 운영개념은 그림 2-3에서 보는 것과 같이 사용자는 노트북의 웹브라우저나 PDA와 같은 경량화된 디바이스, 임베디드 프로세서를 탑재한 전용 시스템 등의 가장 편리한 수단을 사용하여 네트워크에 연결하여 서비스를 검색하고 활용한다. 즉 NCES는 단순히 하나의 이익공동체(COI)가 아닌 주어진 임무를 지원하기 위해 필요한 통합적인 능력과 정보 서비스의 방대한 범위를 포함하고 있으며, 전 세계 어느 곳이든지 원하는 데이터를 가져올 수 있도록 안전한 통신 백본으로 연결되어 있다.

NCES의 운영목표는 최종 사용자를 지원하기 위해 능력 기반의 서비스 환경을 제공하여 언제 어디서나 결심을 위한 정보에 시의적절하고 안전하게 접근하도록 하는 것이다. 정보제공자는 자신이 가지고 있는 모든 정보를 공지할 수 있는 환경을 제공받게 되며, 최종 사용자는 NCES를 통하여 빠르고 정확하게 정보자원을 탐색하고 추출이 가능함으로써 문제를 해결하기 위해 동적인 협업그룹 생성이 가능해졌고 필요한 정보자원에 대한 협업 관리와 NCES에서 공유되는 데

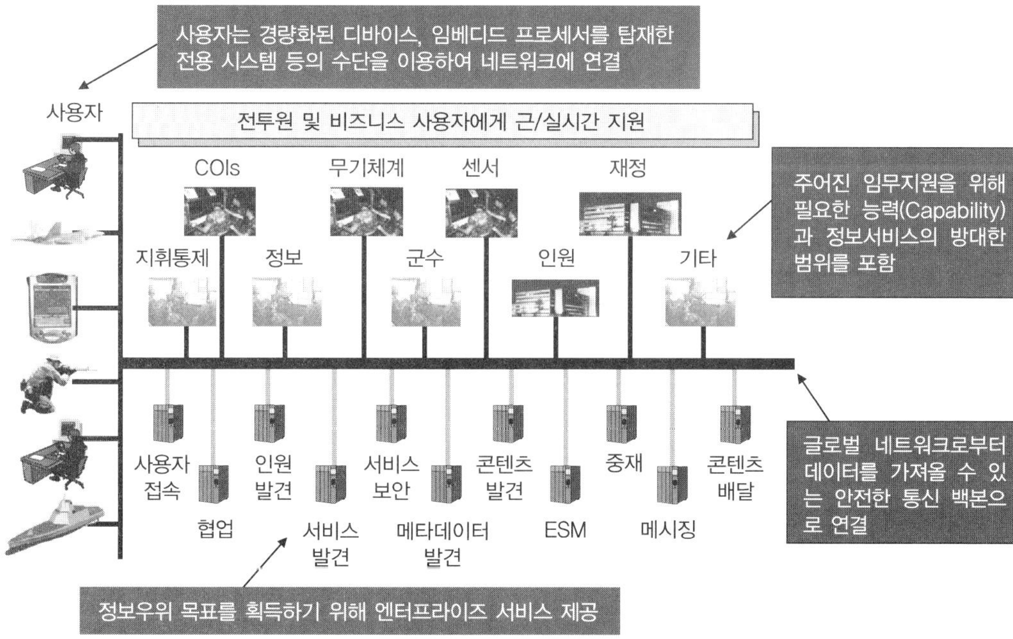

그림 2-3 NCES 운영개념도

이터를 통한 상호운용성 증진 등이 가능해졌다.

2.2 서비스 추진동향

2.2.1 COE 추진동향

2.2.1.1 미군의 전환 개요

미 국방부는 C4I체계를 중심으로 응용체계의 부품을 이루었던 공통운용환경(COE)을 서비스 중심의 환경으로 전환하고자 2004부터 7년간 NCES 사업을 추진하였다. 그 결과, 2010년 9월 20일에 미 국방차관(ASD/NII)이 완전 배치(Full Deployment) 선언을 하였으며, 동년 9월 29일에 미 전략사령부(USSTRACOM)의 부사령관이 완전 작전능력(FOC: Full Operation Capability)을 선언함으로써 NCES 사업이 완료되었다. 물론 각 서비스마다 개발이 완료되고 전장에 배치되는 시기에는 차이가 있었지만 서비스 중심 환경으로 전환하기 위한 개별 서비스들의 개발은 2004년부터 시작되었으며, 2011년 현재 각 서비스의 내용과 범위 등을 보완하면서 진화 중에 있다고 할 수 있다.

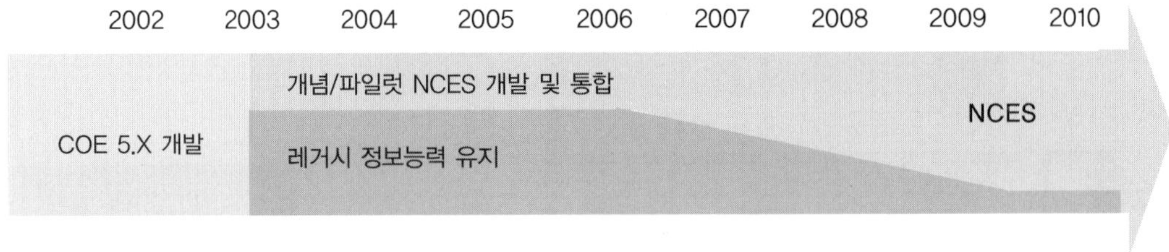

그림 2-4 COE에서 NCES로의 미군의 전환개념

현재까지 밝혀진 NCES 11개 서비스에 대한 완료 및 배치 시기를 개략적으로 살펴보면, 2009년 5월 이전에 인원 발견, 서비스 보안, ESM, 중재, 메시징, 그리고 콘텐츠 배달 서비스 등 6개 서비스에 대한 완전 배치를 결정하였고, 2009년 5월 경에 협업, 메타데이터 발견, 콘텐츠 발견, 그리고 사용자 지원 서비스 등 4개 서비스에 대한 완전 배치를 결정하였다. 그 이후 2010년 2월 경에 마지막 1개 서비스인 서비스 발견에 대한 완전 배치를 결정하였고, 최종적으로 2010년 9월 20일에 미 국방부에서 11개 전 서비스에 대한 완전 작전능력, 즉 FOC를 선언하였다.

미 국방부에서 추진했던 COE에서 NCES으로 전환개념은 그림 2-4와 같이 나타낼 수 있다. 이 그림을 보면 레거시 정보능력, 즉 COE의 능력은 유지하면서 NCES의 개념을 정립하고 파일럿 NCES를 개발한 후 이를 통합하여 완성해 나가는 점진적 단계를 거쳐 NCES로 전환하였음을 알 수 있다.

NCES는 응용체계 요소에 업무 응용체계, 전구지휘통제체계(GCCS) 등을 포함하고 있고 컴퓨팅 요소에 네트워크상에서 이용될 수 있는 서비스를 제공하기 위하여 보증된 컴퓨팅 서비스, 전자메일, 웹 서비스, 소프트웨어 배포 등을 포함하고 있다.

참고로 미 국방부는 2010년 9월 29일 완전 작전능력(FOC)을 선언한 이후, 2011년 서비스 진화 계획을 수립하면서 더 이상 NCES라는 용어로 부르지 않고 간단히 핵심 서비스(Core Service)로 부르고 있으며, 핵심 서비스 이 외 전략적 지식통합망(SKIWEB)이나 일반 정보 공유(Unclassified Information Sharing) 기능 등 새롭게 출현하는 서비스는 신규 서비스(New Service)로, 그리고 합동 사용자 메이징, 이벤트 관리 프레임워크 등은 미래 서비스로 구분해서 부르고 있다.

2.2.1.2 COE 변천사

미군은 전세계 군사지휘통제체계(WWMCCS: Worldwide Military Command and Control Systems)를 대체하기 위해 1993년에 초기 COE를 구축하였으며, 1994년에 초기 COE에 C4ISR 분야를 적용시켜 GCCS COE로 발전시켰으며, 1995년에 GCCS COE 버전 2.0을 발표하였다. 1995년에는

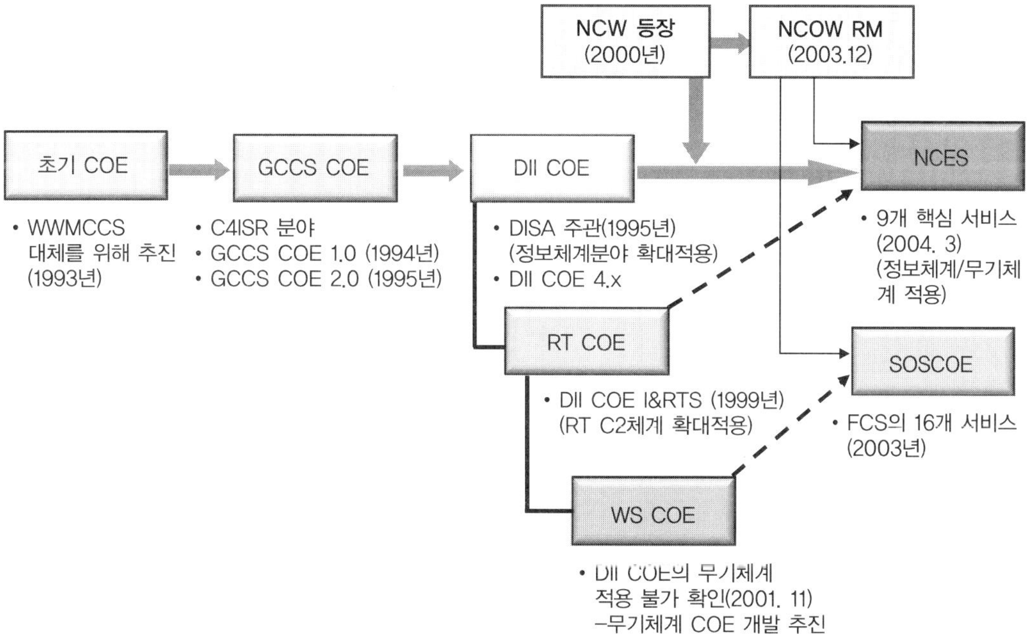

그림 2-5 미군의 COE 변천사

DISA에서 주관하여 GCCS COE를 정보체계 분야로 확대 적용하여 DII(Defense Information Infrastructure) COE로 발전시켰으며, 지속적으로 버전을 업그레이드하여 DII COE 4.X 버전까지 발전시켰다. 그러다 1999년에 DII COE를 실시간 지휘통제체계에 확대 적용하여 실시간(RT) COE라 불리는 DII COE I&RTS로 발전시켰다. 그 이후 RT COE를 무기체계에 적용하고자 WS(Weapon System) COE를 추진하였으나 2001년 11월에 COE를 무기체계에 적용시킬 수 없다는 것을 확인하였다.

이럴 즈음 2000년 경에 NCW가 등장함에 따라 DII COE I&RTS에 실시간 개념을 접목시킨 NCES를 2004년 3월부터 구축하기 시작하였고, 비슷한 시기인 2003년 경에 미 육군의 미래전투체계(FCS)에 적용할 수 있도록 15개 서비스를 가진 SOSCOE(System of Systems COE)가 개발되었다. 이러한 미군의 COE 변천사를 그림 2-5와 같이 나타낼 수 있다.

2.2.1.3 COE 세부내용

2.2.1.2절에서 이미 설명하였듯이, 미군이 초기 COE 개념을 만든 이유는 1993년 이전 전 세계적으로 분산 배치되어 있던 미군의 지휘통제체계인 WWMCCS를 대체하기 위해 추진하였는데, 이러한 미군의 WWMCCS의 개념도는 그림 2-6과 같다.

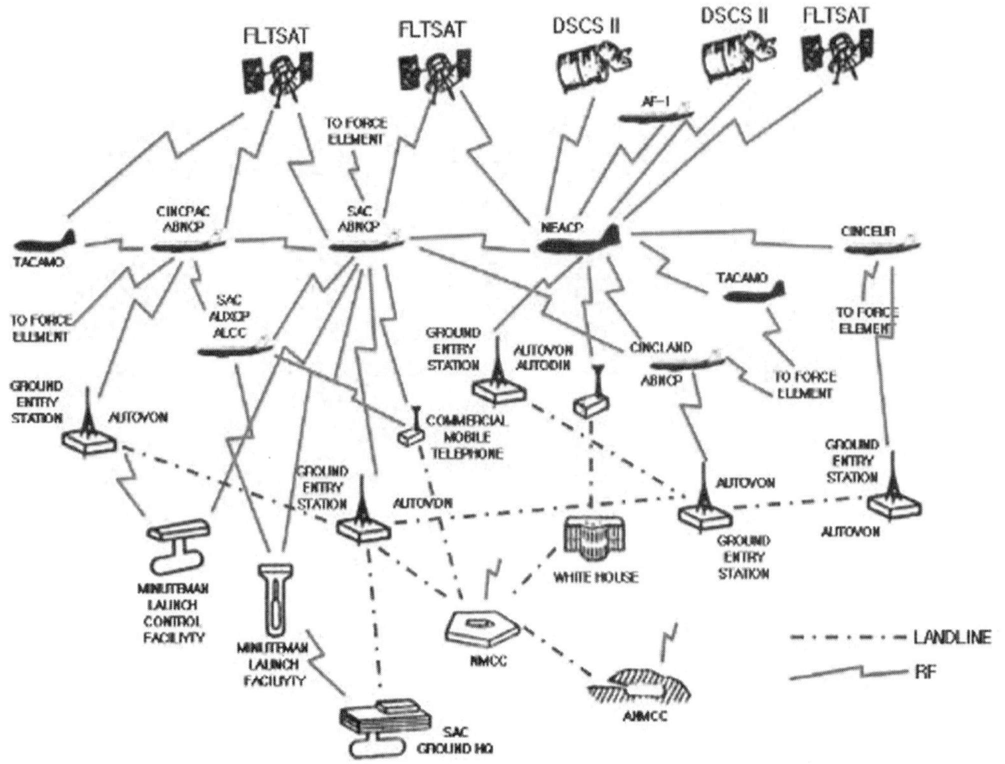

그림 2-6 미군의 WWMCCS 개념도

> **전세계 군사지휘통제체계**
> **(WWMCCS: Worldwide Military Command and Control Systems)**
>
> WWMCCS는 미군의 지휘통제를 위해 쿠바 미사일 위기 이후 만들어진 군사지휘통제체계이며, 1996년 전구지휘통제체계(GCCS: Global Command and Control System)로 대체되었다. 이 체계는 "wimex"로 불리며, 정보, 통신, 데이터 수집 및 처리, 의사결정, 그리고 지원 기능을 망라하여 포함하고 있는 복합체계(SOS)이다.

미 국방부는 상위의 전장 임무 영역의 효과성을 창출하기 위해 비즈니스와 전장 그리고 정보 임무 영역에 해당하는 각종 체계를 개발하고 기존 체계를 개선하거나 통합하여 C4ISR 분야 GCCS COE를 1994년 경에 개발하였으며, GCCS COE 버전 1.0은 1994년에 GCCS COE 버전 2.0은 1995년에 각각 개발하였다.

1995년 경에는 DISA 주관으로 GCCS COE에 정보체계 분야를 확대 적용시켜 DII COE를 개발하였는데, DII COE는 그림 2-7과 같이 밑에서부터 외부 환경 인터페이스, 운영체제(OS), 표준 기

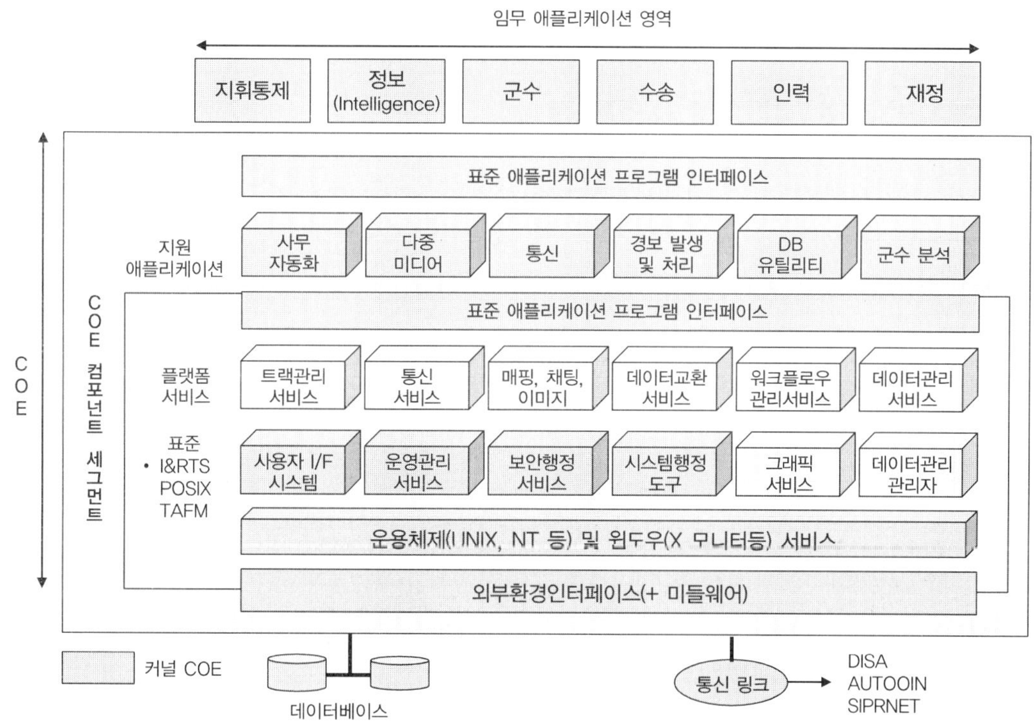

그림 2-7 미군의 DII COE 구성도

반의 미들웨어 서비스, 플랫폼 서비스, 애플리케이션, 그리고 임무 애플리케이션 영역 등 총 6개의 계층으로 구성되어 있으며, 특히 외부 환경 인터페이스를 통해 외부의 데이터베이스 및 통신 링크 등과 연결되어 있다.

그 이후 1999년 경에 DII COE에 실시간 지휘통제체계를 확대 적용한 실시간 COE(RT COE)를 개발하였는데, 그림 2-8에 RT COE의 구성도가 나타나 있다. RT COE는 COE 부분과 데이터 부분(SHADE)을 구분하였으며, COE 부분에는 운용체제(OS), 기반구조 서비스, 공통 지원 애플리케이션, 임무 애플리케이션 등 총 4개의 계층으로 구성되어 있다. 즉 RT COE는 DII COE의 미들웨어 서비스와 플랫폼 서비스를 기반구조 서비스로 통합하였으며, 그 외 실시간 기능 등을 추가해서 구축한 것으로 보인다.

이러한 미 국방부의 전체적인 COE 변천사를 분석해보면, GCCS COE(UNIX 기반) 범위는 C4ISR 분야로 제한되어 있고, DII COE 버전1.x/2.x(UNIX 기반)는 C4ISR 범위에 협의의 전투지원 및 실시간 지휘통제가 추가되었으며, DII COE 버전 3.x/4.x(UNIX 및 NT 기반)에는 전투지원 및 사무자동화의 전 범위, 그리고 협의의 실시간 지휘통제 등으로 대폭 확대된 것임을 알 수 있다.

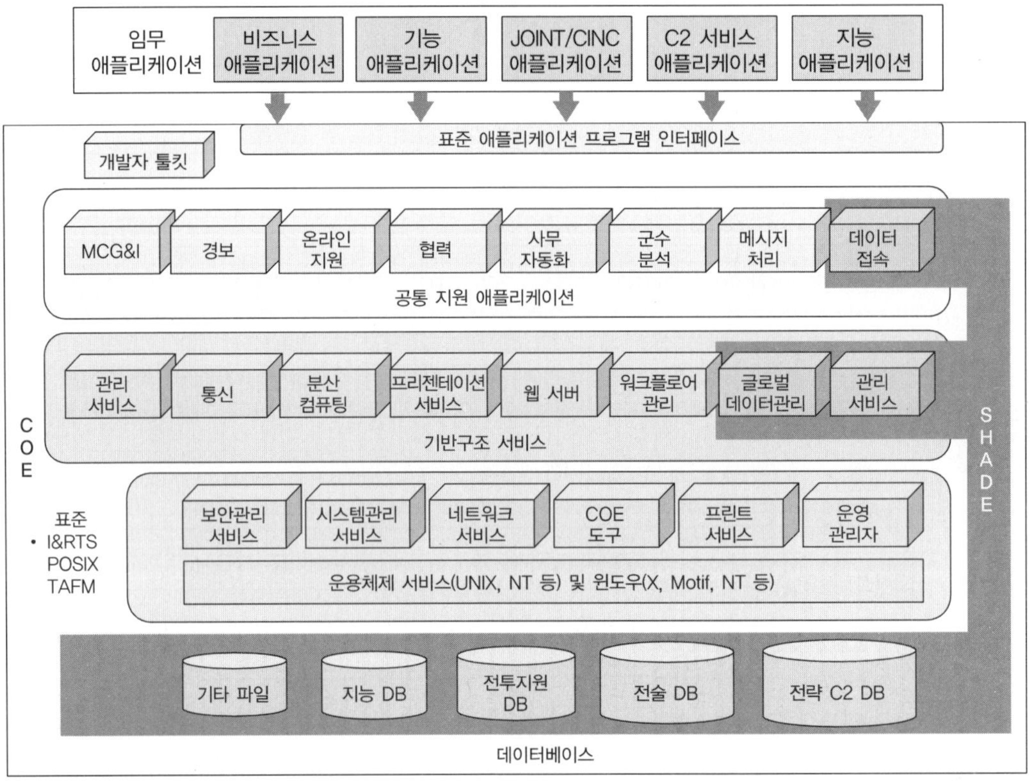

그림 2-8 미군의 RT COE 구성도

그 이후 실시간 확장 DII COE(UNIX, NT 및 POSIX RT Profile 54 기반)는 DII COE 전 범위와 실시간 지휘통제체계까지 확대 적용한 것으로 그림 2-9에 이러한 COE의 범위가 표시되어 있다.

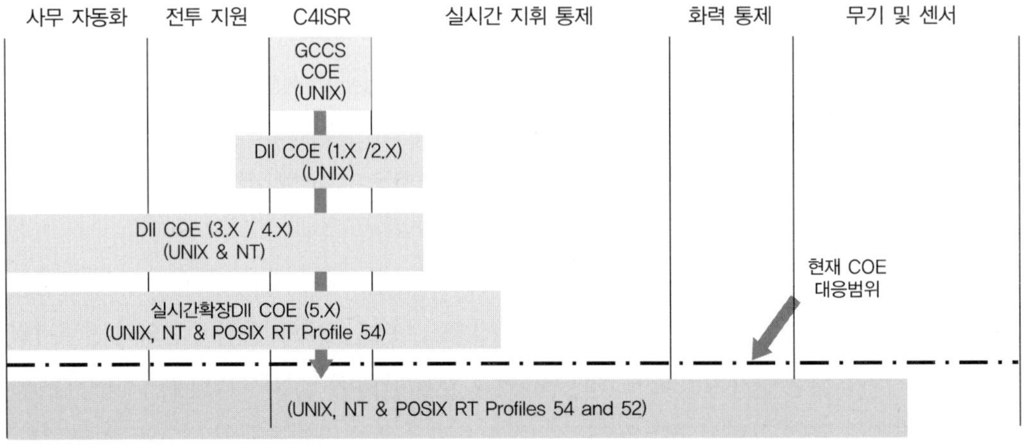

그림 2-9 실시간 확장 DII COE 범위

2.2.2 NCES 추진동향

2.2.2.1 NCES로의 전환

NCES로 전환 시 공통운용환경(COE), 정보배포관리(IDM: Information Dissemination Management), 국방 메시징시스템(DMS: Defense Messaging System), 국방 협업툴 세트(DCTS: Defense Collaboration Tool Suite) 등 현존하는 레거시 프로그램과 기반구조 서비스가 변화되는데, 이때 레거시 시스템은 2.2.1.1절에서 이미 설명한 바와 같이 기존 기반구조 전체가 NCES로 변화될 때까지 그 기능이 유지된다.

미 국방부는 NCES를 추진하기 전부터 전투, 비즈니스, 정보의 3개 임무 영역을 변혁하고자 추진하였으며, 그러한 변혁의 일부로 "네트워크-중심(Net-Centricity)" 개념을 채택하게 되었다. 이러한 네트워크-중심 개념을 추진하기 위해 시스템의 강건성 증진, 전 세계적인 연결, 사용자/애플리케이션/플랫폼 간 적시적이고 끊김 없는 정보 공유를 위한 네트워크 환경(예를 들어 기반시설, 시스템, 프로세스, 관련 인원 등)에 대한 구축이 필요하게 되었다. 이러한 네트워크-중심 개념을 구축할 경우의 장점은 사용자와 시스템 간 안전한 연결, 시간 및 지역에 독립적, 군 상황별 인식 능력의 향상 및 의사결정 주기의 단축, 군 자산의 보호 및 정보 활용 능력, 자원 운용성 향상, 그리고 군 전개 지원 및 임무 커뮤니티의 통합 능이 있다.

NCES는 지리적으로 분산된 군이나 대용량 컴퓨팅 센터에서 요구되는 엔터프라이즈 핵심 서비스를 제공하며, 사용하는 네트워크로는 국방정보체계망(DISN: Defense Information Systems Network), SIPRNET(Secure Internet Protocol Routed Network), NIPRNET(Nonsecure Internet Protocol Router Network) 등이고, 사용자는 군 기지나 주둔지, 지역 및 합동군(JTF) 작전 지휘소 등의 전투원들과 선별된 함정(예를 들어 CVN, LHA, LHD 등)의 승조원들을 포함하고 있다.

NCES 프로그램은 생산자 및 소비자(인원 또는 정보시스템) 간 정보교환을 위한 서비스를 지원하며 이 때 사용자들의 지휘 능력과 자기 동기화 속도가 증가되며, 상호운용성 능력 및 정보우세의 향상, 민첩성 증가, 예상치 못한 사용자에 대한 정보 및 서비스 제공 능력의 향상, 다수 제대(국가적, 전략적, 작전적, 전술적)에 대한 계획수립 및 지원협조 능력에 대한 향상뿐만 아니라 보안관련 사항에 대해서도 향상되는 것으로 나타났다. NCES 프로그램의 모든 잠재 능력과 장점을 활용하기 위해서는 기타 다른 프로그램과의 동기화가 필요한데 이때 요구되는 사항은 다음과 같다.

- 통신 및 컴퓨팅 기반시설 개선을 위해 증가된 대역폭 능력제공 여부
- 네트워크-중심 데이터 전략 준수 시 언제, 어디서나 모든 데이터의 확인, 가용 및 재사용 가능

여부

- 이익공동체(COI) 서비스에 대한 임무적용 가능성 여부
- GIG 정보보증(IA)/보안 아키텍처 구축 시 애로점
- GIG 임무지역 관리활동의 협조 여부
- 분산된 자원에서 정보사용이 가능하도록 교리 및 훈련의 변화 여부

NCES는 증분(Increment) 개념을 사용하여 구축하는데 이때 매 증분에는 다수의 나선형 개발 개념을 사용하고 있다. 예컨대 미군은 2006년부터 NCES를 개발할 때 하나의 증분에 각각 3년 이상의 기간으로 되어 있는 3개의 나선형 개발 개념을 사용하고 있는데, 특히 매 증분 시 이전의 증분 형태와 신기술 그리고 정보 전략을 고려한다는 특징이 있다. 다수의 나선형 개발 개념을 이용하여 구축되는 NCES의 증분 개념이 그림 2-10에 나타나 있다.

미군은 NCES를 증분 1에서 3까지로 구분하여 개발을 완료하였는데 각 증분에서 개발된 주요 내용을 살펴보면 다음과 같다. 증분 1에서, NCES는 4개의 제품계열(PL)과 11개의 핵심 서비스 중 기반이 되는 능력(Capability)을 개발하는데 초점을 두었다. 개발된 대표적인 능력에는 표준의 웹 서비스 및 IPv4 접속 애플리케이션(DISN 또는 공공 인터넷)을 경유하여 접속한 사용자를 지

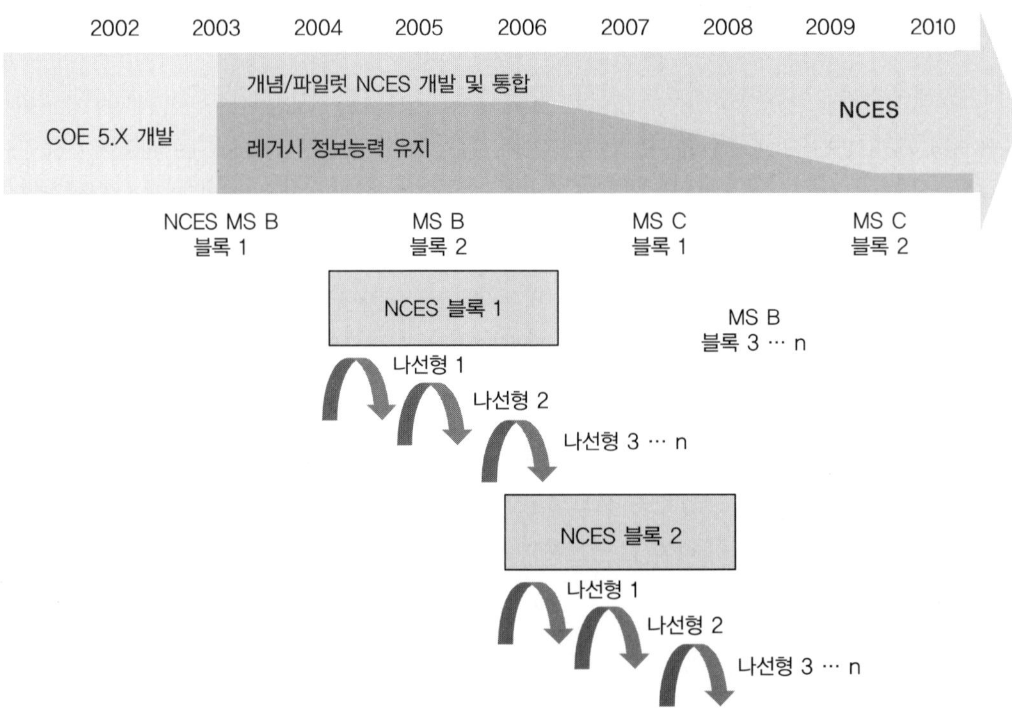

그림 2-10 NCES에서의 증분 및 나선형 개발 개념

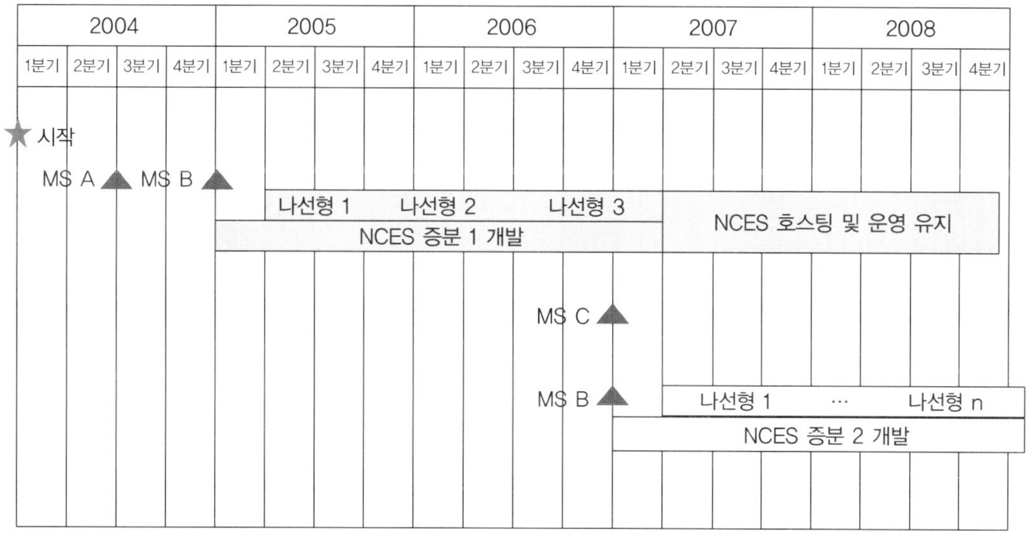

그림 2-11 NCES 프로그램 스케줄 초안

원하는 능력과 대역폭 부족 시 전략적, 작전적, 전술적 사용자에게 효과적인 가용 대역폭을 지원하는 능력 등이 있다. 또한 다양한 지역에서의 효율적인 작전운용을 지원하기 위해 정보교환, 협업, 딤색 및 GIG 곤텐츠 집속 등의 능력을 개빌하였으며, 특히 서비스를 제공하는 레거시 프로그램을 사용하기 위해 필요한 소프트웨어 개발 킷(SDK)을 제공하였다.

증분 2에서, NCES는 증분 1에서의 개발 능력을 기초로 사용자 피드백 등을 통해 구축되었으며, 모델링 및 시뮬레이션을 통해 개발 능력을 보완하거나 향상시켰다. 특히 증분 1 서비스를 완전히 사용하는데 제한이 되는 대역폭 환경 능력과 연합국에 대한 지원 능력들이 많이 개선되었다. 이 단계에서는 새로운 전술적 프로그램(예를 들면 JTRS)과 NCES를 서로 동기화시키는 데 많은 노력을 투입하였다.

증분 3에서, NCES는 증분 1과 증분 2의 개발 내용을 기초로 구축되었으며, 이로 인해 NCES는 향상된 서비스 통제와 기존에 전개된 부대에 대한 임무수행 보증을 제공할 수 있었다. 이와 같은 각 증분 및 나선형 전개에 대한 NCES 프로그램의 스케줄 초안은 그림 2-11과 같다.

2.2.2.2 NCES로 전환 시 변화

현재(As-Is) 환경은 전투원, 비즈니스, 정보 영역에 속해 있는 각각의 자산들이 서로 분리되고 스토브파이프식의 구조로 구성되어 있기 때문에 판단 및 결심 주기라 부르는 OODA 주기, 즉 관찰(Observe)-판단(Orient)-결심(Decide)-행동(Act) 주기가 크지만, 미래(To-Be) 환경은 전투원, 비즈니

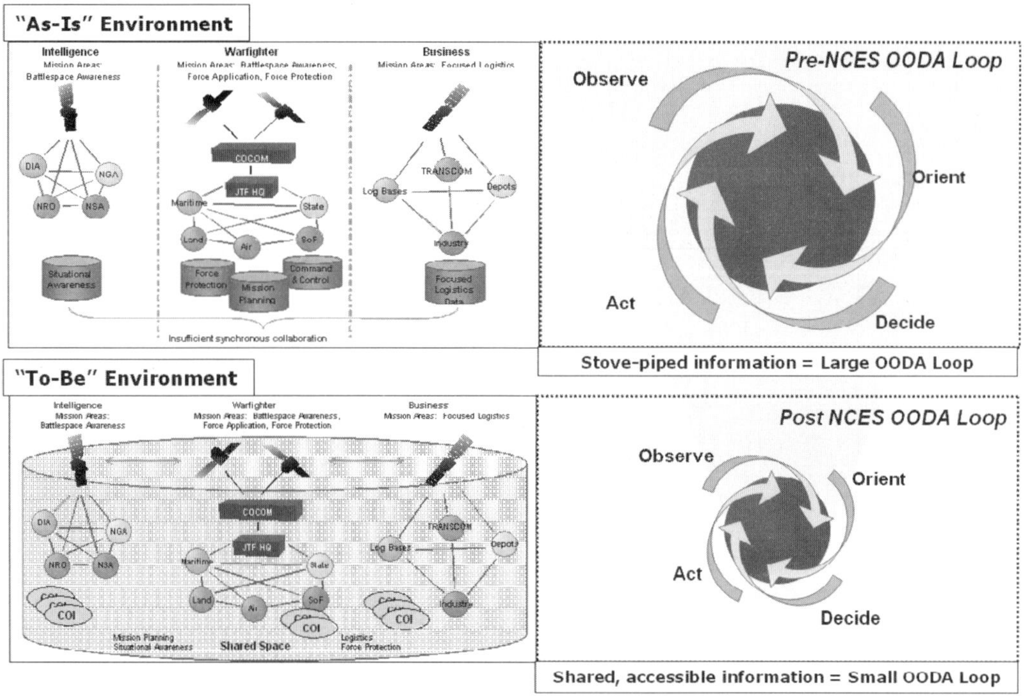

그림 2-12 NCES로 전환 시 변화

스, 정보 영역에 속해 있는 각각의 자산들이 서로 통합되고 공유되며 접속이 가능한 정보를 제공하기 때문에 현재 환경에 비해 OODA 주기가 상대적으로 매우 작아진다. 이러한 NCES로 전환될 때의 변화가 그림 2-12에 현재(As-Is)와 미래(To-Be)로 구분하여 OODA 주기와 함께 제시되어 있다.

> **OODA(Observe-Orient-Decide-Act) 주기**
>
> OODA는 관찰-판단-결정-행동의 약자로서 존 보이드 대령이 한국전에서 F-86이 MiG-15를 상대로 어떻게 일방적으로 승리했는지 그 원인을 분석하여 제시한 이론이다. 보이드 대령의 연구 결과, 전투는 OODA 주기에 따라 이루어졌고 이 주기를 앞서 나가는 쪽이 전투에서 승리하였는데, F-86이 MiG-15보다 OODA 주기를 앞서 나가는 요소로 작용함으로써 공중전에서 미 공군이 압도적인 승리를 거둔 것으로 밝혀졌다.

2.3 서비스 구조

2.3.1 NCES 구성요소

네트워크 중심 엔터프라이즈 서비스(NCES)는 2004년 3월경 9개의 서비스로 최초 시작되었으나 정보기술 패러다임과 전장환경의 변화 그리고 유사한 타 서비스와의 통합 등에 따라 애플리케이션 서비스가 제외되고 대신 발견 서비스가 인원/장치 발견, 서비스 발견, 콘텐츠 발견/배달의 3개 서비스로 세분화되어 2006년 10월경에 10개 서비스로 변경 및 확장되었다. 그리고 2007년 6월경에 콘텐츠 발견/배달 서비스가 분리되어 11개 서비스로 변경되었으며, 그 후 NCES 사업이 완료될 때까지 11개 서비스가 지속되었던 것으로 보인다. 이러한 검토결과를 기반으로 NCES 서비스 구성요소의 변천과정을 그림으로 도시하면 그림 2-13과 같다.

NCES는 그림 2-13에서 보는 바와 같이, 변경이나 확장을 거쳐 총 11개의 엔터프라이즈 핵심 서비스(CES)로 구성되어 있다. 이러한 CES는 분산 네트워크 환경과 이기종 간의 데이터 공유를 확산하고 서비스 간의 상호운용성 및 재사용성 그리고 정보 공유를 극대화하기 위한 공통의 정보환경 기반구조를 제공하는 서비스라고 할 수 있으며, 이와 같은 11개의 CES에 대한 개략적인 능력(Capability)과 이점은 다음과 같다.

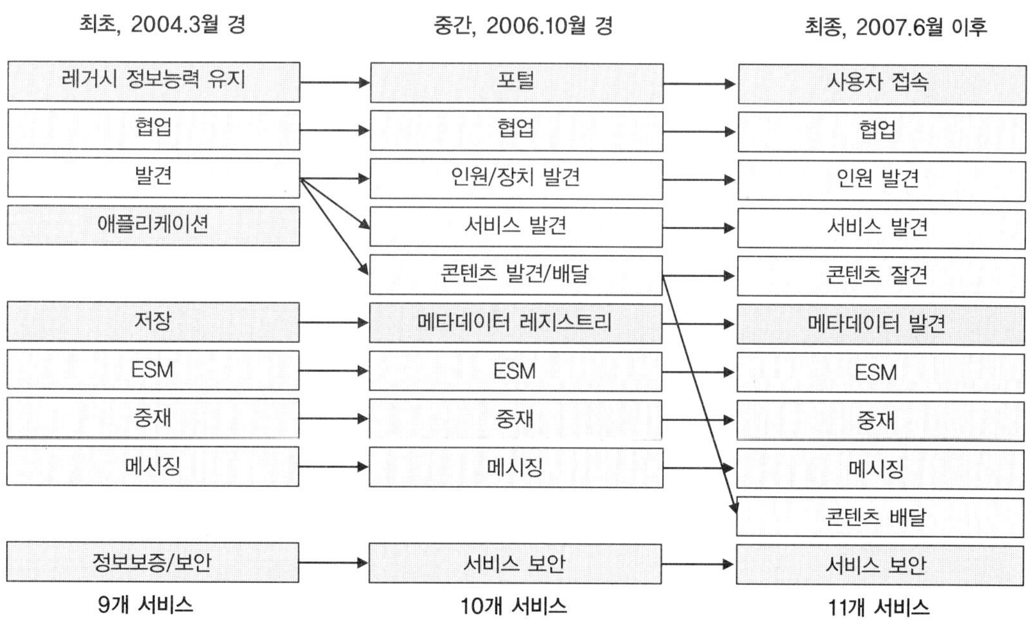

그림 2-13 NCES 서비스 구성요소 변천과정

- 사용자 접속(User Access) 장소나 사용하는 장비에 상관없이 언제 어디서나 서비스 지점에 접속할 수 있도록 해주고 지식센터(Knowledge Center)를 통해 개인화와 사용자-정의 정보에 대한 프레젠테이션 및 공유를 가능하게 한다.
- 협업(Collaboration) 고가의 HW 및 SW가 없이도 사용 장비 간 오디오, 비디오, 채팅 및 애플리케이션 공유를 제공하며, 신속하고 직접적인 사용자 상호작용을 통해 상황인식 및 의사결정을 향상시켜 준다.
- 인원 발견(People Discovery) 개별 인원 및 그 인원과 연관된 속성들의 위치 파악에 걸리는 시간을 줄여준다.
- 서비스 발견(Service Discovery) 개발자와 애플리케이션이 사용할 수 있는 서비스의 위치를 신속히 파악해서 사용할 수 있게 해주며, 개발 비용의 감소와 추가 능력에 대한 접속을 향상시켜 준다.
- 콘텐츠 발견(Content Discovery) 전용 공간에 있는 정보에 안전하게 접속하고 필요한 정보를 발견할 수 있도록 권한을 가진 사용자들의 의사결정 속도와 능력을 향상시켜 준다.
- 메타데이터 발견(Metadata Discovery) 개발자와 이름 공간(Name Space) 관리자들에게 기존에 존재하고 있는 데이터 자산들을 재사용하고 이해하며, 통합하고, 공유하게 해줄 뿐만 아니라 개발시간을 감소시켜 주고 상호운용성을 증진시켜 준다.
- 엔터프라이즈 서비스 관리(ESM: Enterprise Service Management) 관리자에게 서비스 상태를 알게 해주고 실패 이유를 확인할 수 있는 능력을 제공함으로써 핵심 엔터프라이즈 서비스가 필요 시 가용하게 될 것이라는 것을 사용자들에게 확신시켜 준다.
- 중재(Mediation) 다양한 프로토콜과 데이터 포맷을 이용하는 시스템 간 번역 및 해석을 통해 상호운용성을 향상시키고 워크플로우 프로세스를 통합시켜 준다.
- 메시징(Messaging) 실시간 공지 및 정보 갱신을 통해 상황인식을 향상시켜 주고, 발간/구독 접근방법을 통해 개별 시스템 간 인터페이스 필요성을 제거시켜 준다.
- 콘텐츠 배달(Content Delivery) 데이터 접속 시간 및 애플리케이션 속도를 향상시켜 주고, 대역폭 사용 효율을 줄여주며, 대용량 파일을 효율적으로 배달하게 하고, 파일 및 디렉토리를 동기화시켜 준다.
- 서비스 보안(Service Security) 역할-기반이나 속성-기반의 접속제어 정책을 통해 특별한 목적을 위한 정보 공유를 향상시켜 준다.

참고사항으로 변경이나 분리 그리고 확장 등을 통해 최종 11개 서비스로 확정되기 이전에 미군에서 구축하려고 했던 서비스, 즉 정보보증/보안, 저장, 애플리케이션, 사용자 지원 등에 대한 간략한 기능을 소개하면 다음과 같다.

- 정보보증/보안(IA/Security) 접근통제나 인증 등을 통해 서비스 지향 아키텍처(SOA)를 위한 서비스와 네트워크 등을 보호한다.
- 저장(Storage) 데이터 요구에 대한 전달, 저장, 추출 기능을 제공한다.
- 애플리케이션(Application) NCES 애플리케이션 프로그램을 제공하거나 작동 및 유지하는데 필요한 서비스로 GIG ES(GES) 컴퓨팅 환경을 보장하기 위해 프로그램을 운영하거나 관리한다.
- 사용자 지원(User Assistant) 정보환경 자원을 효과적, 효율적으로 사용하기 위해 사용자를 지원한다.

2.3.2 NCES 운용환경

2.3.2.1 NCES 운용환경 개념

NCES 운용환경은 그림 2-14와 같이 비즈니스, 전투원, 정보의 3개 임무 영역, 임무 영역과 연관

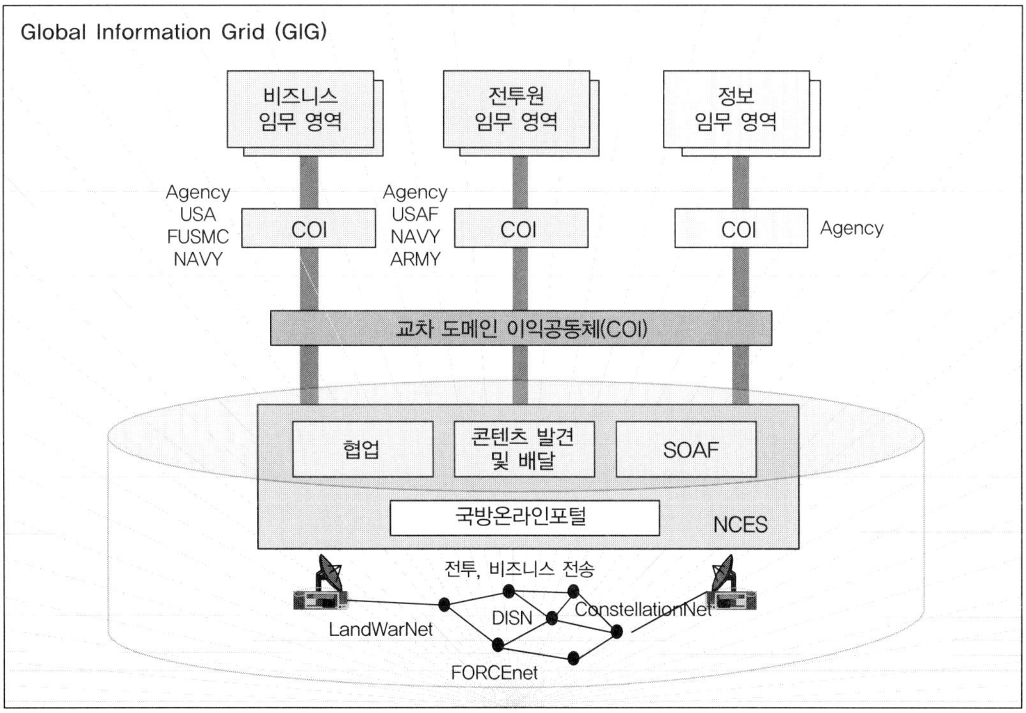

그림 2-14 NCES 운용환경 개념도

된 이익공동체(COI), 그리고 국방부의 DISN, 육군의 LandwarNet, 해군의 FORCEnet, 공군의 ConstellationNet과 같은 네트워크로 크게 구성된다. 서비스 운용방법으로는 NCES의 11개 기능을 협업, 콘텐츠 발견 및 배달, SOAF, 그리고 국방 온라인 포탈을 통해 서비스화하고, 이 서비스를 국방부 및 각 군 네트워크를 통해 각 임무 영역별 해당 이익공동체(COI)에 제공한다. 예를 들어, 전투원 임무 영역 COI에 해당하는 공군전투원은 DISN을 통해 GCSS-AF를 사용하여 임무를 수행하고 동시에 비즈니스 임무 영역의 병참관리자는 NIPRNET을 통해 GCSS-A를 사용하여 임무를 수행하게 된다. 이와 같이 NCES는 서로 다른 시스템에서 동일한 관리 및 저장 그리고 등록의 전사적 통합과 협업 툴과 같은 서비스를 제공하게 된다.

NCES는 다양한 서비스 사이의 상호운용성을 증대하여 임무 목표 달성 및 결심 속도를 향상시키고, 서비스와 에이전시에 의해 운영되는 확장된 다양한 프로그램을 지원하며, 조직적이고 기술적인 장벽 사이에서 데이터와 정보 교환을 지원한다.

각 임무 영역별 이익공동체(COI)는 플랫폼 중심의 연통형 시스템을 넘어서 영향을 미칠 수 있으며 NCES의 엔터프라이즈 솔루션은 합동 상호운용성, 기민성, 병참 기동성, 정보교환 능력 등을 증진한다. NCES의 웹 서비스 기능은 최종 사용자가 다른 서비스나 애플리케이션을 사용하는 사용자에 의해 게시(post)된 정보와 데이터를 검색하고 접속을 가능하게 한다.

2.3.2.2 이익공동체(COI)와 NCES와의 관계

시스템을 구축하는 전통적인 방법은 중앙에서 먼저 프로그램을 만든 후 공급하는 것인데, 이런 방식은 더 많은 통제가 필요할 뿐만 아니라 프로그램의 수행능력을 저하시켜 정보와 데이터를 사용하려는 사용자의 접속을 지연시키는 결과를 초래한다. 따라서 사용자의 신속한 접속을 보장하기 위해서는 NCES와 데이터 전략뿐만 아니라 이익공동체(COI)에 대한 구현도 역시 필요하

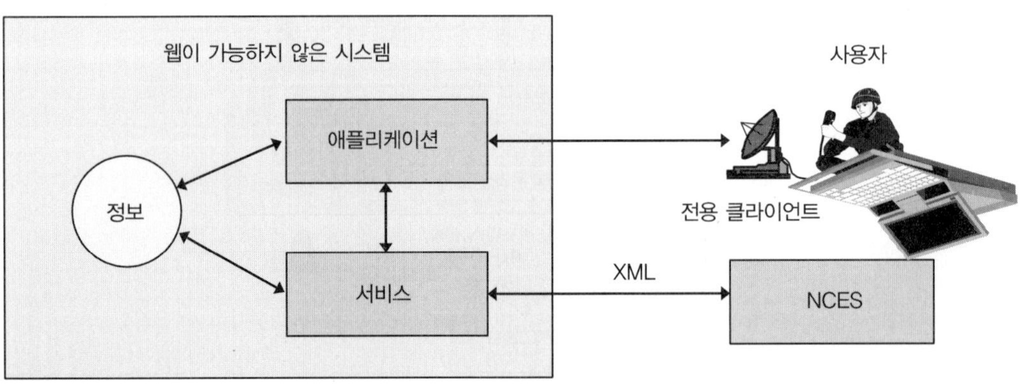

그림 2-15 웹이 가능하지 않은 시스템

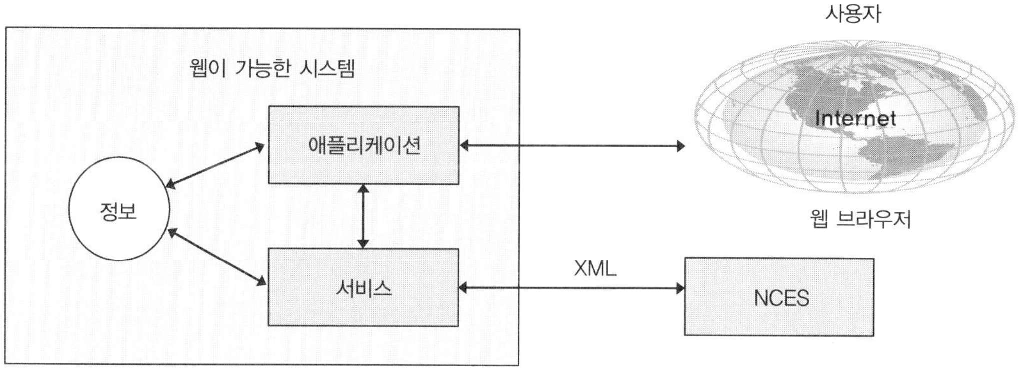

그림 2-16 웹이 가능한 시스템

며, 이를 통해 NCES 프로그램은 현존하는 모든 프로그램을 통합하고 국방부의 모든 사용자를 대상으로 서비스를 제공할 수 있게 된다. 이러한 NCES를 효율적으로 구현하기 위해서는 사용자의 유형과 지원시스템 그리고 현재 사용하고 있는 하드웨어 및 소프트웨어의 현상을 이해하는 것이 우선적으로 중요하며, 이때 이익공동체(COI)는 임무에 종속적인 요소로서 NCES가 지원하는 비즈니스, 전투원, 정보 임무 영역에 대한 운용환경을 더 정밀하게 표현하게 한다. 그리고 이익공동체(COI)와 프로그램 그리고 NCES를 구축하기 위해서는 다음과 같은 3단계가 고려되어야 한다.

• 1단계 웹이 가능하지 않는 시스템에서 NCES를 지원하기 위해서는 그림 2-15와 같이 전용 프

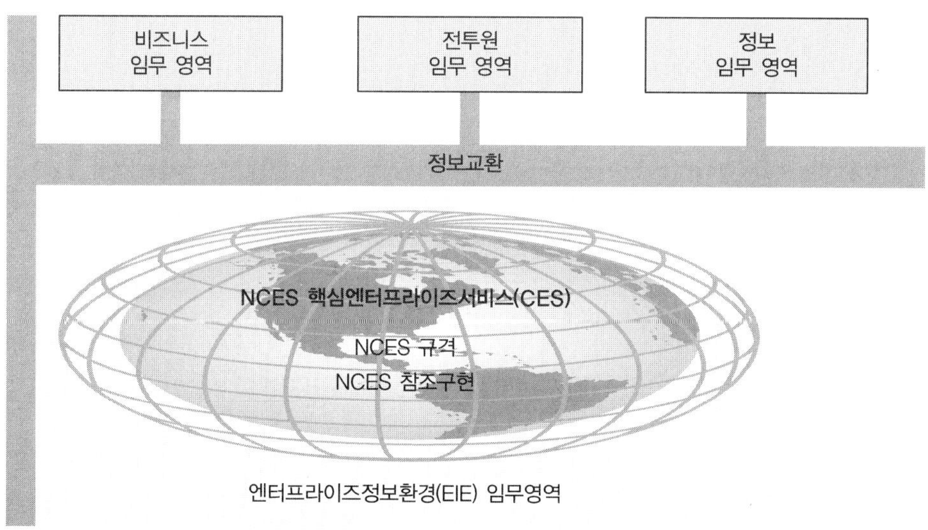

그림 2-17 네트워크 중심 프로그램

로그램(클라이언트)과 XML 포맷을 이용한다.

- 2단계 웹이 가능한 시스템으로 네트워크에 어느 정도 수준의 기능성과 정보 제공이 가능한 시스템으로, 그림 2-16과 같이 전용 클라이언트 대신에 웹브라우저를 사용한다.
- 3단계 최종적인 네트워크 중심 프로그램으로써 NCES는 그림 2-17에 제시된 것과 같이 비즈니스, 전투원, 정보 임무 영역의 전역에서 정보교환이 가능하게 된다. 즉 NCES는 다수의 네트워크 중심 프로그램과 변환을 지원하기 위해 결정적인 규격이나 표준을 제공하며, 프로그램이 GIG를 통해 조화롭게 사용될 수 있도록 공통 표준 및 참조 및 구현 아키텍처 등도 제공한다.

2.3.2.3 NCES 운용 및 시스템 관점

2.3.2.3.1 운용 관점(OV: Operating View)

상위레벨에서의 운용 개념도(OV-1)는 NCES가 GIG에서 비즈니스, 전투원, 정보 등 3개의 임무 영역에 종사하는 사용자들을 대상으로 장소, 시간 및 임무에 구애받지 않고 필요한 정보를 지원할 수 있다는 것을 나타낸다. 이러한 3개의 임무 영역과 사용자 간의 수직적, 수평적 상호운용성을 지원하는 협력적인 환경인 상위레벨에서의 운용 개념도(OV-1)가 그림 2-18에 나타나 있다.

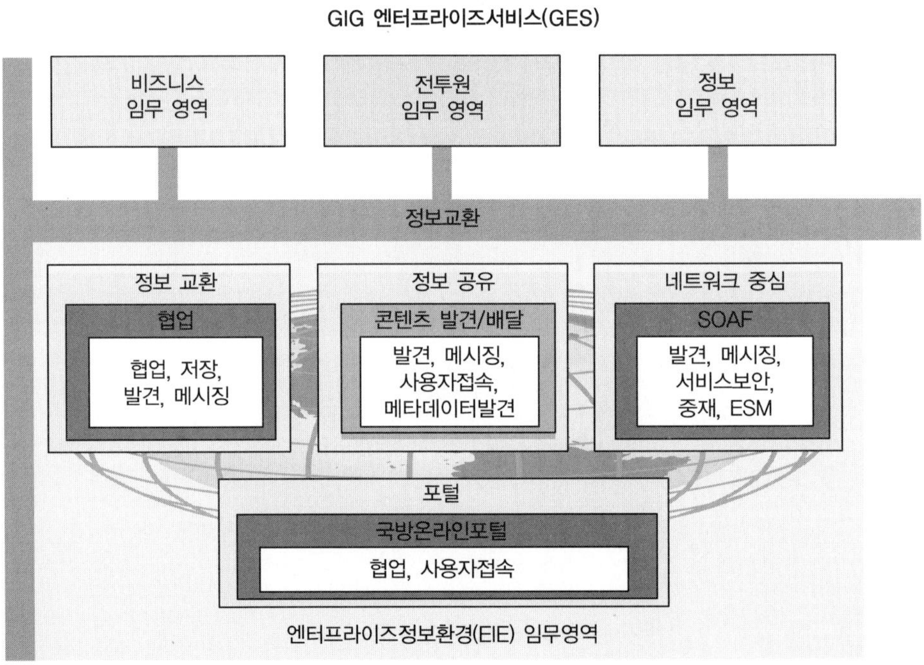

그림 2-18 상위레벨에서의 운용 개념도(OV-1)

그림 2-18에서 엔터프라이즈 핵심 서비스(CES)는 SOA를 기반으로 설계되어 그림 하단에 묘사되어 있으며, GIG의 IP 네트워크는 IP기반의 정보변환 서비스, COI 서비스, 임무 영역 서비스와 CES를 제공한다. NCES 사용자는 단순히 하나의 엔티티(지상차량, 항공기, 함정, 전투원 등)가 될 수 있고 또한 하나의 조직이 될 수도 있으며, 각 임무 영역과 COI는 할당된 목표와 관심, 임무 및 비즈니스 프로세스를 가지고 정보를 교환하는 협력적인 도메인이나 사용자 그룹을 의미한다.

운용 관점에서의 업무활동 모델(OV-5)은 유스케이스 다이어그램과 세부 분해도로 표현된다. 유스케이스 다이어그램에서 엑터는 GIG 사용자, 관리자, 그리고 GES/애플리케이션 등 3개이며, 유스케이스에는 NCES의 9개 서비스(중재, 인원 발견, 서비스 발견, 콘텐츠 배달, 콘텐츠 발견, ESM, 메시징, 서비스 보안, 협업)와 제품계열(PL)의 국방 온라인 포털 등 총 10개가 있다. 엑터와 유스케이스 간의 연관관계를 살펴보면, 먼저 GIG 사용자 엑터는 인원 발견, 서비스 발견, 콘텐츠 발견, ESM, 메시징, 서비스 보안, 협업, 국방 온라인 포털 등 8개의 유스케이스와 연관되어 있으며, 관리자 엑터는 중재, 인원 발견, 서비스 발견, 콘텐츠 발견, 콘텐츠 배달, ESM, 메시징, 서비스 보안, 협업 등 9개 유스케이스와 연관되어 있다. 마지막으로 GES/애플리케이션 엑터는 중재, 인원 발견, 서비스 발견, 콘텐츠 발견, 콘텐츠 배달, ESM, 메시징, 서비스 보안 등 8개의 유스케이스와 연관되어 있다.

GIG 엔터프라이즈 서비스(GES)를 위한 운용노드 연결도(OV-2)는 NCES를 포함하여 GES에

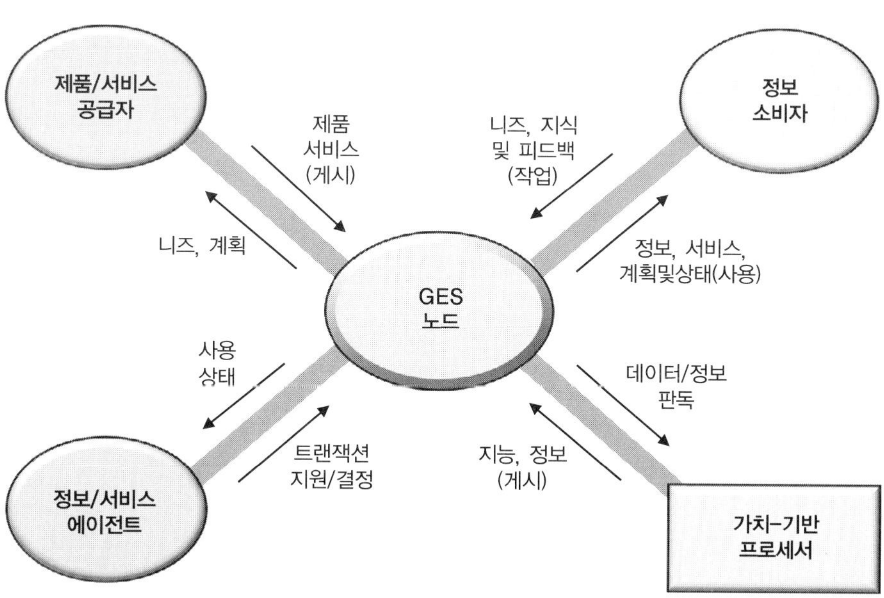

그림 2-19 GIG 엔터프라이즈 서비스(GES) 운용노드 연결도(OV-2)

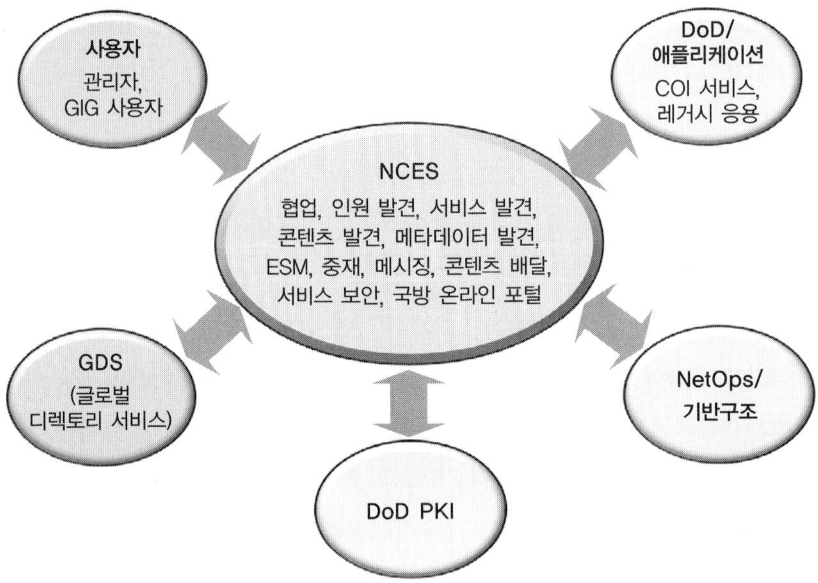

그림 2-20 NCES 운용노드 연결도(OV-2)

서의 SOA 환경을 제공하는 전체적인 환경을 보여주며, 그림 2-19에 나타나 있다.

그림 2-19에서 정보 소비자는 서비스나 콘텐츠 발견 서비스를 통해 획득한 니즈 및 지식 등을 GES 노드에 피드백함으로써 필요한 제품이나 서비스 사용을 요청하며, 제품/서비스 공급자는 정보 소비자가 요청한 제품 및 서비스가 무엇인지 식별하기 위해 필요한 정보를 GES 노드에 게시하는데, 이때 제품/서비스 공급자는 임무 영역과 이익공동체(COI)에게 데이터 소스의 신뢰성을 지속적으로 유지시켜야 한다. 가치-기반 프로세서는 데이터 및 정보를 GES 노드로부터 읽어들여 분석하고 분석된 결과를 GES 노드에 게시하며, 최종 결정권자인 정보/서비스 에이전트는 정보를 처리한 후 정련된 정보를 업데이트하여 GES 노드에 게시한다. 이러한 일련의 과정을 거쳐 최종적으로 정보 소비자는 요청한 정보와 서비스 그리고 계획 및 사용 상태 등을 GES 노드로부터 받아 사용하게 된다.

NCES를 위한 운용노드 연결도(OV-2)인 그림 2-20에서는 NCES, 사용자, GES/애플리케이션, 그리고 기타 프로그램(GDS, DoS PKI, NetOps/기반구조) 사이의 관계를 보여주고 있으며, NCES와 각 구성요소 간 상관관계는 다음과 같다.

- NCES와 사용자 간의 상호작용 연결도 이 연결도는 사용자와 NCES와의 관계를 나타내며, 사용자는 GIG 사용자와 관리자를 포함하며 이들 이외에도 전투원, 비즈니스 사용자, 정보 사용자 모두가 될 수 있다. 사용자는 NCES의 인원 발견, 서비스 발견, 콘텐츠 발견, 메시징, 협업

등의 핵심 서비스와 국방 온라인 포털과 서로 상호작용하여 임무를 수행한다.

- GES/애플리케이션과 NCES 간의 상호작용 연결도　이 연결도에서 GES/애플리케이션은 중재, 콘텐츠 배달, ESM, 서비스 보안, 메시징, 인원 발견, 서비스 발견, 콘텐츠 발견, 중재 서비스와 상호작용하고 외부 애플리케이션 및 국방 온라인 포탈 혹은 협업 사이의 상호작용은 하지 않는다.
- NCES와 기타 프로그램과의 상호작용 연결도　이 연결도에서는 외부 능력인 글로벌 디렉토리 서비스(GDS), PKI, NetOps/기반구조 서비스와의 상호작용을 보여주며, GDS는 인원 발견, 서비스 발견, 콘텐츠 발견 서비스와 상호작용하고, ESM은 NetOps/기반구조와 상호작용하며, 서비스 보안 서비스는 DoD PKI(공개키 기반구조)와 관련된다.

2.3.2.3.2 시스템 관점(SV: System View)

상위 레벨에서의 시스템 연결도(SV-1)는 그림 2-21과 같이 NCES를 위한 네트워크 환경과 시스템 인터페이스를 보여준다. NCES의 네트워크 환경인 DISN은 NIPRNET, SIPRNET, DSN(Defense Switch Network), DRSN(Defense Red Switch Network)으로 구성되어 있으며, 이 중 NIPRNET은 평문용 정보통신망이며, SIRPNET은 비밀 전송을 위한 통신망이다. NCES는 특정 네트워크에 중립적인 네트워크 접속 서비스를 제공하여 클라이언트와 GES/애플리케이션 사이에서 동작한다.

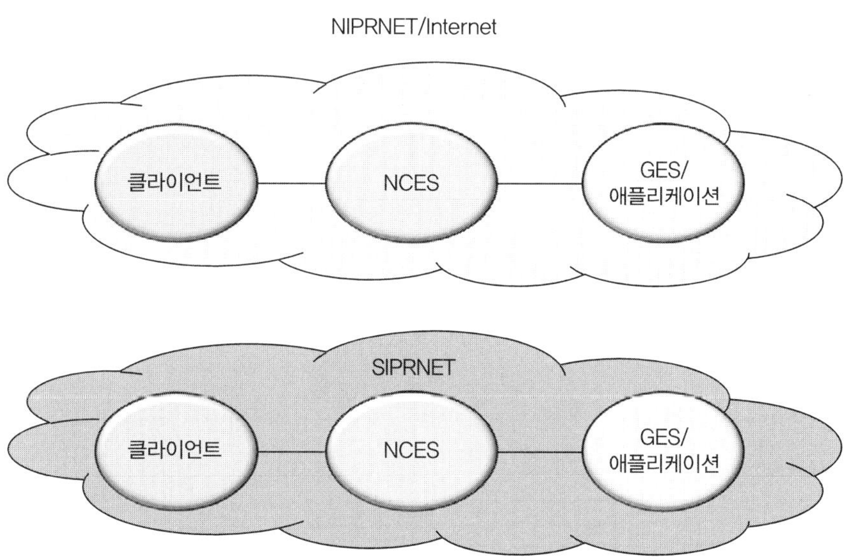

그림 2-21 상위 레벨에서의 시스템 연결도(SV-1)

네트워크 운용(NetOps: Network Operations)

NetOps는 GIG를 운용하고 보호하기 위한 전군적 차원의 운용적, 조직적, 기술적 능력(Capabilities)으로서 엔터프라이즈 관리, 네트워크 보증, 그리고 콘텐츠 관리 등을 포함한다. NetOps는 전투지휘관들이 지휘통제(C2) 결정을 내릴 수 있도록 엔터프라이즈 관리의 운용적, 기술적 통합을 이용하여 획득한 GIG에 대한 상황인식(SA)을 제공한다.

DISA는 11개의 CES 중 협업, 서비스 발견, ESM, 중재, 메시징, 그리고 서비스 보안 서비스에 대한 시스템 연결도를 다음과 같이 정의하고 있다.

- **협업을 위한 시스템 연결도(SV-1)** 사용자 사이의 실시간 상호작용을 가능하게 하고 협업서버로 하여금 협업세션 수행, 화이트보딩, 애플리케이션 공유, 브로드캐스팅, 영상/화상 회의 등의 기능을 제공한다.
- **서비스 발견을 위한 시스템 연결도(SV-1)** 서비스와 정보에 대한 접속을 지원하기 위해 레파지토리(UDDI)를 제공한다.
- **ESM을 위한 시스템 연결도(SV-1)** ESM은 NCES의 기본적인 서비스로 GES/애플리케이션 운용 상태를 모니터링한다.
- **중재 서비스를 위한 시스템 연결도(SV-1)** XML 스키마와 XSLT, 서비스 어댑터를 사용하여 정보를 변환한다.
- **메시징을 위한 시스템 연결도(SV-1)** 메시지 지향 미들웨어(MOM: Message Oriented Middleware)를 기반으로 비동기 혹은 동기 모드의 정보교환을 지원한다.
- **서비스 보안을 위한 시스템 연결도(SV-1)** 서비스 보안은 NCES의 기본적인 서비스이며 접속통제, 식별, 인증 등을 포함한다.

메시지 지향 미들웨어(MOM: Message Oriented Middleware)

메시지 지향 미들웨어(MOM)는 데이터를 메시지 형태로 만들어 하나의 애플리케이션에서 다른 애플리케이션으로 전달하는 메시지 전송 중심의 메시지 방식 미들웨어이다. 임베디드 시스템에서는 실시간적 특징으로 인해 객체 지향 방식의 미들웨어(OOM: Object Oriented Middleware)보다 메시지 지향 미들웨어(MOM)가 주로 사용되고 있다.

2.3.3 제품라인(PL)

2.3.3.1 제품라인(PL) 배경 및 개념

미 국방부는 소요제기 및 결정 단계에서 분석절차를 거쳐 제시된 최선의 대안을 초기능력문서(ICD: Initial Capabilities Document)라는 소요문서로 작성하였으며, 그 이후 획득절차상의 각 단계에 따라 능력개발문서(CDD: Capability Development Document)와 능력생산문서(CPD: Capability Production Document)로 발전시켰다. 즉 ICD는 CDD와 CPD로 발전해 나갈 때 참조되는 가장 기본적인 문서로 볼 수 있다. ICD에서 포함하고 있는 주요 내용에는 합동기능 분석, 요구능력, 운영개념 요약, 능력 갭(Capability Gap), 위협 및 운영환경, 그리고 기능적 해결분석 결과 등이 있다.

미 국방부는 ICD에서 식별된 능력 갭(Capability Gaps)을 통해 전군적 차원, 즉 엔터프라이즈 수준의 서비스 사용을 촉진시키기 위해 2004년 3월경 최초 9개의 핵심 서비스(CES)를 발표하였다. 여기서 설명하는 9개의 핵심 서비스는 사용자 지원, 협업, 발견, 애플리케이션, 저장, ESM, 중재, 메시징, 정보보증/보안을 말하며, 2007년 6월경 최종 확정된 11개 서비스와 제품라인(PL)과의 관계에 대해서는 본 절에서는 제외한다. 그 이유는 11개 NCES 서비스와 제품라인(PL)과의 관계에 대한 자료가 불충분하여 사실관계를 명확히 분석할 수 없기 때문이며, 향후 개정판에서 보완할 수 있기를 기대한다. 참고사항으로 미 국방부의 ICD는 2004년 3월 16일 검토가 완료되어, 2004년 3월 22일자로 JROCM(Joint Requirements Oversight Council Memorandum) 051-04를 통해 승인되었다.

> **능력(Capability)과 능력 갭(Capability Gaps)**
>
> 능력(Capability)은 정한 방책(Course of Action)을 수행하기 위한 역량(Ability)으로 적합한 효과를 측정할 수 있는 속성(Attribute)을 포함해야 하며, 특정 수단의 선정에 영향을 주지 않는 일반적인 것을 말한다. 능력 갭(Capability Gaps)은 엔터프라이즈 통합 개념모델에서 현재(As-Is) 엔터프라이즈의 통합 정도와 통합하고자 하는 목표 상태(To-Be), 그리고 두 상태의 차이를 갭(Gap)으로 표현한 것이다.

미 국방부가 초기능력문서(ICD)를 통해 발표한 9개의 핵심 서비스는 명확한 기술 구현을 위해 4개의 제품라인(PL)과 결합되어 진화되었으며, 제품라인(PL)의 구조는 그림 2-22와 같이 4개 그룹으로 구성되어 있다.

- 컨퍼런싱(Conferencing) 구성원 간 서로를 발견하거나 의사소통을 가능하게 하는 오디오/비디오 또는 텍스트 회의이다.

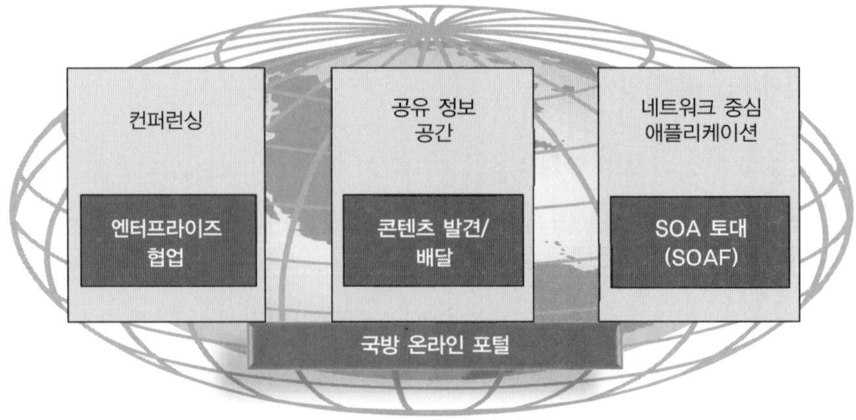

그림 2-22 제품라인(PL) 구조

- 공유된 정보공간(Shared Information Space) 구성원 간 정보공유가 가능한 공간이다.
- 네트워크 중심 애플리케이션(Net-Centric Applications) 구성원이 네트워크를 경유하여 정보를 공유하고 업무가 가능하도록 지원하는 애플리케이션이다.
- 포털(Portal) 사용자 간 상호작용을 촉진할 수 있도록 게이트웨이를 제공하는 포털(사이트)이다.

NCES 내에서 제품라인(PL)은 서비스 간 상호운용을 가능하게 만들어준다. 특히 NCES의 증분 1 기간 중에 정보의 효율적 전달을 위해 제품라인(PL)을 각 능력에 맞게 최선의 수단으로서 사용하였는데, 이 때 상호운용의 대상은 각 군 및 기관 그리고 전투지휘관이 해당된다.

이러한 제품라인(PL)을 이용하여 NCES의 9개 핵심 서비스를 기술적으로 구현해서 효과적으로 획득하기 위해서는, 그림 2-23과 같이 엔터프라이즈 협업, 콘텐츠 발견 및 배달, SOA 토대

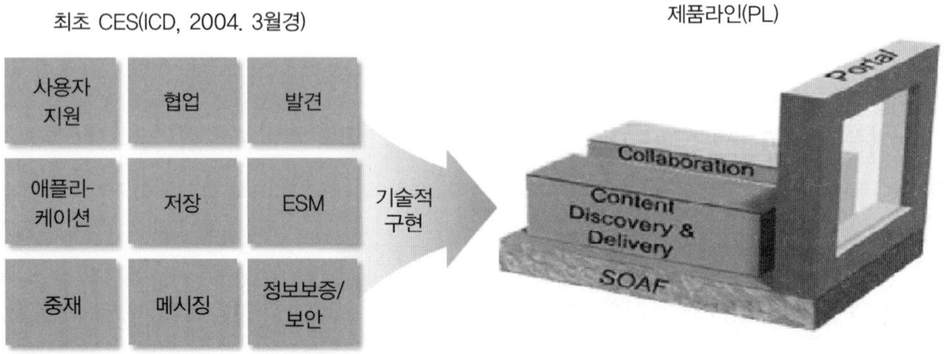

그림 2-23 제품라인(PL)을 이용한 NCES 서비스 구현방법

(SOAF), 그리고 국방 온라인 포털이라는 4개의 제품라인(PL) 기능을 경유해야 한다. 여기서 엔터프라이즈 협업은 웹 회의, 긴급 메시징 등의 기능이 필요하며, 콘텐츠 발견과 배달은 검색서비스, 엔터프라이즈 카탈로그, 콘텐츠 배달 서비스를 제공한다. 그리고 SOA 토대(SOAF)는 웹서비스 프로파일, 서비스 발견, 보안, 서비스 관리, 인증 관리, 메타데이터 서비스, 서비스 중재, 머신 투 머신(M2M: Machine-to-Machine) 메시징 등의 기능이 요구되며, 국방 온라인 포털에서는 안전한 서비스의 사용과 관리를 위해 통합 인증이 요구된다.

2.3.3.2 제품라인(PL)과 능력 매핑

2.3.3.2.1 NCES의 핵심 서비스 능력 결정

NCES의 핵심 서비스는 기존의 정보환경 기반구조를 최대한 공유 및 재사용하고 서비스 간의 상호운용성을 증진시키기 위해 이기종의 시스템이나 분산된 네트워크 환경 하에서 상호간에 데이터 공유를 촉진시킬 수 있는 매우 중요한 수단이 되므로 이러한 핵심 서비스의 능력을 결정하는 것은 매우 중요하다. NCES를 위한 핵심 서비스의 능력은 다음의 5가지 서비스 능력을 고려해야 한다.

- 네트워크 중심을 지향하기 위해 기존의 연통형 시스템에 의해 만들어진 서비스가 아닌 전군적 차원에서 중요한 서비스, 각 군에 의해 요구된 서비스, 그리고 적절한 시기에 기준화하여 상호운용 및 재사용이 가능한 서비스
- 기존 레거시인 각 군 및 기관 그리고 전투지휘관에 필요한 연합 서비스
- 상호운용이 가능하도록 일치된 기능이 요구되는 서비스
- POR(Programs of Record) 및 사용자를 위해 제공되는 더 나은 서비스
- 비용 절감이 가능한 서비스

하나의 예로, 미 국방부는 군의 더 나은 서비스 사용을 지원하기 위해 미 국방부, 전투원 및 비즈니스 업무에 종사하는 모든 관련자들이 식별한 각각의 우선순위를 참조하여 NCES의 서비스 능력을 조율하고 있다. 서비스 능력을 조율하기 위해 미 국방부는 미군의 전략적, 작전적, 전술적 사용자에게 효율적인 대역폭 지원이 가능하도록 서비스를 제공하여 기존에 부족했던 대역폭을 늘리는 방안과 대역폭이 제한되거나 때때로 연결이 끊어지고 불가했던 서비스 환경의 사용자들에게 서비스 제공이 가능하도록 구현시켜 주는 방안을 우선적으로 검토하였다. 이렇게 해서 식별된 서비스 능력에는 협업, 발견, 적절한 보안, 사용자 지원, 콘텐츠 배달 네트워크, 대역폭 등 총 6가지이다.

2.3.3.2.2 제품라인(PL)과 서비스 능력과의 매핑

제품라인(PL)의 4개 기능과 NCES의 서비스 능력 6가지를 매핑시켜 비교해보면, 먼저 NCES의 "적절한 보안" 능력은 군의 특성상 다른 어떤 능력보다도 중요하기 때문에 제품라인 4개 기능의 모든 항목과 매핑된다. NCES의 "발견" 능력은 제품라인의 SOAF와 콘텐츠 발견 및 배달 기능의 전체 항목, 엔터프라이즈 협업 및 포털 기능의 일부 항목과 매핑된다. NCES의 "콘텐츠 배달 네트워크" 능력은 SOAF 기능의 일부 항목, 콘텐츠 발견 및 배달과 엔터프라이즈 협업 기능의 전체 항목과 매핑되며 국방 온라인 포털 기능과는 매핑되지 않는다. NCES의 "협업," "사용자 지원," 그리고 "대역폭" 능력은 제품라인의 일부 항목과만 매핑된다.

2.3.3.3 제품라인(PL)의 구성요소

2.3.3.3.1 제품라인(PL)의 구성요소 개념 및 능력

제품라인(PL)의 4가지 기능을 SOA 토대(SOAF), 콘텐츠 발견 및 배달, 엔터프라이즈 협업, 그리고 국방 온라인 포털 순으로 설명하면 다음과 같다.

| SOA 토대(SOAF) |

제품라인(PL)의 SOA 토대(SOAF)는 상호운용이 가능한 서비스를 기반으로 전군적 차원의 애플리케이션 사용을 활성화시켜 주며, 기존 조직에서 운영되던 많은 프로그램들을 재사용하기 위해 시스템 컴포넌트를 설계, 개발, 테스트 및 배포할 때 이용되는 제품라인의 4개 기능 중에서도 핵심 기능이라 할 수 있다. SOAF는 서비스 기반 애플리케이션 능력을 제공함으로써 시스템 컴포넌트의 신뢰성 및 상호운용성을 가능하게 해주며, 시스템을 사용하는 이익공동체(COI)의 사용자에게 보다 쉬운 정보 발견과 공유, 다양한 소스로부터의 정보 사용 등 비즈니스 프로세스 및 요구사항에 적응할 수 있는 공학적 유연성도 함께 제공해준다.

SOAF는 엔터프라이즈 서비스 관리(ESM), M2M 메시징, 서비스 발견, 인원 및 장비 발견, 메타데이터 서비스, 중재, 그리고 서비스 보안을 위한 능력을 제공한다. 그리고 서비스 사용자들, 즉 서비스 제공자, 서비스 소비자, 그리고 전투원 및 비즈니스 사용자들은 이런 SOAF가 제공하는 능력을 이용하여 서로 정보를 공유하거나 교환한다.

SOAF가 제공하는 능력을 살펴보면, 먼저 ESM을 지원하기 위해 SOAF는 웹 서비스 관리를 포함한 전군적 차원의 가용 서비스를 위해 모니터링이나 오류 관리 등의 기준 서비스를 제공한다. M2M 메시징을 위해 SOAF는 동기적/비동기적 정보교환 및 콘텐츠의 분산지원 서비스를 제공하는데, 더 세부적으로 살펴보면 정보교환을 위해 지능적 라우팅과 보증된 배달 기능을 제공하며, 웹 서비스와 무선 기반의 인터페이스를 지원하고, 사용자 애플리케이션 선택에 기반을 두고 이메일, 오디오/영상, 랩탑 컴퓨터, PDA, 그리고 휴대폰 등을 이용한 경보 기능 등을 지원한다.

서비스 발견을 위해 SOAF는 분류된 엔터프라이즈 정보를 UDDI, ebXML, RDBMS 등에 저장하는 능력을 제공하며, 인원 및 장비 발견을 위해서는 GIG 웹 서비스 환경에서 인원 및 객체를 식별, 발견, 배포하는 능력과 글로벌 디렉토리 서비스(GDS) 내에서 활용할 수 있는 정보의 사용을 위해 웹 서비스 인터페이스 제공한다. 메타데이터 서비스를 위해서는 전사적으로 데이터 컴포넌트를 교환하거나 이해할 수 있도록 시스템과 인원의 능력을 발견하고 메타데이터 요소를 관리해준다. 중재를 위해 SOAF는 XML 번역 서비스 및 XML 어댑터에 자바 데이터베이스 연동(JDBC)을 포함한 NCES 어댑터 라이브러리를 제공하며, 서비스 보안을 위해서는 임무 기반의 접속통제 능력을 제공하고, 공개키 기반구조(PKI) 통합 및 보안정책 관리를 위한 행정 처리 등을 제공한다.

콘텐츠 발견 및 배달(Content Discovery and Delivery)

콘텐츠 발견(Discovery)은 다양한 소스와 그 결과의 집합에 대해 탐색요구를 중재하는 연합탐색 기능, 엔터프라이즈 목록에 메타데이터를 등록해서 연합탐색 네트워크에 접속하고자 하는 사용자, 즉 GIG 사용이 제한되거나 접속이 원활하지 못한 사용자를 위해 엔터프라이즈 카탈로그 서비스를 제공하는 기능, 그리고 데이터 소스의 통합으로 탐색 가능한 콘텐츠의 폭을 증가시키기 위한 데이터 소스 통합지원 기능 등을 제공한다.

콘텐츠 배달(Delivery)은 파이프라인(Pipeline), 트리(Tree), 경보(Alert) 모드 등 3개의 정의 가능한 패러다임으로 구성된 엔터프라이즈 콘텐츠 배달 네트워크(ECDN: Enterprise Content Delivery Network)로 구성된다. 여기서 파이프라인 모드는 잘 정의되고 이해 가능한 포맷으로 알려진 자원의 위치 및 목적지로 콘텐츠를 배달하는 발송자 중심의 모드로서 네트워크를 교차하는 정보의 흐름을 강조한다. 트리 모드는 정보의 수요나 최종 사용자에 초점을 맞추어 효율적인 작전수행을 지원하기 위한 정보수집 기능을 제공하는 모드로서 네트워크상에서 주로 정지된 콘텐츠나 정보의 질을 강조한다. 경보 모드는 사전에 포맷화가 되어 있는 통보 메시징을 포함한 콘텐츠로서 이벤트 기반의 자동화가 가능한 모드이다.

엔터프라이즈 협업(Enterprise Collaboration)

엔터프라이즈 협업은 웹 접속 기능을 제공하고 이미 존재하면서도 긴급한 조직 내의 정보를 식별하고 관리하며, 콘텐츠를 저장하는 등의 서비스를 제공해주며, 전군적 차원의 작전을 지원하기 위해 사이트에 접속위치를 제공하는 능력을 제공한다. 이러한 엔터프라이즈 협업은 크게 세션관리, 통합, 협업, 화이트보딩, 애플리케이션, 그리고 가상공간 지원 능력으로 구분된다.

- **세션관리 능력**: 다중 세션뿐만 아니라 점대점 세션도 지원해주며, 이때 세션관리자 또는 작업공간관리자는 세션 및 작업공간의 특징을 통제하거나 주문에 따라 제작할 수 있는 능력을 보유한다.
- **통합 능력**: 정부에서 제공한 글로벌 디렉토리 서비스를 사용할 수 있는 기초적인 보안서비스 통합과 인원 및 장비의 사용자 정의 기준을 제공하기 위한 기초적인 발견 서비스 통합의 두 가지 능력이 있다.
- **협업 능력**: 텍스트 협업, 오디어 협업, 그리고 비디오 협업으로 나눌 수 있다. 먼저 텍스트 협업은 인증받은 사용자가 서로 텍스트 메시지를 이용하여 경보, 채팅, 질의응답, 보안환경 등을 제공하는 능력으로서 다중 세션이나 점대점 세션 중 한 가지만 가능하다. 오디오 협업은 세션 내 모든 참여자가 동시에 오디오를 들을 수 있도록 하는 능력으로서 활성 및 비활성 마이크로폰을 이용하여 시각화된 지시가 가능하며 오디오 녹음, 보관 및 재생 기능 등이 있다. 비디오 협업은 IP 네트워크를 통해 세션 내 모든 참여자에게 실시간 방송 및 비디오 회의 기능을 제공하는 능력이다.
- **화이트보딩 능력**: 협업 세션 내에서 인증받은 사용자가 화이트보딩, 즉 주석을 일치시킬 수 있는 능력으로서 인증받은 사용자는 세션정보(기본 이미지 및 주석)를 저장할 수 있다.
- **애플리케이션 능력**: 애플리케이션 공유와 애플리케이션 브로드캐스팅의 두 가지 능력으로 구분할 수 있다. 공유는 인증받은 사용자가 자기 장비에서 다른 사용자와 동일한 동기적 세션으로 서로 공유할 수 있는 능력이며, 브로드캐스팅은 공유된 시각정보를 사용자들에게 제공하기 위해 협업 세션의 모든 인원에게 브로드캐스팅을 제공하는 기능이다. 브로드캐스팅은 비디오 회의, 녹화된 비디오, 텍스트 편집, 프리젠테이션, 양적 분석 등의 소프트웨어 애플리케이션으로 가능하다.
- **가상공간 제공 능력**: 사용자가 공공의 공개된 공간에서 전체 파일을 배포, 관리 및 정보검색 등을 할 수 있도록 장소를 제공하는 것을 말하며, 서비스에 로그인하거나 가상공간, 버전통제, 공유된 공간 내 임무기반 접속, 게시판 능력 등 모든 사용자를 위해 끊임없는 비동기적 통보 메커니즘을 지원한다.

국방 온라인 포털(Defense Online Portal)

국방 온라인 포털은 개인화(personalized), 사용자-정의, 그리고 웹-기반 프리젠테이션으로 구성되며 검색 및 정보 게시, 협업 툴, 긴급 메시지, 작업그룹을 포함한 다양한 엔터프라이즈 서비스에 접속할 수 있는 기능을 제공한다. 또한 국방 온라인 포털은 단일 시작 포인트, 즉 PKI나 패스

워드 또는 기타 접속통제 메커니즘 등을 통한 사용자 식별 수단을 제공하여 NCES에 처음 접근하는 지점을 제공하는데, 여기서 접속통제 메커니즘이란 국방부 인원이 아닌 다른 사용자나 후원자 혹은 인증된 소스에 대해 검사가 필요한 경우 접속 수준의 제한여부 등을 확인하는 메커니즘이다.

국방 온라인 포털은 사용을 희망하는 사용자에게 서비스 시작 포인트를 제공하기 위해 ESM, 정보보증/보안 및 서비스 발견, SOAF를 통한 사용자, 콘텐츠 발견 및 배달, 그리고 협업 제품으로 통합되어 있다. 이러한 국방 온라인 포털은 인원 발견, 장비 발견, 콘텐츠 발견, 협업, 그리고 사용자 프로파일링 및 맞춤화 능력 등이 있다. 즉 국방 온라인 포털은 인원 및 장비 발견 능력을 통해 국방 온라인 포털로 최초 접속이 가능하도록 협업 서비스 내 통합을 위한 단일 시작 포인트를 제공하며, 콘텐츠 발견을 통해서는 정보의 검색 및 게시, 콘텐츠 관리, 연합탐색 통합을 위해 단일 시작 포인트를 제공한다. 그리고 협업 능력을 통해 접속 문서의 협업, 텍스트 채팅, 작업그룹 및 엔터프라이즈 협업을 통합하는 단일 시작 포인트를 제공하며, 마지막으로 사용자 프로파일링 및 맞춤화 능력을 통해 사용자 요구사항에 대한 도움을 제공하고 사용자 요구에 맞게 핵심 서비스나 능력을 통합시켜 준다.

2.3.3.3.2 제품라인(PL) 구성요소의 시스템 관점

제품라인(PL)의 4개 기능인 SOAF, 콘텐츠 발견 및 배달, 엔터프라이즈 협업, 그리고 국방 온라인 포털은 다음과 같이 더 세부적으로 분해가 가능하다.

- SOAF ESM, M2M 메시징, 서비스 발견, 인원 및 장비 발견, 메타데이터 서비스, 중재 및 서비스보안
- 콘텐츠 발견 및 배달 연합 탐색, 엔터프라이즈 카탈로그 서비스, 데이터 소스 통합, 엔터프라이즈 콘텐츠 배달 네트워크
- 엔터프라이즈 협업 세션관리, 존재 및 인지, 텍스트/오디오/비디오 협업, 화이트보딩, 애플리케이션 공유 및 브로드캐스팅, 가상공간
- 국방 온라인 포털 인원/장비/콘텐츠 발견, 협업, 사용자 프로파일 및 맞춤화

제품라인(PL)을 시스템 관점에서 설명하기 위해서는 미 국방부 아키텍처 프레임워크(DoDAF)에서 제시하는 시스템 노드 연결도(SV-1)와 시스템 기능도(SV-4)를 알아야 한다. 시스템 노드 연결도(SV-1)는 그림 2-24와 같이 시스템 및 시스템 구성요소를 정의하고 노드 내 또는 노드 간의 인터페이스를 표현해주는 그림이며, 시스템 기능도(SV-4)는 그림 2-25와 같이 각 시스템에 의해 수행되는 기능 및 기능들 간의 정보 흐름을 표현한 그림이다. SV-4에서 사각형은 외부

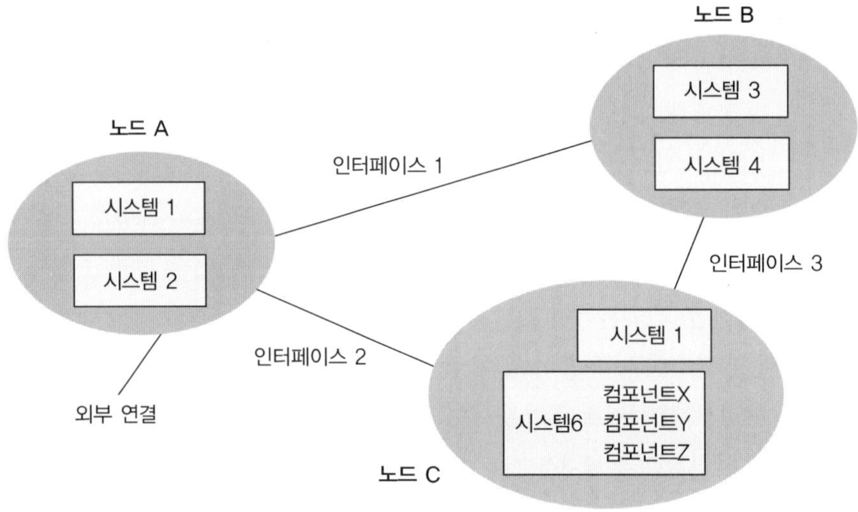

그림 2-24 시스템 노드 연결도(SV-1)

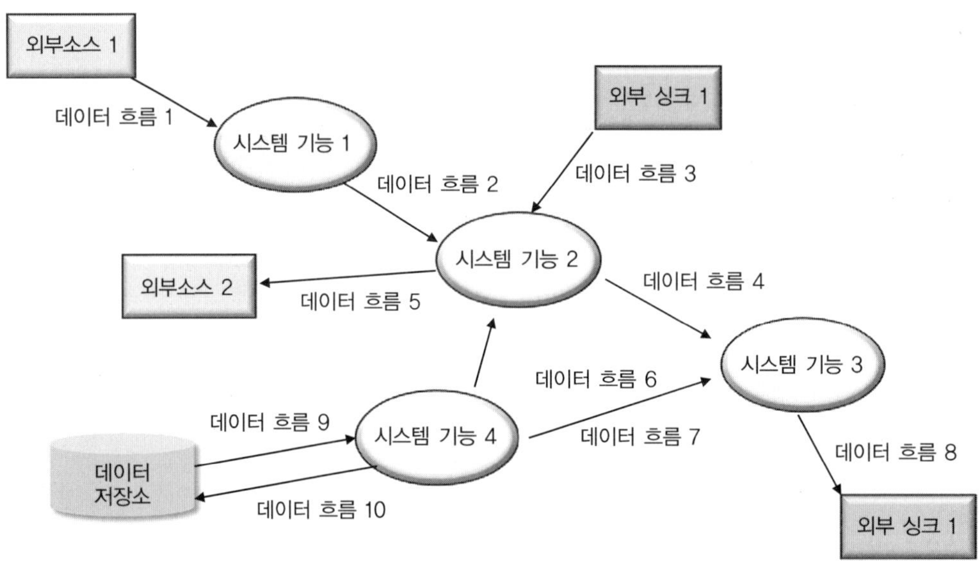

그림 2-25 시스템 기능도(SV-4)

소스 및 외부 싱크를 의미하고 타원은 시스템 기능을 의미하며 화살표는 외부 소스에서 시스템으로 혹은 한 시스템에서 다른 시스템으로의 데이터 흐름을 나타낸다.

| SOAF(SOA Foundation) |

SOAF의 시스템 노드 연결도(SV-1)에서 노드는 서비스 발견, 중재, M2M 메시징, 메타데이터 서비스, ESM 등의 시스템이며 각 서비스는 항상 인터페이스를 통해 연결된다. SV-1에서 모든 서비스는 서비스 모니터링이 가능하도록 ESM에 상태 및 수행 데이터를 전송해야 한다.

SOAF의 시스템 기능도(SV-4)에서 사각형으로 표시되는 외부 소스 및 외부 싱크에는 서비스 소비자, GIG 엔터프라이즈 서비스(GES) 애플리케이션, 클라이언트 등이 있고 타원으로 표시되는 시스템 기능에는 서비스 발견, 식별, 관리 등이 있다.

엔터프라이즈 협업(Enterprise Collaboration)

엔터프라이 협업의 시스템 노드 연결도(SV-1)에서 최종 사용자는 클라이언트를 통해 서비스를 사용하며 협업 서버는 가상 팀과 협업 세션을 수립하고 관리하며, 회의 서버는 다양한 전략적 위치에 전개되어 있기 때문에 화이트보드, 애플리케이션 공유, 애플리케이션 브로드캐스팅, 오디오 및 비디오 회의 등을 제공할 수 있다. 채팅/긴급 메시지 서버는 온라인 채팅, 긴급 메시징 및 정보 구현 등을 제공하며, 가상공간(공유된 폴더 및 데이터베이스)은 가상 팀에게 문서 공유를 가능하게 한다. 협업 서비스는 기본적인 식별 및 인증뿐만 아니라 접속 통제를 위한 서비스 보안을 이용하며 통합 서비스 관리를 위해 엔터프라이즈 서비스 관리와 결합되어 있고 서비스 발견 서비스에 등록되어 사용된다.

엔터프라이즈 협업의 시스템 기능도(SV-4)는 기초적인 시스템 기능을 보여주며 데이터 흐름 및 데이터 저장은 가상 팀, 가상 팀을 위한 작업 공간, 관리 및 협업세션 수행 등을 포함하여 엔터프라이즈 협업을 지원하고, ESM 에이전트는 NCES를 위한 수행데이터를 기록한다. 엔터프라이즈 협업은 클라이언트의 외부 소스를 가지며 각 시스템은 가상 팀 관리, 작업공간 관리, 협업세션 수행 등의 기능을 수행한다.

콘텐츠 발견 및 배달(Content Discovery and Delivery)

콘텐츠 발견 및 배달의 시스템 노드 연결도(SV-1)에서는 콘텐츠 발견 및 배달이 다른 제품라인(PL)과 어떤 관계에 있는지 설명해준다. 그리고 시스템 기능도(SV-4)는 기초적인 시스템의 기능을 보여주며 데이터 흐름 및 데이터 저장은 분산 네트워크 환경으로 부터 캐시, 콘텐츠 저장, 콘텐츠 검색을 포함하여 콘텐츠 발견 및 배달 기능을 지원하고 이격된 콘텐츠 제공자들이 가지고 있는 정보를 찾을 수 있도록 해준다.

국방 온라인 포털(Defense Online Portal)

국방 온라인 포털은 NCES 서비스를 사용하는 GIG 사용자를 위해 하나의 접속 포인트를 제공하고 DoD 엔터프라이즈 협업, 콘텐츠 발견, 인원 및 장비 발견 서비스를 제공하며, GIG 사용자가 서비스 발견 내의 서비스를 사용할 수 있도록 관련 기능을 제공한다. 또한 국방 온라인 포털은

NCES에 보안접속을 위한 웹-기반 설비로서 사용자는 포털 및 특정임무 완수를 지원하는 씬 클라이언트(Thin Client)를 경유하여 접속하고, 엔터프라이즈 서비스는 협업 서비스 및 온라인 사용자 지원을 위한 정보의 탐색, 검색, 게시 기능을 제공한다.

국방 온라인 포털을 위한 시스템의 노드 연결도(SV-1)에서는 온라인 포털이 다른 NCES 제품라인과 인터페이스되는 사례와 두 가지 다른 컴포넌트 타입, 즉 개념 이익공동체(COI) 서비스 및 일반 이익공동체(COI) 포털을 묘사하고 있다. 비록 이 COI 컴포넌트가 NCES의 부분이 아니더라도 세부적인 능력 및 온라인 포털에 접속하는 방법을 묘사한 것이다.

국방 온라인 포털의 시스템 기능도(SV-4)에서는 NCES 서비스를 위해 제공된 서비스 접속을 포함하여 온라인 포털을 지원하는 기초적인 시스템 기능, 데이터 흐름 및 데이터 저장 개념을 보여준다. 또한 이 시스템 기능도에서는 사용자의 프로파일을 관리하고 온라인상에서 프로파일 관리를 지원한다.

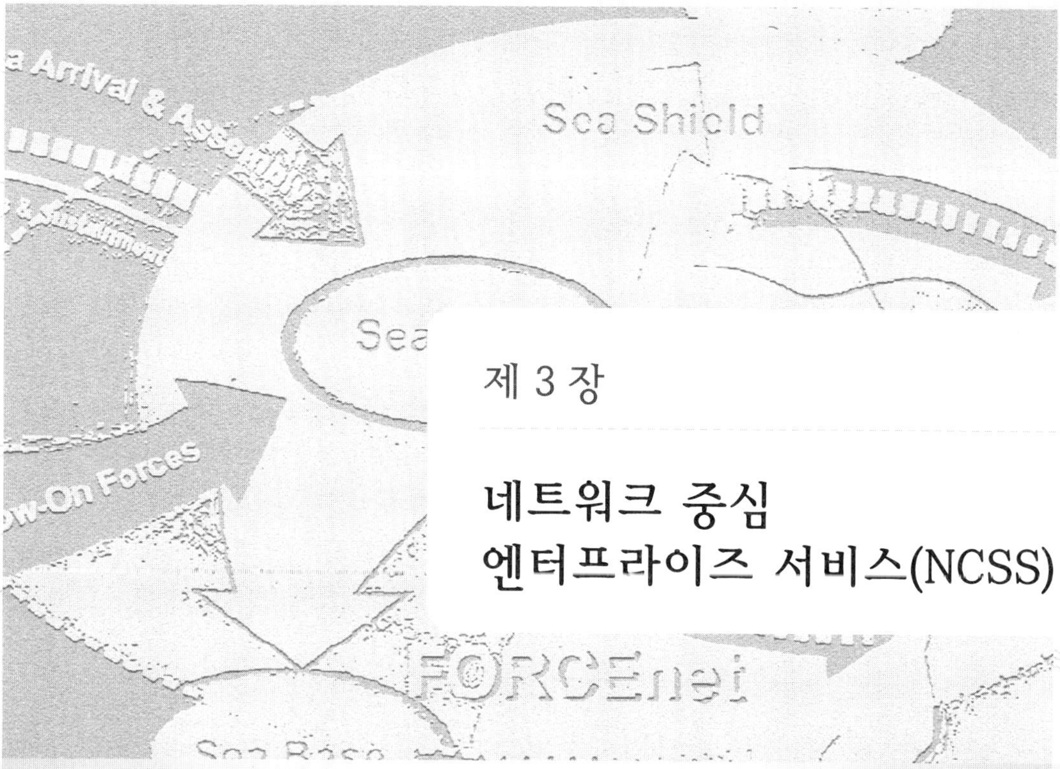

제 3 장

네트워크 중심 엔터프라이즈 서비스(NCSS)

본 장에서는 네트워크 중심 엔터프라이즈 서비스(NCES)를 획득하기 위해 필요한 두 가지 전략, 즉 네트워크 중심 서비스 전략(NCSS)과 모듈러 개방형 서비스 접근법(MOSA)을 고찰하며, 특히 MOSA 설명 시 관련사례를 함께 설명한다. 그런 다음 NCES를 획득하기 위한 세 가지 서비스 모델과 10단계의 서비스 개발 절차를 설명하며, 마지막으로 NCES 서비스에 대한 세부기능이나 능력 등을 기술한다. 본 장은 다음과 같이 구성된다.

3.1 서비스 획득전략

3.1.1 네트워크 중심 서비스 전략(NCSS)

네트워크 중심 서비스 전략(NCSS: Net-Centric Services Strategy)은 공유 서비스와 SOA를 잘 활용할 수 있는 네트워크 중심 환경(NCE)을 구축하기 위해 데이터 전략이 추구하는 목적에 서비스를 연결시킨 네트워크 중심 데이터 전략의 확장 개념이라 할 수 있다. 여기서 NCE는 다양한 임무와 비즈니스 서비스, 그리고 공통의 기반구조 서비스로 구성되며 사람과 기술 사이의 연결과 상호운용성을 지원하기 위한 프레임워크이다. 특히 NCE는 정보를 보호하고 공유하기 위해 GIG 내에서 사용자와 임무 파트너를 승인하고 사용자가 정보에 근거한 결정을 내릴 수 있도록 지원한다. 이러한 NCSS는 전투원, 비즈니스, 정보(Intelligence), 그리고 엔터프라이즈 정보환경(EIE) 임무 영역에 적용할 수 있고 현재 사용하고 있는 다른 전략 및 지침들과 일관성을 유지해야 한다. 참고로 현재 미 국방부에서는 NCSS를 효과적으로 구현할 수 있도록 다른 지침들을 배포 시 NCSS의 구현과 관련된 세부적이며 기술적인 지침들을 포함해서 같이 배포하고 있다.

3.1.1.1 네트워크 중심 환경(NCE) 비전

GIG를 구성하는 네트워크와 시스템은 각 임무 영역에서 기능적인 능력과 다양하고 폭넓은 정보를 제공하면서 네트워크 중심으로 변환하기 위해 NCE가 제공하는 공유 서비스와 SOA를 잘 활용해야 한다. 이를 위해 제시된 NCE의 비전은 다음과 같이 네 가지로 요약된다.

- 엔터프라이즈 정보환경(EIE) 임무 영역에 의해 제공된 공통으로 공유할 수 있는 보안 기반구조, 표준 및 규칙(rule) 모음을 사용한다.
- 임무 수행을 안정화시키고 임무 수행 시 각 임무 영역에 의해 제공되는 비즈니스 서비스를 사용한다.
- 최고정보관리책임자(CIO: Chief Information Officer)에 의해 선출된 위원회에 의해 통제된다.
- GIG의 네트워크 운영(NetOps)을 통해 관리된다.

이러한 네 가지 비전이 달성되면 운용 효과는 크게 향상될 것이며, 공통의 기반구조는 합동 전투를 지원하면서 군의 능력들을 쉽게 네트워크화 할 것이다. 또한 각 군 및 기관, 그리고 임무 파트너에 관계없이 활용 가능한 능력을 인식하고 사용하기 위해 합동군을 위한 상황별 인증을 제공하게 될 것이다. 이렇게 되면 각 군 및 기관뿐만 아니라 합동 전투에 참여하는 임무 파트너들은 네트워크화된 능력을 이용하면서 상호운용성을 위해 제공된 서비스의 효과적 이용이 가능할 것이다.

NCE는 또한 임무나 비즈니스에 적합하면서도 그 기능을 향상시킬 수 있도록 네트워크 중심 서비스를 설계하는데, 이에 따라 나타날 수 있는 이점으로는 향상된 표준의 제공, 정보공유 달성을 위한 기반 접근법의 제공, 비용과 자원의 절약, 능력 제공자의 민첩성, 그리고 능력의 효과적인 재사용 등이 있다. 여기서 서비스에 대한 효과적인 접근성 제공은 새로운 정보자원에 대한 사용자의 접속을 향상시켜 주고, 능력 제공자에게는 새로운 능력을 배치하는 시간과 비용을 절약시켜 줄 것이며, 상호운용성을 향상시키고 전투원의 변화하는 임무 요구에도 적절하게 대응할 수 있도록 해줄 것이다.

3.1.1.2 서비스 및 SOA 도입 이유

서비스에 의해 제공된 정보와 기능적인 능력은 전투 방식과 비즈니스 처리방식을 변화시킨다. 더 나아가 서비스로 이루어진 네트워크 중심 환경(NCE)은 기술의 변화뿐만 아니라 임무를 수행하고 의무를 이행하는 방식까지도 변화시킨다. 그러나 NCE 이전의 환경은 전투원이나 비즈니스 사용자, 그리고 개발자와 같은 사용자들은 단지 접속하는 시스템이 어디있는지에만 관심이 있으며 시스템이 제공하는 정보와 기능적 능력들은 알 수가 없다. 즉 사용자들은 알려진 시스템만을 사용할 뿐이다.

예를 들어 그림 3-1과 같이 연통형 환경 하에서의 전투원 및 분석가, 그리고 능력 개발자의 제

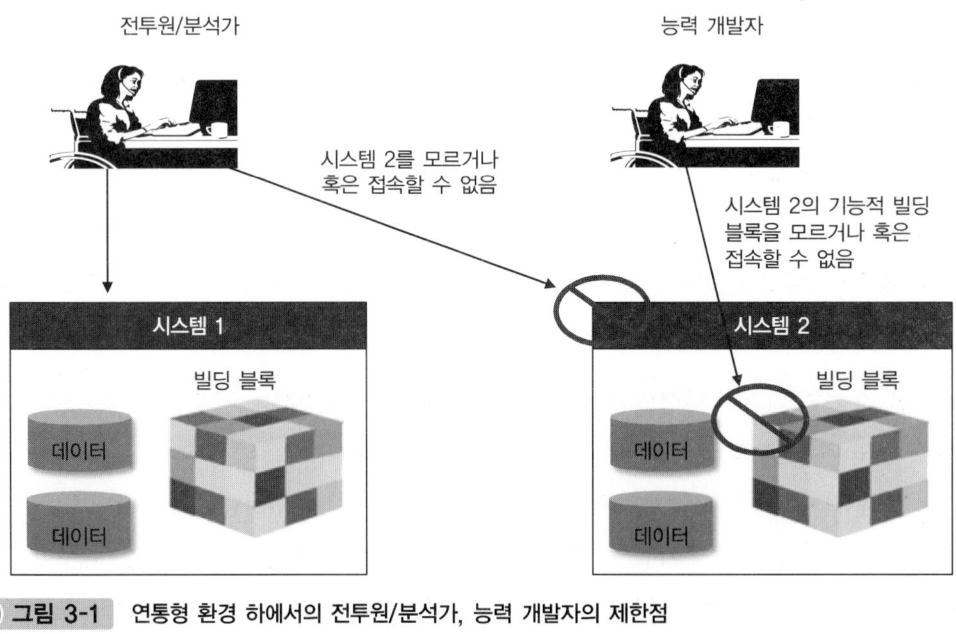

그림 3-1 연통형 환경 하에서의 전투원/분석가, 능력 개발자의 제한점

한점을 살펴본다.

연통형 환경 하에서 전투원 및 분석가들은 자신들이 항상 사용해왔던 특정 시스템에만 훈련되어 있어 그들에게 주어진 임무 수행을 위해서는 특정 시스템, 즉 그림에서 보면 시스템 1만을 사용한다. 그러나 전투원 및 분석가가 합동 운용에서 그들이 알고 있는 시스템으로는 임무 수행이 불가능하고 그들의 임무 수행을 위해서는 다른 정보나 기능이 필요하다는 것을 인식하였을 때, 전투원 및 분석가는 시스템 2와 같은 다른 시스템의 존재를 알지 못하거나 또는 알고 있더라도 시스템 2에 접속할 수가 없어 임무를 수행하지 못하는 경우가 종종 발생한다. 이와 마찬가지로 능력 개발자도 시스템 2에서 제공하는 기능들을 알지 못하거나 알고 있더라도 시스템 2에서 제공하는 기능들에 접속할 수가 없어 한 시스템에만 동작하는 독자적인 기능들만을 만들어 낼 뿐이다.

만약에 전투원 및 분석가, 그리고 능력 개발자들이 자기의 시스템을 사용하거나 개발하고 있다가 임무 수행을 위해 어떤 시스템을 사용할 수 있을지, 그리고 그 시스템을 이렇게 사용할 수 있을지를 알 수 있다면 이들 사용자들은 신속하게 다른 시스템에 접속하여 시스템을 활용한다거나 그 시스템의 기능을 이용하여 능력을 개발한다거나 하여 주어진 임무를 완료할 수 있지만, 연통형 타입의 환경에서는 필요한 정보와 기능들을 더 빨리 찾고 사용하고자 하는 사용자들에게는 제한적인 능력만을 제공할 것이다.

이러한 연통형이 가진 제한적인 능력을 극복하기 위해 미 국방부는 서비스와 SOA를 도입하

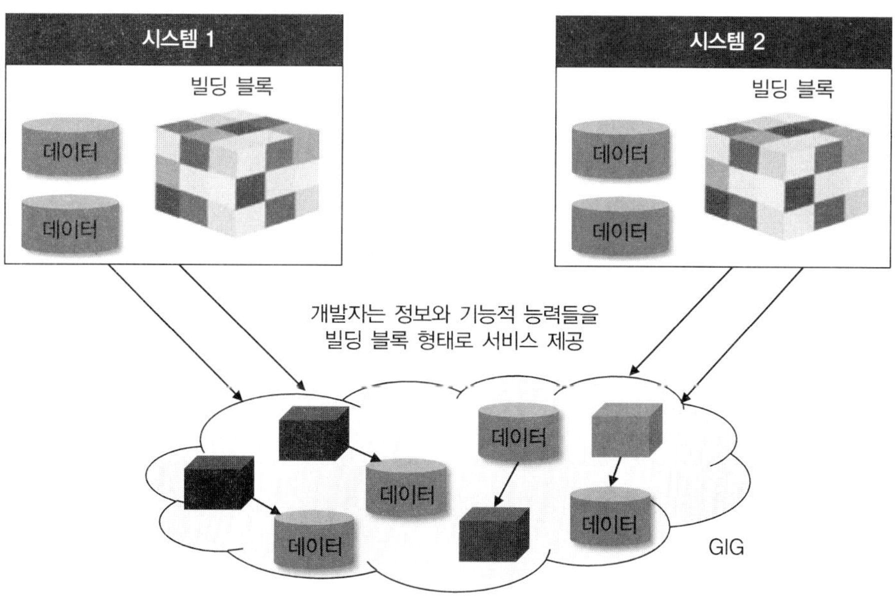

그림 3-2 서비스와 SOA가 도입된 네트워크 중심 환경(NCE) 구조

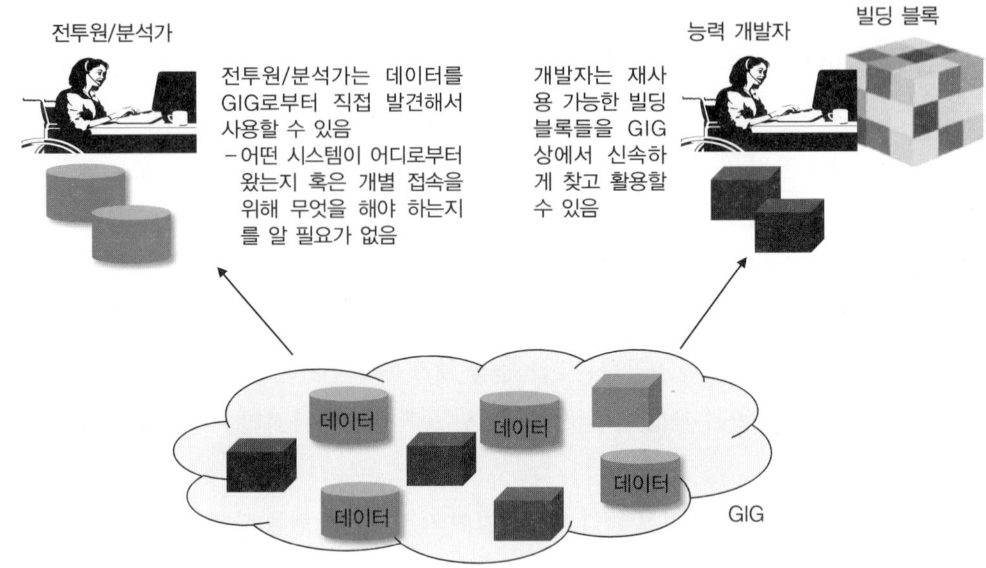

그림 3-3 NCE 구조에서 GIG에 제공된 정보와 능력 활용방법

여 그림 3-2와 같이 네트워크 중심 환경(NCE)으로 변환되고 있다. 그림에서 보면, 개발자들은 정보와 기능적 능력들을 서로 공유할 수 있는 방식으로 개선시키기 위해 시스템 1과 시스템 2의 정보나 기능적 능력을 빌딩 블록 형태로 서비스하고 있다는 것을 알 수 있다. 즉 새로운 것을 배치하고 능력을 향상시키고자 할 때는 GIG 내로 제공된 서비스들을 활용하는 것이 최선이며 이러한 서비스들은 정보를 공유시켜 주고 민첩성을 증가시켜 준다는 것이다. 따라서 연통형 환경 구조를 네트워크 중심 환경(NCE) 구조로 발전시키기 위해서는 정보 및 기능적 능력 소유자와 생산자가 가치 있는 네트워크 중심 서비스를 NCE에 위치시키기 시작하는 것을 필요로 하며, NCSS 비전은 프로그램과 시스템 개발자들이 그림 3-2의 데이터베이스나 빌딩 블록과 같이 그들의 정보를 제공하는 것을 필요로 한다.

따라서 네트워크 중심 환경(NCE) 구조에서는 그림 3-3과 같이 전투원 및 분석가는 브라우저 기반 질의를 통해 GIG로부터 바로 데이터와 정보를 찾고 사용할 수 있으며, 이때 전투원 및 분석가는 시스템이 어디로부터 왔는지, 개별 접속을 위해 무엇을 해야 하는지 등을 알 필요가 없다. 그리고 개발자들은 비즈니스나 임무를 실행하는데 필요한 기능적인 능력들을 제공하는 서비스, 즉 재사용 가능한 빌딩 블록들을 GIG 상에서 신속하게 찾고 활용할 수 있으며, 또한 필요한 능력들을 만들거나 향상시키기 위해 서비스를 이용할 수 있다.

3.1.1.3 네트워크 중심 서비스 전략(NCSS)의 목적

네트워크 중심 서비스 전략(NCSS)의 목적은 서비스 제공, 서비스 사용, 기반구조와 서비스 통제, 그리고 네트워크를 통한 서비스 모니터링 및 관리라는 네 가지 관점에서 다음과 같이 간단하게 요약할 수 있다.

- **서비스 제공** 네트워크 상에서 정보와 기능적 능력들을 사용할 수 있도록 신뢰성 있는 서비스를 제공한다.
- **서비스 사용** 네트워크 상에서 중복적인 능력을 만들지 않고 임무 요구를 만족시킬 수 있도록 기존 서비스를 사용한다.
- **기반구조와 서비스 통제** 상호운용성을 보장하기 위해 공통의 표준 및 규칙, 그리고 공유되고 안전한 기반구조와 서비스 정책 및 프로세스를 확립시킨다.
- **네트워크를 통한 서비스 모니터링 및 관리** NCE의 상황별 인식 보장을 위해 GIG NetOps 전략 및 운용개념과 조화된 서비스를 구현한다.

3.1.1.3.1 서비스 제공

서비스 제공을 위해 개발자는 기능적인 능력과 정보를 공유하기 위해 네트워크에서 서비스를 만들며 이 서비스는 엔터프라이즈에서 인증된 소비자에 의해 사용될 수 있도록 발견이 가능해야 한다. 서비스 제공에서는 ①임무 및 비즈니스 서비스를 제공하는 서비스, ②핵심 엔터프라이즈 서비스(ECS)를 제공하는 서비스, ③서비스를 가시적으로 만드는 서비스, ④서비스를 접근 가능하게 만드는 서비스, 그리고 ⑤서비스를 이해 가능하게 만드는 서비스 등 총 5가지의 서비스를 제공한다.

- **임무 및 비즈니스 서비스를 제공하는 서비스** 일반적으로 NCES의 4대 임무 영역인 비즈니스, 전투원, 정보(Intelligence), 그리고 EIE는 임무와 비즈니스 프로세스, 그리고 특정 정보와 기능적인 능력들을 정의해야 한다. 따라서 NCE가 전개됨에 따라 GIG 사용자는 엔터프라이즈에 그들의 정보와 기능적인 능력들을 서비스로 제공해야 하며, 이렇게 제공된 서비스는 기존의 정보기술(IT)시스템과 새로운 개발을 통해 재사용되어진다.
- **핵심 엔터프라이즈 서비스(CES)를 제공하는 서비스** CES가 EIE 임무 영역에 의해 제공되는 작은 서비스 집합이기 때문에 이러한 CES 서비스는 각 군 및 기관의 대표적인 서비스로 제공될 것이며, 지역적으로 제공되는 서비스를 위해 EIE 임무 영역은 일관된 수행을 보장하기 위해 관련 지침서를 제공해야 한다.

표 3-1 서비스 명세 템플릿(SST)의 포함 내용

- 서비스가 하는 일
- 사용자가 서비스에 접속하는 방법
- 서비스에 적용되는 보안 메커니즘 또는 제한사항
- 서비스에 대한 다양한 접속 포인트(예를 들어, 서비스명, 서비스 제공자의 접속 정보 등)
- 서비스 레벨의 특성
- 성능 정보

- **서비스를 가시적으로 만드는 서비스** 서비스 제공자는 잠재적인 사용자가 서비스를 발견할 수 있도록 엔터프라이즈 서비스 저장소에 서비스의 메타데이터를 기술하여 서비스를 등록해야 한다. 엔터프라이즈 서비스 저장소는 엔터프라이즈의 모든 사용자가 사용이 가능하고 손쉽게 재사용할 수 있을 뿐만 아니라 새로운 능력을 만들기 위한 비용을 피할 수 있도록 해야 한다.
- **서비스를 접근 가능하게 만드는 서비스** 사용자는 서비스를 발견할 수 있는 능력을 가져야 할 뿐만 아니라 적시에 효과적인 방법으로 서비스에 접근할 수 있어야 한다. 서비스 접근성은 보안 메커니즘에 의해 통제되고 서비스 접근에 대한 결정은 다양한 요소를 기반으로 서비스를 제공하는 조직에 의해 구현되지만, 서비스 제공자는 넓은 범위에서 가능한 접근을 보장하기 위해 EIE 임무 영역에서 제공하는 핵심적인 보안 서비스를 사용해야 한다.
- **서비스를 이해 가능하게 만드는 서비스** 서비스 제공자는 엔터프라이즈 사용자가 일관적으로 서비스를 발견할 수 있도록 서비스 명세서를 사용해야 하며, 서비스 명세 템플릿(SST: Service Specification Template)은 서비스 명세를 위한 공통 모델로서 표 3-1의 내용을 포함해야 한다. 서비스에 대한 정보기술에 더하여 서비스에 대한 일관적인 입력과 출력을 보장하기 위해 이익공동체(COI)는 용어와 비즈니스 규칙을 정의하며, 모든 서비스는 모순이 없는 전문 용어와 규칙을 사용해야 한다.

3.1.1.3.2 서비스 사용

서비스 사용은 사용자가 임무 요구를 만족시키기 위해 서비스를 사용하는 것과 핵심 엔터프라이즈 서비스(CES)를 사용하는 것이 포함된다. 사용자는 네트워크에서 찾은 다양한 정보와 능력을 인식하고 임무 수행에 필요한 정보를 획득하기 위해 서비스를 사용한다. 개발자는 새로운 서비스나 시스템을 개발하기 전에 임무 영역에서 제공되는 현재의 서비스를 사용하거나 수정함으로써 새로운 비즈니스와 임무 프로세스를 개발하고 모든 사용자는 사용한 서비스에 대한 피

드백을 제공한다. 최고정보관리책임자(CIO)는 개선된 상호운용성과 임무 영역 서비스를 통해 증강된 정보의 공유와 네트워크를 통한 합동 군사능력을 위해 핵심 엔터프라이즈 서비스(CES)를 관련 군 및 기관에 사용할 것을 요구한다.

3.1.1.3.3 기반구조와 서비스 통제

기반구조와 서비스 통제는 각 군 및 기관과 임무 파트너가 어떻게 서비스를 운용하고 제공할 것인가와 서비스의 안전성 정도를 어떻게 할 것인가를 집행하고 확립하는 것을 의미하며, 기반구조와 서비스 통제를 위한 세 가지 요건은 다음과 같다.

- 서비스를 제공하고 운용하기 위해 속성을 식별하고 거버넌스 수준을 통제한다.
- 서비스의 수명주기 동안 서비스에 대한 책임 한계, 인증, 의사소통을 확립한다.
- 개인 또는 조직의 책무 성취를 보장하기 위해 성과측정법, 관련 정책 및 통제 메커니즘을 확립한다.

각 군 및 기관은 다양한 단계에서 거버넌스가 필요하며 거버넌스를 통해 공통의 표준, 공유되고 안전한 기반구조와 서비스가 운영 통제되며, 네트워크 서비스의 비전 아래 컴포넌트나 프로그램은 상용 미들웨어를 선택하고 관리하며 접속하는 등의 일을 위해 거버넌스를 지속하게 된다.

연합 능력은 추가적인 거버넌스를 필요로 하는 특정 능력으로서 서비스의 연합을 통해 엔터프라이즈 능력이 배달되는 것을 말한다. 연합 능력의 특성은 엔터프라이즈 전역에 분산된 다양한 서비스 제공자로부터 제공되는 정보자원이나 능력을 사용하여 구현된다는 점과 서비스 연합에 필요한 추가적인 거버넌스는 엔터프라이즈의 분산된 제공자에 의해 정의되고 강요된다는 것이다.

CIO는 엔터프라이즈 서비스 환경에서 서비스 연합을 적절히 통제하기 위해 적합한 거버넌스 포럼을 수립하고 신뢰성 있는 서비스를 제공하며, 결심 지원과 자산관리 프로세스 안에서 서비스와 SOA를 통합한다. 적합한 거버넌스 포럼을 수립하고 네트워크 중심 서비스 비전에 도달하기 위해 컴포넌트, 임무 영역, 엔터프라이즈와 외부 파트너 등 다양한 엔터프라이즈 단계에서 거버넌스가 구현되어야 하며, 각 단계에서 거버넌스 요소의 적절한 집중을 위해 조정하는 것도 필요하다. 신뢰성 있는 서비스를 제공하기 위해 저장소는 사용자에게 제공자를 식별하고, 서비스 능력에 대한 유효한 정보를 배달하는 수단을 제공해야 하며, 서비스의 특정 성능과 보안 특성 규약을 저장소에 등록하고, 인증된 사용자가 등록된 서비스를 사용해야 한다. 결심 지원과 자산관리 프로세스 안에서 서비스와 SOA를 통합하기 위해 핵심 프로세스는 엔터프라이즈에서

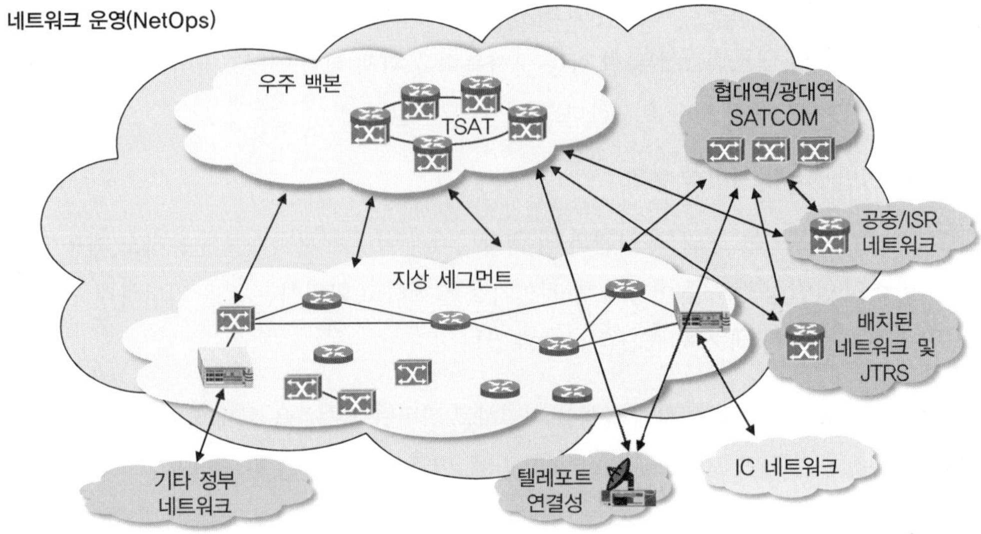

그림 3-4 GIG 네트워크 운영(NetOps)의 개념

서비스 수명주기를 지원해야 한다. 이것은 획득, 테스팅, 증명, 인증과 자산관리를 포함하고 CIO는 결심 지원 프로세스 안에서 임무 수행을 위해 비즈니스 프로세스와 활동을 정렬하여 서비스를 개발하는 아키텍트를 지원해야 하며, 자산관리자는 수행 중인 임무와 비즈니스 프로세스 중에 서비스와 COI가 정의한 용어, 비즈니스 규칙의 사용을 지속적으로 평가하고, 개발도구와 프로세스는 서비스와 SOA 구축을 지원하기 위해 계속 갱신되어야 한다.

3.1.1.3.4 네트워크를 통한 서비스 모니터링 및 관리

네트워크를 통한 서비스 모니터링과 관리는 엔터프라이즈 전역에서 사용되는 서비스에 변화가 있을 때 사용자가 알 수 있어야 하며, 모든 서비스는 GIG 네트워크 운영(NetOps) 개념에 일관적으로 구현되어야 한다. 그리고 서비스 제공자는 실시간 운용 상태와 서비스 성능에 대한 가시성을 제공해야 하며, GIG NetOps는 임무 서비스의 지속, 우선순위, 서비스 보안과 NCE를 확실하게 보호하기 위해 서비스 운영 관리에 대한 책임을 가진다.

참고로 GIG NetOps는 모든 전개된 사용자에게 연결성(Connectivity)을 제공한다는 개념으로서 그림으로 표현하면 그림 3-4와 같다.

3.1.1.4 NCSS 목적을 성취하기 위한 핵심 활동

네트워크 중심 서비스 전략(NCSS)에서 제시하는 네 가지 목적을 효과적으로 성취하기 위한 네 가지 핵심 활동과 각 활동에 따른 결과가 표 3-2에 나타나 있다.

표 3-2 NCSS 목적의 효과적 수행을 위한 네 가지 핵심 활동

핵심 활동	결과
1. 프로그램 결정 각서(PDM-III) 핵심 서비스에 대한 권고사항 수행	• 핵심 엔터프라이즈 서비스(CES)의 배달을 촉진
2. 예산 승인을 갱신하고 서비스와 SOA사용을 체계적으로 정리하기 위한 구현 지침 제공	• 정책과 지침을 통해 서비스와 SOA 거버넌스가 확립
3. 비즈니스 프로세스와 서비스 사용, 규정을 위한 모델 확립	• 결심지원 프로세스 변화를 통해 자금조달, 획득, 제작, 관리, 서비스의 사용을 조장
4. 서비스와 SOA에 대한 교육 및 훈련 개발	• 공공 교육자원의 사용을 통해 서비스와 SOA의 원칙 인증 및 이해의 증대

참고사항으로 미 국방에서는 이러한 네 가지의 핵심 활동을 지원하기 위해, 서비스 접근을 도모하기 위한 기존 시스템의 변환, 매트릭 및 인센티브의 식별, 애플리케이션, 프로그램 및 COI를 위한 통제 프로세스, CES 사용을 위한 표준과 지침이라는 수행 전략을 배포하였다. 또한 미 국방부의 CIO는 결심지원 프로세스가 NCE 안에서 서비스의 통제와 운용, 사용 및 제공을 고무시키기 위해서는 변화가 필요하다는 것을 인식하고 2007년부터 프로세스 소유자와 협력하면서 국방부에서 만든 포트폴리오 관리 프로세스를 사용하여 변화를 이행하고 있다. 또한 NCE를 위하고, 서비스의 목적을 진전시키기 위해 인증 캠페인을 수립하면서 서비스와 SOA 원칙의 인증을 증가시키고 있으며 교육 훈련 또한 발전시키고 있다. 이러한 COI의 구체적이고 다양한 활동은 서비스의 사용을 정련시키고 최상의 실행과 교훈을 얻게 해줄 것이며, 이렇게 터득된 교훈은 향후 기획과 구현을 위한 지침 개발에 사용될 것이다.

> **프로그램 결정 각서(PDM: Program Decision Memorandum)-III(2006. 10월)**
>
> PDM-III 프로그램 결정 각서는 공통적으로 공유할 수 있는 제반 핵심 서비스의 활동들을 수립한 각서로서, 미 국방부의 최고정보관리책임자(CIO)가 각서에 제시된 제반 서비스 활동들의 실행을 조정하고 지원하는 수행팀을 설립하였다.

3.1.2 모듈러 개방형 서비스 접근법(MOSA)

모듈러 개방형 서비스 접근법(MOSA: Modular Open Service Approach)은 적합하면서도 진화적인

합동 전투능력을 달성할 수 있도록 모든 획득전략들을 통합한 획득전략이라 할 수 있다. MOSA는 공개 표준을 사용하며 핵심 인터페이스를 지정하고 모듈러 디자인을 도입함으로써 무기체계의 획득비용과 수명주기를 절감하는 동시에 합동 통합아키텍처 및 상호운용성의 보장을 목표로 하고 있다. 또한 무기체계 소프트웨어의 컴퓨팅 환경 기반이 되는 운영체제와 미들웨어에 대한 기반이 되고, 모듈화된 애플리케이션과 장치 등을 마치 블록을 쌓듯이 결합하여 필요한 시스템을 구축하며, 애플리케이션은 공통 기능을 수행할 수도 있고 도메인의 유일한 기능으로서도 구성할 수 있는 다양한 장점들을 가지고 있다.

3.1.2.1 MOSA의 도입배경

MOSA의 도입배경을 살펴보면 미군이 가지고 있었던 종전의 특정적이고 폐쇄적인 무기체계 획득환경이 첨단화되어 가는 무기체계의 도입에 많은 문제점을 노출시켰으며, 특히 네트워크 중심전(NCW) 개념이 등장하면서 무기체계 간 상호운용성 및 무기체계 소프트웨어의 중요성이 더욱 확대되고 있는 실정이었다. 또한 미 국방부의 정보기술 발전이 더 이상 무기체계 발전의 동인이 되지 못하고 대신에 상용 애플리케이션을 위해 개발된 기술을 사용해야 했는데, 미국은 이러한 문제점들을 해결하고 보다 신속하고 효율적으로 무기체계를 획득하고자 미 국방부 산하에 개방형 시스템 합동 특수임무부대(OSJTF: Open Systems Joint Task Force)를 구성하였으며, OSJTF에서 개방형 시스템을 기반으로 하는 MOSA를 미 국방획득시스템의 무기체계 소프트웨어 획득전략으로 채택하게 되었다.

3.1.2.2 MOSA의 목표, 적용 지침 및 정책

MOSA의 목표를 요약해보면, 진화하는 요구사항 및 위협의 적용, 과학기술의 획득 및 개발로의 전환 촉진, 손쉬운 시스템의 통합과 상용제품 사용의 지렛대 역할을 수행하는 것이다. 또한 개발기간을 단축하여 전체 개발비용을 감소시키고 기존의 컴포넌트에 대한 결정적인 수정없이도 인터페이스를 통해 완벽한 상호운용성을 보장하면서 시스템 내부 컴포넌트의 공통성 및 재사용성을 증대하는 것이다. 이를 위해 다양한 공급자로부터 최첨단의 기술 및 산출물 도입을 증대하고, 이를 통해 진부한 기술에 대한 사용가능성을 감소시키고, 수명주기를 통해 독점적인 벤더로 인해 발생할 수 있는 위험을 감소시키면서 수명주기의 지속성을 증대시켜 경쟁을 확대하는 것이 주요한 이슈라 하겠다.

그림 3-5에 MOSA를 적용하여 전투기 아키텍처를 통합하였던 미 공군의 사례를 보여주고 있다.

연합 시스템 | 통합 서브시스템 | 전체 시스템 통합

1970 1980 1990 2000 2010

1970~1980	1990	2000~2010
• 12종의 단일 프로세서 • 12종의 소프트웨어 언어 -Ada, 어셈블리 언어 등 • 각 서브시스템 당 단일 OS • 소프트웨어 재사용 전무 • 12종 이하의 데이터버스 • 박스(Box) 수준의 중복	• 8종의 단일프로세서 • 4종의 소프트웨어 언어 -Ada, 어셈블리 언어 등 • 초기 수준의 분산 실시간 OS 개발 • 제한된 수준의 소프트웨어 재사용 • 8종의 단일 데이터네트워크 • 모듈(Module) 수준의 중복	• 1-2종의 단일 프로세서 • 1종의 공통 고수준 소프트웨어 언어 및 객체 지향 분석 • 표준 인터페이스를 가진 분산 OS • 상당한 수준의 소프트웨어 재사용 • 1종 공통 데이터 네트워크 • 높은 수준의 오류 감내(Fault Tolerant)

그림 3-5 미 공군의 전투기 아키텍처 통합계획의 예

> **개방형 시스템 합동 특수임무부대(OSJTF: Open Systems Joint Task Force)**
>
> OSJTF는 미 국방부의 모든 획득 프로그램들이 MOSA를 적용할 수 있도록 미 국방부의 기술획득국(USD AT&L)으로부터 한시적으로 승인받았던 특수임무부대로서 현재는 임무가 종료되어 더 이상 운용되지 않고 있다. OSJTF에서 수행했던 임무로는 획득 프로세스의 통합을 위한 MOSA 구축, MOSA 적용을 위한 전문적 기술 지원, 모든 획득 프로그램에 MOSA 적용 여부의 확인 및 보장, 개방형 표준 정착을 위한 산업계와의 협력 등이 있다.

그림 3-5를 보면, 1970년에서 1980년대는 운용체제와 언어가 각각 12종이나 될 만큼 다양하였고, 각 서브시스템마다 단일 운용체제가 존재하였으며, 소프트웨어 재사용은 없었고, 중복은 박스(Box) 수준으로 매우 컸던 시기였다. 이 시기의 대표 기종으로는 F-4와 F-111이 있다. 1990년대는 프로세서와 운영체제가 각각 8종 및 4종으로 조금씩 통합되는 모습을 보인, 즉 서브시스템 수준의 통합이 이루어졌던 시기였으며 초기 수준의 분산 실시간 운영체제, 제한된 수준의 소프트웨어 재사용, 그리고 모듈 수준의 중복이 있었던 시기라 볼 수 있다. 이 시기의 대표 기종으로는 F-14, F-15, F-16이 있다. 본격적으로 전체 시스템 수준의 통합이 추진되었던 2000년대에 들어서서는 1-2종의 단일 프로세서와 1종의 공통 고수준의 소프트웨어 언어로 통합되었으며, 객체

지향 분석이 시작된 시기였다. 이 시기에는 표준 인터페이스를 가진 분산 OS가 사용되었으며, 상당한 수준의 소프트웨어 재사용도 이루어졌고, 높은 수준의 오류 감내도 달성되었던 시기라 할 수 있다. 이 시기의 대표 기종으로는 F-22와 F-35가 있다.

MOSA의 적용 지침은 미 국방부의 『획득지침서』에 명시되어 있는데, 이 중 일부 지침에 대한 내용이 그림 3-6에 나타나 있다.

MOSA 정책은 개방형 시스템 구축을 위해 국방부 예하에 조직된 OSJTF에 의해서 제안되었으며, 이에 따라 2004년 10월 1일부터 모든 무기체계 소프트웨어 획득프로그램은 MDA(Milestone Decision Authority) 승인을 받기 위해 MOSA 구축계획을 보고하였고 만일 MOSA 지침과 일치하지 않은 경우에는 획득프로그램 계획을 변경토록 조정하였다.

국방부의 모든 획득프로그램은 프로그램 초기 및 획득계획 수립 시부터 MOSA를 적용해야 하며, 전체적인 획득전략 및 유연한 기술 발전전략은 MOSA에 따라 조정되었다. 프로그램을 수행하는 기관 및 부서에서는 프로그램에 대한 세부 활동과 개발 마일스톤이 포함된 MOSA 구축계획을 작성하였다. 이러한 MOSA 구축계획을 수립함에 있어서 MOSA를 프로그램 전체 획득 프로세스에 일치시키는 것이 중요하였는데, 특히 MOSA 원칙에 기반을 둔 분석 및 개발, 시스템 혹은 복합시스템(SOS) 구축에 대한 식별, 그리고 MOSA 구축계획을 모니터링하고 프로그램

2.3.15. Modular Open Systems Approach(MOSA)

MOSA is the Department of Defence implementation of "open systems." The program manager should incorporate MOSA principles into the acquisition strategy to ensure access to the latest technologies and products, and to facilitate affordable and supportable system development and modernization of fielded assets.

The program manager should plan for MOSA Implementation and include a summary of such planning as part of the overall Acquisition Strategy and to the extend feasible the Technology Development Strategy. The summary of the MOSA planning should describe (1) how MOSA fits into a program's overall acquisition process and strategies for acquisition , technology development, and T&E; (2) what steps a program will take to analyze, develop, and implement a system or a system-of-systems architecture based on MOSA principles; and (3) how such program intends to monitor and assess its MOSA implementation progress and ensure system openness.

그림 3-6 미 국방부의 MOSA 적용 지침

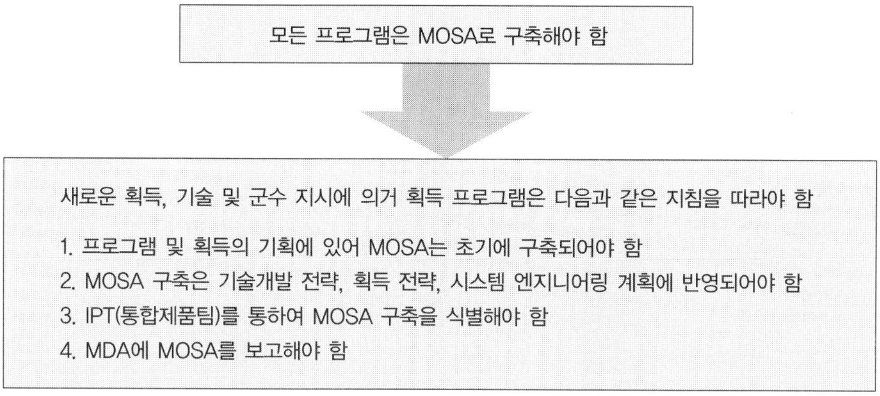

그림 3-7 미 국방부의 개방형 시스템 정책 및 지시

진보를 평가할 수 있는 기준과 개발/측정 도구의 개발이 필요하였다.

개방형 시스템에 대한 미 국방부의 정책 및 지시는 그림 3-7과 같이 규정으로 표현되어 있다. 즉 모든 획득 프로그램은 MOSA로 구축되어야 하는데, 이때 획득 프로그램은 다음과 같은 4가지 지침을 따를 것을 정책 및 지시에서 명시하고 있다.

- 프로그램 및 획득의 기획에 있어 MOSA는 초기에 구축되어야 한다.
- MOSA 구축은 기술개발 전략, 획득 전략, 시스템 엔지니어링 계획에 반영되어야 한다.
- IPT(통합 제품팀)를 통하여 MOSA 구축을 식별해야 한다.
- MDA에 MOSA를 보고해야 한다.

3.1.2.3 MOSA의 5원칙

MOSA는 가능 환경 정립, 모듈러 디자인 채택, 핵심 인터페이스 지정, 공개 표준 사용, 그리고 적합성 확인 등 5가지 원칙이 있으며, 이들 각 원칙의 주요내용을 살펴보면 다음과 같다.

- **가능 환경 정립** 이 원칙은 요구사항, 비즈니스 실행, 기술의 발전, 획득, 테스트 및 평가 그리고 산출물 등으로 이루어져 있으며 MOSA 구축의 기본이 되는 원칙이다. 이 원칙의 주요내용에는, MOSA 구축을 위해 책임을 할당하고 적절한 경험 및 훈련을 보장해야 한다는 것과 시장조사를 지속하면서 MOSA의 효과적인 구축에 방해가 되는 장애물 등을 식별하고 사전에 제거해야 한다는 것이 있다.
- **모듈러 디자인 채택** 모듈러 디자인은 기능이 독립되고 응집되어 있으며 독립적인 유닛이기 때문에 기능이 적절하게 잘 구분되어 있는 시스템은 개발 및 유지, 수정, 업그레이드를 보다

쉽게 가능토록 해준다. 이 원칙의 주요내용을 살펴보면, 모듈러 디자인은 독립적인 기능적 요소로 분리되어 확장성이 있고 재사용이 가능한 모듈들의 구분으로 모듈 기능이 정확히 정의되어 있는 것이 특징이므로, 시스템 구축 시 핵심 인터페이스의 공통표준을 사용하거나 기술의 투명성 및 확장성을 성취하기 위해서는 시스템 변경이 용이하도록 모듈러 디자인을 채택해야 한다는 것이다.

- **핵심 인터페이스 지정** 핵심 인터페이스는 통합성, 상호운용성, 공통성, 재사용성 혹은 필수적으로 고려되어야 할 중요한 기능이 요구되는 시스템을 공개 표준을 이용해서 구축할 때 필요한 인터페이스이다. 이 원칙의 주요내용에는, 시스템 구축 시 핵심 인터페이스를 명확히 식별해야 하고 수명주기의 초기 단계부터 핵심 인터페이스를 고려하고 조정해야 한다는 것과 중요 데이터 및 정보 그리고 서비스 혹은 빠른 기술 변화의 접근이 가능해야 한다는 것이 있다.
- **공개 표준 사용** MOSA는 현재의 상황 및 기술 그리고 시장현황을 식별하고 추적할 수 있어야 하는데, 이를 위해서는 공개 인터페이스의 표준을 사용해야 한다는 것이다. 이 원칙의 주요내용을 살펴보면, 표준의 우선순위는 공개 표준, 사실상(de facto)의 표준, 기관 및 특허 표준 순이고, 표준의 선택은 표준이 시장에서 사용되는 정도, 표준 사용기간의 평가를 위한 광범위한 시장조사의 실시, 한정된 가격에서의 지원성과 업그레이드 잠재력, 다수의 사용자와 넓은 시장을 기반으로 한 기술발전의 가능성을 두고 진행되어야 한다는 것이다.
- **적합성 확인** 이 원칙의 주요내용은, MOSA가 개방형 시스템의 명세에 적합한지 판단해야 하고 상용제품과 미개발 상태의 제품을 보장할 수 있는 테스팅 방법을 구축해야 한다는 것과 시스템 모듈러 인터페이스와 기능의 상호보증이 적합한지를 테스팅할 수 있는 계획이 필요하고 다음 사항을 확인해야 한다는 것이다.
  - 표준을 선택하고 일치성을 확인할 수 있는 테스팅으로 표준이 성숙한 기술에 기반을 두고 있는가?
  - 표준을 통하여 구축된 산출물의 활용이 가능한가? 여러 벤더들이 이 표준에 동의하고 있는가?
  - 표준은 잘 정의된 테스트 수트(suite)를 가지고 있으며 비용 및 시간을 절감할 수 있는가?
  - 표준이 신뢰성 있는 그룹에 의하여 생산되어 관리되고 있는가?

이러한 MOSA의 5가지 원칙을 통해 이루고자 하는 목표는 변화의 용이, 전체 개발비용의 감소, 순환주기의 감소, 합동 통합아키텍처 및 상호운용성의 달성, 그리고 위험의 완화 등이며, 이들의 원칙 및 목표 그리고 비전과의 관계가 그림 3-8에 나타나 있다.

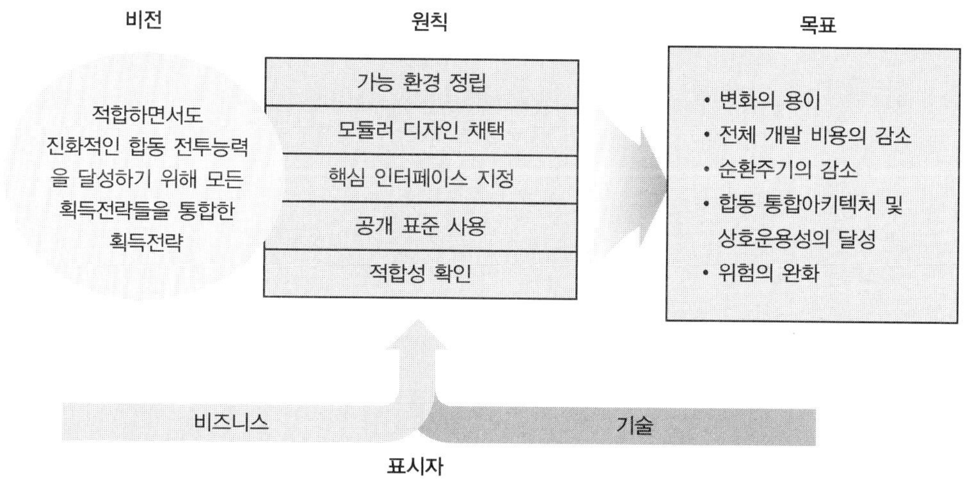

그림 3-8 MOSA의 비전, 5가지 원칙 및 목표와의 상관관계

3.1.2.4 MOSA 접근법

MOSA는 무기체계 소프트웨어의 컴퓨팅 환경의 기반이 되는 운영체제와 미들웨어를 기반으로 하며 모듈화된 애플리케이션과 장치 등을 마치 블록을 쌓듯이 결합시켜 필요한 시스템을 구축하기 때문에 애플리케이션은 공통 기능을 수행할 수도 있지만 도메인에 유일한 기능으로도 구성될 수 있다. 이와 같은 MOSA의 하드웨어와 소프트웨어 컴포넌트에 독립적인 개방형 인터페이스 접근법은 그림 3-9와 같다.

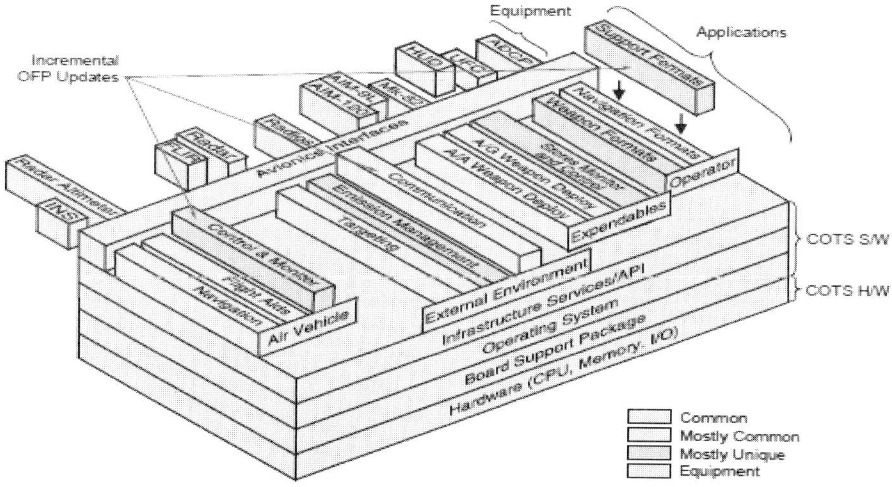

그림 3-9 MOSA의 개빙형 인터페이스 집근빕

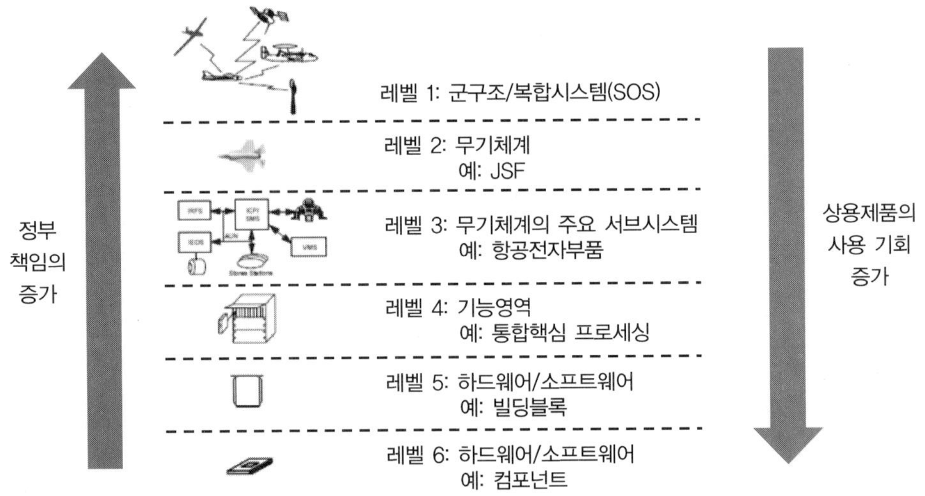

그림 3-10 MOSA의 레벨별 적용 분야

OSJTF에서는 MOSA가 적용될 수 있는 분야를 그림 3-10과 같이 레벨 1에서 레벨 6으로 구분하여 제시하고 있다. 그림에서 레벨이 1에서 6으로 내려간다는 것은 상용제품들을 사용할 수 있는 기회가 증가한다는 의미이고, 반대로 6에서 1로 올라간다는 것은 정부의 책임이 증가한다는 의미이다. 각 레벨별 적용분야와 사례를 살펴보면, 레벨 1은 군 구조 및 복합시스템(SOS), 레벨 2는 합동타격전투기(JSF: Joint Strik Fighter)와 같은 무기체계, 레벨 3은 항공전자 부품과 같은 무기체계의 주요 하부체계, 레벨 4는 통합 핵심 프로세싱과 같은 기능 영역, 레벨 5는 빌딩 블록과 같

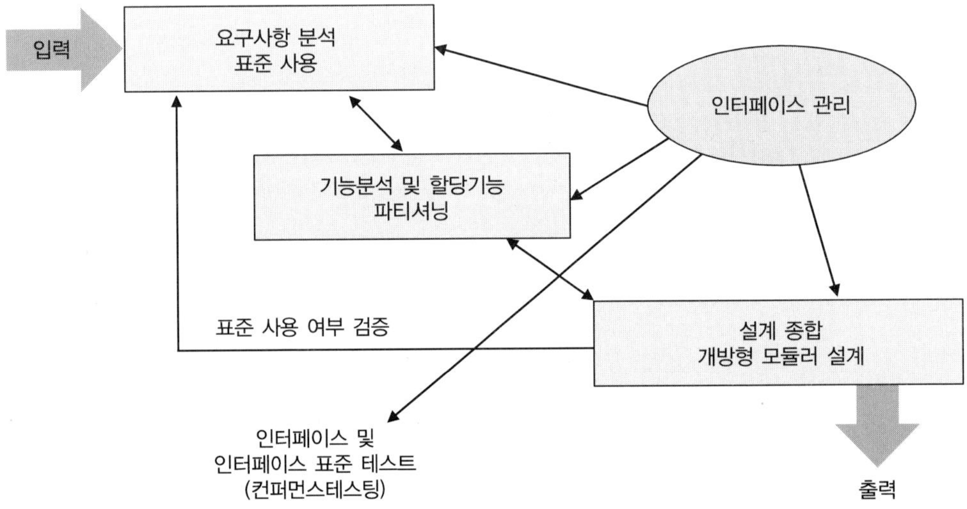

그림 3-11 MOSA의 3단계 구현절차

은 하드웨어와 소프트웨어, 그리고 레벨 6은 하드웨어와 소프트웨어의 컴포넌트이다.

3.1.2.5 MOSA 구현 및 평가방법

3.1.2.5.1 MOSA의 구현방법

MOSA를 구현하기 위해서는 그림 3-11과 같이 표준을 사용하여 요구사항을 분석하는 제1단계, 기능을 분석하고 할당하는 제2단계, 그리고 개방형 모듈러 설계를 이용하여 설계를 종합하는 3단계 과정을 거친다. 여기서 제3단계의 경우에는 요구사항 분석단계에서 표준을 사용했는지 여부를 검증하는 과정을 수행하며, 이때 인터페이스와 인터페이스 표준을 테스트하는 컨포먼스 테스팅(Conformance Testing)을 수행한다. 참고로 컨퍼먼스 테스팅은 컴포넌트나 시스템의 준수성(Compliance)을 측정하는 테스팅 절차로서 일치 테스팅이라고도 한다.

3.1.2.5.2 MOSA의 평가방법

MOSA의 평가 프로세스는 그림 3-12와 같이 스폰서, 핵심 MOSA 평가, 최종 요약보고 및 추천,

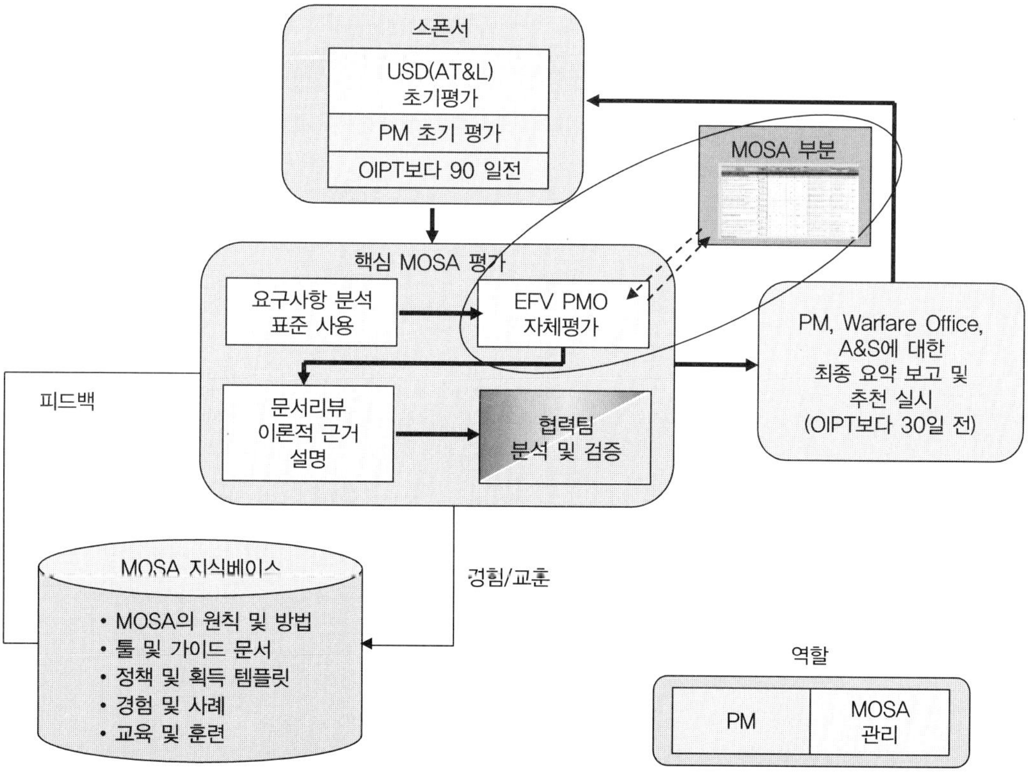

그림 3-12 MOSA의 평가 프로세스

MOSA 지식베이스 등 4개 부분으로 구성된다. 여기서 지식베이스에는 MOSA의 원칙 및 방법, 툴 및 가이드 문서, 정책 및 획득 템플릿, 경험 및 사례, 교육 및 훈련과 관련된 자료들이 들어 있다. MOSA의 평가 프로세스를 세부적으로 설명하면, 먼저 스폰서 부분에서는 OIPT보다 90일 먼저 기술획득국(USD AT&L)과 프로그램 관리자(PM)가 초기 평가를 시작한다. 핵심 MOSA 평가 부분에서는 간단한 프로그램에 대한 브리핑을 실시한 후, EFV PMO가 자체 평가를 실시하며, 문서 리뷰와 이론적 근거에 대한 설명을 실시한 후 협력팀에 의한 분석 및 검증을 실시한다. 이때 획득한 중요한 사항들과 경험 및 교훈 등이 MOSA의 지식베이스로 피드백되어 다음 평가에 활용된다. 그리고 OIPT보다 30일 전에 프로그램 관리자(PM), WO(Warfare Office), A&S에 대한 최종 요약보고 및 추천을 실시한다.

3.1.2.6 MOSA 적용사례

3.1.2.6.1 합동타격전투기(JSF)

합동타격전투기(JSF)에 적용된 MOSA의 사례로는 항공전자(Avionics) 아키텍처가 있다. 이 항공전자 아키텍처는 개방형 시스템(빌딩 코드), 적합한 개발, 통합 및 테스트, 그리고 잘 정립된 변경 및 업그레이드를 위한 프레임워크를 제공한다. 그리고 항공전자 아키텍처에서는 구조적 소프트웨어를 사용하는데, 이때 사용된 소프트웨어에는 객체지향 설계, Ada와 C 언어, 파티셔닝 및 입출력 제어 알고리즘, 포맷 체킹 및 정보 하이딩 등이 있으며, 네트워킹의 특징으로는 고속 통신, 클라이언트/서버, 다중레벨 보안 등이 있다.

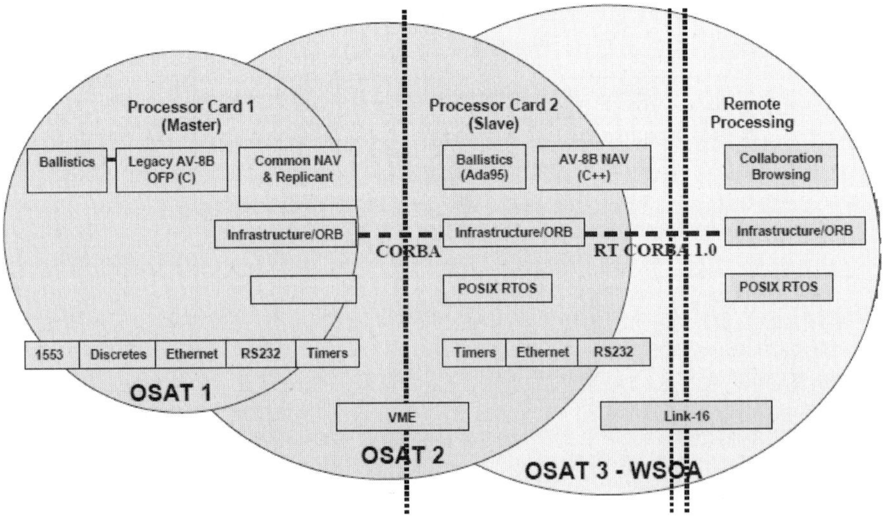

그림 3-13 JSF의 개방형 시스템 항공전자 기술(OSAT)에서 사용된 표준

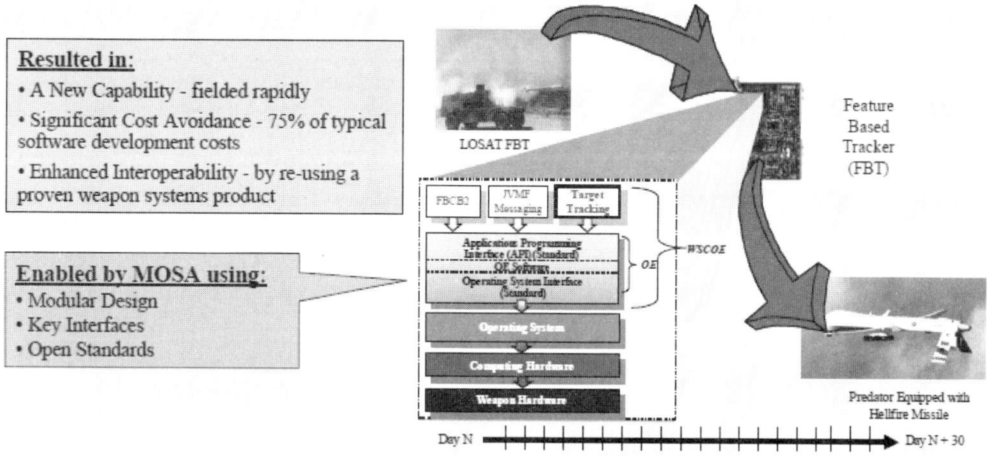

그림 3-14 MOSA의 프레데터 UAV 적용사례

합동타격전투기(JSF)의 개방형 시스템 항공전자 기술(OSAT: Open System Avionics Technology)에서 사용된 표준은 그림 3-13과 같다.

3.1.2.6.2 프레데터(Predator) UAV

프레데터(Predator) UAV에서 적용된 MOSA의 사례에는 아프카니스탄에서 30일 만에 프레데터 UAV에 헬파이어(Hellfire) 공대지미사일을 장착한 것이 있다. 이 공대지미사일을 장착하기 위해서는 핵심 표적에 대한 추적 소프트웨어의 설치가 중요한데, 이것이 가능했던 이유는 미 육군의 개방형 무기체계 공통운용환경(COE) API에 이미 이 추적 소프트웨어를 설치하여 사용하였기 때문에 LOSAT(Line of Sight Anti-Tank) 컴퓨팅 환경에서도 프레데터로 쉽게 재호스팅할 수 있었기 때문이었다. 또한 무기체계 기술 아키텍처 워킹그룹(WSTAWG) COE가 1553 버스 관리 및 디지털 비디오 핸들링 관련 공통서비스를 명세하고 있었기 때문에 가능하였다. 결과적으로 신규 능력의 신속한 전장 배치, 전형적인 소프트웨어 개발비용 대비 75%의 비용절감, 입증된 무기체계 제품의 재사용으로 상호운용성 향상을 보인 사례라 할 수 있다.

요약하여 정리하면, 프레데터 UAV에 헬파이어 공대지미사일을 장착할 수 있었던 것은 모듈러한 설계, 핵심 인터페이스의 개발, 개방형 표준의 사용 등 이 모든 것이 MOSA를 준수하고 있었기 때문이었다. 이와 같은 프레데터 UAV의 적용사례가 그림 3-14에 제시되어 있다.

3.1.2.6.3 기타 적용사례

그 외 MOSA가 적용된 사례에는, AV-8B 해리어 전투기의 XN-6 임무 컴퓨터에 사용된 개방형 시스템 Ada95 기술이 있다. 이 XN-6 임무 컴퓨터에는 8개의 기존 모듈을 PowerPC로 대체한 COTS

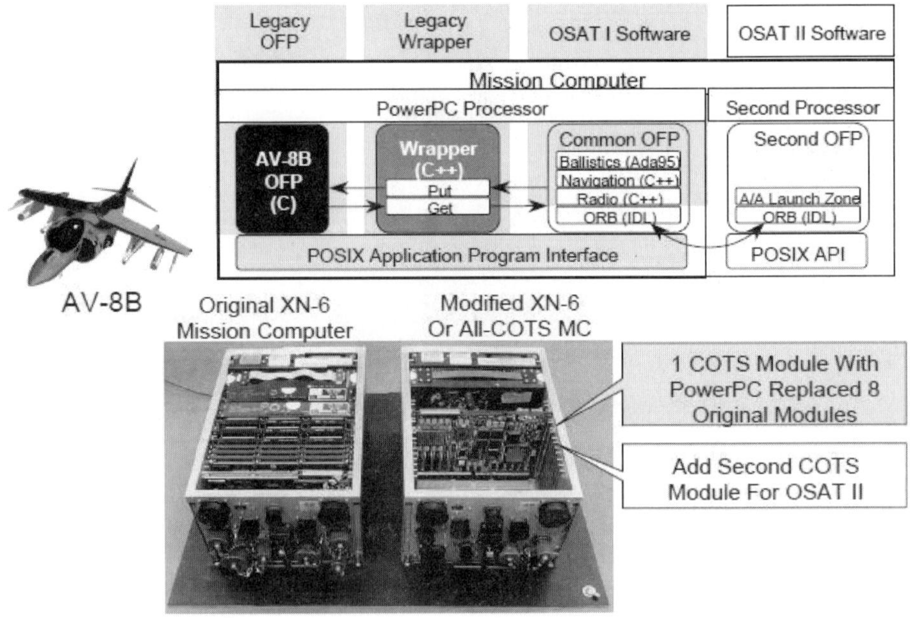

그림 3-15 AV-8B 해리어 전투기의 XN-6 임무 컴퓨터와 수정된 임무 컴퓨터

모듈과 OSAT II 소프트웨어의 기능을 구현하기 위해 만들어 추가한 COTS 모듈이 있다. 기존의 XN-6 임무 컴퓨터와 수정된 임무 컴퓨터가 그림 3-15에 나타나 있다.

그리고 F-15 다목적 시현 프로세스(MPDP)의 업그레이드에서도 MOSA의 적용사례를 찾아볼 수 있다. F-15의 단계 1에 있던 음극선관(CRT: Cathode-ray Tube) 시현기를 단계 2에서 액정표시장치(LCD: Liquid Crystal Display) 시현기로 업그레이드하였는데, 이때 사용된 상용 인터페이스로

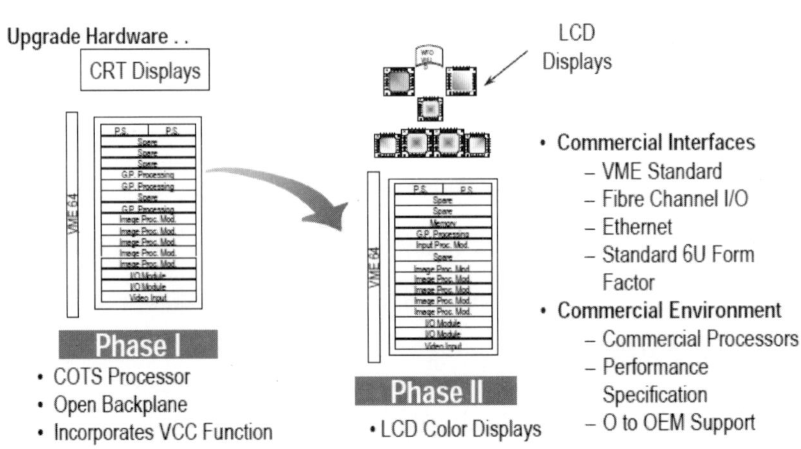

그림 3-16 다목적 시현 프로세스(MPDP) 업그레이드

는 VME 표준, Fibre 채널 입출력, 이더넷, 표준 6U Form Factor가 있다. 이와 같은 F-15 다목적 시현 프로세스(MPDP) 업그레이드가 그림 3-16에 나타나 있다.

3.2 서비스 모델 및 개발절차

3.2.1 서비스 모델

GIG 내에 속해 있는 각 군 및 기관들의 데이터나 핵심 서비스 등을 공동 커뮤니티, 즉 이익공동체(COI)에 제공할 수 있도록 여러 가지 형태의 서비스 모델이 있는데, 이러한 서비스 모델에는 소비자와 제공자 모델, 서비스 상호작용 모델, 수명주기 활동 모델 등 세 가지가 있다.

3.2.1.1 서비스 소비자와 제공자 모델

서비스 소비자와 서비스 제공자 간의 상호작용은 핵심 엔터프라이즈 서비스(CES)와 망(Net)을 통해 이루어지는데, 이러한 상호작용을 가능하게 해주는 서비스 소비자와 서비스 제공자 모델의 구성도가 그림 3-17에 나타나 있다. 그림 좌측의 COI 서비스 제공자는 망에서 서비스를 제공하는 제공자가 되며, 우측의 COI 서비스 소비자는 제공된 서비스를 사용하는 사용자가 된다. 서비스 제공자가 제공하는 서비스의 형태에는 비가공(Raw) 데이터 서비스와 이를 가공하여 망이나 소비자에게 더 유용한 정보가 포함되어 있는 부가가치 서비스가 있다. 서비스 소비자는 원하는 서비스가 아니거나 적용 가능한 서비스를 망에서 발견하지 못할 경우에는 서비스에 대한 수정을 서비스 제공자에게 제안하는 등의 소비자 피드백이 이루어진다. 서비스 제공자와 서비스 소비자 커뮤니티에는 양쪽 모두 지휘통제(C2), 정보, 감시정찰(S&R), 기상, 의무, 군수, 인사, 재

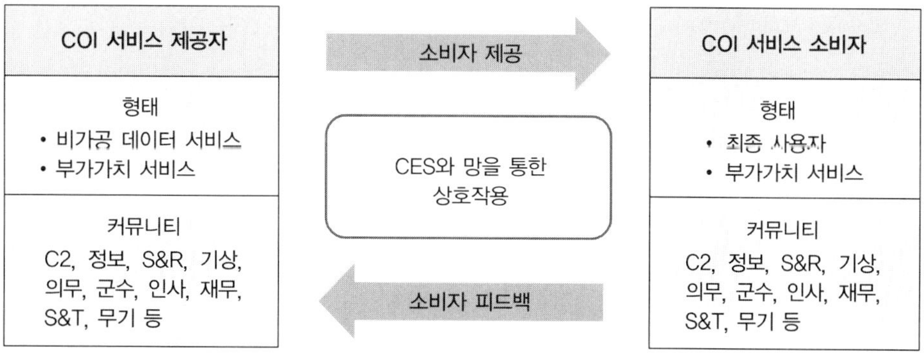

그림 3-17 서비스 소비자와 서비스 제공자 모델 간의 상호작용

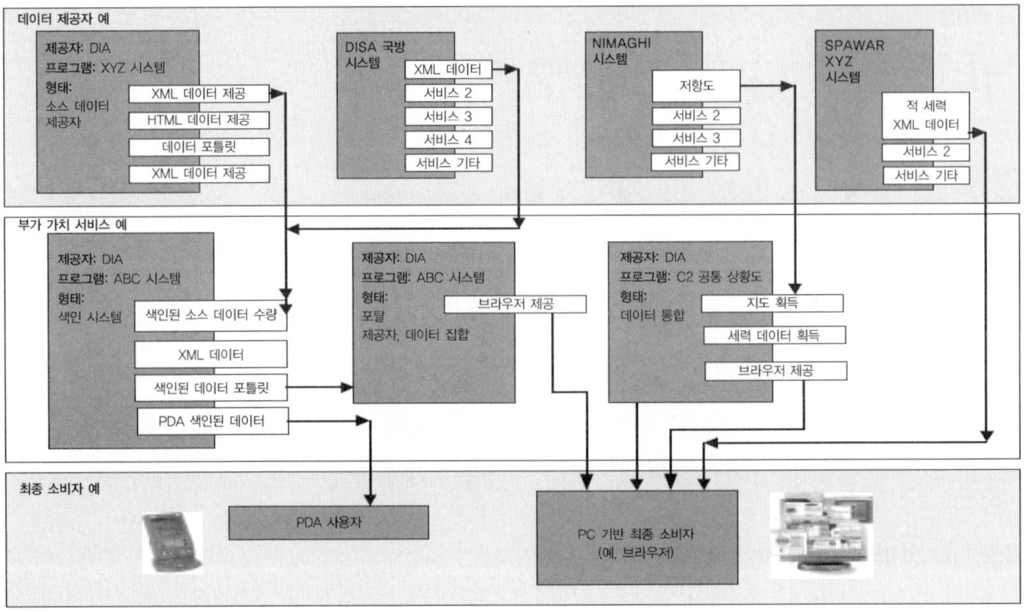

그림 3-18 서비스 소비자와 제공자 계층 간 부가가치 서비스의 조합과정

무, 무기 커뮤니티 등이 있다.

서비스 제공자가 서비스 소비자에게 제공하는 부가가치 서비스는 데이터 제공자가 제공하는 비가공 콘텐츠를 타 커뮤니티에 제공하기 위해 서비스 제공자가 조합시킨 서비스이다. 데이터 제공자, 부가가치 서비스, 그리고 최종 소비자의 3개 계층으로 구분하여 데이터 제공자로부터 부가가치 서비스를 조합하고 이를 최종 사용자에게 제공하는 전체적인 과정이 그림 3-18에 나타나 있다. 제일 상위계층의 데이터 제공자(예: DIA XYZ 시스템, DISA 국방시스템, NIMA GHI 시스템, SPAWAR XYZ 시스템 등)가 제공하는 데이터를 이용하여 각 서비스 제공자(예: DISA, DIA 등)는 부가가치 서비스를 개발하고 이를 최종 소비자에게 PDA나 PC와 같은 디바이스를 통해 제공한다. 여기서 부가가치 서비스는 필터링, 변환, 융합, 색인, 집합 등과 같은 형태의 서비스로 나타날 수 있으며, 어떤 경우에는 다른 분야의 데이터를 이용하여 개발될 수도 있다. 핵심 엔터프라이즈 서비스(CES)는 엔터프라이즈 환경에서 중재서비스를 통해 전환되고 전달되며 이익공동체(COI)가 각자의 솔루션을 개발하지 못하도록 콘텐츠와 데이터를 이용한 부가가치 서비스를 제공해준다.

3.2.1.2 서비스 상호작용 모델

서비스 형태, 소비자 요구, 그리고 데이터의 특성에 따라 서비스를 요청하고 사용하는 여러 가지 형태의 서비스 상호작용 모델이 있다. 일반적으로 서비스 제공자는 개개의 서비스를 제공하기 위해 여러 모델 중 하나를 선택하는데, 상호작용 모델에서는 다음과 같이 요청/반응, 연속 제공, 배포/구독, 그리고 스레드/프로세스와 같은 활동들을 포함한다.

- **요청/반응** 서비스 소비자에 의해 제안되는 단일 상호작용이다.
- **연속 제공** 서비스 제공자에 의해 정보가 연속적으로 제공된다.
- **배포/구독** 서비스 소비자는 채널로 일컬어지는 논리적 디바이스에서 이벤트를 수신하기 위해 서비스 제공자에게 등록한다. 그러면 이벤트는 채널에 배포되고 구독자는 이 이벤트를 수신한다. 참고로 이벤트는 필드와 속성을 가진 완전한 데이터 객체이다.
- **스레드/프로세스** 서비스 제공자와 소비자 사이의 연속되는 상호작용의 하나로서, 정의되고 구조화된 메시지는 비즈니스 프로세스를 통해 서비스 제공자와 사용자에게 전달된다.

3.2.1.3 수명주기 활동 모델

서비스 소비자와 서비스 제공자 간의 상호작용을 지원하기 위해 서비스는 최초 개발부터 최종 폐기까지 예측이 가능하고 구조화된 수명주기를 따라야 한다. 수명주기 동안 어떻게 서비스를 제공하는지에 대한 수명주기 7단계가 그림 3-19에 나타나 있다

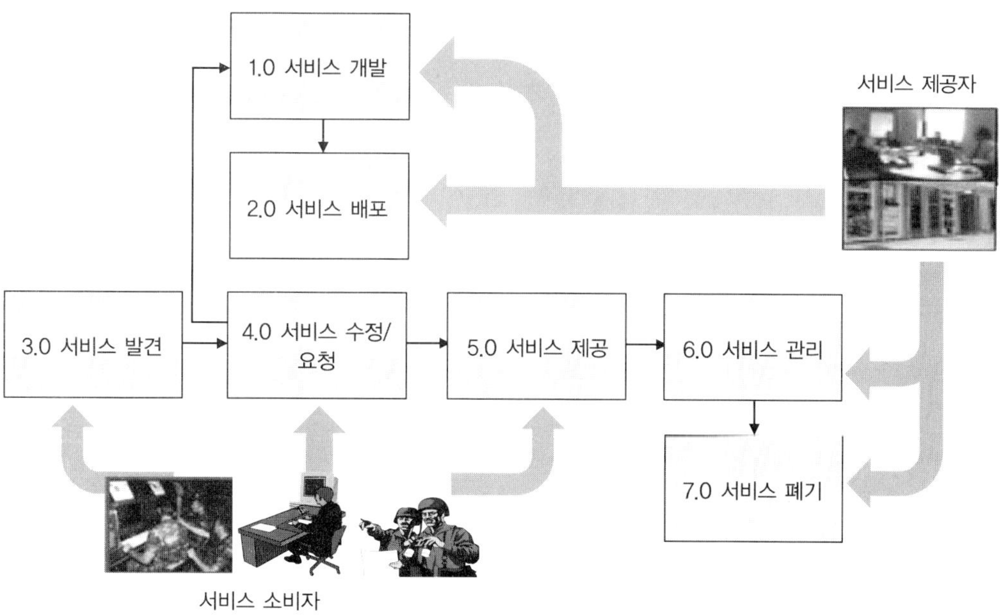

그림 3-19 서비스 제공 수명주기

서비스 제공 수명주기를 전체적으로 요약해보면, 서비스 제공자는 서비스를 개발하고 서비스 배포 후에 서비스를 관리하며, 서비스 사용자가 서비스를 발견하고 적용 가능한 서비스를 발견하지 못한 경우에는 서비스에 대한 수정 및 요청을 게시할 수 있으며, 적용 가능한 서비스를 발견한 경우에는 서비스를 제공받을 수 있다. 서비스 제공자는 지원이 불가능하거나 불필요한 서비스에 대해서는 서비스 사용자에게 공고 후 폐기시킬 수 있다.

서비스 제공 수명주기 7단계에는 ①서비스 개발 ②서비스 배포 ③서비스 발견 ④서비스 수정/요청 ⑤서비스 제공 ⑥서비스 관리 ⑦서비스 폐기가 있으며 이에 대한 세부내용은 다음과 같다.

- **1단계: 서비스 개발** 서비스는 시장이나 커뮤니티의 니즈(Needs) 해결을 위해 개발되며, 서비스 개발은 많은 단계가 존재하는데 이에는 요구사항 분석, 코딩, 테스트, 배치가 포함된다.
- **2단계: 서비스 배포** 서비스 제공자는 엔터프라이즈 서비스를 개발 후 배포 메커니즘을 통해 커뮤니티에 제공한다. 서비스 배포는 등록 프로세스와 함께 시작되고, 등록은 서비스 제공자로 일컬어지는 프로그램 관리자(PM)나 대리인(Executive Agent)이 레지스트리 내에서 시스템 서비스를 정의하도록 해준다. 등록 프로세스 동안 서비스 제공자는 등록된 서비스의 여러 측면을 정의하기 위해 레지스트리 GUI를 사용하며, 레지스트리는 서비스에 대해 기술한 속성과 객체를 저장한다. 서비스 제공자는 아래 사항을 포함하는 서비스에 대한 정보를 레지스트리에 제공한다.
  - 관리자 조직의 연락처(POC)
  - 인터페이스 명세
  - 인터페이스에 대한 선택적/적합적 정보
  - 인터페이스에 대한 선택적 QoS 데이터
  - 인터페이스에 대한 선택적 보안 명세
- **3단계: 서비스 발견** 서비스 발견은 최종 사용자의 소비와 B2B 서비스 통합을 위해 수행된다. 서비스 발견을 위한 탐색은 정렬 리스트, 카테고리 탐색 등과 같은 여러 방법들을 통해 이루어진다.
- **4단계: 서비스 수정/요청** 적용 가능한 서비스를 발견하지 못할 경우에는 소비자는 서비스 수정을 제안하거나 서비스 제공자가 볼 수 있도록 서비스 요청을 게시한다.
- **5단계: 서비스 제공** 서비스 소비자가 필요로 하는 서비스를 발견한 후 서비스 사용을 결정하면 서비스 인터페이스에 사용되는 QoS, 사용 기간, 서비스 기간, 법적 동의서 및 기술과 같은 속성을 볼 수 있다. 서비스 제공 프로세스는 서비스 제공 조직에 특정적이며 서비스 인터페이

스 명세(IS)에 접근하는 것으로 종료한다.

- **6단계: 서비스 관리** 서비스가 망에서 가용하게 되면 서비스 소비자가 요구하는 수행 수준을 유지해야 한다. 서비스 관리는 서비스 사용 시 혹은 ESM 능력을 사용 시 중재 역할과 직접적으로 관련이 있다.
- **7단계: 서비스 폐기** 서비스는 여러 이유로 중단되거나 작전지원이 불가능할 경우에 서비스가 폐기된다. 이후 레지스트리와 서비스 제공 메타데이터가 개선된다. 서비스를 폐기 시 서비스 제공자는 소비자에게 서비스 폐기 혹은 전환계획을 공고한 후에 서비스를 종료한다.

3.2.2 서비스 개발절차

3.2.2.1 서비스 호환성 프로세스

서비스 제공자가 망(Net)에서 서비스 소비자에게 서비스가 가용하도록 제공하기 위해 실시하는 구조화된 단계를 호환성 프로세스라 한다. 이러한 서비스 제공절차, 즉 호환성 프로세스는 서비스의 높은 가용성, 생존성 및 효율성을 보장하기 위해 서비스 제공자가 실시하며, 서비스 제공을 위해서는 일반적으로 표 3-3에 설명되어 있는 아키텍처 문서와 개발자 문서 및 명세서 등 2개의 주요 문서가 요구된다.

서비스 개발을 위한 호환성 프로세스는 그림 3-20과 같이 총 10개의 단계로 이루어져 있다. 호환성 프로세스의 절차를 개략적으로 설명하면, 먼저 서비스 제공자가 서비스 개발자 가이던스와 아키텍처를 참조하여 서비스 제공을 위한 계획서를 작성한다. 그런 다음 서비스에 대한 인터페이스 통제 문서(ICD)와 서비스 수준 합의서(SLA), 그리고 가용성 계획서를 작성한다. 그 후 정

표 3-3 아키텍처 문서 및 개발자 문서/명세서

문서명	설명
아키텍처 문서	• As-Is와 To-Be 비전에 의해 핵심 엔터프라이즈 서비스(CES)를 기술하며, 현재의 아키텍처에서 미래의 마일스톤으로 전환계획을 정의한다. • 아키텍처는 서비스 개발자가 서비스 아키텍처를 이해하고 CES가 전략적으로 어디로 움직이는지 알고자 할 때 지원한다.
개발자 문서/명세서	• 호환성 서비스를 개발하고 시험하는 프로세스를 기술한다. • 현존하는 핵심 서비스에 연결하고 사용하며 통합하기 위한 최신의 기술적인 방법을 정의한다. • 명세서는 서비스에 대한 기술적인 인터페이스를 정의한다.

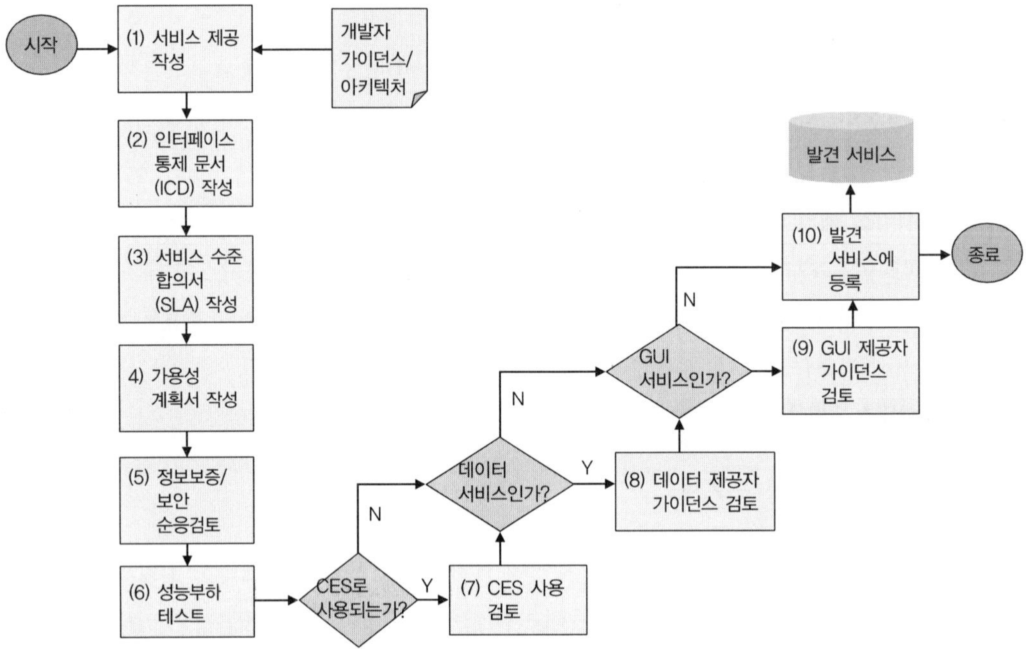

그림 3-20 서비스 개발을 위한 호환성 프로세스 10단계

보보증/보안 호환성을 검토하고 성능 부하 테스트를 실시하며 서비스 제공자가 제공하는 서비스가 핵심 엔터프라이즈 서비스(CES) 능력을 갖추었는지 검토한다. 만약 서비스가 CES 능력을 갖추지 못했다면 서비스 제공자가 데이터 제공자인지 판단한다. 서비스 제공자가 데이터 제공자이면 데이터 제공자 가이던스를 검토하고, 그렇지 않다면 서비스가 GUI 형태의 서비스인지 판단한다. 서비스가 GUI 형태의 서비스이면 GUI 가이던스를 검토하고, 서비스가 GUI 형태의 서비스가 아니라는 판단까지 완료되면 발견 서비스에 등록하는 것으로 호환성 프로세스의 모든 절차가 종료된다.

3.2.2.2 호환성 프로세스 단계

서비스 제공자가 커뮤티니에 서비스 제공을 위해 실시하는 호환성 프로세스는 서비스 제공 계획서 작성부터 발견 서비스 등록까지 총 10개의 단계가 있다. 이와 같은 호환성 프로세스의 각 단계를 세부적으로 설명하면 다음과 같다.

- **1단계: 서비스 제공 계획서 작성** 서비스 제공자는 기존 시스템을 이용하거나 혹은 완전히 새로운 시스템을 개발한다. 이때 서비스 제공자는 서비스를 제공할 망(Net)의 선택, 망에서의 서비

스 구독자의 위치, 서비스 가용성이나 생존성 확보를 위한 접근법, 그리고 작전적인 지원 등을 고려한다.

- 2단계: 인터페이스 통제 문서(ICD) 작성 인터페이스 통제 문서(ICD)는 망에서 서비스 제공에 대한 인터페이스를 기술한다. ICD는 서비스의 위치, 소비자에 의해 예상되는 상호작용, 그리고 서비스 사용을 위한 기술적인 명세 등을 기술한다.
- 3단계: 서비스 수준 합의서(SLA) 작성 서비스 수준 합의서(SLA)는 서비스 제공자의 제안사항이고 서비스 제공자와 사용자 간의 계약서가 된다. SLA는 서비스의 반응시간, 서비스의 사용요금, 서비스의 폐기 메커니즘과 신규 서비스로의 전이 메커니즘, 서비스 미수행 시 대처법, 그리고 종료 등을 기술한다.
- 4단계: 가용성, 생존성 성능계획서(ASPP) 작성 가용성 및 생존성 성능계획서를 작성하는 단계로서 서비스 개발 시 수행된다. 작성된 성능계획서는 서비스 제공자에게 중복, 실패, 부하 조절에 대한 접근법 등을 제공한다.
- 5단계: 정보보증/보안 호환성 검토 정보보증/보안 서비스의 사용 수단을 작성하는 단계로서, 엔터프라이즈 관점에서는 서비스 제공자마다 신규 보안 메커니즘을 정의하는 것을 회피하게 해준다.
- 6단계: 성능 부하 테스트 이 단계에서는 서비스가 실제 IP-WAN 테스팅 환경에서 운영되어진다. 서비스에 대해 예상되는 부하가 인위적으로 발생되고 서비스 제공 성능이 측정된다.
- 7단계: 핵심 엔터프라이즈 서비스(CES) 사용 검토 모든 서비스 제공자가 개발하는 서비스가 핵심 엔터프라이즈 서비스(CES) 능력을 필요로 하지 않기 때문에, CES 능력이 필요하지 않다면 그에 대한 호환성 테스트가 불필요하다.
- 8단계: 데이터 제공자 가이던스 검토 서비스는 망에서 데이터의 기본적인 제공자이다. 서비스 제공자가 데이터 제공자이면 데이터는 다음과 같은 규칙을 따라야 한다.
  - 데이터는 XML 포맷에서 교환되어야 한다.
  - 데이터는 XML 레지스트리에 등록된 XML 스키마를 사용해야 한다.
- 9단계: GUI 가이던스 검토 서비스는 GUI 형태로 최종 사용자의 소비를 위해 구조화된다.
- 10단계: 발견 서비스에 등록 성공적으로 이전 단계를 완료하였다면, 서비스 제공자는 발견 툴에 서비스를 등록할 준비가 되어 있다. 서비스 제공자는 서비스가 가용할 수 있도록 망에 적합한 발견 툴에 등록한다.

3.3 서비스 종류

2.3.1절에서 이미 설명한 바와 같이, 2010년 9월 29일 완전 작전능력(FOC)을 선언하면서 개발이 완료된 NCES의 핵심 서비스는 총 11개이었지만 2004년 3월경 최초에 구축이 시작된 서비스는 총 9개로서 사용자 지원, 협업, 발견, 애플리케이션, 저장, ESM, 중재, 메시징, 정보보증/보안 서비스가 있다. 그 후 2006년 10월경 애플리케이션 서비스가 제외되고 발견 서비스가 인원/장치 발견, 서비스 발견, 콘텐츠 발견/배달의 3개 서비스로 세분화되면서 10개 서비스로 변경되었고, 2007년 6월경에 콘텐츠 발견/배달 서비스가 분리되면서 최종적으로 11개 서비스로 확정되었다.

이러한 과정을 통해 최초 9개 서비스에 대해서는 그 내용이 비교적 상세히 공개되어 있으나 새로 추가되거나 변경 및 보완된 서비스들, 즉 사용자 접속, 인원 발견, 메타데이터 발견, 콘텐츠 배달 서비스 등은 개략적인 능력과 이점에 대해서만 현재 공개되어 있는 상태이다. 따라서 본 절에서는 최초 9개 서비스에 대한 개념, 세부능력 및 서비스 간 상호관계 등을 먼저 설명하고, 그 후 새로 추가되거나 변경 및 보완된 서비스에 대해서는 최초 9개 서비스를 설명할 때 참고사항으로 개략적인 능력과 이점에 대해서만 설명한다. 미 국방부가 최초 식별하여 추진한 9개 서비스의 세부내용을 살펴보는 것도 본 책자를 읽는 독자나 혹은 핵심 서비스의 개발에 관련된 정책 입안자, 관리자 및 개발자들에게 큰 이점을 가져다 줄 것으로 기대한다. 향후 NCES 11개 전 서비스에 대한 세부내용이 분석되어 개정판에서 보완할 수 있기를 기대한다.

3.3.1 핵심 서비스

최초 9개 서비스 중 최종 11개 서비스로 확정되어 구축이 완료될 때까지 서비스 내용에 변함이 없거나 내용 상 큰 차이가 없었던 사용자 지원(사용자 접속), 협업, 발견(인원 발견, 서비스 발견, 콘텐츠 발견, 콘텐츠 배달), ESM, 중재, 메시징, 정보보증/보안(서비스 보안) 서비스를 먼저 설명하고 그 후 서비스 내용이 현저히 변경되었거나 제외되었던 저장 서비스(메타데이터 관리)와 애플리케이션 서비스를 설명한다.

3.3.1.1 사용자 지원(User Assistant)

사용자 지원(User Assistant) 서비스는 최종 사용자가 직접 이용하거나 최종 사용자의 활동을 가능하게 하는 서비스로서 사용자들의 노력을 감소시키기 위한 자동화 능력을 제공하는 것이 목적이다. 예를 들어 사용자의 접속 검증 툴은 서비스 제공자에게 네트워크 간 효율적인 서비스 및 콘텐츠의 접속 능력을 제공하며, 스마트 에이전트는 최종 사용자에게 변화하는 콘텐츠의 모니터링 기능을 제공한다. 이와 같은 사용자 지원(User Assistant) 서비스의 기본 능력은 다음과 같다.

- 웹 기반의 사용자 접속 검증 툴
- 스마트 에이전트: 콘텐츠 모니터링

사용자 지원(User Assistant) 서비스는 호환성, 스마트 에이전트 파일럿/소프트웨어 로보틱스, 참여 COI를 위한 맞춤식 에이전트 구성, 특정 디스플레이 장비(PDA, WAP, WAF 등)의 4가지 세부 영역으로 구분하여 추진하였으며, 각 세부 영역별 구성요소는 다음과 같다.

- 호환성　웹 기반의 사용자 접속 검증 툴 등
- 스마트 에이전트 파일럿/소프트웨어 로보틱스　서비스 제공 콘텐츠의 능동적 모니터링, 서비스 제공 데이터 콘텐츠 내 중요 이벤트 인식 유지 등
- 참여 COI를 위한 맞춤식 에이전트 구성　스마트 에이전트 기반 COI 공고, 사용자 행위에 따른 보고 등
- 특정 디스플레이 장비(예: PDA, WAP, WAF 등)
- 미래 예상 서비스　스마트 에이전트 및 사용자 지원 분야

> **사용자 접속(User Access) 서비스**
>
> 사용자 지원(Assistant) 서비스는 2007년 6월경에 사용자 접속(Access) 서비스로 명칭이 변경되었으며, 이에 따라 서비스 내용도 장소나 사용하는 장비에 상관없이 언제 어디서나 서비스 지점에 접속할 수 있도록 하는 것과 지식센터(Knowledge Center)를 통해 개인화와 사용자-정의 정보에 대한 프레젠테이션 및 공유를 가능하게 하는 것으로 서비스 내용이 변경 및 보완되었다.

3.3.1.2 협업(Collaboration)

협업(Collaboration) 서비스는 메시싱, 중재, 발견 서비스와 같이 다른 서비스들을 보완하고 언제, 어디서, 어떤 매체나 장비, 그리고 애플리케이션이든지 간에 정보에 대한 논리적인 접속을 제공하는 서비스이며, 협업 서비스와 타 서비스와의 상관관계는 그림 3-21과 같다. 즉 협업 서비스는 발견 서비스를 위해 글로벌 디렉토리를 공유하고, 저장 서비스를 위해 작업공간을 공유하며, 정보보증/보안 서비스를 위해 ID 관리/포트 및 프로토콜 등을 공유하고, NetOps 및 ESM 서비스를

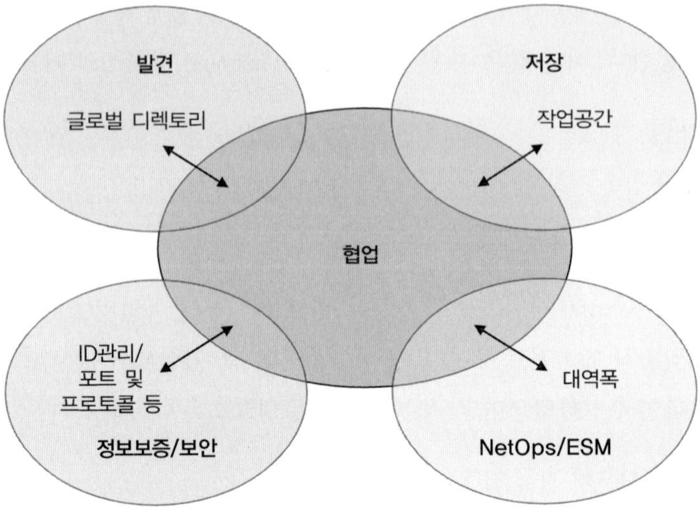

그림 3-21 협업 서비스와 타 서비스와의 상관관계

위해 대역폭을 공유한다.

협업 서비스는 보안 및 운영 요구사항에 완벽히 호환하는 상용표준에 기반을 두어 상호운용이 가능한 협업 능력을 사용자에게 제공하며, 전 레벨의 합동 및 연합 파트너, 정보 커뮤니티 및 에이전시(예: 미 국방부, 연방/주/지방정부)에게 실시간으로 상황 업데이트를 가능하게 한다. 즉 협업은 고가의 HW 및 SW가 없이도 사용 장비 간 오디오, 비디오, 채팅 및 애플리케이션 공유를 제공하며 신속하고 직접적인 사용자 상호작용을 통해 상황인식 및 의사결정을 향상시켜 준다. 이와 같은 협업(Collaboration) 서비스의 기본 능력은 다음과 같다.

- 작업 공간, 화이트보드 및 애플리케이션 공유
- 사용 장비 간 오디오, 비디오, 채팅 지원

협업 서비스는 현존 능력, 표준-기반 서비스로의 진화, 정책-기반 상호운용성, GES로의 정렬 및 통합, 그리고 표준의 성숙화 및 개선된 글로벌 통신의 5가지 세부 영역으로 구분하여 추진하였으며, 각 세부 영역별 구성요소는 다음과 같다.

- **현존 능력** 포털/일괄 공급체계, 다지점 컨퍼런싱 유닛(MCU) 서비스, 사용자 및 공간의 로컬/글로벌 인식 등
- **표준–기반 서비스로의 진화** 개선된 요구사항 및 표준, 기술 평가, 타 서비스를 위해 정의된 인터페이스, 모바일 및 전술 지원 등

- **정책-기반 상호운용성** 엔터프라이즈 간 인식, 워크플로우 및 협업, 포털 대 포털 웹 서비스, MCU 상호운용성, 도메인 간 보안 등
- **GES로의 정렬 및 통합** 정의된 COI 애플리케이션, 동적 가상공간, CES 상호운용이 가능한 통합 등
- **표준의 성숙화 및 개선된 글로벌 통신** 표준의 성숙화, 통합 및 글로벌 통신, 다중언어 변환 서비스 통합 등
- **미래 예상 서비스** 비즈니스 프로세스 개선을 위한 통합 저장 및 통신, 다양한 미디어 장비를 통한 사용자 연결, 보안 및 대역폭 확장, 협업 서비스와 번역 서비스의 통합 등

3.3.1.3 발견(Discovery)

발견(Discovery) 서비스는 네트워크 중심의 정보기술(IT) 서비스나 정보기술(IT) 능력으로 변환을 가능하게 해주는 핵심 서비스로서, 네트워크 중심 환경에서 정보와 가용 서비스에 대한 가시성 및 접근성을 제공하며, 개발 주기 내에서 정보와 능력을 활용하는 수많은 시스템들의 잠재력을 증가시키는 것이 발견 서비스의 목표이다. 특히 발견 서비스가 네트워크 중심 환경에서 중요한 것은 시스템 간 직접 연결되지 못해 서비스나 정보를 제공받지 못하는, 즉 정보 제공을 "기대하지 못한 사용자"에게도 네트워크를 통해 필요한 정보 및 서비스를 제공할 수 있는 유연성을 갖고 있다는 것이다.

발견 서비스와 타 서비스와의 상관관계는 그림 3-22와 같다. ①최초 획득된 정보는 저장 및 발

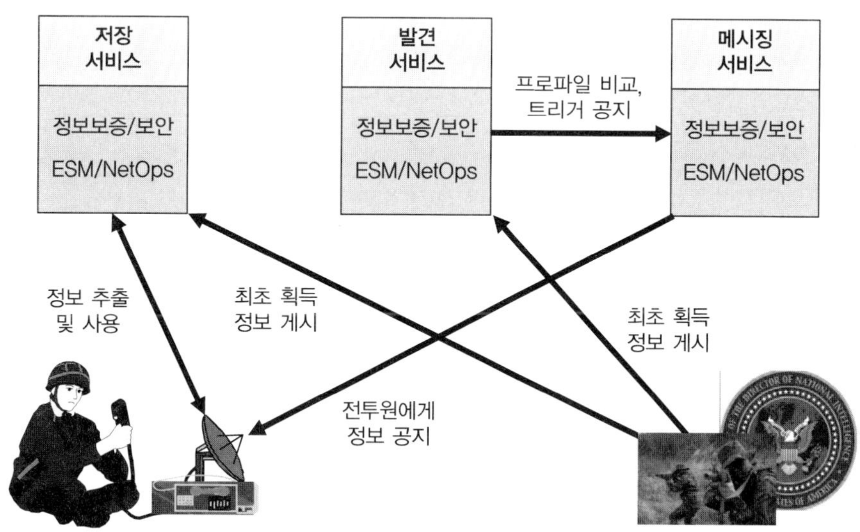

그림 3-22 발견 서비스와 타 서비스와의 상관관계

견 서비스에 등록(Post)되고 ②발견 서비스에서 메시징 서비스로 등록된 정보에 대한 프로파일 비교와 트리거 공지(Match Profile & Trigger Alert)를 실시한 후 ③메시징 서비스가 발견 서비스로부터 획득한 정보를 전투원들에게 공지(Alert)하면 ④전투원들은 자신이 원하는 정보를 저장 서비스로부터 추출(Pull)하여 사용한다.

발견(Discovery) 서비스의 기본 능력은 다음과 같다.

- 데이터 소스 발견
- 콘텐츠 관리
- 이익공동체(COI) 온톨로지 관리 지원
- 지식 기반

발견 서비스는 디렉토리 서비스와 콘텐츠 관리의 2가지 진화영역으로 구분하여 추진되었으며, 2006년 10월경 발견 서비스는 인원 발견, 서비스 발견, 그리고 콘텐츠 발견 서비스로 세분화되어 추진되었다. 참고로 인원 발견은 개별 인원 및 그 인원과 연관된 속성들의 위치 파악에 걸리는 시간을 줄여주며, 서비스 발견은 개발자와 애플리케이션이 사용할 수 있는 서비스의 위치를 신속히 파악해서 사용할 수 있게 해주고, 콘텐츠 발견은 전용 공간에 있는 정보에 안전하게 접속해서 필요한 정보를 발견할 수 있도록 해준다.

| 진화영역 1: 디렉토리 서비스 |

디렉토리 서비스는 글로벌 디렉토리 서비스(GDS), 객체 레지스트리, 그리고 애플리케이션/서비스의 세부 영역으로 구분하여 추진하였으며, 각 세부 영역별 구성요소는 다음과 같다.

- 글로벌 디렉토리 서비스(GDS)　개인 ID, 조직 ID 등
- 객체 레지스트리　XML 레지스트리 등
- 애플리케이션/서비스　UDDI, 웹 서비스 등
- 미래 예상 서비스　실시간 발견을 위한 동적 환경 제공

| 진화영역 2: 콘텐츠 관리 |

콘텐츠 관리는 분류(Taxonomy)와 카탈로그(Catalog)의 세부 영역으로 구분하여 추진하였으며, 각 세부 영역별 구성요소는 다음과 같다.

- 분류(Taxonomy)　개념 개발, 초기 데모 등
- 카탈로그　COI/도메인 카탈로그, 탐색, 프로파일 관리, 정책 관리, 글로벌 카탈로그, COI 간 탐색 등

인원 발견, 서비스 발견, 콘텐츠 발견, 콘텐츠 배달 서비스

발견(Discovery) 서비스는 2006년 10월경 그리고 2007년 6월경 두 번에 걸친 변경 및 확장을 통해 인원 발견, 서비스 발견, 콘텐츠 발견, 콘텐츠 배달 서비스로 명칭이 변경되면서 서비스 내용도 세분화되었다. 인원 발견은 개별 인원 및 그 인원과 연관된 속성들의 위치 파악에 걸리는 시간을 줄여주는 서비스로, 서비스 발견은 개발자와 애플리케이션이 사용할 수 있는 서비스의 위치를 신속히 파악해서 사용할 수 있게 함으로써 개발 비용의 감소와 추가 능력에 대한 접속을 향상시켜 주는 서비스로, 콘텐츠 발견은 전용 공간에 있는 정보에 안전하게 접속해서 필요한 정보를 발견할 수 있도록 함으로써 권한을 가진 사용자들의 의사결정 속도와 능력을 향상시켜 주는 서비스이다. 그리고 콘텐츠 배달은 데이터 접속 시간 및 애플리케이션 속도를 향상시켜 주고 대역폭 사용 효율을 줄여주며 대용량 파일을 효율적으로 배달하게 하고 파일 및 디렉토리를 동기화시켜 주는 서비스로 각각 세분화되었다.

3.3.1.4 엔터프라이즈 서비스 관리(ESM)

엔터프라이즈 서비스 관리(ESM) 서비스는 네트워크 운영(NetOps) 개념을 구현하고 종단 간(End-to-End) 서비스를 제공하며, 정보보호 및 배달을 수행하는 매우 중요하면서도 실현이 가능한 서비스로서 운영 프로세스와 절차, 그리고 GIG 엔터프라이즈 서비스(GES)에 필요한 기술 능력 등을 제공한다. 또한 ESM은 공유된 GES 공간의 운영관리 솔루션으로서 모니터링, 통제, 관

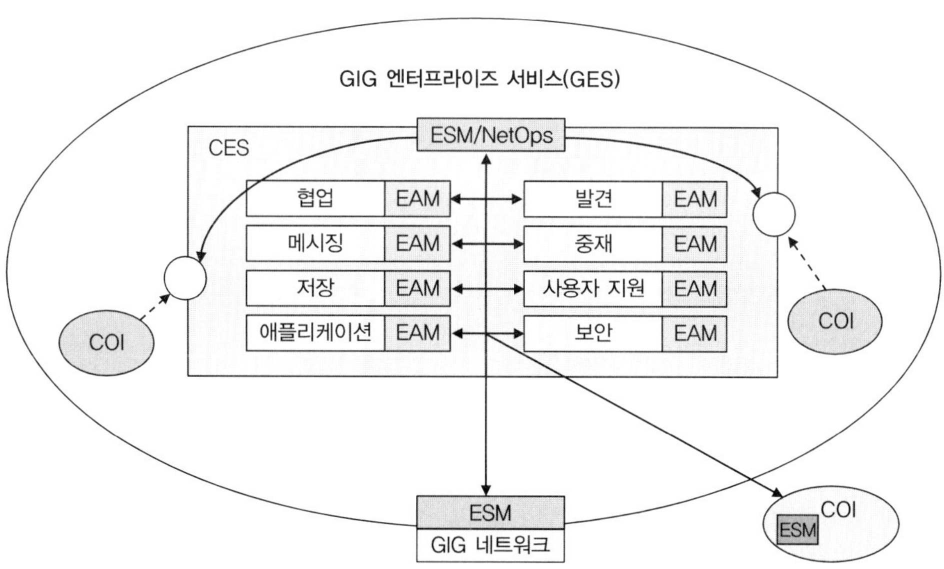

그림 3-23 ESM 서비스와 타 서비스와의 상관관계

리 등의 기능을 제공하고 독립적, 기능적인 능력뿐만 아니라 전체 CES 및 COI 서비스를 구축하기 위해 필요한 능력들을 통합하는 서비스이다.

그림 3-23에 GIG 엔터프라이즈 서비스(GES)와 ESM/NetOps 서비스의 범위가 원 및 사각형으로 나타나 있고, 9개의 핵심 엔터프라이즈 서비스(CES)와 ESM, 그리고 COI와 ESM과의 관계가 도시되어 있다.

즉 엔터프라이즈 서비스 관리(ESM)는 관리자에게 서비스 상태를 알게 해주고 실패 이유를 확인할 수 있는 능력을 제공함으로써 핵심 엔터프라이즈 서비스가 필요 시 가용하게 될 것이라는 것을 사용자들에게 확신시켜 주는 서비스이다. 이와 같은 엔터프라이즈 서비스 관리(ESM) 서비스의 기본 능력(Capabilities)은 다음과 같다.

- 기반구조 및 서비스 관리
- 도메인 간 정보교환 관리
- 도메인 간 IT 상황인식 및 임무영향 평가
- 고수준의 서비스 가용성 보증
- 정책 및 절차 지원

ESM 서비스는 통합관리 능력, NetOps의 공통작전상황도(COP) 능력, 그리고 전술, 정책 및 절차지원 등의 3가지 진화영역으로 구분하여 추진되었다.

| 진화영역 1: 통합관리 능력 |

통합관리 능력은 네트워크, 시스템, 애플리케이션/서비스, 원거리 통신, 그리고 서비스 운영이라는 세부 영역으로 구성되어 있다. 통합관리 능력은 네트워크, 시스템, 애플리케이션/서비스, 원거리 통신, 그리고 서비스 운영의 5가지 세부 영역으로 구분하여 추진하였으며, 각 세부 영역별 구성요소는 다음과 같다.

- **네트워크** TCP/IP, 비동기식 전송, 저장(Storage) 등
- **시스템** 단일 호스트 서비스 호스팅 환경 등
- **애플리케이션/서비스** 분산 서비스, 종단 간 서비스, 웹 서비스 등
- **원거리 통신** 위성통신, 무선통신, 광학통신 등
- **서비스 운영** 서비스 데스크, 서비스 레벨 관리, 서비스 규정 등

| 진화영역 2: NetOps 공통작전상황도(COP) 능력 |

NetOps 공통작전상황도(COP) 능력은 NetOps COP 개발과 NetOps COP 구현이라는 세부 영역

으로 구성되어 있다. NetOps COP 능력은 NetOps COP 개발과 NetOps COP 구현의 2가지 세부 영역으로 구분하여 추진되었으며, 각 세부 영역별 구성요소는 다음과 같다.

- **NetOps COP 개발** 개념 개발, 초기 구현 등
- **NetOps COP 구현** 전구(Theater) COP, JTF 간 경계(Boundary) COP, 다중-전구 COP, 미 국방부 글로벌 COP 등

| 진화영역 3: 전술, 정책, 절차지원 |

전술, 정책 및 절차지원 영역은 NCES, NetOps, 보안이라는 세부 영역으로 구성되어 있다. 전술, 정책 및 절차지원은 NCES, NetOps, 그리고 보안의 3가지 세부 영역으로 구분하여 추진되었으며, 각 세부 영역별 구성요소는 다음과 같다.

- **NCES** 호환성 기준 배포, 호환성 요구사항 등
- **NetOps** 작전개념(CONOPS) 배포, 호환성 요구사항 등
- **보안** ESM 보호기술 승인, 보안 간 도메인 관리 접근법 등

3.3.1.5 중재(Mediation)

중재(Mediation) 서비스는 정보 제공자 및 소비자 사이에서 정보 및 데이터를 처리하는 중간 계층으로 배달, 번역, 변환, 융합, 지능형 라우팅 등의 자동화 능력을 제공하는 옵션 서비스이다. 네트워크상에서 운영되는 서비스는 중재된 양식이나 혹은 중재되지 않은 양식으로 서비스 제공자가 만든다. 서비스 제공자와 소비자를 제외한 제3자로써 중재의 임무는 배달에 대한 보증, 번역, 신뢰성 있는 배달, 배달 검사, COTS 채택, 서비스 수준 협약(SLA) 모니터링, 시스템 간 인터페이스(B2B), 다양한 소스 융합 등이 있다.

중재는 서비스의 유용성을 측정하는 장기적인 활동이며, 정보 소비자 및 생산자 모두에게서 발생한다. 중재 서비스의 핵심은 서비스 운용방식과 발생하는 많은 트랜잭션을 이해하는 것이다. 중재는 네트워크를 통해 전개되거나 특정 네트워크 장소에 위치하는 기능 스택에 의해 제공되는 서비스로서 중재 기능 스택은 적어도 전송 및 데이터 변환 능력을 반드시 포함해야 하고 전송은 메시지 큐잉, 배포 및 구독 기능을 포함해야 한다.

중재 서비스와 협업 서비스와의 상관관계가 그림 3-24에 나타나 있다. ①정보수집 관련 기관이나 UAV 또는 정찰팀에서 획득한 정보를 중재 서비스에 보고(Report)하면 ②중재 서비스는 가용한 정보를 융합센터(Fusion Center)로 전송(Deliver)하고 ③전투원은 협업 서비스를 통해 예상 정보를 지속적으로 공유(Share)한다.

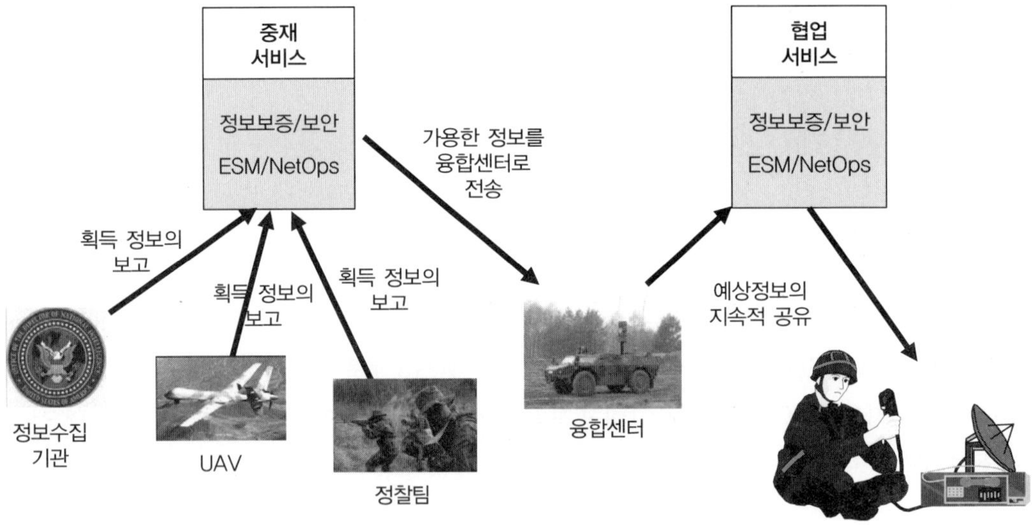

그림 3-24 중재 서비스와 협업 서비스와의 상관관계

즉 중재(Mediation)는 다양한 프로토콜과 데이터 포맷을 이용하는 시스템 간 번역 및 해석을 통해 상호운용성을 향상시키고 워크플로우 프로세스를 통합시켜 준다. 이와 같은 중재(Mediation) 서비스의 기본 능력은 다음과 같다.

- 배달 보장 및 감사
- 콘텐츠 변환 및 융합
- 데이터 번역
- B2B 지원
- 엔터프라이즈 애플리케이션 통합(EAI)
- 비즈니스 프로세스 관리

중재 서비스는 참여자에게 공고된 중재 역할/능력, 식별된 중재의 초기 목표물, 중재 파일럿 프로젝트, 초기 운영 중재능력 가용성, 참여 시스템에 투입된 어댑터, 연결된 참여 애플리케이션 대규모 그룹, 개선된 서비스 레벨 관리, 개선된 융합 능력, 개선된 동기화 능력 등 9가지의 세부 영역으로 구분하여 추진하였으며, 각 세부 영역별 구성요소는 다음과 같다.

- **참여자에게 공고된 중재 역할/능력** 소비자가 능력에 대해 학습하는 시장주도 접근(예: 중개(Brokering), B2B와 B2C 통합, 융합(Fusion) 및 집합(Aggregation), 색인(Indexing), 공통작전상황도(COP) 등)

- **식별된 중재의 초기 목표물** 제공자/소비자 시스템, 엔지니어링 요구사항(네트워크 서비스 상호작용, 비동기식/동기식, 중복, 생존성, 성능, 배달, 감사, 관리, 보안) 등
- **중재 파일럿 프로젝트** 성능 및 엔지니어링 이슈(예: 서비스의 물리적 분산, 확대, 가용성, 부하균형, 네트워크 이슈), 정의된 표준 중재 통합 프로세스 등
- **초기 운영 중재능력 가용성** 배치된 중재 기반구조, 공급자에서 소비자로 전송, 발간/구독 채널, 보장된 콘텐츠 배달, 제한된 콘텐츠 번역 이행, 중재 데이터 감사, 망(Net) 서비스 관리 등
- **참여 시스템에 투입된 어댑터** 생성된 신규 가치추가 망(Net) 서비스, 최종 사용자 및 소비 시스템으로부터 데이터 추출(Pull) 허용 등
- **연결된 참여 애플리케이션 대규모 그룹** 정립된 지도, 번역, 서비스 레벨 협의(SLA) 관리, 소비자에게 통보된 서비스 가용성 등
- **개선된 서비스 레벨 관리** 정련된 성능 예측 모델링, 측정된 애플리케이션 계층 서비스 등
- **개선된 융합 능력** 식별된 융합 기회, 정의된 비즈니스 규칙, 서비스로서 제공된 융합 데이터 등
- **개선된 동기화 능력** 근 실시간 접속을 위한 기반구조, 식별된 네트워크 상호작용, 최적화된 하드웨어 및 소프트웨어 배치/구성, 미래 서비스로 알려진 예측된 모범사례 등
- **미래 예상 서비스** 향상된 탐색 알고리즘, 에이전트, 다양한 장비(신경망 네트워크)를 통해 더 높은 실석 데이터 융합, 대역폭 및 프로세싱 속도 향상 등

3.3.1.6 메시징(Messaging)

메시징(Messaging) 서비스는 GIG 엔터프라이즈 서비스(GES) 내에 있는 핵심 서비스(CES) 중 하나로서 협업, 중재 및 발견 서비스에게 언제 어디서나 정보에 대한 논리적인 접속을 제공하고 고정된 기반구조를 이용하는 다양한 사용자와 관련되어 있는 핵심 서비스이다.

그림 3-25에 메시징 서비스와 타 서비스와의 관계가 나타나 있다. 즉 메시징 서비스는 발견 서비스를 위해 메시지 메타데이터를 처리하고, 중재 서비스를 위해서는 메시지 포맷을 번역한다. 그리고 협업 서비스를 위해 인스턴트 메시지를 처리하고, NetOps 및 ESM을 위해서는 메시지 우선순위화를 지원하며, 정보보증/보안 서비스를 위해서는 보안 메시지를 취급한다.

메시징 서비스에서 정보보증 및 보안은 가장 상위의 요구사항이며 고정된 기반구조 환경이나 모바일 환경에서 거리, 통신 유연성, 정보접속 제한 등의 제한사항들을 씬 클라이언트 특징과 같은 분산시스템을 이용하여 극복할 수 있다. 그리고 보안 요구레벨은 몇 가지 메커니즘, 즉 하드웨어는 일반접속 카드 등을 이용하고, 소프트웨어는 PKI 등을 이용하여 클라이언트 및 서버 레벨 양쪽 모두에서 구현할 수 있다.

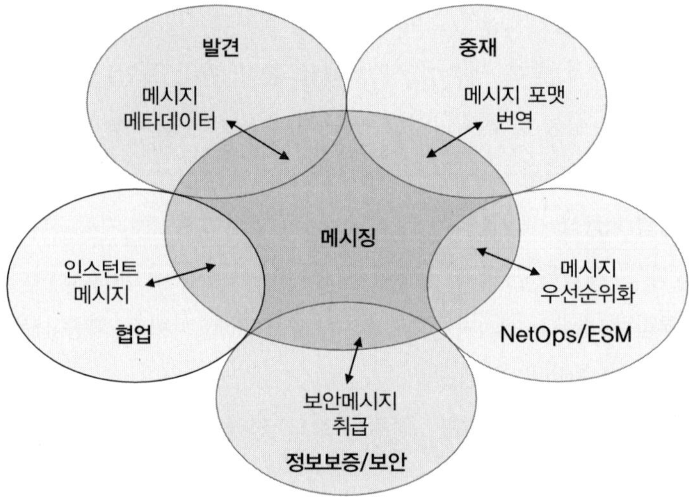

그림 3-25 메시징 서비스와 타 서비스와의 상관관계

즉 메시징(Messaging) 서비스는 실시간 공지 및 정보 갱신을 통해 상황인식을 향상시켜 주고 발간/구독 접근방법을 통해 개별 시스템 간 인터페이스 필요성을 제거시켜 준다. 이와 같은 메시징(Messaging) 서비스의 기본 능력은 다음과 같다.

- 브라우저 기반 이메일
- 인스턴트(Instant) 메시징
- 경량 무선 지원
- 통합팩스, 페이징, 음성 및 비디오 서비스
- 상호운용 가능한 글로벌 통신

메시징 서비스는 하이브리드 아키텍처 및 웹기반 메시징, 인스턴트 메시징, 통지 서비스, 인식 서비스, 통합 메시징, 전술/모바일 지원, 통합 커뮤니케이션 및 비디오 메시징(RTE), 상호운용성 및 글로벌 통신 등의 8가지 세부 영역으로 구분하여 추진하였으며, 각 세부 영역별 구성요소는 다음과 같다.

- 하이브리드 아키텍처 및 웹기반 메시징 X.400에서 SMTP로 변환, 웹기반 메시징, 중급 서비스(MGS)에서 고급 서비스(HGS)로 전환, 접근 제어 기반의 경계 대 경계 접근법, 중앙 메시지 저장 및 서버, 메시지 관리 및 IA(안티-바이러스, 안티-스팸, 침입탐지시스템(IDS), 메시지 추적, 모니터링 및 통계현황 보고, 지식관리/탐색 지원 등), 공통서비스 기반구조(글로벌 디렉토리 서비스(GDS), PKI)와 통합 등

- **인스턴트 메시징** 탐지 및 상태 인식, 보안 동기 메시징
- **통지 서비스** 배포/구독(Push), 선택된 장비에 대한 통지/경고
- **인식 서비스** 배포/구독(Pull), 화이트보드 공유
- **통합 메시징** 이메일, 팩스, 페이징, 보이스 메일
- **전술/모바일 지원** 경량/무선 장비(단문 메시지 서비스(SMS), 고속메일 서비스(EMS), 멀티미디어 메시지 서비스(MMS), 인스턴트 메시징(IM), 3G, 4G 등), 저대역폭 환경(웹 애플리케이션 프레임워크(WAF), 무선 애플리케이션 프로토콜(WAP) 등)에서 효율적 운영 등
- **통합 커뮤니케이션 및 비디오 메시징** 데이터통신 및 원거리 통신, 통합 커뮤니케이션 및 접속 관리 툴 등
- **상호운용성 및 글로벌 통신** 정부기관, 국가 및 산업시설, 연합/레거시 시스템, 다중 레벨의 보안, 번역 서비스(메시징, 인스턴트 서비스, 비디오 메시징) 등

3.3.1.7 정보보증(IA)/보안(Security)

정보보증(IA)/보안(Security) 서비스는 일관성을 가지고 효과적인 보안능력을 제공하는 프레임워크이자 서비스로서, 각 군 및 정부조직의 비즈니스 및 정책 요구사항을 반영하고, 이에 따른 비용 감소 등을 만족시키기 위해서 서비스 제공자 및 서비스 사용자와 밀접한 관계를 갖고 있는 서비스이다.

이러한 정보보증 및 보안능력을 구비함으로써 얻는 이익은 특정 전문기술의 효과적인 활용, 애플리케이션 서비스 구현 시 지속적인 진화 및 최선의 보안능력, 엔터프라이즈 비즈니스 프로세스의 완전한 활용, 그리고 신속하고 글로벌한 범위의 행동결과 등이 있다. 이와 같은 정보보증(IA)/보안(Security) 서비스의 기본 능력은 다음과 같다.

- 접속 관리: 신원정보 관리, 확증, 권한 부여, 접속 실행 등
- 분류 간 연결
- 로그인 및 감사

정보보증(IA)/보안 서비스는 공개키 기반구조(PKI), 접속관리 서비스, 보안 도메인, 그리고 보안 로그의 4가지 세부 영역으로 구분하여 추진하였으며, 각 세부 영역별 구성요소는 다음과 같다.

- **공개키 기반구조(PKI)** PKI, 추가 엔티티, 하드웨어 토큰 등
- **접속관리 서비스** 고립지역 제한, 엔터프라이즈 서비스 통합, 엔터프라이즈 서비스 활용 등
- **보안 도메인** 가드, XML 가드 등

- **보안 로그** 로깅 및 검색, 로그 분석 등
- **미래 예상 서비스:** 디지털 권한 관리(DRM) 기능, 모바일 및 무선장비 사용 지원, 가상 통신환경 서비스 등

> **서비스 보안(Security)**
>
> 정보보증(IA)/보안 서비스는 2006년 10월경 서비스 보안(Security)으로 명칭이 변경되었으며, 이에 따라 서비스 내용도 역할–기반이나 속성–기반의 접속제어 정책을 통해 특별한 목적을 위한 정보 공유를 향상시켜 주는 서비스로 변경 및 보완되었다.

3.3.1.8 저장(Storage)

미 국방부는 정보 저장의 한계를 극복하기 위해 처리(프로세스) 전 게시(Post)하는 네트워크 중심 패러다임인 작업-게시-처리-이용(TPPU) 접근법을 도입하였다. 사실 TPPU는 기존의 플랫폼 기반 접근법인 작업-처리-활용-배포(TPED) 방식을 대체하는 개념으로서, GIG 내에서 장소에 구애받지 않고 수많은 양의 데이터와 정보를 보다 빠르고 안정되게 접속할 수 있는 능력을 제공하기 때문에 신속하고 스마트한 의사결정을 내릴 수 있도록 지원하고 공유된 전장인식을 기반으로 이익공동체 간 더 나은 협력을 제공하는 개념이다.

따라서 동적인 환경 및 운영 패러다임을 지원하기 위해 현재의 플랫폼 중심 기반의 데이터 및 정보를 저장하고 검색하는 모델 방식에서 데이터와 정보를 보다 쉽게 접속할 수 있는 엔터프라이즈 형태의 검색 방식으로 변해야 한다. 이와 같은 저장(Storage) 서비스의 기본 능력은 다음과 같다.

- 저장 용량 공유
- 엔터프라이즈 저장 아키텍처
- 수요에 따른 저장 용량
- 저장 관리

저장 서비스는 기술, 운영, 그리고 정책 및 절차의 3가지 세부 영역으로 구분하여 추진하였으며, 각 세부 영역별 구성요소는 다음과 같다.

- **기술 저장** 아키텍처 등
- **운영** 안정된 저장관리 등

- 책 및 절차 수요에 따른 저장(상품 서비스) 등
- 미래 예상 서비스 스마트 기술, 보증 및 통제된 절차(안정화, 강건화, 장기간 수립/유지되는 보안 저장 기반구조) 사용 등

> **메타데이터 발견(Metadata Discovery) 서비스**
>
> 저장(Storage) 서비스는 2006년 10월경 그리고 2007년 6월경 두 번에 걸친 보완 작업을 통해 최종적으로 메타데이터 발견(Metadata Discovery) 서비스로 명칭이 변경되었으며, 이에 따라 서비스 내용도 개발자와 이름 공간(Name Space) 관리자들에게 기존에 존재하고 있는 데이터 자산들을 재사용하고 이해시켜 주며 통합 및 공유를 가능하게 해줄 뿐만 아니라 개발시간을 감소시켜 주고 상호운용성을 증진시켜 주는 서비스로 변경 및 보완되었다.

3.3.1.9 애플리케이션(Application)

애플리케이션(Application) 서비스는 GES의 핵심 서비스(CES)와 이익공동체(COI)의 애플리케이션 및 서비스를 지원하는 네트워크 수립 시 기본이 되는 서비스로서, CES 및 COI 서비스에 사용되는 일반 하드웨어 플랫폼, 운영체제, 핵심 애플리케이션 등에 보호된 운영 호스팅 환경을 제공하고 CES 및 COI 호스팅 환경에 서버 모델 운영환경(MOE)이라 불리는 개념을 채택하여 보다 구조화된 접근을 가능하게 해준다.

또한 애플리케이션 서비스는 전체 보안레벨을 위한 MOE 기반 호스팅 환경 보호, 모니터링, 관리, 통제, 지리적으로 분산된 장소 간 호스트 애플리케이션의 균형을 위한 ESM 서비스 구현, 이미 전개되어 운영 중인 엔터프라이즈 애플리케이션의 스트레스 테스트를 위한 단계별 서비스, 그리고 ESM 구성관리 및 소프트웨어 분산 서비스의 구현과 같은 기능적 측면을 강조한다. 이와 같은 애플리케이션(Application) 서비스의 기본 능력은 다음과 같다.

- 보호된 호스팅 환경
- 모델 운용환경(MOE)
- 수요에 따른 컴퓨팅 용량
- 표준 운용관리 및 지원

애플리케이션 서비스는 기술, 운영, 정책 및 절차, 그리고 자원의 4가지 세부 영역으로 구분하여 추진하였으며, 각 세부 영역별 구성요소는 다음과 같다.

- 기술 물리적 요소, 보안 아키텍처(요구사항 및 정의), 부하 균형, 모델 운영환경(MOE), 그리

드 컴퓨팅, 콘텐츠 배달 아키텍처 등

- 운영 ESM 서비스 구현(예: FCAPS(Fault, Configuration, Accounting, Performance, Security), 이벤트 상호관계), CERT 보안, 표준화된 운영 및 지원 레벨, 재난 회복, 스테이징(Staging), 준비태세/전장 배치, 보안, 기지 강화 등
- 정책 및 절차 STIGS(Security Technical Implementation Guides), 기술 삽입 업데이트, 획득 전략, 자금조달 방법, One-Off 커스텀 솔루션, 수요에 따른 용량 처리 등
- 자원 시스템 행정 표준, DBA 표준, 인증 프로세스 등
- 미래 예상 서비스 스마트 기술, 보증 및 통제된 절차(안정화, 강건화, 장기간 수립/유지되는 보안 애플리케이션 기반구조) 등

애플리케이션(Application) 서비스 – 제외

애플리케이션(Application) 서비스는 2006년 10월경 NCES의 핵심 서비스에서 제외되었는데, 이는 GIG 엔터프라이즈 서비스(GES)의 컴퓨팅 환경 영역과 통합해서 개발이 가능한 서비스이기 때문에 제외된 것으로 보인다.

3.3.2 미래 예상 서비스

미래 예상 서비스는 미 국방부에서 2010년 9월 29일 완전 작전능력(FOC)을 선언한 이후 2011년 이후의 엔터프라이즈 서비스 진화 계획을 수립하면서 신규 서비스와 기존 서비스의 혁신적 전이를 통해 나타날 수 있는 서비스의 두 가지 서비스 범주를 미래 예상 서비스의 후보로 결정하였으나, 아직까지 이들 서비스의 세부내용은 공개되어 있지 않은 상태이다. 따라서 본 절에서는 이들 미래 예상 서비스에 대한 개략적인 능력 및 이점에 대해서만 제시한다.

3.3.2.1 신규 서비스

3.3.2.1.1 전략적 지식통합망(SKIWEB)

현재 파워포인트로 보고하는 수직적 지휘체계로는 정보화시대에 효율적으로 대처할 수 없다고 판단한 미 전략사령부가 블로깅과 채팅을 이용해 정보수집 및 전술상황 대처능력을 높이고 적응능력을 향상시키고자 보안절차를 밟은 미군이면 누구나 접근할 수 있는 전략적 지식통합망(SKIWEB: Strategic Knowledge Integration WEB)이라는 네트워크를 구축하였으며, 이 네트워크를 통해 제공하는 서비스는 다음과 같은 능력 및 이점이 있다.

- 이벤트 가입 및 스레드(Thread)식 논의를 제공한다.
- 책임 제어에 대한 양도 없이 임무 영역에 대한 비 중앙집중식, 즉 분산 기획 및 의사결정 그리고 실행을 가능하게 한다.
- 타 도메인에서 발생하는 이벤트 상에서 상황인식을 향상시킨다.

3.3.2.1.2 일반 정보 공유(Unclassified Info Sharing)

일반 정보를 미 국방부 및 관련 파트너(예: 각 군, 예하 기관, 연합군 및 동맹군 등)가 아닌 일반 사용자들과 상용 인터넷을 이용해 상호작용할 수 있도록 하기 위한 서비스로서 다음과 같은 능력 및 이점이 있다.

- 상호작용할 수 있는 협력적 환경 및 협력 툴을 제공한다.
- 미 국방부의 획득 기획 및 결정 주기 내에 특별한 임무 파트너와 신속한 통합을 가능하게 한다.
- 인도주의적 임무 및 재난 회복 임무 등을 위해 상황인식과 정보교환을 향상시킨다.

3.3.2.2 혁신적 전이가능 서비스

3.3.2.2.1 합동 사용자 메시징(Joint User Messaging)

미 합참에서 주관해서 실시하는 혁신적 전이 프로그램을 통해 합동임무에 참여하는 전투원, 즉 합동 사용자를 위한 메시징 기능을 제공하는 서비스로서 다음과 같은 능력 및 이점이 있다.

- M2M 서비스뿐만 아니라 사용자 인터페이스를 제공한다.
- 실시간 공지(통지) 및 정보 업데이트를 통해 상황인식을 향상시킨다.
- 발간/구독 접근법을 통한 시스템 인터페이스를 위해 개별 시스템에 대한 필요성을 제거한다.

3.3.2.2.2 이벤트 관리 프레임워크(Event Management Framework)

합동개념기술시범(JCTD: Joint Capability Technology Demonstration) 제도라는 혁신적 전이 프로그램을 통해 이벤트를 효과적으로 관리할 수 있는 프레임워크를 개발하는 서비스로서 다음과 같은 능력 및 이점이 있다.

- 지휘소 감시요원의 지휘 및 통제 결정을 지원한다.
- 자동화된 콘텐츠 발견, 데이터 정리(압축), 데이터 상관관계 및 경보 능력 등을 제공한다.
- 비가공 데이터를 어떤 목적이나 문제 해결을 위한 행동 혹은 조치를 취할 수 있는 결정 정보로 전이함으로써 효율성 및 효과성을 향상시킨다.

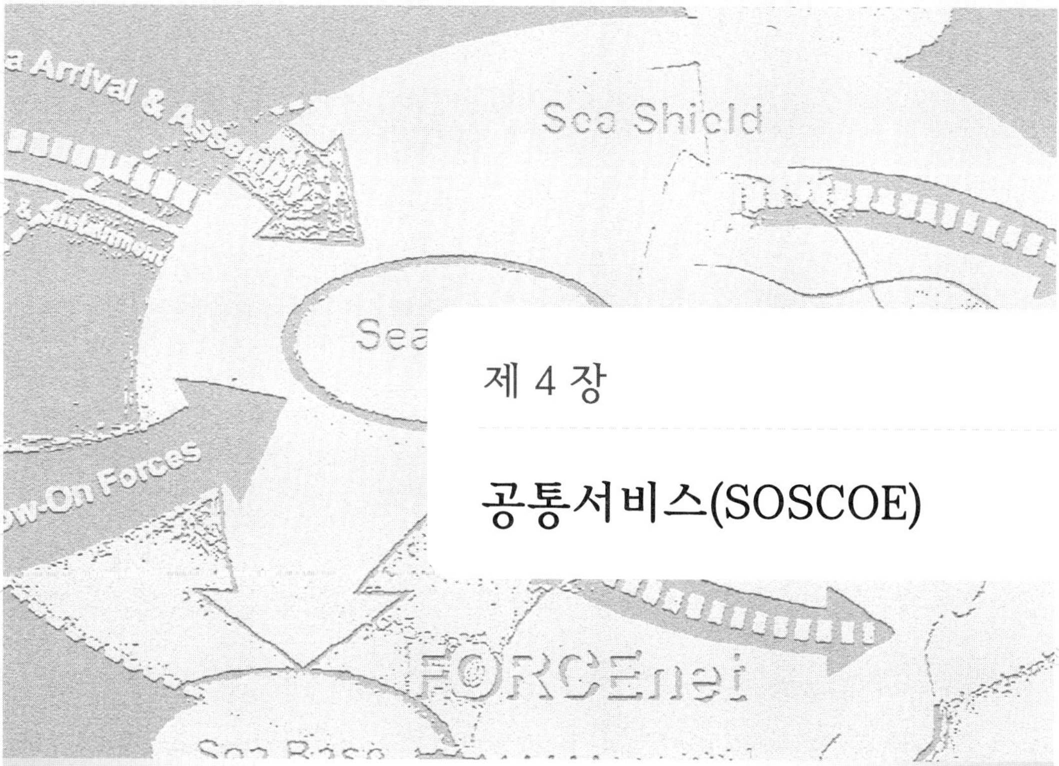

제 4 장

공통서비스(SOSCOE)

본 장에서는 고속의 기동 및 자체 정비능력을 갖춘 무기체계를 전투원에게 제공하여 효율적인 전투 수행능력을 향상시키고자 개발 중인 미 육군의 미래전투체계(FCS)의 개념과 목적, 구성요소 및 추진현황을 살펴보고, FCS 구축의 핵심 소프트웨어 컴포넌트인 공통서비스(SOSCOE)의 개념 및 개발절차 그리고 공통서비스의 종류 등을 고찰한다. 특히 SOSCOE를 위치적, 운영환경적, 기술적, 그리고 핵심 서비스의 4개 관점에서 NCES와 비교하여 그 결과를 제시한다. 본 장은 다음과 같이 구성된다.

4.1 미래전투체계(FCS)

4.2 서비스 개념 및 개발절차

4.3 서비스 종류

4.1 미래전투체계(FCS)

4.1.1 미래전투체계(FCS) 개념 및 목적

4.1.1.1 미래전투체계(FCS) 개념

미 육군은 NCW 추진이 시작된 이후 모든 전투원들이 합동 전투와 지원 작전을 효과적으로 수행할 수 있도록 통신 및 컴퓨팅 시스템, 애플리케이션, 그리고 서비스 등을 포함하여 모든 자원들을 하나의 네트워크로 연결한 LandWarNet을 구축하고 있다. 이러한 환경 하에서 매우 다양하고 불확실한 상황에 적응하고자 미 본토로부터 분쟁지역으로 신속하게 전개하여 작전을 수행할 수 있는 전투시스템, 즉 세계 각 지역에서 동시다발적으로 발생하고 있는 분쟁지역에서 전투원들이 효율적으로 전투능력을 발휘할 수 있는 고속 기동 및 자체 정비능력을 갖춘 미래전투시스템(FCS: Future Combat Systems)을 구축하고 있다.

FCS는 이전 냉전시대의 미 육군에 비해 보다 경량화되고 민첩하면서 현존 위협은 물론 2025년 이후의 미래 위협에도 대처할 수 있는 능력을 갖는 것을 목표로 하고 있다. FCS는 2003년 5월 미 국방부 국방획득위원회의 승인을 받아 2014년까지 추진될 계획이며, 2015년에 처음으로 FCS 능력을 구비한 전투여단(BCT: Brigade Combat Team)을 창설할 예정이다. 그 이후 BCT의 능력을 인정받으면 2030년까지 총 15개 여단으로 확대할 계획이며, 총 사업비용은 2006년 12월 31일 기

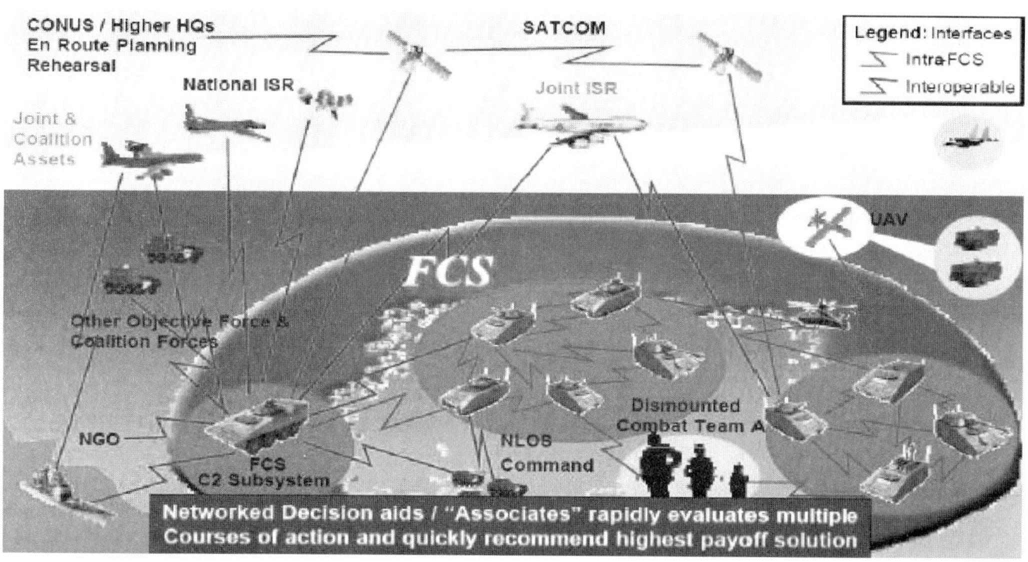

그림 4-1 미래전투체계(FCS) 개념도

준으로 2014년까지 1619.3억 달러가 투입될 예정이다. 이와 같은 FCS의 개념도가 그림 4-1에 나타나 있다.

미 육군은 FCS를 다른 서비스들을 포함하는 네트워크로 연결된 복합시스템으로 기술하고 있으며, 특히 입체적인 전장 환경 속에서 개별적인 전투원과 유 · 무인 지상 · 항공 플랫폼(지상의 탱크부터 무인 항공기까지) 및 센서를 발전된 통신수단 및 기술을 이용하여 연결시킴으로써 효과적인 임무수행을 극대화하고 있다. 특히 플랫폼 및 센서와 연결되어 데이터를 획득한 전투원은 전장상황을 더 정확히 파악할 수 있으며, 이러한 능력을 상황인식(Situational Awareness)이라 한다.

상황인식(Situational Awareness)

우리가 있는 곳이 어디인지, 아군은 어디 있는지, 적군은 어디 있는지를 알 수 있는 능력이며, 끊김 없는 데이터 전송을 보장함으로써 적보다 우위에서 우리의 현 상황, 아군 상황, 적 상황을 먼저 보고, 먼저 판단하고, 먼저 행동이 가능하도록 보장하여 결국 전투원의 생존성과 우수한 임무수행 결과를 얻게 되는 것을 말한다.

FCS에서의 상황인식 개념도가 그림 4-2에 제시되어 있다. 즉 미 육군의 FCS는 제일 하위 레벨에 JTRS, WIN-T 등의 표준 기반의 네트워크 시스템이 있으며, 그 위에 미 국방부의 핵심 서비스인 NCES와 같은 레벨로서 FCS의 공통서비스(SOSCOE)가 위치해 있고, 그 상위 레벨에 미 국방

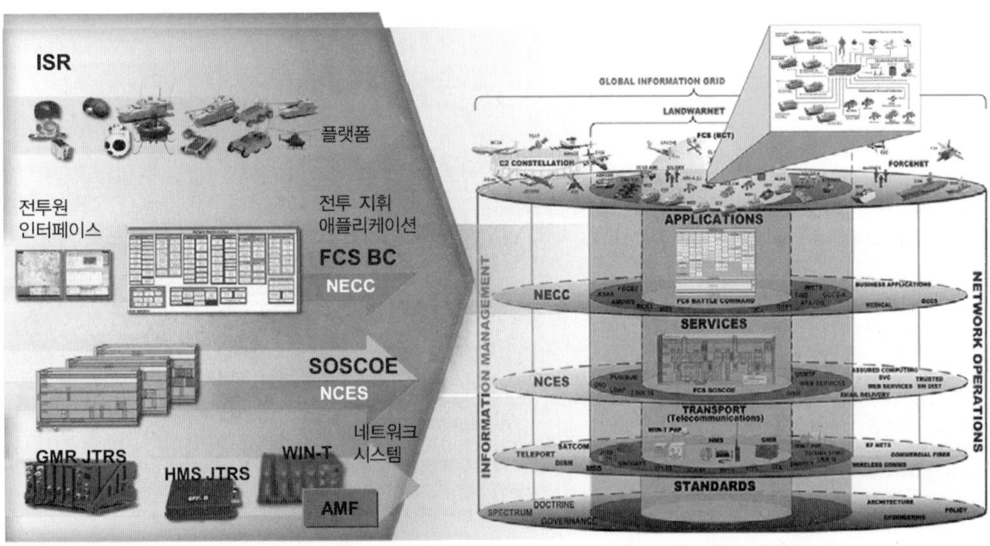

그림 4-2 FCS 상황인식 개념도

부의 네트워크 가능 지휘통제(NECC: Network Enabled Command and Control) 시스템과 같이 FCS 전투지휘(BC: Battle Command) 시스템이 있으며, 제일 상위 레벨에 플랫폼이 위치해 있다. 그리고 그림 우측 최상단에서 보는 바와 같이 FCS는 GIG 내에 있는 미 육군의 LandWarNet의 작전지역에서 운용되는 전투시스템이라 할 수 있다.

4.1.1.2 FCS 목적

미 육군은 2001년 4월에 발표한 변혁연구보고서를 통해 다양한 작전환경 하에서도 신속한 배치와 즉각적인 전투를 수행할 수 있는 모듈화되고 자율화된 여단의 필요성을 발표하였다.

FCS 프로그램은 이러한 개량화되고 효과적인 육군 건설을 위하여 IT 기술의 사용을 통해 "신속성, 정확성, 파괴성, 치명성, 생존성, 지속성을 갖춘 군사력을 갖추기 위해 기술과 조직, 사람, 프로세스의 통합"을 반영하고 있고, 지휘관과 전투병력이 비대칭 지상 전장에서의 우위를 달성할 수 있노록 첨단 기술과 능력을 제공함과 동시에 지상 전투전력이 다양한 임무를 수행함에 있어서 높은 수준의 기민성과 다용도성 능력을 갖게 해준다.

FCS 프로그램은 미래 전력(FF: Future Force)의 전투체계와 무기, 장비의 안전성, 신뢰성, 적절성, 생존성, 효과성 등을 충족시키기 위하여 설계되고, 생산되고, 테스트될 것이며, 이에 더하여 Abrams, Bradley, Stryker 등 현존 전력(CF: Current Force) 시스템에 비하여 70~90%의 재사용성 향상과 50~70%의 군사규모를 감소할 수 있을 것으로 보인다.

4.1.2 미래전투체계(FCS) 구성요소

4.1.2.1 구성요소 현황

미래전투체계(FCS)는 유인지상차량(MGV), 무인항공기(UAV), 무인지상차량(UGV), 무인지상시스템(UGS)의 4개 그룹 총 14종의 개별 시스템으로 구성되어 있으며, 이들 개별 시스템은 5계층의 네트워크로 연결되어 있고, 최종적으로 네트워크를 통해 전투원에게 정보가 전달되는 14+1+1 시스템, 즉 복합시스템(SOS)이다. 이와 같은 FCS의 14+1+1 체계가 그림 4-3에 도시되어 있다.

4.1.2.1.1 개별 시스템(총 14종)

MGV(유인지상차량) 그룹: 8종

- C2V(지휘통제차량) 전술지휘관을 위한 전장의 지휘통제 및 통신 제공
- RSV(정찰감시차량) 다양한 표적의 획득 및 식별임무 수행

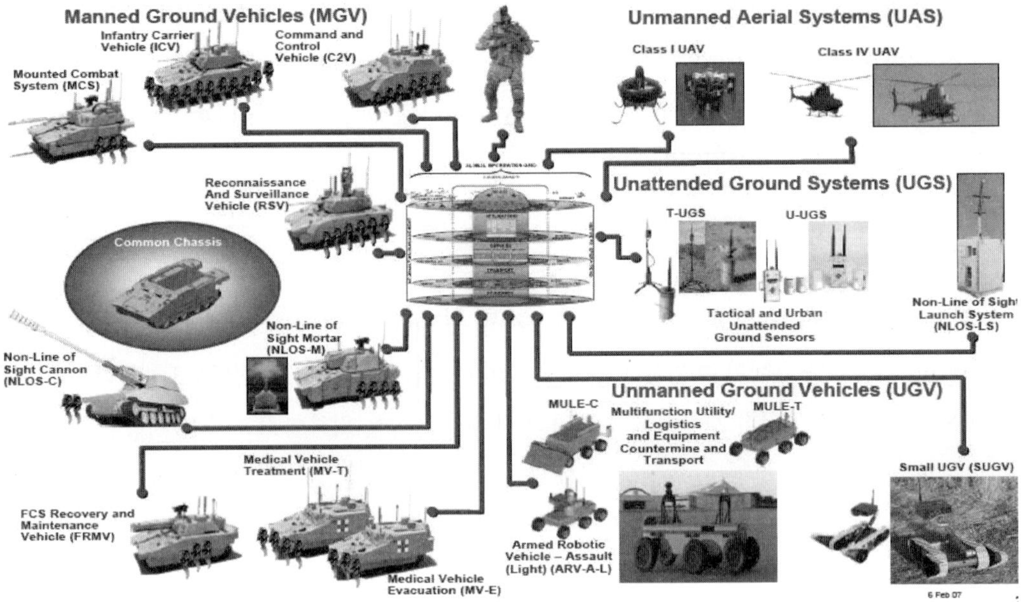

그림 4-3 FCS(BCT)의 14+1+1 체계

- ICV(보병전투차량) 1개 보병분대의 이동임무 지원
- MCS(Mounted Combat System) 근접전투 시 LOS(Line-Of-Sight) 및 BLOS(Beyond LOS)를 통해 공격적인 화력능력 제공
- NLOS-C(곡사포) 155mm 대구경포와 Zone 4, 38 칼리버 캐논, 완전 자동급탄시스템을 이용하여 표적에 대한 정밀사격 지원
- NLOS-M (곡사박격포) 120mm 포를 이용한 단 · 중거리 사격 지원
- MV-T/E(의료/후송차량) 부상을 입은 전투원에게 단시간 내에 의료 제공 및 후송 지원
- FRMV(복구/정비차량) 2내지 3명으로 이루어진 복구팀이 탑승하여 복구 및 정비 지원

| UAV(무인항공기) 그룹: 2종 |

- UAV Class-1(소대급 무인기) 소대급 작전에서 주 · 야간 정찰 및 감시와 표적획득 임무 수행
- UAV Class-Ⅳ(여단급 무인기) 통신 중계 및 광범위한 지역의 정찰임무 수행

| UGV(무인지상차량) 그룹: 2종 |

- MULE(다목적 로봇 차량) 보병에 대한 화력지원 및 지뢰 제거, 장비 수송 지원
- SUGV(소형 무인지상차량) 지상/지하 정찰 및 지뢰 · 부비트랩 등의 탐지임무 수행

| UGS(무인지상시스템) 그룹: 2종 |

- T-UGS(전술 무인지상 센서) 정보 감시, 화학, 생물학, 방사능 및 핵 감시임무 수행
- NLOS-LS(비가시선 발사시스템) 원격 · 무인작동으로 이루어진 자동전술사격시스템

4.1.2.1.2 FCS 네트워크

FCS 네트워크는 각 부분의 합보다 더 큰 능력을 가진 전체 시스템으로 FCS를 운영하며 미 육군 변화의 핵심으로서 네트워크와 병참, 임베디드 교육훈련 시스템은 혁신적인 작전 및 조직 개념을 선택하게 하며, 특히 네트워크는 FCS(BCT)의 작전 요구사항 문서(ORD)에 의해 명시된 대로 미래 전장에서 전투원들이 지각하고 이해하며 형성하고 지배할 수 있도록 해준다. 또한 FCS 네트워크는 끊김없는 데이터를 전송하는 5가지 계층(표준, 전송, 서비스, 애플리케이션, 센서, 플랫폼)으로 이루어져 있으며, FCS가 빠르게 전장을 이동하면서 전투 시 먼저 보고, 먼저 이해하며, 먼저 행동하고, 결정적으로 종료할 수 있는 여건 조성을 제공하고 적합성 및 서비스 정비요구 기능 관리 등의 기능을 갖는다. 이와 같은 FCS 네트워크의 5계층은 그림 4-2의 우측에 나타나 있다.

4.1.2.1.3 전투원(Soldier)

전투원(Soldier)은 FCS(BCT)의 핵심이며 FCS의 14+1+1 시스템의 통합요소이고, 군사작전 "Full Spectrum"의 성취를 이루기 위한 핵심 요소이다. 전투원들이 이러한 임무를 수행하는데 있어서 가장 중요한 요인은 FCS 네트워크와 FCS 전장지휘 간을 연결하고 통합하는 것인데, 이러한 접속(연결)성은 전투원들에게 적보다 우위의 전장인식 능력을 제공해준다.

4.1.2.2 FCS의 구성요소 변화

FCS 추진계획을 수립한 이후 FCS에 포함되는 시스템의 구성요소는 최초부터 시작하여 3단계의 변화를 거쳐 현재에 이르고 있다. 그 변화를 세부적으로 살펴보면, 2002년 8월에는 26+1+1로 최초 구성되었고, 이중 유 · 무인 지상차량에 15종, UAV에 8종, UGS에 3종이 있다.

그 이후 1차 변화를 가져온 2005년 10월에는 18+1+1로 재구성되었으며, 유인체계로는 C2V, RSV, ICV, MCS, NLOS-C, NLOS-M, MedEvac, MRV인 8종이 있으며, UGV는 SUGV, ARV, MULE 등 3종이 있다. 최초 구성과 1차 변경된 구성요소를 유 · 무인 지상차량으로 비교할 경우 15종에서 11종으로 축소되어 구성되었음을 알 수 있다. 또한 UAV는 Class-1부터 Class-4까지 최초 8종에서 4종으로 축소되었으며, UGS에서는 UGS, NLOS-LS, IMS를 그대로 유지하여 최초와 동일하게 3종으로 구성되었다.

표 4-1 FCS 구성요소의 변화

구분	'02. 8월	'05. 10월	'07. 5월
구성요소	26+1+1	18+1+1	14+1+1
MGV	유/무인 지상차량: 15종	• C2V(지휘통제차량) • RSV(정찰감시차량) • ICV(보병전투차량) • MCS(Mounted Combat System) • NLOS-C(비가시선 포) • NLOS-M(비가시선 박격포) • MedEvac(의료/지원차량) • MRV(정비/구난차량)	• C2V(지휘통제차량) • RSV(정찰감시차량) • ICV(보병전투차량) • MCS(Mounted Combat System) • NLOS-C(비가시선 포) • NLOS-M(비가시선 박격포) • MV-T/E(의료/후송차량) • FRMV(복구/정비차량)
UGV		• SUGV(소형무인지상차량) • ARV(무장로봇차량) • MULE(다기능 군수지원/ 장비차량)	• SUGV(소형무인지상차량) • MULE(다기능 군수지원/ 장비차량)
UAV	UAV: 8종	• Class-1 UAV • Class-2 UAV • Class-3 UAV • Class-4 UAV	• Class-1 UAV • Class-4 UAV
UGS	Robot Land System: 3종	• UGS(무인지상시스템) • NLOS-LS(비가시선 발사시스템) • IMS(지능탄)	• UGS(무인지상시스템) • NLOS-LS(비가시선 발사시스템)

2007년 5월에는 14+1+1 시스템으로 최종 변경되어 현재에 이르고 있다. MGV의 구성요소 8종 중 6종은 동일하나 MedEvac와 MRV 2종은 MV-T/E와 FRMV로 변경되었다. UGV에서는 ARV가 빠져 2종으로 구성되었으며, UAV는 Class-2와 Class-3이 제외되어 Class-1과 Class-4 UAV로 구성되었다. 그리고 UGS에서는 IMS가 제외되어 2종으로 최종 구성되었다. 이러한 3단계의 변화에 따른 FCS 구성요소의 변화가 표 4-1에 나타나 있다.

4.1.3 미래전투체계(FCS) 추진현황

FCS는 2003년 5월 미 국방부의 국방획득위원회의 인가를 받아 추진하기 시작한 이래 2014년까지 시스템 개발을 완료할 예정이며, 2015년까지는 FCS 능력이 통합된 하나의 FCS BCT(14개의 시스템+네트워크+인원)를 창설할 예정이다.

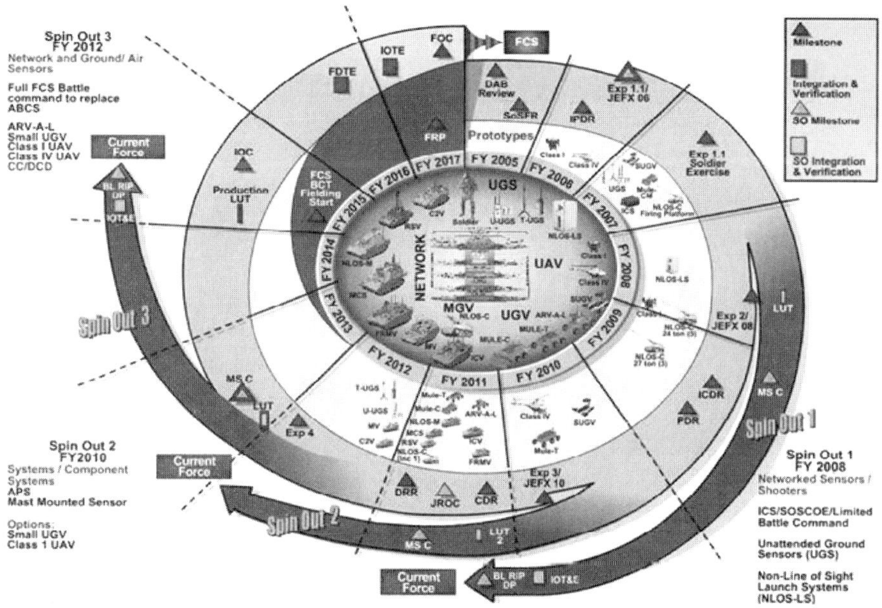

그림 4-4 FCS(BCT) Spin-Out의 단계별 전략 및 관련 기술

FCS BCT를 개발하기 위해 "Spin-Out" 또는 증분이라는 개념으로 필요한 기술을 개발하고 있다. "Spin-Out"을 통해 개발한다는 것은 효과적으로 합동 지상전력에 FCS 능력을 제공할 수 있다는 것과 이렇게 함으로써 미 육군에 대한 작전적 위협이 감소될 수 있다는 두 가지 측면에서 장점을 가지고 있다. 이와 같은 Spin-Out의 단계별 전략과 관련 기술들이 그림 4-4에 제시되어 있다.

Spin-Out의 추진기간 및 각 단계별 전략을 살펴보면 다음과 같다.

- Spin-Out 1단계 여러 유형의 프로토타입이 작전수행 및 평가를 목적으로 2008년부터 2010년까지 평가전투여단(EBCT)으로 전력화된다. 그리고 기 운영 중인 Abrams 탱크, Bradley 전차, HMMWV(고기동성 다목적 차량)에 상황인식과 통신 능력을 증대시키기 위해 실시간 네트워크 시스템과 복잡한 지형에서 작동되는 10대의 전술 무인지상센서(T-UGS), 16대의 도심 무인지상센서(U-UGS), 비가시선 발사시스템(NLOS-LS) 등이 포함되어 있다.
- Spin-Out 2단계 2010년부터 2012년까지 추진될 예정으로서 Spin-Out 1의 초기 양산(LRIP)을 통해 평가전투여단을 개선시킬 예정이며, 이때 Spin-Out 2 프로토타입이 배치될 예정이다.
- Spin-Out 3단계 2012년부터 2014년까지 추진될 예정이다.

현재의 전투체계와 Spin-Out 전략에 의해 개발될 FCS와의 통합과정이 그림 4-5에 제시되어 있다. 이 그림에서 제시된 통합과정은 그림 4-4에서 제시된 단계별 전략과 같음을 알 수 있다. 중요

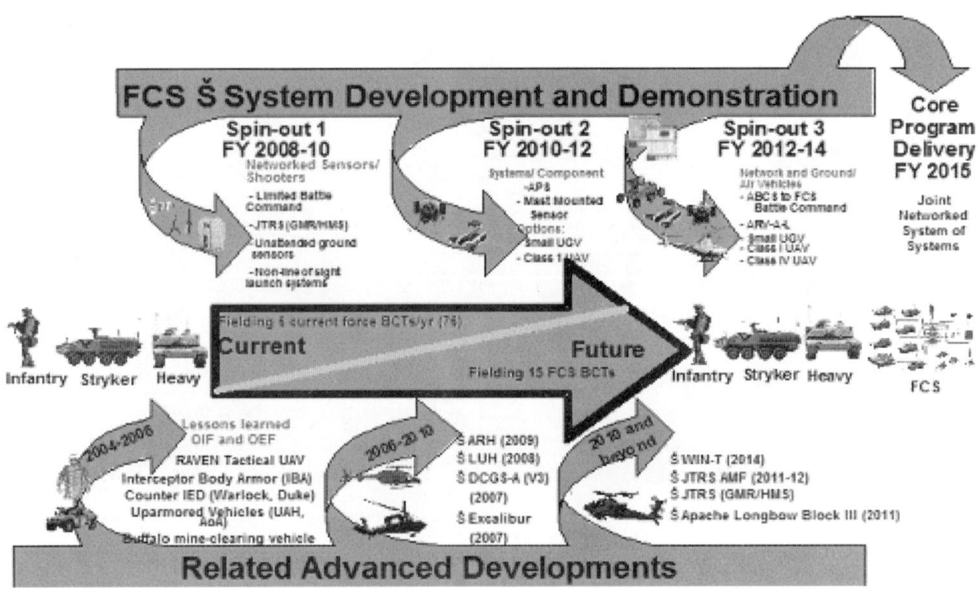

그림 4-5 FCS(BCT) Spin-Out 통합과정

한 것은 기존의 Stryker 및 Heavy 위주의 병력이 2015년 이후에는 FCS 시스템으로 흡수 통합됨으로써 기존 체계와 FCS 체계가 혼합된 전투여단으로 변경될 예정이라는 것이다. 이러한 3단계의 Spin-Out 전략이 완성되는 2015년에는 핵심 프로그램에 대한 인도가 이뤄질 것이며, 이렇게 되면 합동 네트워크화된 복합시스템이 만들어 질 것이다.

- Spin-Out 1단계(미 회계년도 2008-2010) 제한된 전투지휘를 위한 합동전술통신체계(JTRS)와 NLOS-LS와 같은 네트워크에 연결된 센서 및 슈터들이 만들어진다.
- Spin-Out 2단계(미 회계년도 2010-2012) APS와 마운트된 센서, 작은 UGV 및 Class-1 UAV와 같은 시스템과 콤포넌트들이 만들어 질 예정이다.
- Spin-Out 3단계(미 회계년도 2012-2014) ARV-A-L, 작은 UGV, Class1 및 Class4 UAV와 같은 네트워크와 지상/항공 차량 등이 만들어 질 예정이다.

2009년 이후의 FCS 프로그램 진행현황을 자세히 분석해보면 다음과 같다. 먼저 2009년에는 두 가지의 중요한 이벤트가 수행되었는데 복합체계(SOS)에 대한 초기설계 리뷰(PDR: Preliminary Design Review)와 FCS 마일스톤에 대한 "Go or No Go" 검토가 실시되었다. 먼저 PDR에서는 각각의 중요 프로그램 항목에 대한 진행현황 및 기술의 적절성을 평가하기 위한 기술검토가 실시되었고 성능 및 공학적 요구사항을 포함하였으며, "Go or No Go" 검토에서는 FCS 프로그램을 지속할지에 대한 미 국방부 검토가 실시되었다. 특히 2009년에는 NLOS-C 프로토타입의 최초 외형 인도 및 기존 병력과의 통합을 위한 Spin Out된 FCS 장비 획득, FCS 소프트웨어 빌더 2(자동화 항법장치, 네트워크화된 MGV, UGS/UGV 프로토타입, 전투지휘시스템 등)에 대한 인도 및 통합과 같은 사항들이 포함되었다.

2011년에도 핵심설계 리뷰(CDR: Critical Design Review)와 설계준비 리뷰(Design Readiness Review)의 두 가지 이벤트가 수행된다. CDR에서는 상세설계 내용의 성능 및 요구사항에 대한 만족여부를 확인하는 기술 검토를 수행하는 것으로서 이에 대한 결심을 하기 위해서는 장비, 컴퓨터, 인적 요인까지도 포함하고 있다. 그리고 설계준비 검토에서는 성공적으로 완성된 시스템 및 서브시스템의 설계 검토에 기반한 설계 성숙도 평가가 수행된다.

2013년에는 마일스톤 C 단계로서 생산 및 배포(P&D: Production and Deployment)가 승인되며 여기에는 LRIP(Low Rate Initial Production)와 FRP&D(Full Rate Production and Deployment)의 두 가

표 4-2 FCS 프로그램 스케쥴 (2008년 5월 기준)

이벤트	연도	세부내용
복합체계 초기설계 리뷰 (PDR)	2009	• 각각의 중요 프로그램 항목에 대한 진행 현황 및 기술의 적절성 평가를 위한 기술 검토 • 성능 및 공학적 요구사항도 평가
FCS 마일스톤 "Go or No Go" 리뷰	2009	• FCS 프로그램 지속 여부에 대한 미 국방부 검토
핵심설계 리뷰 (CDR)	2011	• 상세설계 내용의 성능 및 요구사항 만족 여부를 확인하기 위한 기술 검토 • 결심에는 장비, 컴퓨터, 인적 요인까지 포함
설계준비 리뷰	2011	• 성공적으로 완성된 시스템 및 서브시스템의 설계 검토에 기반한 설계 성숙도 평가
마일스톤 C	2013	• 생산 및 배포(P&D)를 승인하며, LRIP(Low Rate Initial Production)와 FRP&D (Full Rate Production and Deployment)를 포함 • P&D의 목적은 임무요구를 만족시키기 위한 작전 가용능력 달성에 있음
최초 작전능력 (IOC)	2015	• 시스템 적용을 위한 첫 번째 능력 달성을 정의하며, P&D의 한 부분임
완전 작전능력 (FOC)	2017	• 인원, 장비, 훈련, 군수지원 능력을 포함하여 시스템 적용을 위한 모든 능력 달성을 의미

지 사항을 포함하고 있다. 여기서 P&D를 수행하는 목적은 임무 요구를 만족시키기 위한 작전 가용능력을 달성하는데 있다. 2015년에는 시스템을 적용하기 위한 첫 번째 능력을 달성하는 최초 작전능력(IOC: Initial Operational Capability) 단계이며, 2017년에는 완전 작전능력(FOC: Full Operational Capability)을 달성하는 단계로서 이렇게 되면 인원, 장비, 훈련, 군수지원 능력을 포함하여 시스템 적용을 위한 모든 능력이 달성됨을 의미한다. 이러한 FCS 프로그램 스케줄이 표 4-2에서 제시되어 있다.

4.2 서비스 개념 및 개발절차

4.2.1 SOSCOE 개념

4.2.1.1 SOSCOE 정의

FCS에서는 유 · 무인 플랫폼에 장착되는 소프트웨어 컴포넌트로 구성된 핵심 서비스가 있는데 이러한 소프트웨어 컴포넌트를 SOSCOE라 하며, 이는 FCS 네트워크 소프트웨어의 기반이 된다. SOSCOE는 전투 및 지원차량 관리시스템, C4ISR, 전투원, 무인 지상 및 공중시스템 등에 포함되며, 이러한 기능들은 PC의 운영체제와 같이 타 컴퓨터들과 상호 작용하며 사용자와도 상호 작용한다. 특히 SOSCOE는 단일 인터페이스로서 분산객체 서비스와 웹 서비스를 갖고 있으며, 단일 프레임워크와 타 서비스들을 고성능과 웹 서비스로 결합하는 특징을 가지고 있다.

4.2.1.2 SOSCOE 목적

SOSCOE는 무기체계에 대한 상호운용성을 확보하고 재사용 극대화를 위해 공통적으로 사용되는 서비스, 즉 공통서비스를 개발하는데 필요한 상위 지침을 제공하는 것을 그 목적으로 한다. 미군은 무기체계 개발 시 SOSCOE를 기반으로 고효율 및 저비용을 만족시키는 무기체계 구축을 추진하고 있으며 특히 FCS 개발을 위해서는 SOSCOE를 적용할 수 있는 관련 지침을 작성하여 시행하고 있다.

SOSCOE의 전술적 네트워크 환경을 살펴보면 전술 도메인에 "윈도우"와 유사한 환경을 제공하여 각 플랫폼이 검색자 및 검색 대상의 역할로서 컴퓨터처럼 작동할 수 있으며, 또한 끊김없는 방식으로 원격 서비스 및 정보 활용이 가능하고 무기체계 및 센서는 "플러그-앤- 플레이" 프린터처럼 작동할 수 있는 환경이라 할 수 있다. 이러한 SOSCOE의 전술적 네트워크 환경은 그림 4-6과 같다.

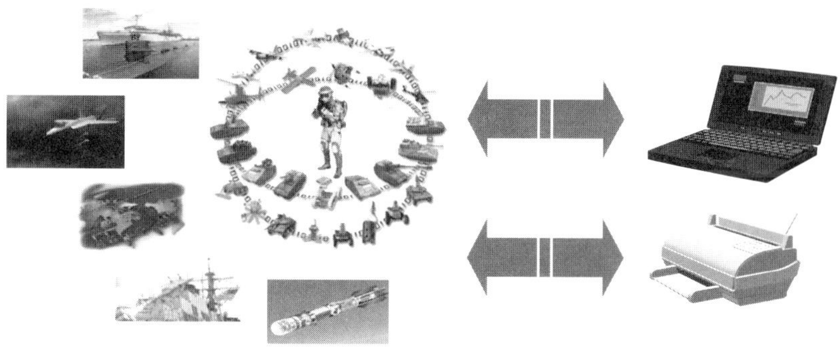

그림 4-6 SOSCOE의 전술적 네트워크 환경

4.2.1.3 SOSCOE 아키텍처

미군은 SOSCOE 아키텍처 구축을 위해 먼저 전략 아키텍처 참조모델(SARM: Strategy Architecture Reference Model)을 개발하고 이어 서비스 기반 참조모델(SBRM: Services Based Reference Model)을 개발하였으며, 그 이후 두 가지 참조모델을 이용하여 실제 SOSCOE를 구현할 수 있는 구현 참조모델(IRM: Implementation Reference Model)을 개발하였다. 구현 참조모델은 다음의 세 가지 에디션이 있다.

- **표준 에디션** 전투 지휘 애플리케이션의 다중 프로세스 및 스레드를 실행하는 가장 강건한 전투지휘 형상을 지원한다.
- **실시간 에디션** 결정적인 단일 프로세스 및 다중 쓰레드 환경에서 요구되는 서비스를 제공한다.
- **마이크로 에디션** 무인지상센서(UGS)와 같은 소형 신호와 데이터 프로세서를 지원한다. 여기서 마이크로 에디션은 FCS 네트워크의 운용에 필요한 기능이다.

4.2.1.4 SOSCOE 접근법

SOSCOE는 서비스-기반 아키텍처와 실시간 성능을 제공하며 아키텍처는 소프트웨어 서비스로 구성된 소프트웨어 계층으로 구성되어 있고, 이 소프트웨어 서비스는 개방형의 느슨한 결합을 이룬 서비스 인터페이스를 제공하고 있다. 그리고 공통서비스는 분산객체 서비스 및 웹 서비스 모두에 대한 단일 인터페이스를 제공하는데 각 레벨에서 제공하는 세부 서비스가 그림 4-7에 제시되어 있다.

SOSCOE에서 제공하는 공통서비스는 하위 레벨에서부터 실시간 및 비실시간 운영체제를 기

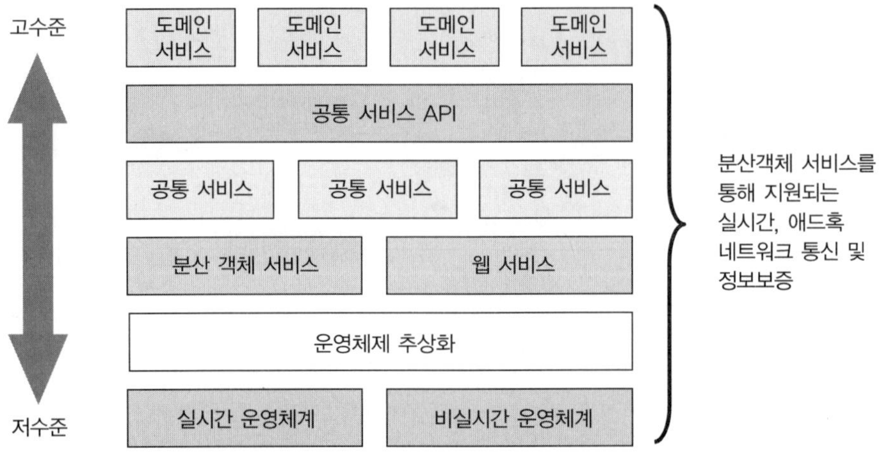

그림 4-7 SOSCOE 각 레벨별 제공 서비스

반으로 운영체제 추상화를 구축하고 그 위에 분산객체 서비스와 웹 서비스를 구현한다. 이러한 서비스를 통해 공통서비스, 공통서비스 API, 도메인 서비스까지 상위 레벨을 구축하여 서비스를 제공한다. 전체적으로는 분산객체 서비스를 통해 지원되는 실시간의 애드혹 네트워크 통신 및 정보보증을 구현한다.

4.2.2 SOSCOE 특징

4.2.2.1 SOSCOE 패밀리

SOSCOE는 일련의 서비스 패밀리로 구성되며, 이 서비스 패밀리는 구현 참조모델 Ver. 2.5로부터 도출된다. 구현 참조모델 Ver. 2.5는 8개 계층으로 구성되며, 이를 기능적인 측면으로 다시 분류하면 네트워크 기초, 운영체제, SOSCOE, 도메인 애플리케이션의 4계층으로 구분할 수 있다. 그리고 4계층 중 SOSCOE 계층은 그림의 가장 우측에 나타나 있는 것처럼 총 16개의 공통서비스로 구성되어 있다. 이와 같은 구현 참조모델 버전 2.5에서 제시하는 SOSCOE의 공통서비스의 관계가 그림 4-8에 제시되어 있다.

구현 참조모델에서 제시하는 SOSCOE의 16개의 공통서비스는 크게 다음과 같이 4종류의 서비스 패밀리로 구분된다.

- 전투지휘 통합 서비스 패밀리
  - 분석(Analysis) 서비스
  - 지식(Knowledge) 서비스

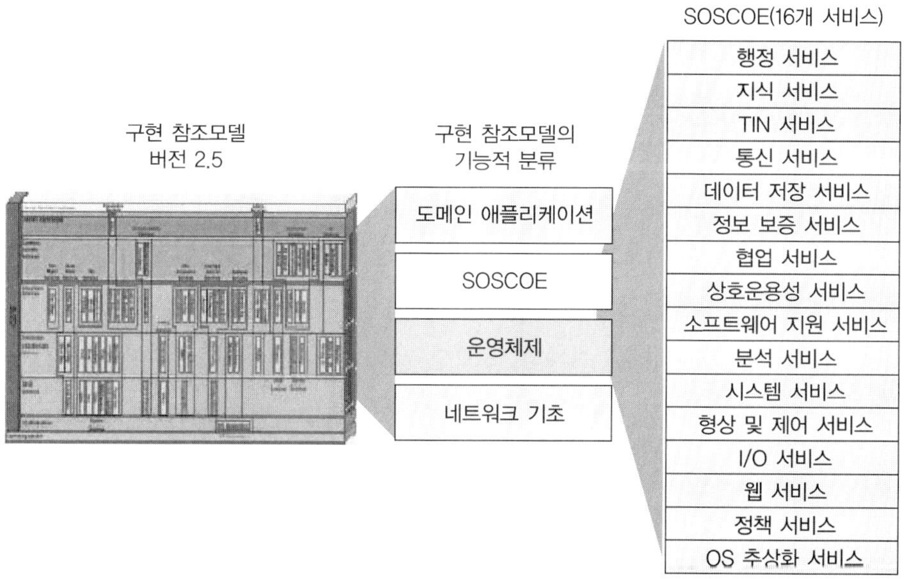

그림 4-8 구현 참조모델과 SOSCOE 공통서비스

  - TIN(Task Integration Network) 서비스
  - 정책(Policy) 서비스
- 엔터프라이즈/GIG 통합 서비스 패밀리
  - 웹(Web) 서비스
  - 상호운용성(Interoperability) 서비스
  - 전술적 정보보증(Information Assurance) 서비스
  - 전사적 협업(Collaboration) 서비스
- 플랫폼 통합 서비스 패밀리
  - 입출력(I/O) 서비스
  - 행정(Adminstrative) 서비스
  - 소프트웨어 지원(Software Support) 서비스
  - 형상/통제(Configuration & Control) 서비스
  - 시스템(System) 서비스
  - OS 추상화(OS Abstraction) 서비스
- 전술 통합 서비스 패밀리
  - 통신(Communication) 서비스
  - 데이터 저장(Data Store) 서비스

- 전술적 정보보증(Information Assurance) 서비스
- 전술적 협업(Collaboration) 서비스

4.2.2.2 SOSCOE 요구사항

SOSCOE의 효율적인 구축을 위해서는 다음과 같이 네 가지의 통합능력이 요구된다.

- 사용자에게 투명해야 한다.
- FCS 플랫폼 및 FCS 복합시스템(SOS) 통합을 위한 공통 소프트웨어 컴포넌트를 제공해야 한다.
- 전술적 엔클라베(Enclave: 자국 영토로 둘러싸인 타국의 영토) 내에서 네트워크 중심 통합이 가능해야 한다.
- 사용자는 복잡성을 인식하지 못한 상태로 "플러그-앤-플레이"를 할 수 있어야 한다.

SOSCOE 특성에 대한 요구사항은 다음과 같이 네 가지 사항으로 요약될 수 있다.

- 네트워크에 한정되어 통합된 특정 대역폭으로부터 전투지휘 소프트웨어를 분리할 수 있어야 한다.
- 현재와 미래, 그리고 JIM 전력에 대한 상호운용성을 위해 데이터 및 메시지 전송이 가능해야 한다.
- 전투지휘와 NCES/GIG 상호운용성을 위한 협력 툴이 제공되어야 한다.
- 미 국방부의 PKI를 포함하여 정보보호가 제공되어야 한다. 즉 SOSCOE의 다중 에디션(표준, 실시간, 마이크로 버전)은 성능, 확장성, 이식성, 조립성 및 상호운용성에 대한 요구사항을 만족해야 한다.

4.2.2.3 SOSCOE와 NCES 서비스 비교

SOSCOE와 NCES는 NCW 이후 국방에서 차지하는 위치적 관점, 국방부 및 각 군의 운영환경 관점, 이러한 운영환경을 고려한 기술적 관점, 그리고 제공되는 핵심 서비스 관점에서 각각 비교할 수 있다.

4.2.2.3.1 위치적 관점에서의 비교

NCES에 비교하여 SOSCOE가 국방에서 차지하는 위치적인 관점을 설명하면 그림 4-9와 같다.

그림에서 보면 SOSCOE와 NCES 모두 NCW 이후 기존 체계를 대체하기 위해 도입된 것으로

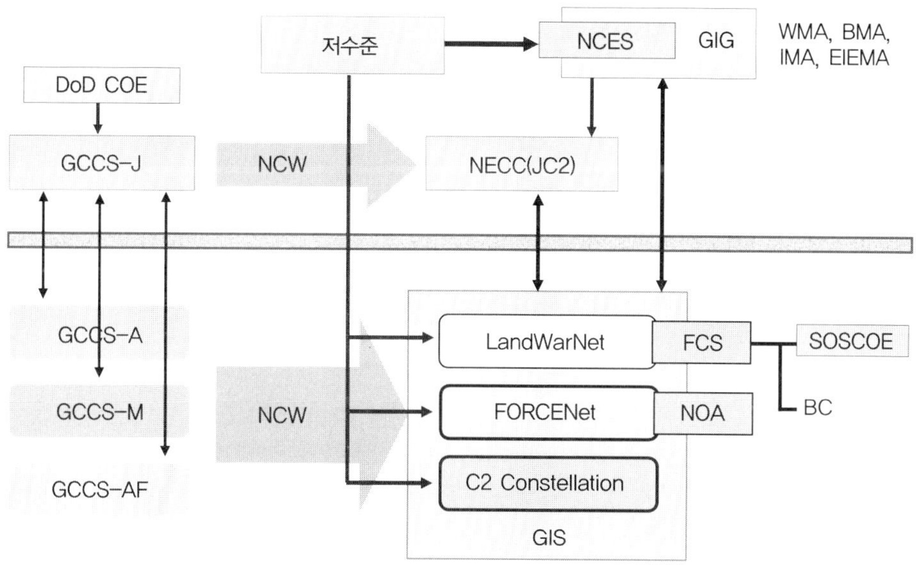

그림 4-9 SOSCOE와 NCES가 미 국방에서 차지하는 위치

그림 상단 우측의 NCES는 기존 미 국방부의 지휘통제체계인 GCCS를 대체하기 위해 GIG 기반 하에 NECC를 구축하는데 필수적인 참조환경인데 비해, 그림 하단 우측의 SOSCOE는 기존 미 육군의 지휘통제체계인 GCCS-A(Army)를 대체하기 위해 GIG 기반 하에 미래전투체계(FCS)를 구축하는데 필수적인 소프트웨어 컴포넌트, 즉 핵심 서비스라는 것이 차이점이라 할 수 있다.

4.2.2.3.2 운영환경 관점에서의 비교

국방부 및 각 군의 운영환경 관점, 즉 중점분야, C4ISR 기능, 보안, 실시간 및 안전-중점 무기, 이식성, 확장성/가용성, 그리고 성능/품질 측면에서 SOSCOE를 NCES와 비교해보면 다음과 같다.

- **중점분야** NCES가 엔터프라이즈 차원에 중점을 두고 있는 반면, SOSCOE는 육군 전술지휘통제에 중점을 두고 있는 것이 차이점이다.
- **C4ISR 기능** NCES와 SOSCOE 모두 C4ISR 기능을 보유하고 있는 것은 같은 점이다.
- **보안** NCES와 SOSCOE 모두 내부 자체구역 보안에 중점을 두는 것은 같은 점이다.
- **실시간 및 안전-중점 무기** NCES가 비실시간적인 특징을 가지고 있는 반면, SOSCOE는 실시간성 및 안전에 중점을 둔 무기체계에 사용되는 것이 차이점이다.
- **이식성** NCES가 이식성을 중요시하고 주로 JAVA 기반으로 설계되는 반면, SOSCOE는 이식성이 곤란하고 C++기반으로 설계되는 것이 차이점이다.
- **확장성/가용성** NCES가 많은 사용자에게 높은 가용성을 제공하기 위해 설계된 반면, SOSCOE

는 분산화 및 다수 차량에서 자율 운용되고 작전에 운용되는 차량이 추가될 경우에 확장이 가능하다는 것이 차이점이다.

- 성능/품질 NCES가 품질에 집중하는 반면, SOSCOE는 제한된 대역폭을 통하여 가장 연관된 데이터 전송에 집중하는 것이 차이점이다.

4.2.2.3.3 기술적 관점에서의 비교

국방부 및 각 군의 작전 운영환경을 고려한 기술적 관점에서 비교해보면, NCES는 높은 대역폭의 신뢰성 있는 네트워크이고, 네트워크 인프라 내에서 실행하는 엔터프라이즈 서비스 지원에 집중하며 서비스 제공자를 통해 획득된다. 또한 NCES는 서버-기반의 중앙 집중화된 컴퓨팅 패러다임을 추진하며, 공유된 공간에서 서로 간섭 없는 접속을 강조하고 있고, 구매 전 채택과 개발 전 구매를 하는 등의 획득전략을 필요로 한다.

이에 비해 SOSCOE는 낮은 대역폭의 애드혹 네트워크로서 대역폭이 제약된 애드혹 네트워크 환경 하에서 플랫폼 및 전투지휘 애플리케이션을 위해 재사용이 가능하고 소프트웨어 인프라 컴포넌트를 제공하는 특성을 가진다. 또한 SOSCOE는 실시간적이며, 보안이 중요한 애플리케이션을 지원하고, 통신 네트워크를 통한 품질 서비스를 강조하고 있으며, WIN-T의 상호접속위치(POP)에서 GIG와 매끄러운 통신을 유지, 관리하기 위해 프록시(Proxy) 개념을 사용한다.

4.2.2.3.4 핵심 서비스 관점에서의 비교

NCES와 SOSCOE의 핵심 서비스 관점에서 비교해보면, NCES의 11개 핵심 서비스는 SOSCOE 16개 공통서비스와 상호 관련이 있고 각각의 서비스군 간 1 대 1 또는 1 대 다로 매핑이 가능한데, 다만 몇 개 서비스는 상호 관련이 없어 매핑되지 않는 경우도 있다.

매핑되는 서비스군의 예를 들면, SOSCOE의 행정 서비스는 NCES의 엔터프라이즈 서비스 관리(ESM)와 1 대 1로 매핑되고, SOSCOE의 지식 서비스는 NCES의 중재 및 사용자 지원 등 2가지 서비스와 매핑된다. 또한 NCES의 엔터프라이즈 서비스 관리(ESM)는 SOSCOE의 행정서비스, 소프트웨어 지원서비스, 시스템 서비스, 형상 및 제어 서비스, 정책 서비스 등 5가지 서비스와 매핑된다.

매핑되지 않은 서비스군의 예로서, NCES는 SOSCOE와 모두 매핑이 가능하나 SOSCOE 중 입출력(I/O) 서비스와 OS 추상화 서비스는 NCES와 전혀 매핑이 되지 않는다. 이러한 SOSCOE와 NCES 간 핵심서비스 매핑관계는 그림 4-10과 같다.

FCS SOSCOE와 NCES가 구축됨으로써 이들 간 상호운용성의 전이가 현재 추진되고 있다. 현재 미 육군에서 추진하고 있는 FCS는 실제 전투를 지원하는 많은 시스템들과 다 대 1의 개념으

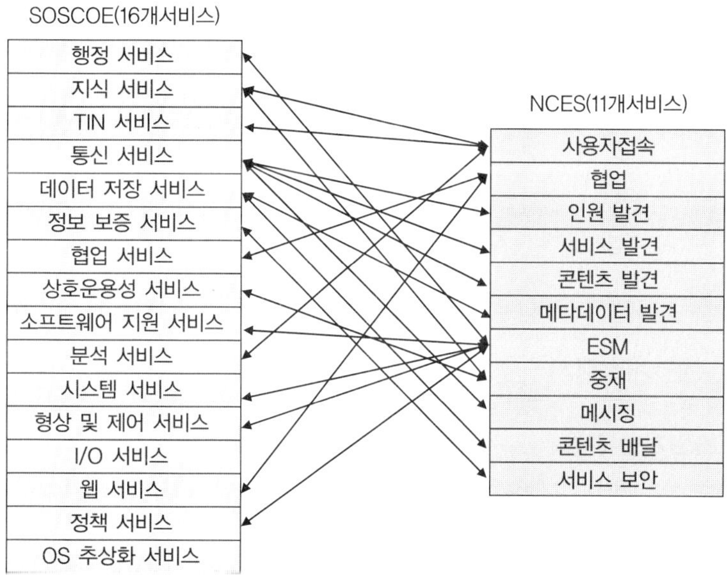

그림 4-10 SOSCOE와 NCES 간 핵심서비스 매핑관계

로 상호운용성 인터페이스를 이용하여 연결되어 있기 때문에 미 국방부와 타 군이 보유하고 있는 시스템들과 중복되어 운용됨으로써 비용 및 복잡성이 점점 더 증가하고 있는 상태이다. 따라서 미 육군에서는 중복을 방지하고 상호운용성을 증가시키기 위해 증분(Increment) 개념을 이용하여 상호운용성 전이를 추진하고 있다. 물론 NCES가 개발됨으로써 상호운용성 전이가 가능해

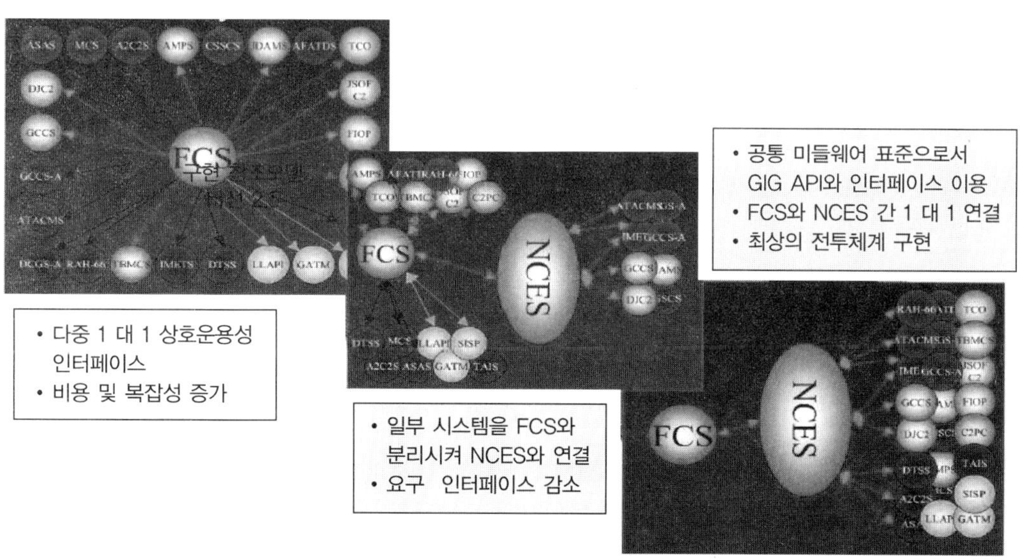

그림 4-11 FCS와 NCES 간 상호운용성 전이 개념

졌다고 할 수 있다.

먼저 FCS 증분 1에서는 FCS를 지원하는 일부 시스템들을 FCS와 분리시켜, 즉 GIG와 레거시 인터페이스를 조합시켜 NCES로 보냄으로써 미 육군에서 요구되는 인터페이스를 줄일 수 있으며, 미래에는 공통의 미들웨어 표준으로서 GIG API와 인터페이스를 이용하여 FCS와 NCES를 1대 1의 개념으로 연결시켜 최상의 전투체계로서 구현할 수 있을 것이다. FCS와 NCES 간의 상호운용성 전이 개념이 그림 4-11에 제시되어 있다.

4.2.3 SOSCOE 개발절차

4.2.3.1 SOSCOE 개발과정

2006년부터 2017년까지의 FCS 구축을 위한 마일스톤, 전투유닛과 관련된 프로토타입, SOSCOE의 핵심 소프트웨어와 관련된 소프트웨어 빌더, 그리고 테스팅 이벤트가 그림 4-12에 제시되어 있다. 이 그림을 통해 FCS의 개발 및 구축과정을 보면, FCS는 주기적으로 Spin Out을 통해 나온 산출물을 하나의 조각으로 획득한 후 이러한 조각들을 모아서 FCS를 구축하고 있다. 이때 전체 FCS를 한 번에 구축하는 것이 아니라 마일스톤에 따라 필요한 핵심 소프트웨어와 프로토타입을 빌더 개념으로 구축하고 관련 테스팅을 통해 보완 및 업데이트를 통해 단계별로 FCS를 구축

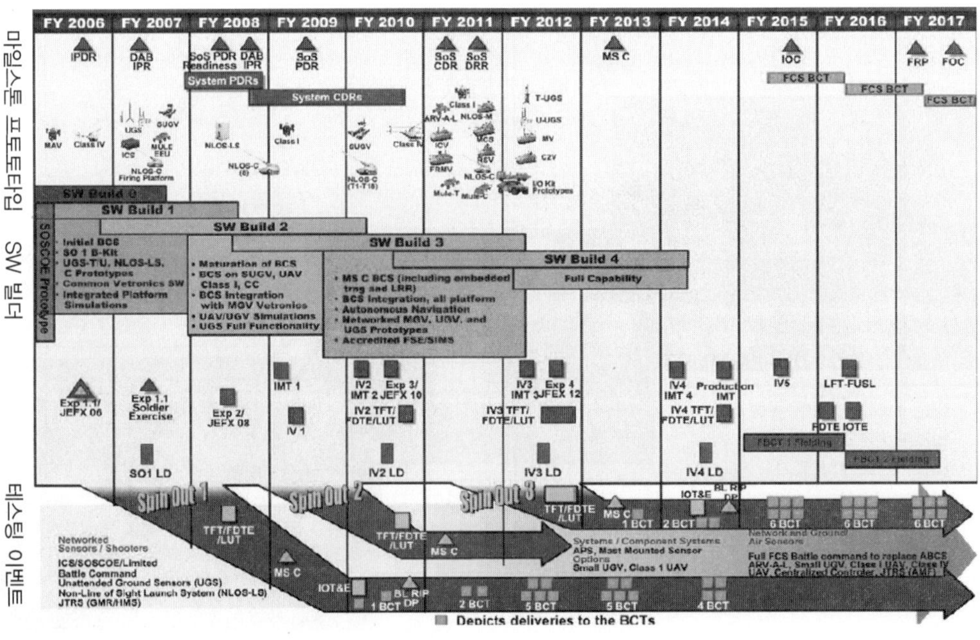

그림 4-12 FCS 개발 및 구축과정(2006~2017년)

하고 있는 것으로 보인다.

그림 4-12를 좀 더 상세히 살펴보면, 소프트웨어 빌더 0부터 빌더 2까지는 2010년에 완료된 상태이고, 현재는 빌더 3과 4가 진행 중에 있으며, Spin Out 1과 2는 각각 2005년, 2008년 시작되어 계속 추진 중에 있고, Spin Out 3은 2011년 중반부터 시작될 것으로 예상된다. 그리고 2015년에 실제로 FCS를 적용한 BCT 1개 여단이 창설될 예정이고, 2016년에는 두 번째 여단이 2017년에는 세 번째 BCT 여단이 각각 창설될 예정이라는 것을 알 수 있다.

FCS SOSCOE가 어떻게 개발되는지 개발방법론 측면에서 살펴보면, FCS 전 기간을 통해 진화적 개발방법론을 이용하여 개발되고 있다. 그 이유는 미래 정보전 환경에서 네트워크 중심전의 핵심작전을 수행하는데 필요한 FCS의 전체 요구사항들을 초기에 확보하기가 매우 힘들기 때문에 먼저 도출된 요구사항들을 이용하여 시스템을 구축 및 배포하고, 이를 통해 얻어진 추가 요구사항들을 처음 요구사항에 반영하여 개선된 시스템을 구축하는 것이 더 효율적이기 때문이다. 그리고 이러한 진화적 개발방법론은 나선형 프로세스 기반의 빌더 개념을 같이 이용하여 개발되고 있다.

그림 4-13에 FCS의 나선형 프로세스 기반의 진화적 개발방법론에 대한 모델이 제시되어 있다. 이 그림에서 R은 요구사항, D는 디자인, C/T는 코딩/테스팅, I/AS는 설치/인수 지원을 각각 의미하며 하나의 빌더는 요구사항, 디자인, 코딩/테스팅, 설치/인수 지원이라는 주기를 갖고 각각

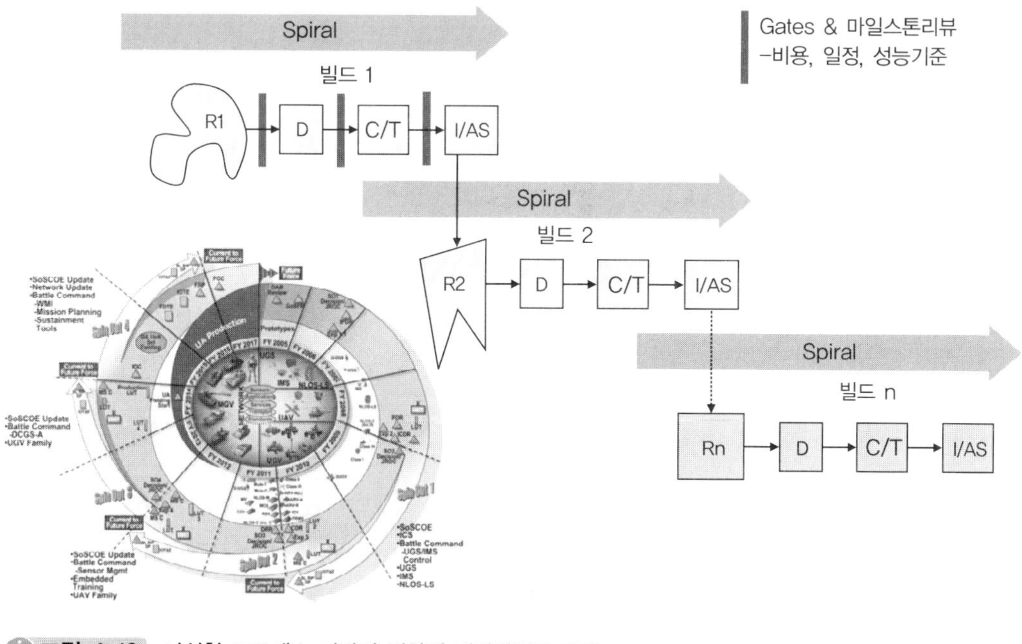

그림 4-13 나선형 프로세스 기반의 진화적 개발방법론 모델

반복되고 있다는 것을 알 수 있다.

그림 4-13과 같이 나선(Spiral)형 프로세스 기반으로 FCS SOSCOE를 개발 시 사용자를 위해 산출되는 문서는 크게 5가지이다.

- 시스템/서브시스템 명세서(SSS: System/Subsystem Specification) 모든 SOSCOE 빌더를 다루며, SOSCOE 시스템 요구사항을 명세화하고, C4ISR과 간접적인 복합시스템 그리고 기타 세그멘트를 포함한다.
- 소프트웨어 요구사항 명세서(SRS: Software Requirements Specification) 빌더를 구체화하고, SOSCOE 소프트웨어 요구사항을 명세화하며, API와 충돌하는 요구사항과 추론한 소프트웨어 요구사항을 포함한다.
- 소프트웨어 아키텍처 기술서(SADD: Software Architecture Description Document) 소프트웨어 아키텍처 묘사 문서로서 빌더를 구체화하고, SOSCOE 소프트웨어 아키텍처를 묘사하고, 높은 레벨은 케이스와 다이어그램을 사용한다.
- 소프트웨어 설계서(SDD: Software Design Description) 소프트웨어 설계 설명서로서 빌더를 구체화하고, 소프트웨어 설계 모델을 포함하며, UML 모델, 상위 모델 및 세부적인 디자인을 포함한다.
- 프로그래밍 참조 메뉴얼(PRM: Programming Reference Manual) 프로그래머에 대한 참고 안내서로서 빌더를 구체화하고, API를 묘사하며 개발과정을 정렬시킨다.

FCS SOSCOE의 개발방법을 요약해보면, 일정 기간의 빌더 주기를 가진 나선형 프로세스 기반의 진화적 모델을 이용하고 있고 총 6단계의 개발 프로세스를 갖고 있다. 즉 시스템 요구사항을 정의하고 관리계획을 수립하는 1단계, 소프트웨어 요구사항을 관리하고 소프트웨어에 대한 테스트 계획을 수립하는 2단계, 아키텍처를 구축하는 3단계, 아키텍처를 기반으로 소프트웨어를 설계하는 4단계, 구현의 5단계, 그리고 통합 및 테스트를 수행하는 6단계이다. 이와 같은 FCS SOSCOE의 6단계 빌더과정이 그림 4-14에 도시되어 있다.

그림 4-14에서 각 단계별 문서산출 과정을 살펴보면 시스템 요구사항 정의 및 관리계획 수립 단계에서는 시스템/서브시스템 명세서(SSS), 빌더 계획, 소프트웨어 개발계획서(SDP)가 만들어지고, 2단계인 소프트웨어 요구사항 관리 및 테스트 계획 수립 단계에서는 소프트웨어 요구사항 명세서(SRS), 인터페이스 요구사항 명세서(IRS), 소프트웨어 테스팅 계획서(STP)(초기)가 만들어진다. 3단계인 아키텍처에서는 소프트웨어 아키텍처 기술서(SADD), 아키텍처 개념 연구 산출물이 만들어지고, 4단계인 다자인 단계에서는 소프트웨어 설계서(SDD), 인터페이스 설계서(IDD), DB 설계서(DBDD)가 만들어진다. 그리고 5단계인 구현 단계에서는 프로그램 참조 메

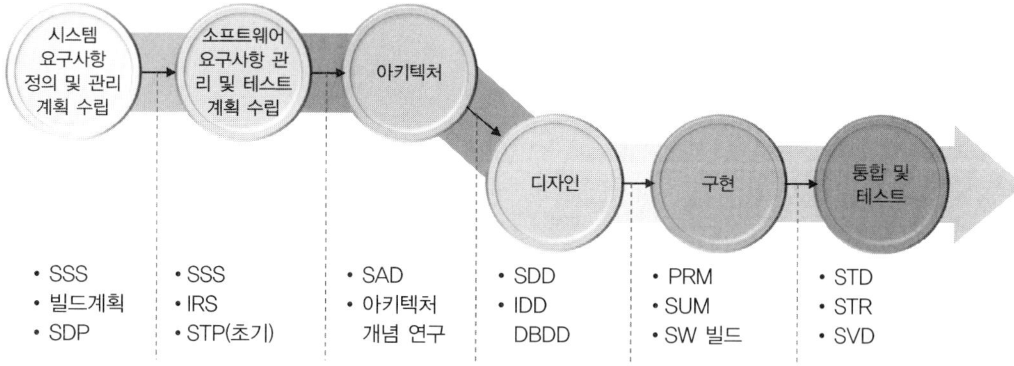

그림 4-14 FCS SOSCOE의 6단계 개발 프로세스

뉴얼(PRM), 소프트웨어 사용자 매뉴얼(SUM), 개발자 가이드(DUG), SW 빌더(완료) 산출물이 만들어지며 마지막으로 6단계인 통합과 테스트 단계에서는 소프트웨어 테스트 기술서(STD), 소프트웨어 테스트 보고서(STR), 소프트웨어 버전 기술서(SVD) 산출물이 만들어진다.

4.2.3.2 SOSCOE 아키텍처 참조모델

SOSCOE의 아키텍처 참조모델(RM)에 대한 변화과정을 살펴보면 먼저 전략 아키텍처 참조모델(SARM)로부터 서비스 기반 참조모델(SBRM)이 도출되고, 이로부터 구현 아키텍처 참조모델(IARM)이 도출되는 변화과정을 보이고 있다. 이러한 변화가 지속되고 있다고 생각되나 현재까지는 SOSCOE를 도출하기 위한 최종 참조모델은 IARM이라고 할 수 있다. SOSCOE 아키텍처 참조모델의 변화과정 중 특이한 사항은 SARM에서는 COTS에 대한 내용이 없다가 SBRM부터 COTS 개념이 적용되어 IARM까지 이어지고 있다는 점이다

전략 아키텍처 참조모델(SARM)은 그림 4-15와 같으며 HMI, 애플리케이션, 정보 그리고 통신의 4계층으로 구성되어 있다. SARM 상에서 SOSCOE 영역은 정보 계층에 소프트웨어 컴포넌트 형태로 되어 있다.

- 인간-머신 인터페이스(HMI)
- 애플리케이션
- 정보
  - 레거시(Legacy) 서비스
  - 운용(Operations) 서비스
  - 프레임워크(Framework) 서비스

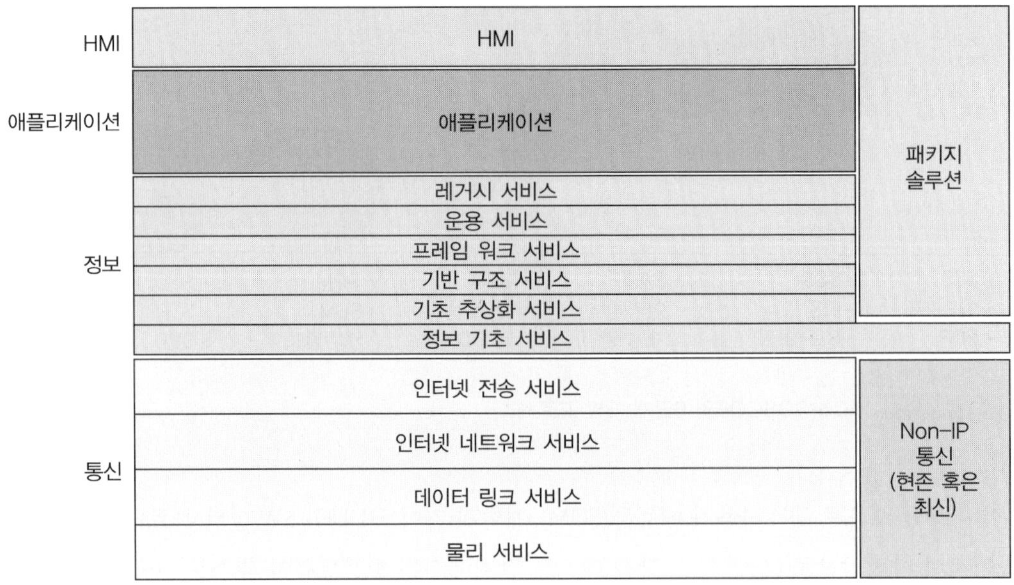

그림 4-15 전략 아키텍처 참조모델(SARM)

- 기반구조(Infrastructure) 서비스
- 기본 추상화(Abstraction of Basic) 서비스
- 정보 기초 서비스(Basic Services for Information)

• 통신
- 인터넷 전송(Internet Transport) 서비스
- 인터넷 네트워크(Internet Network) 서비스
- 데이터 링크(Data Link) 서비스
- 물리(Physical) 서비스

서비스 기반 참조모델(SBRM)을 이용한 서비스 기반 접근법은 기존의 전통적인 접근법이 새로운 요구사항에 대한 반응과 변화가 어렵고 새로운 기술에 대한 업그레이드가 어렵다는 제한점을 개선하기 위해 만들어졌다. 따라서 서비스 기반 접근법은 전통적인 접근법에 비해 상대적으로 쉬운 반응과 변화에 대처할 수 있고 기술적인 업그레이드도 쉽다는 장점을 가지고 있다. 또한 전통적인 접근법은 각 인터페이스가 강한 결합상태를 보이고 조직의 시스템들은 연통형 시스템들의 집합으로 되어 있으나, 서비스 기반 접근은 인터페이스 간 약한 결합으로 되어 있어 다른 시스템들과 통합이 가능하고 이로 인해 광범위하게 적용되고 사용될 수 있으며 강한 상호작용과 상승작용을 기대할 수 있다는 장점을 가지고 있다.

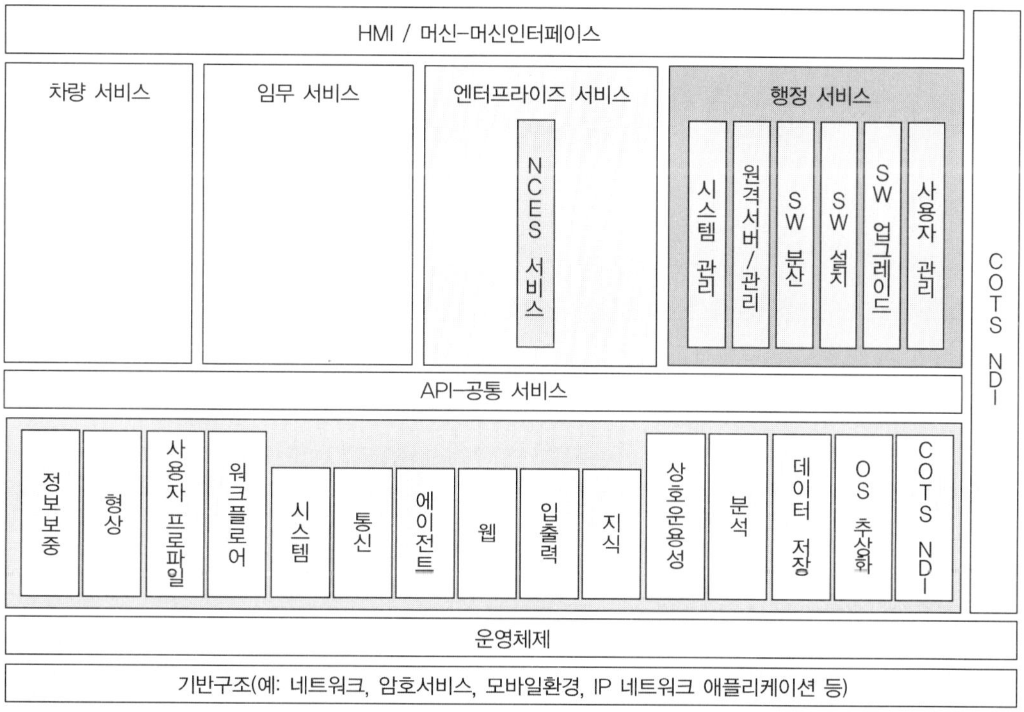

그림 4-16 서비스 기반 참조모델(SBRM)

서비스 기반 참조모델(SBRM)은 FCS의 SOSCOE, 지휘통제 애플리케이션, 네트워크 관리의 세 분야에 걸쳐 적용되었으며, 이중 SOSCOE에서는 서비스 실행, 애플리케이션 프로그램 인터페이스 부분, 정보관리 서비스, COTS NDI에 적용되었다. 그림 4-16에 SBRM의 구성도가 나타나 있다.

서비스 기반 참조모델(SBRM)은 크게 통합 서비스와 웹 서비스라는 두 가지 접근법이 있다. 통합 서비스 기반 접근법은 전체적인 레거시 시스템을 가지고 올 필요없이 레거시 코드의 재사용이 가능하고, 높은 실행능력을 갖추고 있으며, 새로운 요구사항들에 대한 반응 및 변화에 대한 적응과 기술 업그레이드가 가능하며, 특히 이를 유지 관리하는 데 적은 비용이 소요되나 사전에 많은 노력이 요구되는 특징을 갖고 있다. 이에 반해 웹 서비스 기반 접근법은 레거시 시스템의 부분적인 통합이 가능하며, 사전에 적은 노력으로도 쉽게 접근이 가능하다는 특징을 갖고 있다. 그러나 전통적인 아키텍처에 남아 있는 코드들이 많이 있어서 새로운 기술의 업그레이드와 요구사항에 대한 반응 및 변화에 대한 적응능력이 제한적이어서 실행능력 또한 제한적이며 유지관리 비용이 많이 드는 제한점을 갖고 있다. 그림 4-17은 통합서비스와 웹 서비스 기반 접근법에 대한 비교가 나타나 있다.

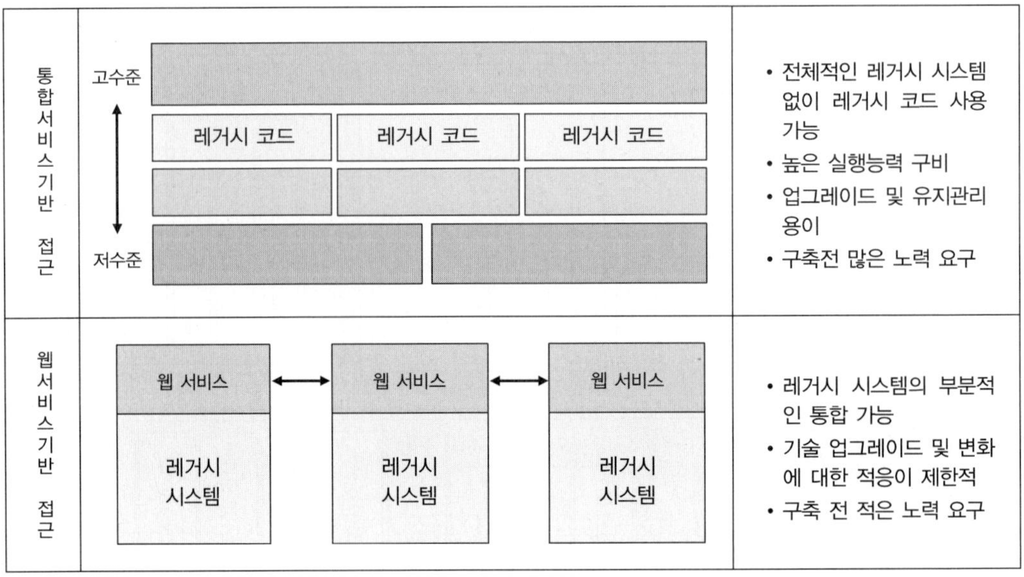

그림 4-17 통합서비스와 웹 서비스 기반 접근법 비교

SOSCOE 아키텍처 계층은 그림 4-18과 같이 COTS를 기반으로 하며 다음과 같은 7개의 계층으로 구성되어 있다.

- 1계층: OS 추상화 계층 운영체제나 플랫폼의 변화가 발생 시 기반이 되는 OS로부터 애플리케이션을 독립시키는 기능을 수행한다.
- 2계층: 기본 서비스 계층 프로세스에서 작동하는 기본적인 기능을 제공한다.
- 3계층: 분산 기반구조 계층 프로세스 간 안전한 서비스 기능을 제공한다.
- 4계층: 통합 서비스 계층 사용자나 애플리케이션이 필요로 하는 상황인식에 관한 서비스를 제공한다.
- 5계층: 공통 도메인 서비스 계층 도메인 애플리케이션 계층에서 많이 사용하는 전반적인 기능을 제공한다.
- 6계층: 도메인 애플리케이션 계층 도메인에 특정한 컴포넌트에 해당하는 전투지휘, 영상관리체계(VMS: Visual Management System) 등을 포함한다.
- 7계층: HMI(Human Machine Interface) 계층 기계와 사용자 간의 접근을 좀 더 쉽게 도와주는 기능을 제공한다.

구현 아키텍처 참조모델(IARM)의 각 서비스 계층은 그 계층에 해당되는 핵심정보를 포함하고 있으며, 이러한 핵심정보들의 결합은 SOSCOE 서비스 중 하나의 공통서비스를 구현하고 있

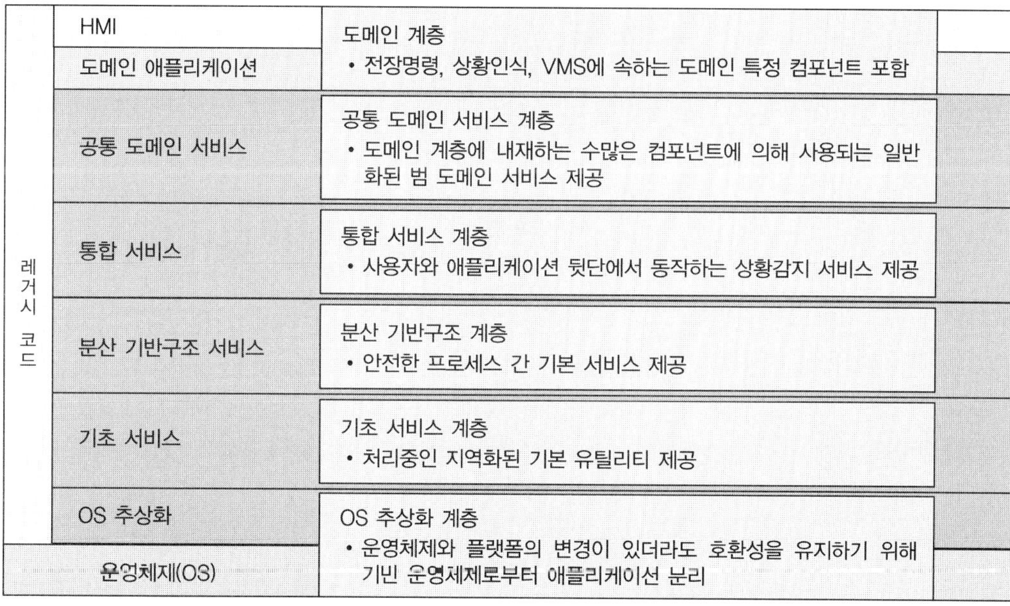

그림 4-18 SOSCOE 아키텍처 7계층

다. 즉 SOSCOE는 핵심정보들의 결합이라 볼 수 있으며 하나의 SOSCOE 공통서비스는 여러 서비스 계층에 걸쳐 있는 핵심정보들의 결합이 된다. 그림 4-19에 나타나 있는 IARM 구성도에는 SOSCOE의 16개 공통서비스와 각 공통서비스에 포함된 핵심정보가 나타나 있는데, 구성도의 좌측부터 우측으로 설명하면 다음과 같다.

- 소프트웨어 지원 서비스
  - 통합 서비스 계층: 소프트웨어 지원
- 데이터 저장 서비스(DSS)
  - 통합 서비스 계층: DSS 행정
  - 분산 기반구조 서비스 계층: 저장 관리자, 동기화 관리자
  - 기초 서비스 계층: 로컬 저장
- 타스크 통합 네트워크(TIN) 서비스
  - 도메인 애플리케이션 계층: 작업기술서(TDD) 편집기
  - 통합 서비스 계층: TIN 관리자, TIN 엔진, TINSOC
- 시스템 서비스
  - 분산 기반구조 서비스 계층: 결점, 이벤트, 심장박동(Heartbeat), 로깅, 분산 시간
  - 기초 서비스 계층: 오류, 시간, 유틸리티, XML 파서, 로컬 로깅, 기타 특징

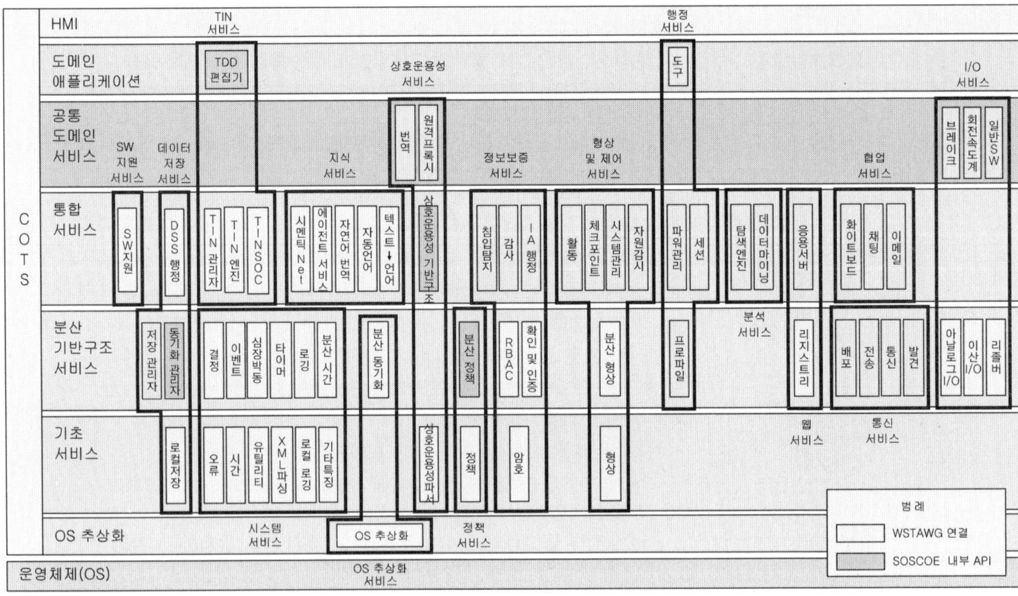

그림 4-19 구현 아키텍처 참조모델(IARM)

- 지식 서비스
  - 통합 서비스 계층: 시멘틱 넷, 에이전트 서비스, 자연어 번역, 자동 언어, 텍스트 → 언어
- 운영체제(OS) 추상화 서비스
  - 통합 서비스 계층: 분산 동기화
  - OS 추상화 계층: OS 추상화
- 상호운용성 서비스
  - 공통 도메인 서비스 계층: 번역기, 원격 프록시
  - 통합 서비스 계층: 상호운용성 기반구조
  - 기초 서비스 계층: 상호운용성 파서
- 정책 서비스
  - 분산 기반구조 서비스 계층: 분산 정책
  - 기초 서비스 계층: 정책
- 정보보증(IA) 서비스
  - 통합 서비스 계층: 침입탐지, 감사, IA 행정
  - 분산 기반구조 서비스 계층: RBAC, 확인 및 인증
  - 기본 서비스 계층: 암호

- 형상 및 제어 서비스
  - 통합 서비스 계층: 활동, 체크포인트, 시스템 관리, 자원 감시
  - 분산 기반구조 서비스 계층: 분산 형상
  - 기초 서비스 계층: 형상
- 행정 서비스
  - 도메인 애플리케이션 서비스 계층: 도구
  - 통합 서비스 계층: 파워 관리, 세션
  - 분산 기반구조 서비스 계층: 프로파일
- 분석 서비스
  - 통합 서비스 계층: 데이터 마이닝, 탐색 엔진
- 웹 서비스
  - 통합 서비스 계층: 응용 서비스
  - 분산 기반구조 서비스 계층: 레지스트리
- 협업 서비스
  - 통합 서비스 계층: 화이트보드, 채팅, 이메일
- 통신 서비스
  - 분산 기반구조 서비스 계층: 배포, 전송, 통신, 발견
- 입출력(IO) 서비스
  - 공통 도메인 서비스 계층: 브레이크, 회전속도계, 일반 SW
  - 분산 기반구조 서비스 계층: 아날로그 IO, 이산 IO, 리졸버

4.2.3.3 SOSCOE 설계

SOSCOE의 16개 공통서비스는 구현 아키텍처 참조모델(IARM) 상에서 하나 이상의 계층과 핵심정보들을 서로 매핑하여 만든다. 예를 들어 그림 4-20과 같이 SOSCOE의 16개 공통서비스 중의 하나인 통신 서비스는 기초 서비스 계층의 핵심정보인 '기초 시스템 서비스 CSC' 와 분산 기반구조 서비스 계층의 핵심정보인 '분산 시스템 서비스 CSC' 와 매핑을 이루고 있다. 즉 IARM의 서비스 계층과 서비스 계층의 핵심정보를 기반으로 SOSCOE 공통서비스에 대한 설계가 수행된다.

SOSCOE 공통서비스의 빌더 0 설계 단계에서는 소프트웨어 프로세스 토대와 SOSCOE 아키텍처 그룹을 만든다. 즉 공통서비스를 위한 API 모델을 설계하고 착수 설계를 수립하며 정부 및

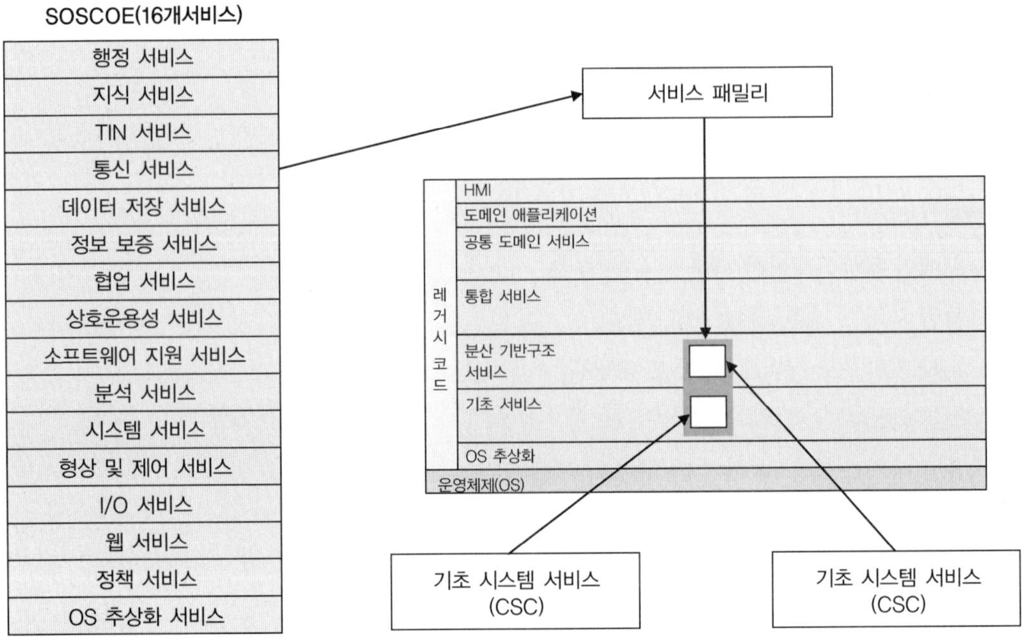

그림 4-20 SOSCOE 공통서비스 설계를 위한 IARM의 서비스 계층과 핵심정보 간의 매핑 관계

관련 산업파트너로 구성된 팀을 만든다. 이렇게 함으로써 소프트웨어 설계서(SDD)로 나아갈 빌더 0 구현의 일부분을 제한할 수 있고 구체적으로는 설계 모델 및 결합체를 결정하여 구현상에서 모호한 부분을 제한할 수 있다. 결론적으로 빌더 0 SOSCOE는 소프트웨어 설계서(SDD)를 위한 출발 포인트를 성공적으로 수행하였음을 알 수 있다.

빌더 0 설계에서는 SOSCOE 구축에 따르는 위험을 완화하기 위한 노력으로서 각 공통서비스와 각 공통서비스에서 요구되는 주요 국면과의 관계를 매트릭스 형태로 표 4-3과 같이 제시한다. 여기서 국면이란 SOSCOE가 실제로 운용될 때 접하고 관계를 맺게 되는 것을 말하며, 국면의 예로는 분산 데이터 저장 제공, 애드혹 네트워크 환경에서의 작전, 외부 합동군/동맹군과의 상호운용성, 안전 작전을 위한 환경 제공, 서비스 기반 아키텍처에서의 C2 역할 지원, COTS 및 Linux OS 활용, MGV 소프트웨어 빌더 스케쥴, SOSCOE와 애플리케이션의 동시 개발 등이 있다. 이러한 매트릭스를 통해 각 국면마다 공통서비스에서 지원하거나 제공하는 서비스를 체크하여 주요 국면과 16개의 공통서비스와의 상관관계를 전체적으로 볼 수 있기 때문에 위험을 줄일 수 있다. 예를 들면 빌더 0에서는 행정 서비스, 분석 서비스, 웹 서비스 및 정책 서비스는 수행되지 않는다는 것을 매트릭스를 통해 알 수 있다.

SOSCOE의 세부 설계를 위해서는 아키텍처 계층상에서 각 서비스별로 어떠한 관계를 갖고

표 4-3 SOSCOE 16개 공통서비스와 주요 국면과의 관계

구분	분산 데이터 저장 제공	애트혹 네트워크 환경에서의 작전	외부 합동군, 동맹군 과의 상호 운용성	안전 작전을 위한 환경 제공	C2 역할 지원	COTS 및 Linux OS 활용	MGV SW 빌드 스케쥴	SOSCOE 와 응용 분야 동시 개발
행정 서비스								
지식 서비스					✓			✓
TIN 서비스		✓			✓			
통신 서비스		✓						✓
데이터 저장 서비스	✓							✓
정보보증 서비스				✓				✓
협업 서비스	✓		✓	✓				
상호운용성 서비스			✓					✓
소프트웨어 지원 서비스							✓	✓
분석 서비스								
시스템 서비스						✓	✓	✓
형상 및 제어 서비스							✓	✓
I/O 서비스						✓	✓	✓
웹 서비스								
정책 서비스								
OS 추상화 서비스						✓		✓

있으며 어떠한 요소들로 구성되어져 있는지 그리고 어느 계층에 걸쳐 서비스를 제공하는지 알아야 할 필요성이 있다. SOSCOE 구현 계층 상에서 각 서비스별 세부 서비스와 기능 그리고 이를 위한 세부적이고 다양한 소프트웨어 요소들을 명시하였으며 또한 이 서비스의 서비스가 속해 있는 구현 계층을 각각 명시하고 있다.

빌더 0부터 빌더 4까지 단계별 서비스 개발현황 측면에서 살펴보면 SOSCOE는 빌더 방식을 적용하여 철저한 개발계획에 의거 서비스를 개발하고 끊임없이 진화과정을 거치며 발전해왔다. 또한 공통서비스별로 세부계획이 수립되어 빌더 단계별로 개발하고 있었으며 서비스별로 다르지만 어떤 서비스는 빌더 0 단계에서부터 시작하는 서비스가 있지만 어떤 서비스는 빌더 1

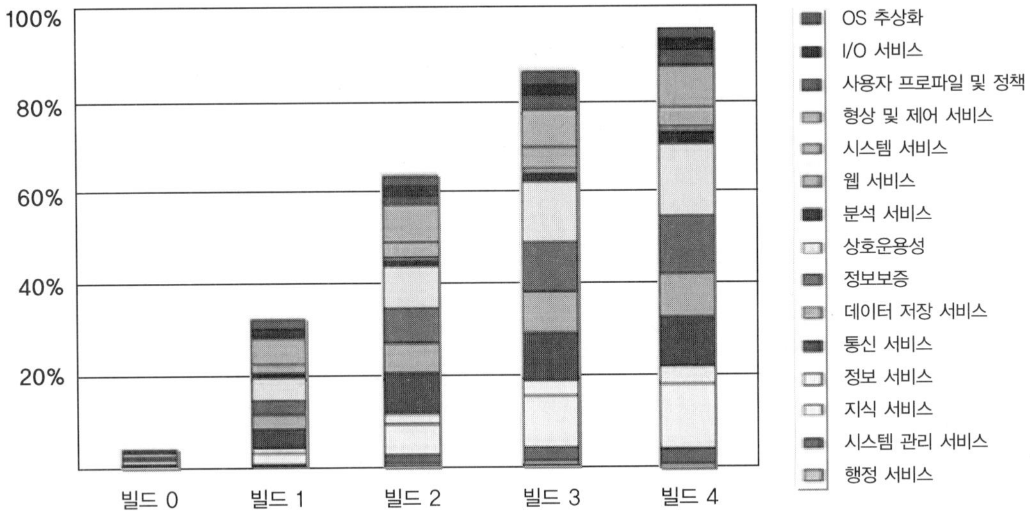

그림 4-21 참조모델 버전 1.5의 공통서비스별 빌더 진행에 따른 진도율

또는 그 이후 빌더 단계에서 시작하는 것도 있다. 또한 어떤 서비스는 하나의 빌더에서 모든 기능을 완료하는 것이 아니라 빌더 0에서 일부 기능을 완료하고 이어서 빌더 1에서 일부 다른 기능을 완료하고 심지어는 빌더 4까지 가서야 완료될 수 있는 공통서비스도 있다. 그림 4-21은 참조모델 버전 1.5의 공통서비스별로 구분하여 빌더 진행에 따른 진도율을 누적그래프로 표현한 것이다. 이 그림에서 보면 빌더 0이 완료되면 공통서비스 전체 국면의 5% 정도가 완료되었다고 볼 수 있으며, 빌더 1이 종료되면 30% 정도, 빌더 2가 종료되면 65% 정도, 빌더 3이 완료되면 90% 정도, 그리고 빌더 4가 완료되어야 100%가 완료된다고 볼 수 있다.

4.3 서비스(SOSCOE) 종류

4.3.1 SOSCOE 진화과정 및 특징

SOSCOE의 16개 공통서비스는 구현 아키텍처 참조모델(IARM) 버전 1.0이 제시된 이래 크게 4번의 진화과정을 거쳐 현재의 버전 3.0이 완성되었다. 이러한 공통서비스 참조모델인 IARM 버전 1.0은 전략 아키텍처 참조모델(SARM)을 기반으로 2003년에 워크플로우 서비스, 시스템 서비스 등 총 14가지의 공통서비스가 정의되어 있는 서비스 기반 참조모델(SBRM)로부터 개발되었다. IARM 버전 1.0은 SBRM의 14개 서비스 중에서 워크플로우, 에이전트 및 분석 서비스를 제외하고 대신에 시스템 관리 서비스, 행정 서비스 및 정보 서비스가 신규로 추가되었다. 그 이후 형상

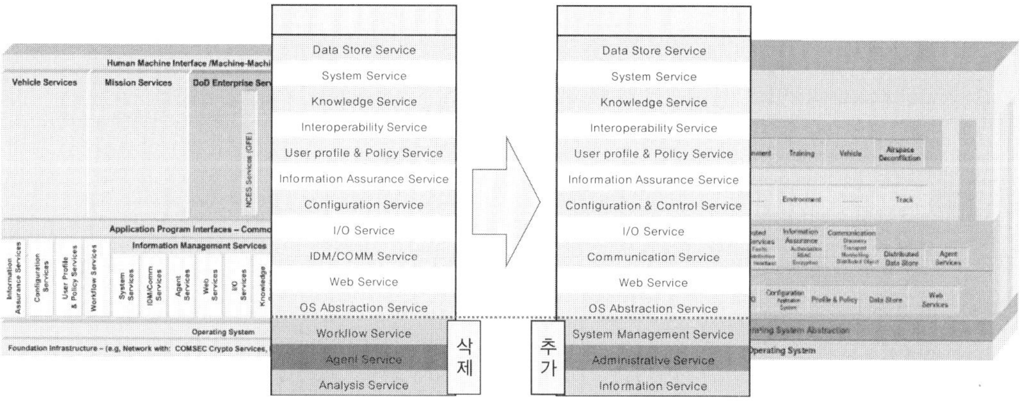

서비스 기반 참조모델(SBRM) 구현 아키텍처 참조모델(IARM) 버전 1.0

그림 4-22 서비스 기반 참조모델(SBRM)과 구현 아키텍처 참조모델(IARM) 버전 1.0 간의 서비스 변경사항

서비스는 형상관리 서비스로, IDM/통신 서비스는 통신 서비스로 각각 변경되었다. 이러한 SBRM과 IARM 버전 1.0 간의 서비스 변경사항을 그림 4-22에 제시하였다.

그 이후 IARM 버전 1.5에서는 분석 서비스가 새로 추가되어 총 15개의 서비스로 정의되었다. IARM 버전 2.0에서는 버전 1.5의 지식 서비스에서 제공하던 TIN 관리자 및 작업기술서(TDD) 편집기가 태스크 통합 네트워크(TIN) 서비스로 분리되어 총 16개의 서비스로 변경되었다. IARM 버전 2.5에서는 사용자 프로파일 및 정책 서비스가 정책 서비스로 통합 변경되었으며, 시스템 관리 서비스와 정보 서비스가 삭제되고 소프트웨어 지원 서비스 및 협업 서비스가 추가되어 16개 서비스로 변경되었다. 2005년 2월에 발표된 IARM 버전 3.0에서는 버전 2.5와 비교해서 서비스는 동일하나 서비스 구현을 위한 컴포넌트의 변경만 이루어졌다.

이와 같은 IARM 버전 1.0부터 버전 2.5까지 변화되면서 추가되고 삭제되고 변경된 서비스를 살펴보면 추가는 4개 서비스(분석, TIN, 소프트웨어 지원, 협업 서비스), 삭제는 2개 서비스(시스템 관리, 정보 서비스), 그리고 변경은 1개 서비스(사용자 프로파일 및 정책 서비스)이다. 이와 같은 IARM의 4가지 버전의 변화 과정을 그림 4-23에 제시하였다.

SOSCOE IARM 버전 2.5까지 추가되고 변경되고 삭제된 서비스별 변경사항을 살펴보면 다음과 같다. 먼저 추가 서비스 중에서 분석 서비스는 큰 규모의 데이터 혹은 텍스트 사이의 연관관계를 찾아내고 이를 서비스하기 위한 연산 능력을 제공하기 위해 추가되었으며, TIN 서비스는 서비스 기반 아키텍처의 보완 및 서비스들의 조직화를 위해 추가되었고, 소프트웨어 지원 서비스는 기존 컴포넌트의 재사용성을 증대하기 위해 추가되었으며, 협업 서비스는 채팅이나 이메일 기능을 제공하기 위해 추가되었다. 변경된 서비스에는 사용자 프로파일 및 정책 서비스가 있

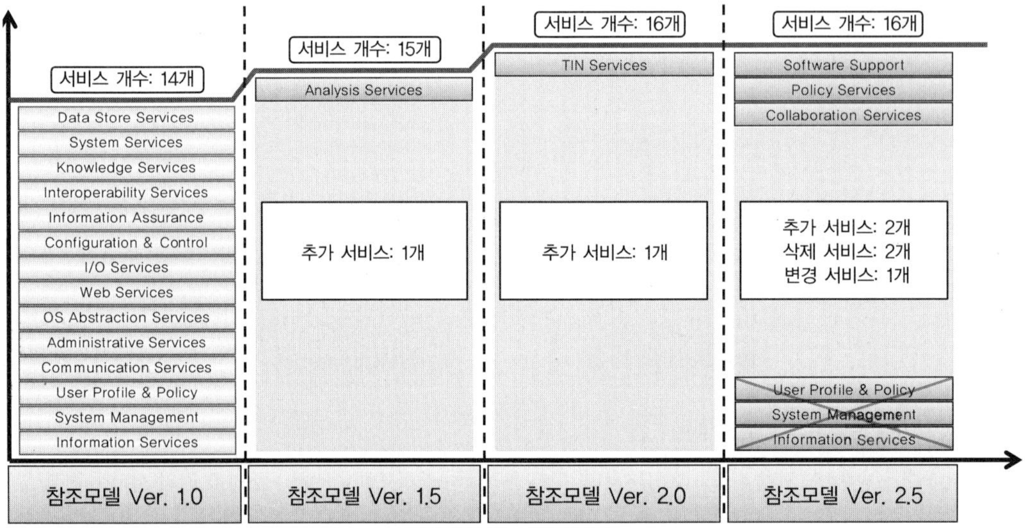

그림 4-23 SOSCOE 참조모델의 공통서비스 변화과정

는데 사용자 프로파일 서비스는 제외되었고 정책 및 정책 구분 서비스만 제공되었다. 삭제된 서비스는 2개가 있는데 시스템 관리 서비스에서는 소프트웨어 분산, 설치 및 개선 등의 기능은 소프트웨어 지원 서비스가 대신 제공하고 기타 기능은 제외되었으며, 정보 서비스에서는 협업 서비스가 독자적인 서비스로 분리되었고 기타 기능은 제외되었다. 이러한 서비스별 추가, 변경,

표 4-4 SOSCOE 공통서비스별 변경사항

구분	서비스	내용
추가	분석 서비스	큰 규모의 데이터 혹은 텍스트 간 연관관계를 찾아내고 이를 서비스하기 위한 연산능력을 제공하기 위해 추가
	TIN 서비스	서비스 기반 아키텍처 보완 및 서비스들의 조직화를 위해 추가
	소프트웨어 지원 서비스	기존 컴포넌트의 재사용성을 증대하기 위해 추가
	협업 서비스	채팅이나 이메일 기능 제공
변경	사용자 프로파일 및 정책 서비스	사용자 프로파일 서비스가 제외되고 정책 및 정책 구분 서비스만 제공
삭제	시스템 관리 서비스	소프트웨어 분산, 설치 및 개선 등의 기능은 소프트웨어 지원 서비스에서 제공하며 기타 기능은 제외
	정보 서비스	정보 서비스 중 협업 서비스가 독자적인 서비스로 분리되고 기타 기능은 제외

삭제에 대한 변경사항은 표 4-4와 같다.

SOSCOE의 16개 공통서비스 진화의 또 다른 특징으로는 IARM 버전이 버전 1.0에서 버전 3.0으로 변화됨에 따라 각 참조모델이 갖고 있는 아키텍처 레벨도 같이 변경된 것이다. IARM 버전 1.0, 2.0, 3.0 각각에 대한 SOSCOE 아키텍처의 각 계층별 변경현황이 표 4-5에서 제시되어 있다.

구현 참조모델 버전 변경에 따른 아키텍처의 각 계층별 변경사항을 분석해 보면, IARM 버전 1.5까지는 세부 서비스가 개념적으로만 정의되어 각각 하나의 계층에 포함되어 있었으나, 버전 2.0부터는 하나의 서비스가 서비스를 구성하는 여러 개의 컴포넌트들의 묶음으로 구현되었고, 컴포넌트들은 여러 계층에 분산되어 분포되어 있으며 통합 서비스 계층이 추가되어 있는 특징을 가지고 있었다.

IARM 버전 2.0의 공통 도메인 서비스 계층이 버전 3.0에서 공유 도메인 서비스 계층과 혼합 기반구조 서비스 계층으로 분할되었다. 또한 IARM 버전 변경에 따라 에디션별 제공 서비스 및 서비스 구성 컴포넌트가 변경되었는데 각 에디션은 다양한 성능, 범위성, 이식성 및 상호운용성

표 4-5 IARM의 SOSCOE 아키텍처 각 계층별 변경현황

<table>
<tr><th>IARM 버전 1.0</th><th>IARM 버전 2.0</th><th>IARM 버전 3.0</th></tr>
<tr><td colspan="3">• 도메인 애플리케이션 계층
– 전장명령, 상황인식, VMS에 속하는 도메인 특정 컴포넌트를 포함</td></tr>
<tr><td colspan="2" rowspan="2">• 공통 도메인 서비스 계층
– 도메인 계층에 내재하는 수많은 컴포넌트에 의해 사용되는 일반화된 글로벌 도메인 서비스 제공</td><td>• 공유 도메인 서비스 계층
– 타 도메인이 요구하는 일반화된 서비스 제공</td></tr>
<tr><td>• 혼합 기반구조 서비스 계층
– 시스템 편의성 및 기능성을 제공하기 위한 컴포넌트의 집합 제공</td></tr>
<tr><td>없음</td><td colspan="2">• 통합 서비스 계층
– 사용자와 애플리케이션 뒷단에서 동작하는 상황 및 감지 서비스 제공</td></tr>
<tr><td colspan="3">• 분산 기반구조 계층
– 안전한 프로세스 간 기초 서비스 제공</td></tr>
<tr><td colspan="3">• 기초 서비스 계층
– 처리 중인 로컬화된 기본 유틸리티 제공</td></tr>
<tr><td colspan="3">• OS 추상화 계층
– 운영체제와 플랫폼에 대한 호환성을 유지하기 위해 기반 운영체제로부터 애플리케이션 분리</td></tr>
</table>

에 대한 요구사항 충족을 위해 구분하여 개발되었다.

> **범위성**
>
> 소규모 컴퓨터 시스템에서 상위 시스템까지 하드웨어 기능 및 시스템 기능이 일관적으로 제공될 수 있는 것을 말한다. 소규모 시스템으로 가동되고 있는 이용자 시스템의 하드웨어나 소프트웨어 기능의 추가, 즉 업그레이드한 경우에도 이전에 사용했던 데이터베이스를 이용할 수 있는 것과 같이 확장성이 있는 것을 '범위성이 있다'고 표현한다.

SOSCOE에 대한 에디션별 설계는 여러 사항을 포함하고 있으며 프로그램 소스코드는 에디션 간 재사용이 가능하였다. 마이크로 에디션의 대부분의 소스코드는 실시간 에디션에서 재사용이 가능하며 실시간 에디션의 소스코드 또한 표준 에디션에서 재사용이 가능하였다. 또한 서비스 제공을 위한 API는 3가지 에디션 모두 일치되어 이들 3가지 에디션은 각각 서로 다른 에디션에 대해서도 상호운용이 가능하였다.

IARM 버전 2.5의 경우에는 표준, 디스마운트(Dismount), 실시간, 마이크로의 4가지 에디션으로 구분되었으나 버전 3.0의 경우에는 디스마운트가 제외된 3가지 에디션으로 다시 조정된 차이가 있었다. 버전 3.0의 에디션별 역할 및 세부 변경현황은 다음과 같다.

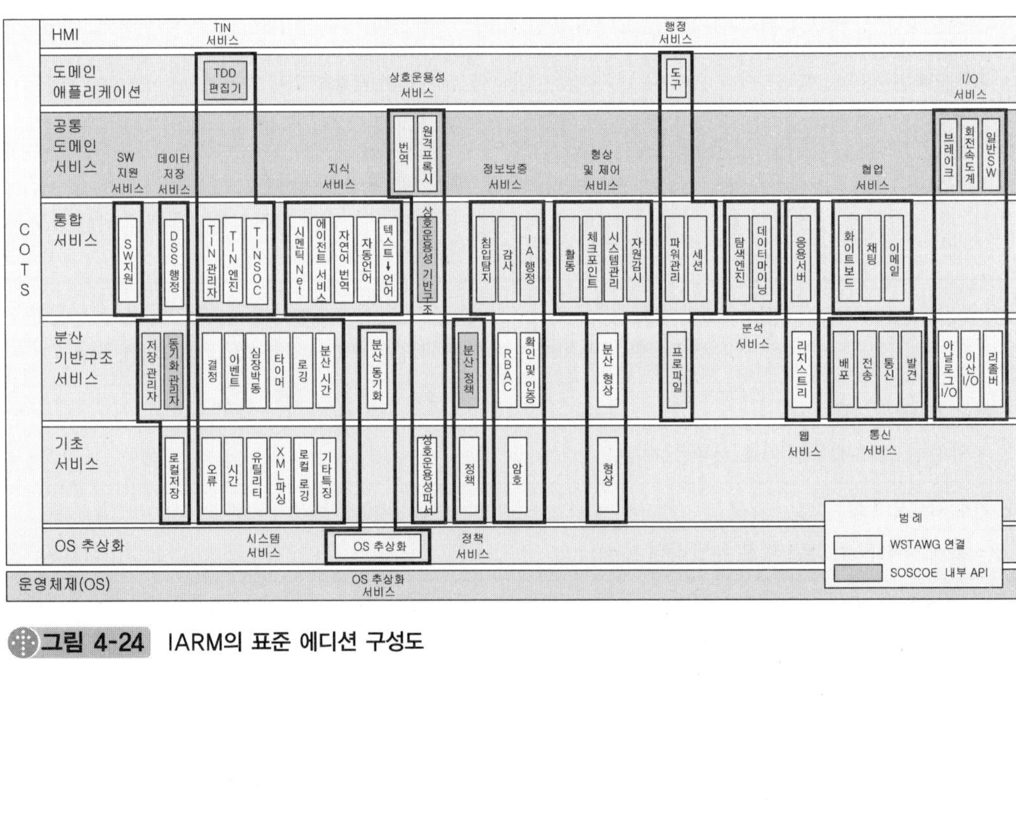

그림 4-24 IARM의 표준 에디션 구성도

- 표준 에디션
  - 역할: 지상 센서체계와 같이 소형의 신호 및 데이터 프로세서 지원
  - 변경현황
    - 분석 서비스의 데이터 마이닝 컴포넌트가 데이터 마이닝과 텍스트 마이닝 컴포넌트로 분리
    - 도메인 애플리케이션 계층에 위치하던 태스크 통합 네트워크(TIN) 서비스의 TDD 편집기 컴포넌트가 통합 서비스 계층으로 변경
  - 구성도: 그림 4-24 참조
- 실시간 에디션
  - 역할: 결정적 신호 연산 멀티스레드 환경을 지원하기 위한 서비스 제공
  - 변경현황
    - 태스크 통합 네트워크(TIN) 서비스 및 I/O 서비스 제외
    - 버전 2.5에서 제외되었던 소프트웨어 지원 서비스 추가
  - 구성도: 그림 4-25 참조
- 마이크로 에디션
  - 역할: 대부분의 전투지휘체계를 구성하는 다중 프로세스나 멀티스레드 애플리케이션 지원
  - 변경현황

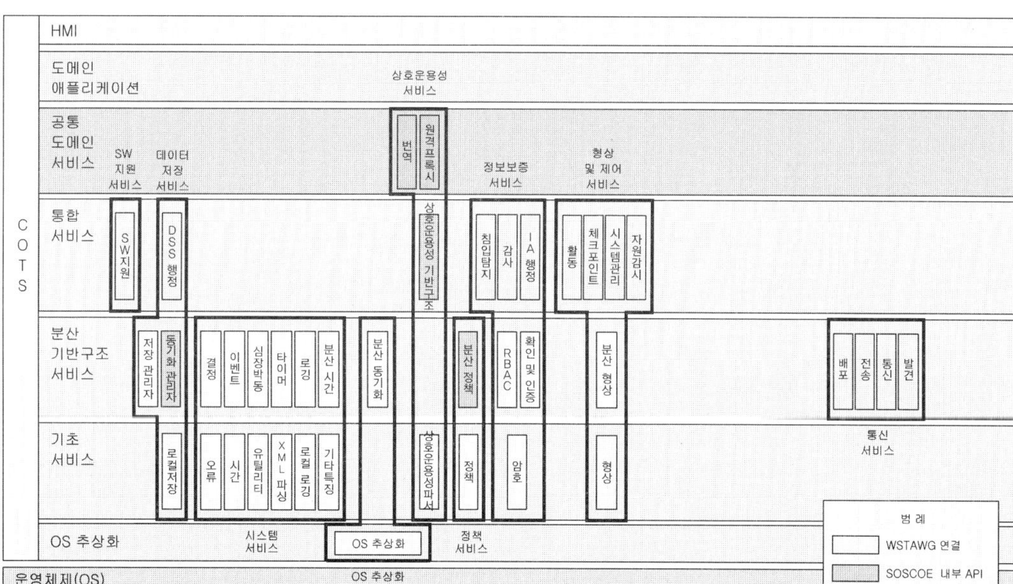

그림 4-25 IARM의 실시간 에디션 구성도

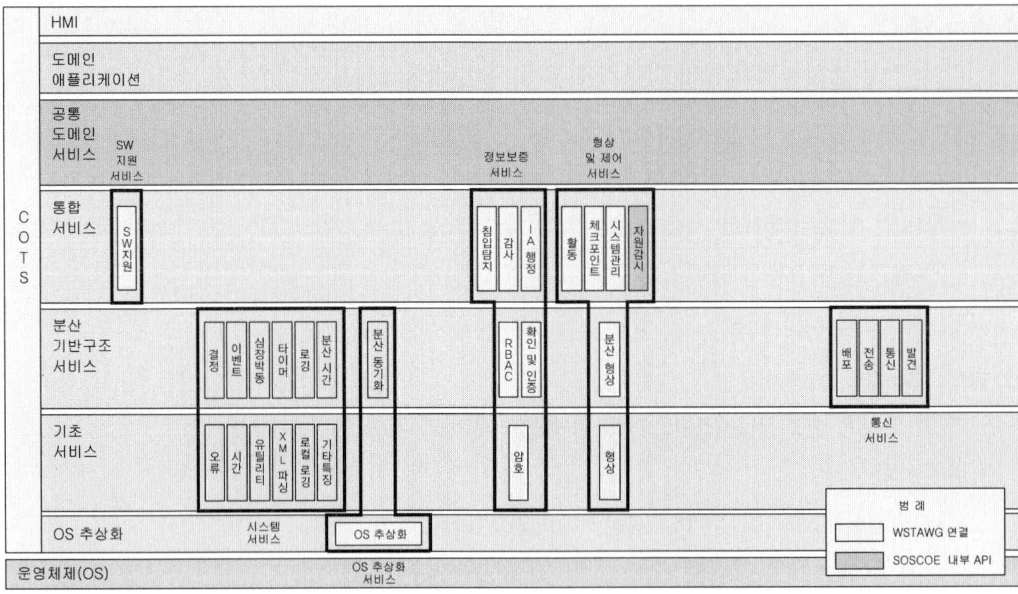

그림 4-26 IARM의 마이크로 에디션 구성도

- 버전 2.5에 비해 버전 3.0에서 컴포넌트 수 감소
- 버전 2.5의 경우 마이크로 에디션이 표준 에디션과 동일한 서비스를 제공해야 하는 경우 서비스 구성 컴포넌트가 거의 동일하였으나, 버전 3.0에서는 동일 서비스를 제공하더라도 기능상 필요한 컴포넌트만 남기고 제외
- 데이터 저장 서비스 및 정책 서비스 제외
- 버전 2.5에서 제외되었던 소프트웨어 지원 서비스 추가

\- 구성도: 그림 4-26 참조

IARM의 세 가지 에디션별 서비스군 변경현황이 표 4-6에 나타나 있으며, 버전 3.0이 버전 2.5보다 실시간과 마이크로 에디션에서 더 적은 서비스로 구성되었다는 것을 알 수 있다.

4.3.2 SOSCOE 패밀리

SOSCOE는 일련의 서비스 패밀리로 구성된다. 구현 아키텍처 참조모델(IARM) 버전 2.5에서 제시하는 SOSCOE 16개 공통서비스는 크게 4종류의 서비스 패밀리, 즉 플랫폼 통합 서비스, 전술 통합 서비스, 전투지휘 통합 서비스, 엔터프라이즈/GIG 통합 서비스 패밀리로 분류된다. 플랫폼 통합 서비스 패밀리는 기본적인 공통운용환경(COE) 기능을 제공하고, 전술 통합 서비스 패밀리

표 4-6 구현 참조모델의 에디션별 서비스군 변견현황

서비스군	IARM 버전 2.5			IARM 버전 3.0		
	표준	실시간	마이크로	표준	실시간	마이크로
OS 추상화 서비스	✔	✔	✔	✔	✔	✔
시스템 서비스	✔	✔	✔	✔	✔	✔
형상 및 제어 서비스	✔	✔	✔	✔	✔	✔
소프트웨어 지원 서비스	✔	✔	✔	✔	✔	✔
정보보증 서비스	✔	✔	✔	✔	✔	✔
통신 서비스	✔	✔	✔	✔	✔	✔
데이터 저장 서비스	✔	✔	✔	✔	✔	
정책 서비스	✔	✔	✔	✔	✔	
상호운용성 서비스	✔	✔		✔	✔	
TIN 서비스	✔	✔		✔		
입/출력 서비스	✔	✔		✔		
행정 서비스	✔			✔		
분석 서비스	✔			✔		
지식 서비스	✔			✔		
협업 서비스	✔			✔		
웹 서비스	✔			✔		

는 플랫폼 간 혹은 내부의 네트워크, 데이터 서비스 및 정보보증 기능을 제공한다. 전투지휘 통합 서비스 패밀리는 검색, 에이전트, 정책 및 TIN 엔진을 제공하고, 엔터프라이즈/GIG 통합 서비스 패밀리는 상부 시스템인 NCES 뿐만 아니라 기존 체계와의 상호운용성을 제공한다. 이와 같은 네 종류의 서비스 패밀리의 구성현황이 그림 4-27에 제시되어 있다.

4.3.2.1 플랫폼 통합 서비스 패밀리

플랫폼 통합 서비스 패밀리는 기본적인 공통운용환경(COE) 기능을 제공한다. 세부 서비스로는 입/출력(I/O) 인터페이스 지원 서비스, 행정 서비스, 소프트웨어 지원 서비스, 원격 소프트웨어

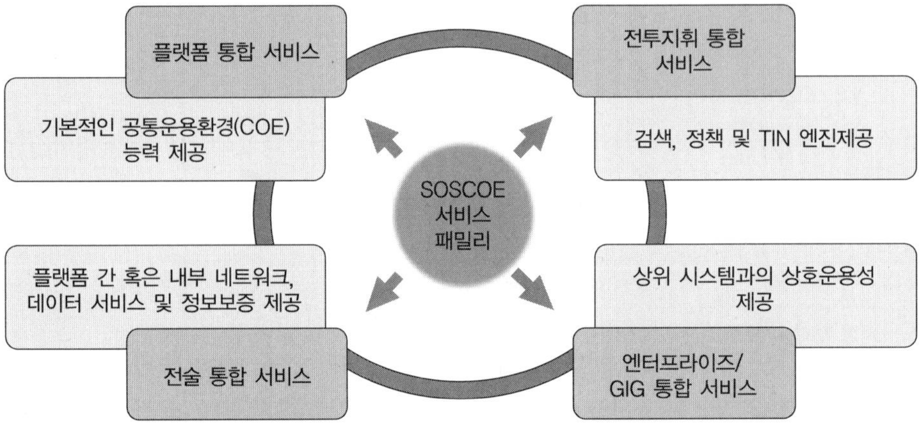

그림 4-27 SOSCOE 서비스 패밀리 구성현황

형상 및 통제 서비스, 기본 시스템 서비스, 공통적이고 일관된 프로그래밍 인터페이스를 제공하는 운영체제(OS) 추상화 서비스 등이 있다. 이 서비스 패밀리는 외부와의 통신 없이 플랫폼에 대한 운영환경을 제공할 수 있으며 다른 SOSCOE 서비스를 위한 "소프트웨어 토대"를 제공한다.

4.3.2.2 전투지휘 통합 서비스 패밀리

전투지휘 통합 서비스 패밀리는 분석 서비스, 지식 서비스, 태스크 통합 네트워크(TIN) 서비스 및 정책 서비스를 제공한다. 이들 서비스에 대한 주요내용을 살펴보면 분석 및 지식 서비스는 에이전트, 탐색, 마이닝 등 공통적으로 사용되는 애플리케이션 서비스를 제공한다. FCS 애플리케이션 서비스 아키텍처 기반에서 제공되는 TIN 서비스는 "비즈니스 흐름" 방법론에 기반한 애플리케이션 서비스를 제공한다. 그리고 정책 서비스는 FCS 접근을 위한 기반을 제공한다. 전투지휘 통합 서비스 패밀리의 태스크 네트워크 구성현황이 그림 4-28에 도시되어 있다.

4.3.2.3 전술 통합 서비스 패밀리

전술 통합 서비스 패밀리는 플랫폼 내 · 외부와의 네트워킹을 제공하는 통신 서비스, 데이터 정보에 대한 저장 및 분배 능력을 제공하는 데이터 저장 서비스, 전술적 정보보증 및 보안 서비스를 제공한다. 특히 정보보증 소프트웨어와 긴밀히 상호 동작하며 제한된 대역폭과 애드혹 네트워크에 최적화되어 있는 특징을 가지고 있다. 따라서 제한된 대역폭 내에서의 동적 네트워크 메커니즘을 제공할 수 있다. 전술 통합 서비스 패밀리의 정보보증 및 보안 서비스에 대한 개념이 그림 4-29에 도시되어 있다.

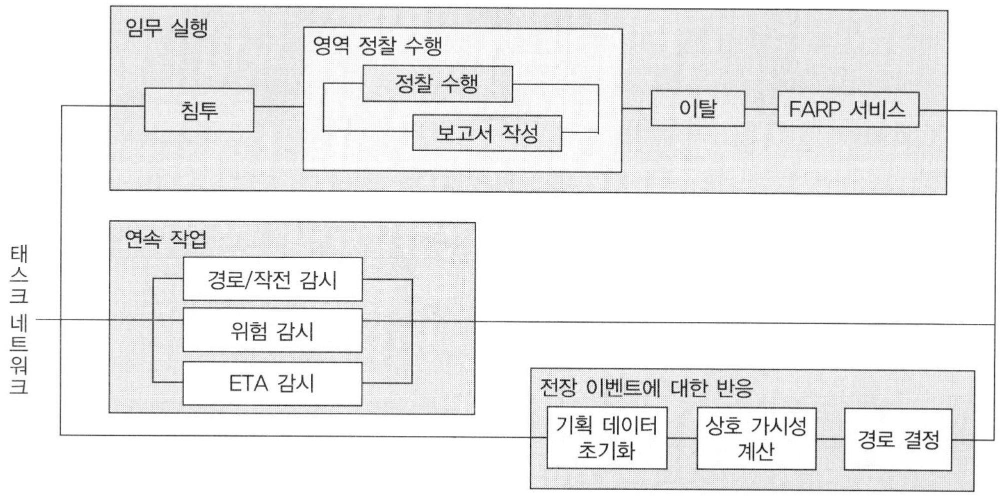

그림 4-28 전투지휘 통합 서비스 패밀리의 태스크 네트워크 구성현황

4.3.2.4 엔터프라이즈/GIG 통합 서비스 패밀리

엔터프라이즈/GIG 통합 서비스 패밀리는 NCES 및 기존 체계와의 상호운용성 지원 서비스를 제공하고, 특히 FCS의 외부 인터페이스를 제공한다. NCES와 같은 다른 서비스 제공사와 통합하여 FCS에 정보 및 서비스를 제공하며, 이를 통하여 기존 전투체계와의 상호운용성을 높여준다. FCS BCT는 엔터프라이즈/GIG 통합 서비스 패밀리를 통하여 애드혹 네트워크를 이용할 수 있다. 엔터프라이즈/GIG 통합 서비스 패밀리에서 상위 체계와의 상호운용 개념이 그림 4-30에 도

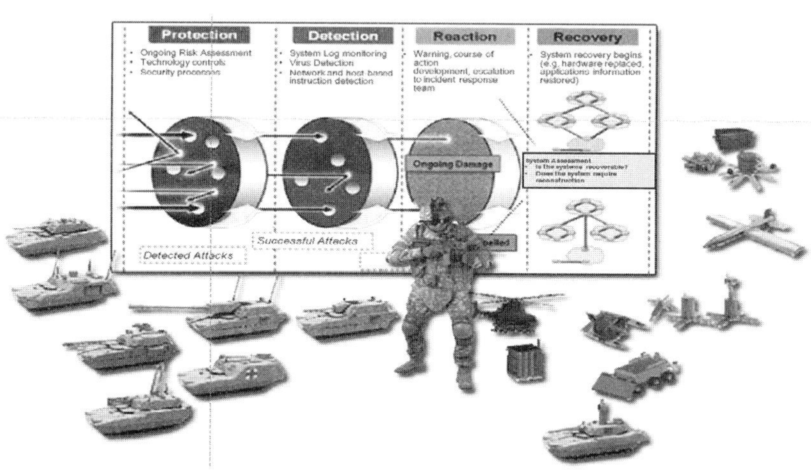

그림 4-29 전술 통합 서비스 패밀리의 정보보증 및 보안 서비스

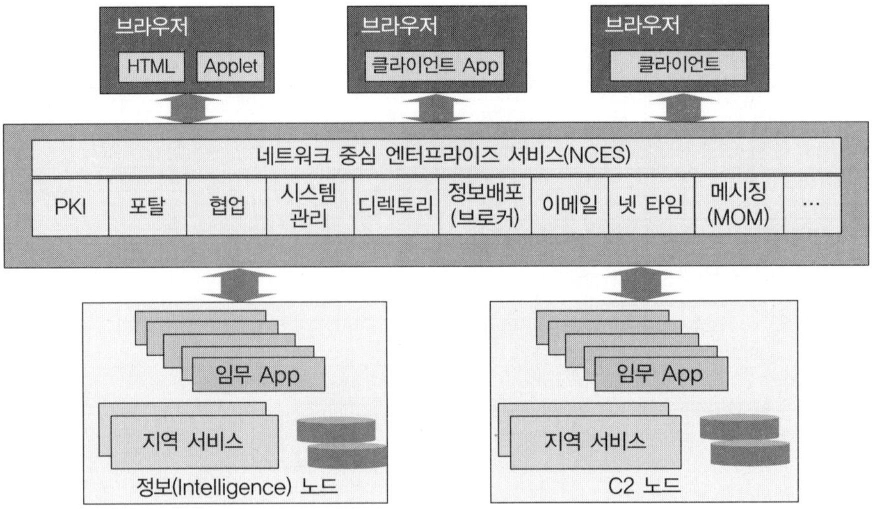

그림 4-30 엔터프라이즈/GIG 통합 서비스 패밀리에서 SOSCOE와 NCES 간의 상호운용 개념

시되어 있다.

4.3.3 SOSCOE 서비스

구현 아키텍처 참조모델(IARM) 버전 2.5에서 제공하는 16개 공통서비스의 세부내용을 표 4-3의 순서대로 분석하면 다음과 같다.

- **행정 서비스** 기본적인 SOSCOE 서비스에 대한 운영 및 관리와 컴퓨터 호스트의 기본적 운영 관리를 수행하고 있으나 도메인 애플리케이션의 필수 특정 요구를 위한 행정(Administrative) 애플리케이션은 포함하고 있지 않다. 특히 이 서비스는 로그인과 로그오프 서비스(로컬, 분산), 전력 관리 및 삭제 기능 등도 제공한다.
- **지식 서비스** 지식 서비스와 관련된 서비스와 도구는 표현, 관리, 질의, 검색, 도메인 지식의 통역을 할 수 있는 도메인 애플리케이션과 서비스를 가능하게 하고, 요구되는 도메인 간의 공통 표현을 가능하게 한다. 지식 서비스는 에이전트 프레임워크, 태스크 플로우 관리(TIN 포함), 시멘틱 상호변환, 자연어 번역, 추론엔진 등을 지원한다.
- **테스크 통합 네트워크(TIN) 서비스** 비즈니스 흐름 방법론에 따른 애플리케이션의 조직화 서비스를 제공하고 웹 서비스 기반의 서비스 지향 아키텍처(SOA) 하위구조와 상호 연동된다. 작업기술서(TDD) 편집기와 TIN 엔진을 지원한다.
- **정책 서비스** 탐색 및 네이밍 서비스를 제공한다. 전파 서비스는 게시 및 서명, P2P(점대점) 연

결, 클라이언트/서버, 동기화 및 비동기화를 제공하고 전달 메커니즘으로는 기본적 전달(배포 옵션, 서비스의 질, 보안 전달), 관리/질의 전송(브로드캐스트, 멀티캐스트, 유니캐스트), 전송 프로토콜(UDP, TCP 등) 등이 있다.

- **데이터 저장 서비스** FCS의 모든 노드가 로컬/원격 데이터 객체에 대한 접근 및 링크가 가능하도록 가상 지속 데이터 환경에 대한 생성 및 정비에 대한 지원을 서비스한다. 데이터는 연산, 전송 요구 및 정보에 대한 신속한 복구가 가능하도록 분산 저장된다. 특히 이 서비스는 스키마와 포맷(데이터 저장 형태에 대한 추상화), 데이터 태깅을 지원하고 통제 기억장치 및 복구 서비스 접근, 데이터 및 파일에 대한 보존 및 데이터베이스 압축, 중요 데이터에 대한 저장 및 복구 서비스도 지원한다.
- **정보보증 서비스** 노드 간 혹은 내부 애플리케이션과 서비스에 의해 사용되는 정보를 보호하고 보장하는 서비스를 제공하며 정보보증 정책 및 설정에 대한 관리 서비스를 포함하고 있다. 제공되는 서비스로는 접근 및 통제 기반 역할과 PKI 보증 서비스를 통한 식별, 확증, 위임, 결산, 그리고 데이터베이스 암호화 및 정보 확증을 제공하고 자동화 침입탐지 및 응답을 통해 안티바이러스 센서, 악의적인 코드 탐지 및 침입을 방지하며, 이를 통해 암호 서비스 및 정보전 생존성을 높여준다.
- **협업 서비스** FCS 노드 간 또는 외부 시스템과의 정보교환 및 협력을 위한 서비스를 제공하며 이메일, 채팅, 화이트보드도 지원한다.
- **상호운용성 서비스** 올바른 포맷과 올바른 통신수단에서 정보 배포를 쉽게 할 수 있다. 상호운용성 능력은 외부 시스템의 끊김없는 정보 흐름을 지원하는 프로토콜 상호운용성, 데이터 포맷 번역, 프록시를 포함하고 있다. 상호운용성 서비스는 프로토콜 상호운용성(프록시 서비스), 정보 포맷 상호 변환, 외부 정보 레지스트리 및 통보, 그리고 HLA 번역 등을 지원한다.
- **소프트웨어 지원 서비스** 재사용 컴포넌트에 대한 지원 및 소프트웨어 수행을 지원하기 위한 서비스를 제공한다. 이 서비스는 재사용 컴포넌트 지원, 소프트웨어 수행 관리 및 지원 등의 서비스를 제공할 수 있다.
- **분석 서비스** 매우 큰 용량의 텍스트 메시지에 대한 자동화된 텍스트 프로세싱을 위한 서비스를 제공하고 센서나 다른 장치에 의해 수집된 정보에 대해 텍스트 번역 및 타당한 정보를 발췌하는 역할도 수반한다. 특히 이 서비스는 데이터마이닝, 자동 검색 및 텍스트마이닝 서비스도 지원한다.
- **시스템 서비스** 애플리케이션과 서비스의 기본적 운용과 장애, 이벤트 관리 등의 서비스를 제공하며 로깅(예외, 이벤트), 애플리케이션 모니터링(심장박동, 결점, 경보/알람), 시간 분할, 타

임/타이머, 이벤트 핸들링, 파서 등을 지원한다.

- **형상 및 제어 서비스** 애플리케이션과 시스템 형상을 위한 서비스를 제공하며 감시, 제어 및 관리시스템 자원과 프로세스에 대한 서비스를 포함하고 있다. 지원되는 서비스로는 형상(애플리케이션 형상 및 시스템 형상), 시스템 관리(시작/중단, 모니터링과 통제, 상태 및 모드 관리), 결함 관리, 건강 모니터링, 소프트웨어 및 데이터 로드 관리, 컴퓨터 사용 부하에 대한 균형 유지 및 자원 관리 등을 제공한다.
- **입/출력(I/O) 서비스** 입출력 장치에서 요구하는 캡슐화된 저수준 서비스 및 드라이버에 대한 고수준의 추상화 서비스를 제공한다. I/O 추상화 서비스, 서브시스템 드라이버, 전송매체(Vehicle) 관리 시스템 드라이버 등을 지원한다.
- **웹 서비스** 미 국방부 IT 저장소(DISR) 표준 명세와 일치하는 웹 서비스를 제공한다. 그리고 정책 서비스는 애플리케이션 구동 시 사용되는 정책 프레임워크를 제공하고 정책, 정책 구분 서비스를 지원한다.
- **정책 서비스** 정해진 시간에 올바른 레벨/정보를 통신하기 위한 애플리케이션 및 서비스 허가를 위한 서비스를 제공하는데 이러한 서비스는 각 사용자 노드, 사용 가능한 주파수대, 정보보호, 서비스의 질, 그리고 현재 사용자의 정책에 그 기반을 두고 있다. 애드혹 기반의 네트워크를 운용하고 있다.
- **OS 추상화 서비스** 서비스와 애플리케이션에 의해 OS 서비스를 캡슐화한다. 추상화는 IPC(Inter-Process Communication), 프로세스/스레드, 동시성 메커니즘, 메모리 관리, 그래픽 인터페이스 등을 포함하고 있다. 이 서비스는 프로세스 및 스레드(스레드/태스크, 뮤텍스/세마포어), 통신(스템/파이프, 소켓, 셀렉트), 가상 메모리(메모리 맵, 시스템 V 타입 IPC), 그래픽(그래픽 사용자 인터페이스 추상화, 가상화) 등의 최적화를 지원한다.

제 2 부

기술

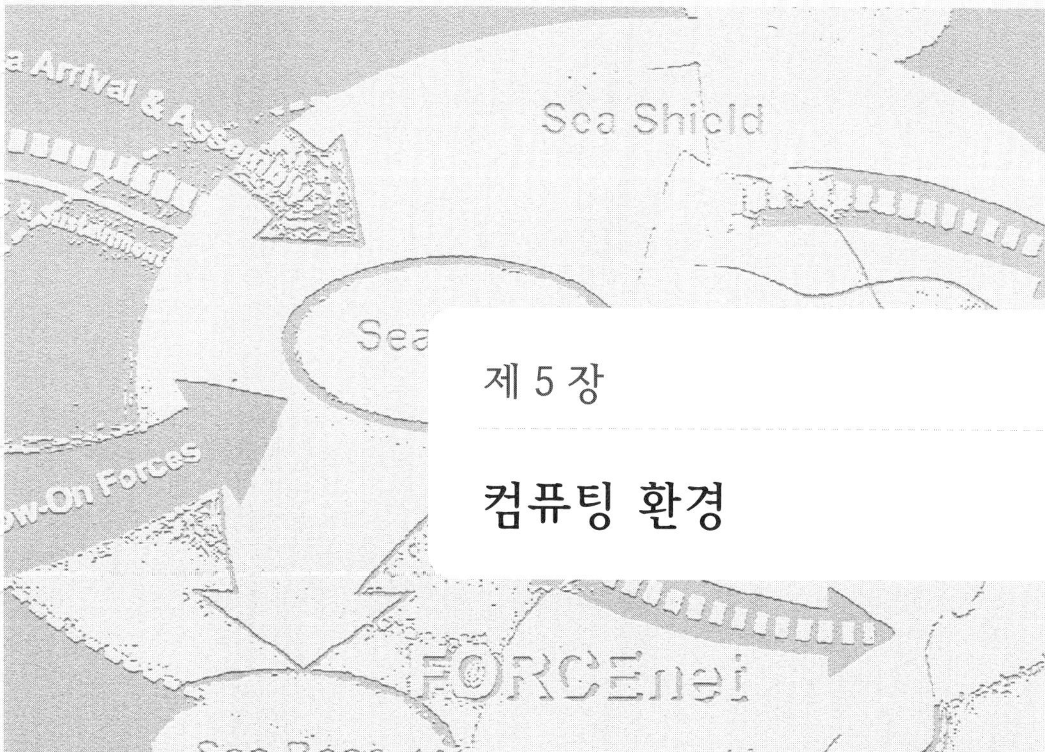

제 5 장

컴퓨팅 환경

본 장에서는 NCW 서비스 구축을 위해 필요한 컴퓨팅 환경을 분산 컴퓨팅과 서비스 컴퓨팅으로 구분하여 설명한다. 분산 컴퓨팅 환경에서는 분산 컴퓨팅의 기본 개념과 특징을 간략히 설명한 후 분산 객체 기술의 변화 등을 설명한다. 서비스 컴퓨팅 환경에서는 전송 기반구조, 서비스 컴퓨팅 환경, 그리드 컴퓨팅 환경으로 구분하여 핵심 내용을 제시하며 사례도 함께 설명한다. 그런 다음 분산 컴퓨팅 환경과 서비스 컴퓨팅 환경의 상관관계를 전송 기반구조와 컴퓨팅 환경 측면에서 비교하여 제시한다. 본 장은 다음과 같이 구성된다.

5.1 분산 컴퓨팅 환경

5.2 서비스 컴퓨팅 환경

5.3 분산/서비스 컴퓨팅 환경 상관관계

5.1 분산 컴퓨팅 환경

5.1.1 분산 컴퓨팅 환경(DCE)

5.1.1.1 분산 컴퓨팅 환경(DCE)의 개념과 정의

분산 컴퓨팅 환경(DCE)은 시스템 자원들이 물리적 혹은 구성적 측면에서 분산되어 있는 것을 의미하며, 분산된 각 계층 간의 원활한 커뮤니케이션을 위해 분산된 자원들은 상호 강력한 구속력이 없으면서 서로를 활용할 수 있어야 한다는 개념에서 출발한다.

DCE는 복수의 이기종 컴퓨터 간에 애플리케이션을 분산 처리하기 위한 환경으로써 DCE를 실현한 네트워크 환경에서 사용자는 프로그램이나 정보가 어디에 있는지 상관없이 물리적으로 떨어져 있는 자원을 사용하고 처리하는 것인데, 이는 네트워크 전체가 마치 한 대의 거대한 컴퓨터인 것처럼 동작하게 하는 것이다. 일반적으로 DCE는 다양한 규모의 서버들이 지리적으로 퍼져있는 대형 컴퓨터 시스템의 네트워크 환경을 의미한다. 다시 말해 DCE 사용자는 원격지의 서버에 있는 애플리케이션 프로그램과 데이터를 사용할 수 있고 프로그래머들은 그들의 프로그램이 어느 곳에서 실행되는지 혹은 데이터가 어디에 위치해 있는지 등에 대하여 전혀 신경쓸 필요가 없다.

DCE는 1990년대 초기에 개발된 소프트웨어 시스템으로서 서버/클라이언트 애플리케이션을 개발하기 위한 프레임워크와 툴킷을 제공하며, DCE 프레임워크는 원격 프로시저 호출(RPC: Remote Procedure Call) 메커니즘, 디렉토리 서비스, 타임 서비스, 인증 서비스, 그리고 분산 파일 시스템(DFS) 등을 제공한다.

5.1.1.2 분산 컴퓨팅 환경(DCE)의 구조

분산 컴퓨팅 환경(DCE)의 구조는 그림 5-1과 같이 분산 환경을 위한 여러 기술이 통합된 계층형 구조를 이루고 있으며, 하위계층에 가장 기본적인 서비스를 정의하고 점차 상위로 올라갈수록 고급 수준의 사용자 서비스를 정의한다. DCE가 제공하는 서비스로써 스레드, RPC, 보안, 시간 등의 기본적인 분산 서비스와 데이터 공유 서비스 등이 있다.

5.1.1.3 분산 컴퓨팅 환경(DCE)의 특징

분산 컴퓨팅 환경(DCE)의 특징은 다음의 4가지로 요약된다.

- 분산 자원에 대한 공유 DCE는 원격 프로시저 호출(RPC)과 다양한 분산 서비스를 제공함으

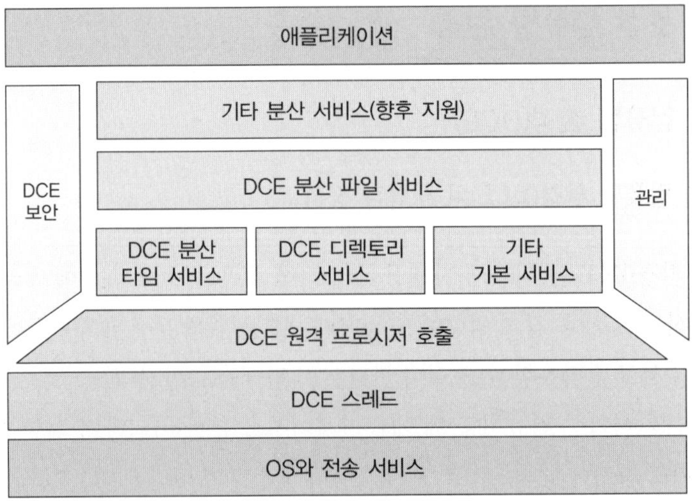

그림 5-1 분산 컴퓨팅 환경(DCE)의 계층형 구조

로써 분산되어 있는 다양한 자원에 대하여 공유가 가능하다.

- **플랫폼과 프로그램 언어에 대한 독립성 제공** DCE는 이기종 컴퓨터 간에 애플리케이션을 분산 처리하기 위한 환경이며, 이를 위해 다양한 플랫폼과 프로그램 언어에 대하여 독립성을 가지고 있다.
- **타 시스템들 간의 통합 용이** 분산 환경은 기본적으로 여러 시스템들 사이에서 하나의 컴퓨터처럼 행동하는 것을 요구하며, DCE는 다른 시스템들 간의 통합을 가능하게 하는 환경이다.
- **다양한 컴퓨팅 환경에 대한 유연성 제공** 분산된 환경에서 객체지향 기술을 기반으로 구축된 컴퓨팅 환경으로서 규모 및 조정의 유연성을 가지고 있다. DCE는 소규모부터 대규모 컴퓨팅 환경까지 적용 가능한 유연성을 제공한다.

5.1.2 분산 객체

5.1.2.1 분산 객체의 개념

분산 객체(DO: Distributed Object)는 네트워크를 통해 연결된 컴퓨터들이 함께 작업할 수 있도록 디자인된 소프트웨어 모듈로서 객체는 원격의 다른 객체에게 메시지를 이용하여 통신한다. 분산 객체는 다른 메모리 안에서 존재하여 접근하기 위해 네트워크 이용이 필요한 객체를 말하며, 메소드 호출을 가지고 원격 클라이언트에 접근시킬 수 있는 이진 컴포넌트 패키지가 될 수 있는 객체로서 각각의 객체는 그림 5-2와 같이 서로 동등한 객체로서 서비스를 요청한다.

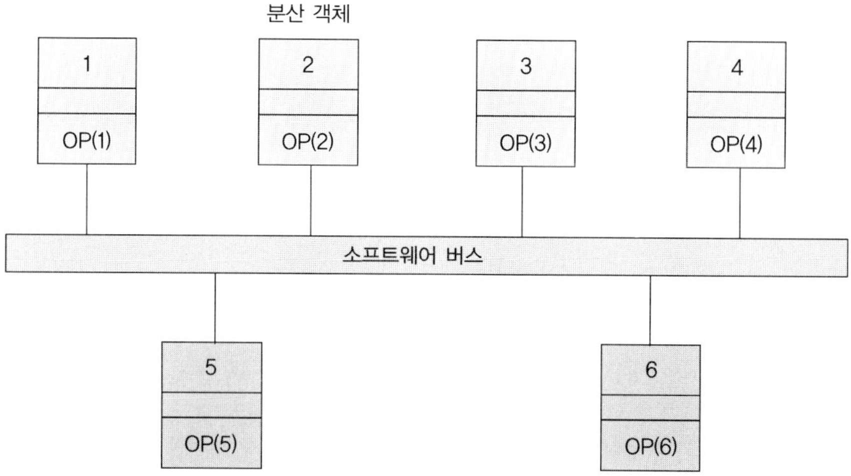

그림 5-2 분산 객체(DO) 아키텍처

분산 컴퓨팅 환경에서 객체들은 네트워크상의 다수의 컴퓨터에 분산되어 있으며 미들웨어를 통해 통신할 수 있어야 한다. 객체들은 다른 객체의 프로그래밍 언어나 컴파일러가 어떤 것인지 또한 네트워크 상의 어디에 물리적으로 상주하는지 알지 못하며 또 알 필요도 없다. 오직 객체명과 객체의 인터페이스만 알면 되고 자신이 제공하는 서비스 집합의 인터페이스를 제공하여 클라이언트와 서버 사이의 논리적 구분 없이 서비스를 호출한다.

5.1.2.2 분산 객체의 등장배경

컴퓨터 사용자들은 개인적으로 생산성 있는 애플리케이션 프로그램뿐만 아니라 파일이나 데이터베이스처럼 다양한 데이터 저장 공간으로부터 정보를 얻고자 하며 게다가 다른 사용자와 자료를 공유하고 서로 통신하기를 원한다. 이러한 다양한 요구 사항을 만족시키는 프로그램을 작성하려면 다양한 운영체제와 네트워크 환경 등 이종의 환경에서도 작동하는 클라이언트/서버 소프트웨어가 필요하며, 이런 목적으로 개발된 소프트웨어는 분산 환경에서 서로 다른 시스템과도 쉽게 통합이 가능해야 한다는 기술적 요구에 따라 분산 객체가 등장하였다.

분산 객체가 등장한 또 다른 이유로는, 소프트웨어 위기를 극복하기 위한 소프트웨어 공학 측면에서의 노력으로서 1960년대 프로그래밍 언어의 등장, 1970년대의 구조적 프로그래밍에서 시스템 분할과 추상화로의 변환, 1980년대의 신뢰성 보증을 위한 모듈 라이브러리 표준화와 재사용성 추구, 그리고 1980년대 후반 이후 객체지향이 등장하게 되었는데, 이러한 객체지향 기술의 등장은 소프트웨어 재사용 기술의 새로운 전환기로서 시스템을 보다 빨리 변화시켰으며, 변화된 시스템은 확장성, 신뢰성, 보안성 및 상호운용성이 지속되고 특별한 관리 없이도 장기적인 변화에 잘 견뎌야 하므로 분산 처리가 그 대안으로 제시되었다. 이에 따라 다양한 데이터 저장 공간으로부터 정보를 얻고, 동시에 다른 사용자들과 자료를 공유하고 서로 통신할 수 있으며, 다양한 운영체제와 네트워크에서 작동 가능한 클라이언트/서버 소프트웨어가 필요하다는 사용자의 지속적인 요구로 인해 분산 객체 기술이 등장하게 되었다.

5.1.2.3 분산 객체 기술의 종류

분산 객체 기술이란 객체지향 기술에 기반을 두고 있으며, 분산 환경 하의 분산 객체에 대한 접근과 이용을 가능하게 하는 기술이다. 이 기술은 소프트웨어 컴포넌트인 분산 객체를 이용하여 여러 기능으로 네트워크에 분산된 컴퓨터들을 통합하여 하나의 완전한 애플리케이션을 구축할 수 있도록 한다. 이러한 분산 객체 기술에는 다양한 종류가 있지만 본 절에서는 그 중 대표적인 것으로 공통 객체 요구 매개자 구조(CORBA: Common Object Request Broker Architecture), 분산 컴포넌트 객체 모델(DCOM: Distributed Component Object Model), 엔터프라이즈 자바빈즈(EJB: Enterprise JavaBeans)에 대해 살펴본다.

5.1.2.3.1 공통 객체 요구 매개자 구조(CORBA)

공통 객체 요구 매개자 구조(CORBA)는 객체지향 기술을 기반으로 서로 다른 운영체제와 네트워크 환경, 이종의 데이터 모델, 데이터 타입, 프로그래밍 언어 등 특정 환경에 종속되지 않고 시스템을 구축할 수 있게 해주는 일종의 객체지향 미들웨어의 표준으로 현재 가장 광범위하게 사용되고 있다. 웹 서비스 이전부터 표준화되어 실용화된 CORBA는 목적에 있어 웹 서비스와 유사하며 이기종뿐만 아니라 서로 다른 프로그래밍 환경에서도 상호 통신을 가능하게 한다.

1991년 CORBA 스펙 1.0 이후 초기에는 성능이 저조하고 호환성이 낮아 벤더들의 참여가 저조하였지만 1996년에 성능 및 호환성을 높인 CORBA 스펙 2.0이 발표되면서 분산 컴퓨팅 환경의 대표가 되었다.

CORBA의 구조는 그림 5-3과 같이 서버의 기능을 객체 구현(Object Implementation)이 담당하고 원격지의 객체 구현을 호출하는 클라이언트와 호출되는 서버 사이의 통신이 가능하도록 ORB CORE를 중심으로 되어 있다. CORBA는 원격 객체가 마치 로컬에 있는 것과 같이 호출하는 네트워크 투명성을 유지시켜 준다.

다양한 개발언어 및 이기종에서 지원되는 CORBA 객체 구현을 호출하기 위해 인터페이스 정의어(IDL: Interface Definition Language)라는 표준화된 인터페이스 언어를 제공하는데, 개발자는 단지 IDL 컴파일러에 의해 해당 플랫폼과 개발 언어에 맞는 클라이언트 및 객체 구현 코드를 얻

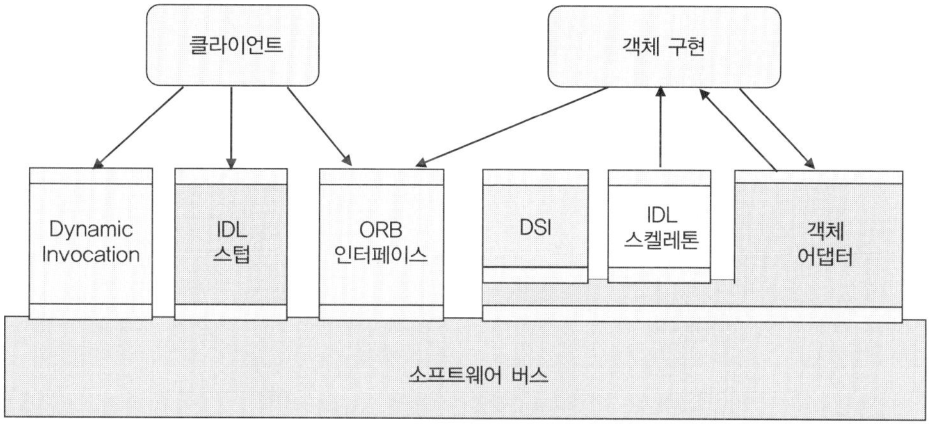

그림 5-3 공통 객체 요구 매개자 구조(CORBA)의 구조

올 수 있고, 이렇게 자동으로 생성된 코드는 네트워크 통신에 해당하는 하부 코드(Stub, Skeleton Code)를 가지고 있으므로 개발자는 인터페이스만 정의하면 네트워크 호출 및 언어 차이를 해결하기 위한 수고를 하지 않아도 된다는 장점이 있다.

클라이언트는 스텁(Stub)을 통하여 호출하게 되는데, 지정된 객체를 호출하는 정적호출과 런타임 시 원하는 메소드를 호출하는 동적호출이 있고 호출의 통신을 담당하는 객체 요구 매개사(ORB)는 일종의 메시지 버스에 해당되며, 이를 통하여 분산 객체 컴퓨팅 환경에서 서로 다른 언어로 구현된 객체의 메시지를 전달할 수 있다.

서버 측의 객체 구현은 객체 어댑터(Object Adaptor)를 이용하여 해당 객체 호출을 가능하게 하고, 객체 구현의 메소드가 실행되어 다시 클라이언트에 의해 전달되며, 광대한 인터넷 상의 객체 구현을 호출하기 위해서 하부 프로토콜로 GIOP(General Inter-ORB Protocol)와 IIOP(Internet Inter-ORB Protocol)를 이용하여 벤더가 다른 CORBA 제품과의 호환을 가능하게 하고, 자바와의 연동을 통하여 더욱 많이 사용되어지는데 IDL 데이터 타입의 유사성과 객체지향적인 요소가 많아 자바 CORBA 제품이 다양하게 있다.

5.1.2.3.2 분산 컴포넌트 객체 모델(DCOM)

CORBA가 OMG가 주도하는 분산 업계 표준이라고 한다면 마이크로소프트에서 분산 컴퓨팅을 위해 내놓은 것이 분산 컴포넌트 객체 모델(DCOM)이다. DCOM은 COM에서 출발한 개념으로 COM은 마이크로소프트의 기술적 근간을 이루는 기술이다. 마이크로소프트의 OLE/OCX(Object Linking & Embedding/OLE Control eXtension)와 Active X 기술 모두 COM 모델과 유사하다. COM은 윈도우 환경에서 컴포넌트 간 통신을 지원하는데 있어 관리상의 문제 및 이기종 언어로 구현

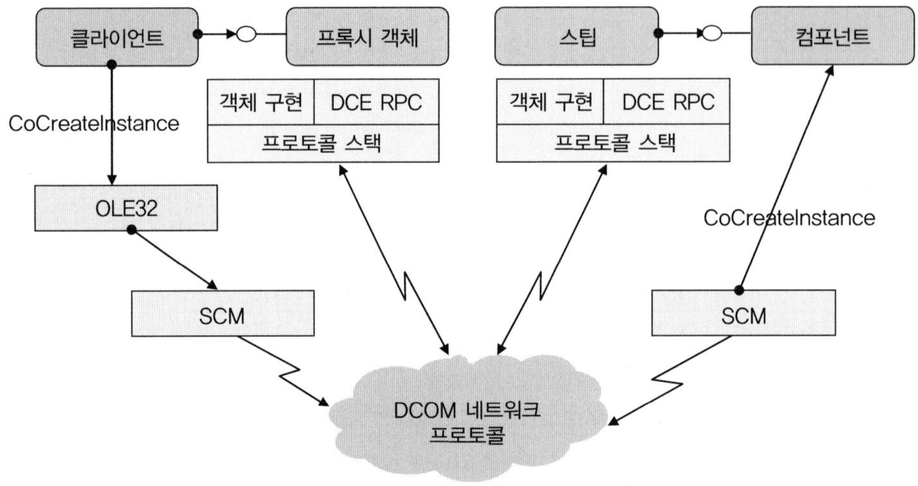

그림 5-4 분산 컴포넌트 객체 모델(DCOM)의 구조

된 컴포넌트 사이의 통신 문제를 해결하기 위해 만들어낸 것으로 클라이언트 프로그램과 서버 프로그램 간의 상호 통신방식을 정의한 모델이다.

DCOM은 COM이 로컬 머신에서만 작동되기 때문에 분산기능을 가지지 않는 것을 보완하여 이에 분산기능을 추가한 것으로 LAN, WAN 그리고 인터넷에서의 이기종 컴퓨터 간 통신을 지원하며 COM의 확장형이라 할 수 있다.

CORBA의 스텁(Stub)이 클라이언트에서 원격 객체 메소드의 인터페이스를 대리하여 서버로 메시지를 인코딩하였다면 DCOM에서는 프록시가 그 기능을 담당하고 있고, CORBA의 스켈레톤(Skeleton) 기능은 DCOM에서는 스텁이 담당하며, RPC를 이용해 호출하여 실제 객체에 전달한다.

그림 5-4는 DCOM의 구조를 나타내며 DCOM은 CORBA와 유사하지만 CORBA와는 다른 IDL을 사용하고 있고 DCOM 클라이언트는 DCOM 서버와 연결을 유지하는 접속지향적이다. 이는 계속되는 호출에 대한 초기 설정 작업이 없어 성능향상에 도움을 주고 클라이언트의 상태를 알 수 있어 쉽게 콜백(Call Back) 호출이 가능하다. 그러나 클라이언트가 접속을 제대로 종료하지 못하고 다운되었다면 서버는 클라이언트의 요청을 오랜 시간 대기해야 하는 단점이 있고, DCOM은 윈도우 환경에서만 제공되어 사용되므로 다른 기종의 분산 환경에서는 운용하기 어려운 제한점이 있다.

5.1.2.3.3 엔터프라이즈 자바빈즈(EJB)

엔터프라이즈 자바빈즈(EJB) 컴포넌트는 RMI에 기반한 분산 객체로서 서버 측에 EJB 컴포넌트가 존재하며 클라이언트는 RMI 스텁을 통하여 EJB 컴포넌트의 기능을 사용할 수 있다. EJB는

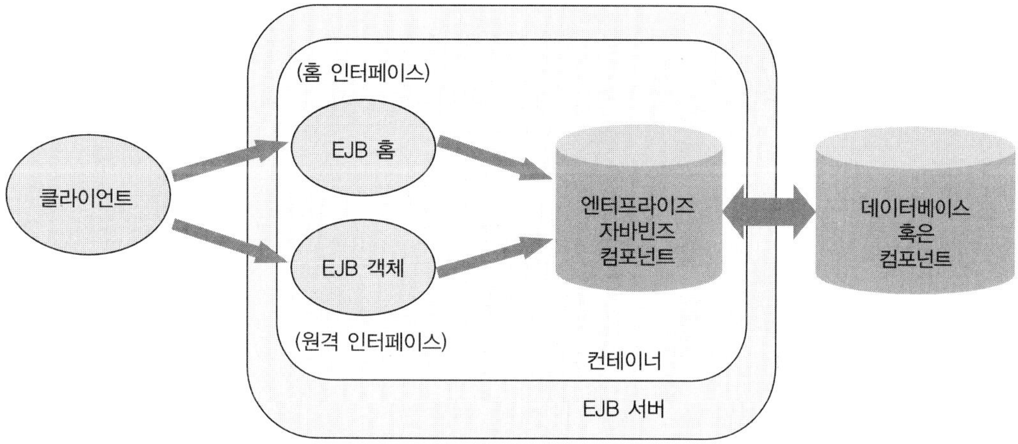

그림 5-5 엔터프라이즈 자바빈즈(EJB)의 구조

새로운 인스턴스의 생성 및 제거를 위한 EJB 객체와 빈(Bean) 인스턴스 비즈니스 로직 구현을 위한 EJB 홈이 있다. 그림 5-5는 EJB 구조를 보여준다.

RMI는 자바 기반의 분산 객체 기술로서 분산된 객체를 마치 로컬에 있는 객체를 다루듯이 사용할 수 있고, 기존의 소켓 프로그래밍의 복잡한 설계 절차와 에러를 발생시키는 요인을 극소화 시켰으며, 모든 네트워크 프로그래밍의 상세한 부분, 즉 소켓 API를 사용해서 구현되는 부분은 RMI 패키지, 클라이언트 스텁, 서버 스텁에 의해 숨기고 RPC와 달리 RMI는 자바 가상 환경(JVM)에서 실행된다. 자바 이외의 다른 언어는 지원하지 않고 있으며 원격호출 제공, 서버에서 애플릿으로 콜백 기능 제공, 분산모델을 자바 환경으로의 통합, 분산 객체와 비분산 객체의 명확한 구분 등의 특징이 있다.

5.1.2.4 분산 객체 기술의 변화

분산 객체 기술의 발전과정은 중앙 집중형 구조에서 클라이언트/서버 구조로, 클라이언트/서버 구조에서 미들웨어를 사용하여 서버와 클라이언트를 완전히 분리한 멀티티어 구조로 발전하였다.

초기의 컴퓨팅 환경은 그림 5-6과 같이 중앙의 대형 컴퓨터에 직접 접속하여 작업을 수행하는 중앙 집중형 컴퓨팅이었으며 중앙 시스템에 대한 높은 의존도로 인하여 고가의 IBM 호스트 및 메인 프레임을 사용해야 했고 사용자에 비례하여 컴퓨팅 파워를 증가시켜야 하는 어려움이 있었다.

중앙 집중형 컴퓨팅의 단점을 극복하기 위해서 제안된 분산 컴퓨팅은 그림 5-7과 같이 일정한

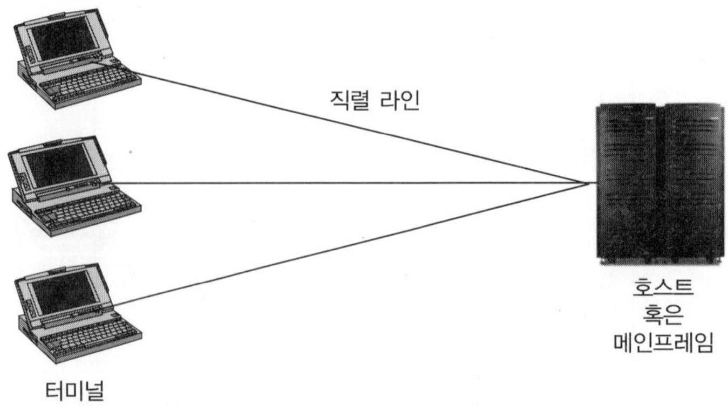

그림 5-6 중앙 집중형 컴퓨팅의 구조

작업을 여러 컴퓨터에 분배하여 협력하는 시스템 모델인 클라이언트/서버 컴퓨팅 구조이다. 클라이언트/서버 구조는 이용자/요구자 체계로서 LAN 등 네트워크상에서 하나의 프로세스를 클라이언트와 서버에 나누는 분산 처리 방식이다. 프로세스를 의뢰하는 장치나 컴퓨터 또는 프로그램을 클라이언트라고 하며, 의뢰받은 프로세스를 실행하고 응답하는 쪽을 서버라고 한다. 개방형 시스템을 위한 이 방식의 소프트웨어로는 X 윈도 시스템, 네트워크 컴퓨팅 시스템(NCS) 등이 있다.

네트워크 컴퓨팅 시스템(NCS: Network Computing System)

1987년에 발표한 미국 아폴로 컴퓨터사(현 휴렛패커드사)의 네트워크 컴퓨팅 애플리케이션(NCA) 사상에 기준하는 네트워크 분산 처리용 소프트웨어로서, 중앙처리장치(CPU) 자원을 공유할 수 있어 하나의 프로그램으로 네트워크상의 여러 컴퓨터를 동시에 사용할 수 있게 한다.

전형적인 클라이언트/서버 방식인 2티어(Tier) 방식은 클라이언트가 직접 서버를 액세스하므로 서버의 데이터베이스 로직이 바뀐다면 접속하는 모든 클라이언트 애플리케이션을 수정해야 하는 단점이 있기 때문에 이러한 문제를 해결하고자 나타난 것이 서버와 클라이언트 프로세스

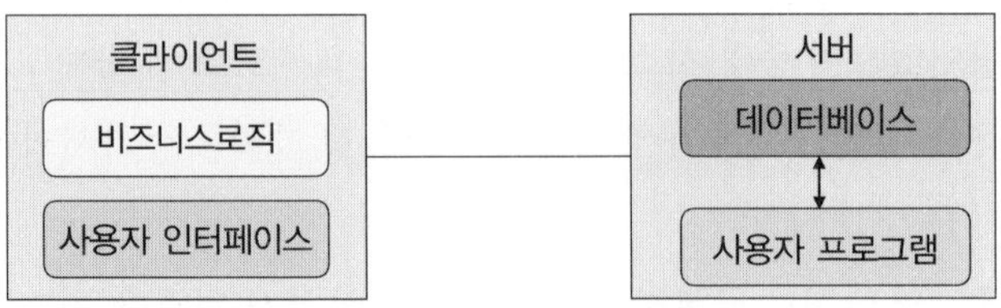

그림 5-7 클라이언트/서버 컴퓨팅의 구조

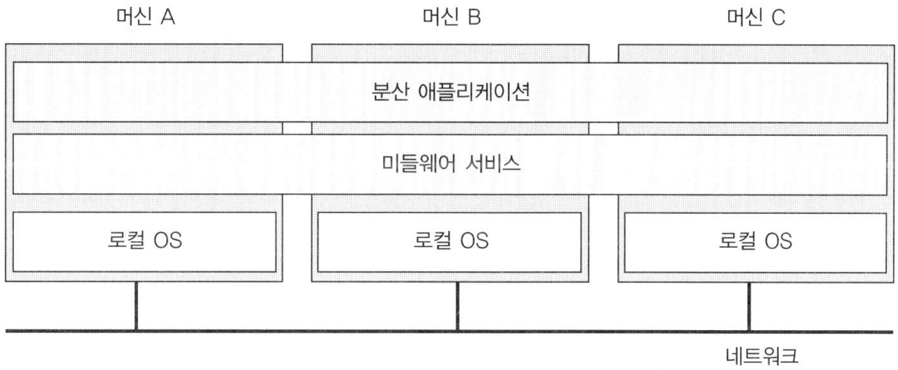

그림 5-8 멀티티어 방식(미들웨어)의 구조

사이를 완전히 분리하여 중간 연결 기능을 갖는 멀티티어 방식(미들웨어)이다. 미들웨어는 단순히 하나의 소프트웨어만을 지칭하는 것이 아니고 클라이언트와 서버 사이에서 필요로 하는 서비스를 효율적으로 제공하는 소프트웨어를 말하며, 그림 5-8과 같이 각기 분리된 두 개 이상의 프로그램 사이에서 매개역할을 하거나 연합시켜 주는 프로그램이다. 클라이언트와 서버는 그들의 요구에 따라 데이터베이스 응용 환경에서 필요한 미들웨어를 요구할 수 있으며, 객체지향 개념을 지원하는 OMG의 CORBA와 마이크로소프트의 DCOM과 같은 분산 객체 미들웨어를 사용한다.

분산 객체 기술 표준은 다양한 비즈니스 요구에 적절하게 대응할 수 있는 재사용이 가능한 형

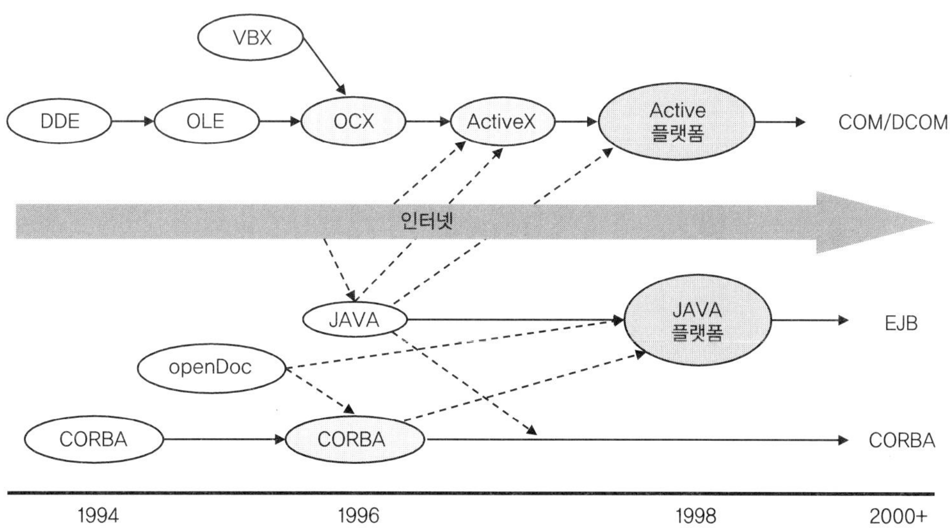

그림 5-9 분산 객체 기술 표준의 변천과정

태의 소프트웨어를 만들기 위해 그림 5-9와 같은 분산 객체 기술 표준의 변천과정을 거치게 된다. COM/DCOM은 OLE/OCX에서 VBX의 영향을 받아 ActiveX, Active Platform을 거쳐 COM/DCOM으로 발전하였으며, JAVA는 인터넷 환경과 openDoc, CORBA의 영향을 받아 JAVA Platform을 거쳐 EJB로 발전하였다. CORBA 또한 인터넷 환경이 발전함에 따라 JAVA 등의 영향을 받아 CORBA로 발전하였다.

5.2 서비스 컴퓨팅 환경

5.2.1 전송 기반구조

전송 기반구조는 상호운용이 가능한 전송 서비스의 규칙을 지원하는 모든 통신, 네트워킹, 모바일 컴퓨팅, 그리고 관련 프로토콜(위성 및 무선 통신 프로토콜 등)과 기술을 포함한다. 미 국방부 산하 DISA에서 추진하고 있는 국방정보체계망(DISN: Defense Information System Network), GIG-대역폭 확장(GIG-BE: GIG-Bandwidth Expansion), 그리고 혁신적 통신 아키텍처(TCA: Transformational Communications Architecture) 등은 GIG상에서 엔터프라이즈 정보환경(EIE)을 지원하기 위해 필요한 기초적인 핵심 통신과 네트워킹 기반구조의 개선을 제공한다.

5.2.1.1 국방정보체계망(DISN)

국방정보체계망(DISN)은 1995년에 완성된 데이터와 비디오/음성 서비스를 제공하는 미 국방부의 엔터프라이즈 네트워크로서 넓은 지역에 대한 비동기 전송모드(ATM) 연결을 제공한다. DISN 이전에는 미 국방부 자료통신망(DDN: Defense Data Network)이 사용되었는데, 1991년에 미 국방부는 DDN을 교체하는 새로운 네트워크 구축을 DISA에 요청하였고 이에 따라 1995년부터 DISN이 사용되었다. DISN의 구축 목표는 상호운용성의 보장, 정보 공유와 통합이 가능한 전송 서비스의 구현, COTS와 국제표준을 적용한 개방적이면서 비독점적인 아키텍처의 구현, 그리고 통신비용 절감 등을 꼽을 수 있다.

DISN의 구조는 그림 5-10과 같이 데이터 서비스로 비비화 정보통신망(NIPRNET: Nonsecure Information Processing and Receiving Network), 비화 인터넷망(SIPRNET: Secret Internet Protocol Network), Top Secret WAN, JWICS(Joint Worldwide Intelligence Communications System)를 제공하며, 음성통신망으로 미 국방부 전화교환망(DSN: Defense Switch Network), 비화망으로 미 국방성 비화망(1급)(DRSN: Defense Red Switch Network), 그 외 비디오 서비스 등이 제공된다.

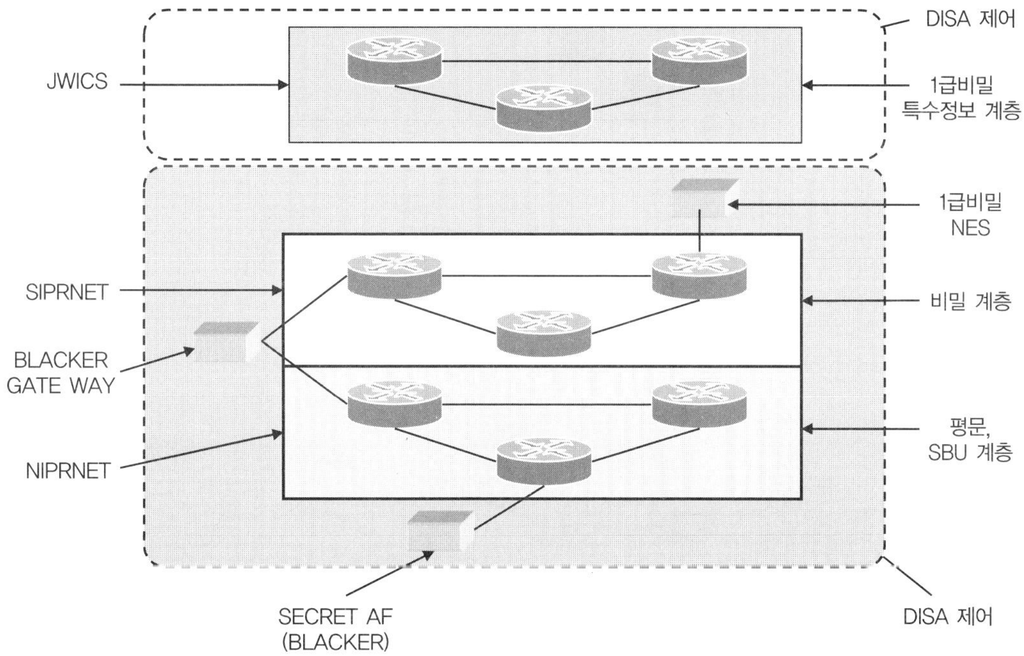

그림 5-10 국방정보체계망(DISN)의 구조

5.2.1.2 GIG-대역폭 확장(GIG-BE)

GIG-대역폭 확장(GIG-BE)이란 네트워크 중심 작전의 기본 토대를 마련하기 위해 더 많은 음성, 데이터 및 비디오 등을 전송할 수 있도록 대역폭을 증가시키기 위한 안전하고 견고한 첨단 광 네트워크를 제공하는 IP 기반의 지상 네트워크이다. NCOW RM에서는 GIG-BE가 대역폭 확장 및 통신의 생존성을 위해 국방정보체계망(DISN)의 한 부분으로서 업그레이드되면서 달성될 것이라고 명시하고 있다. DISA는 미 국방부 내에서 현재 사용 중에 있는 종단 간의 정보전송 능력을 확장하고 신뢰성을 높이기 위해 GIG-BE를 활용하고 있으며, GIG-BE의 완전 작전능력(FOC)은 2005년 12월 20일에 달성되었다.

GIG-BE의 계층은 그림 5-11과 같이 상용 통신, 물리 계층, 네트워크 계층, 애플리케이션 계층의 4계층으로 구성된다. DISN은 물리 계층과 네트워크 계층에서 IP라우터와 폰 스위치를 통해 동작하고 있으며, GIG-BE는 물리 계층과 네트워크 계층의 일부에서 IP라우터와 Qwest, WCOM 등으로 동작하는데 상용 통신의 90% 이상을 차지하고 있다.

인터넷과 GIG-BE와의 다른 점은 그림 5-12와 같이 인터넷은 느슨하게 규정되어 있는 네트워크로서 중앙의 제어 및 보호가 없는 반면에 DISN/GIG-BE는 정확하게 규정되어 있고 통제되고

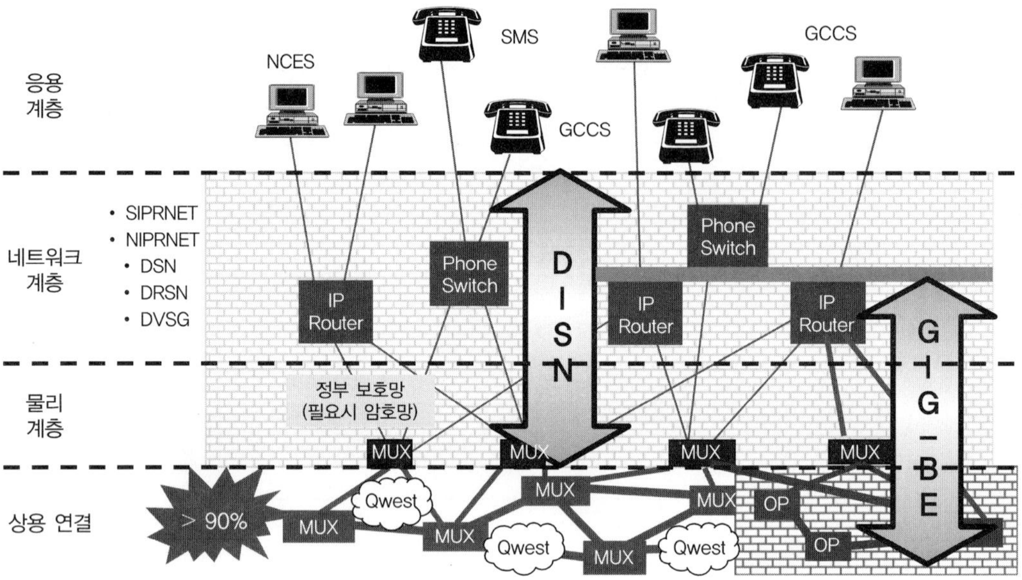

그림 5-11 DISN/GIG-BE의 계층

보호되는 네트워크라는 점이다. 인터넷과 DISN/GIG-BE 간에는 필터를 사용하여 동적으로 모니터 되고 통제가 가능하다.

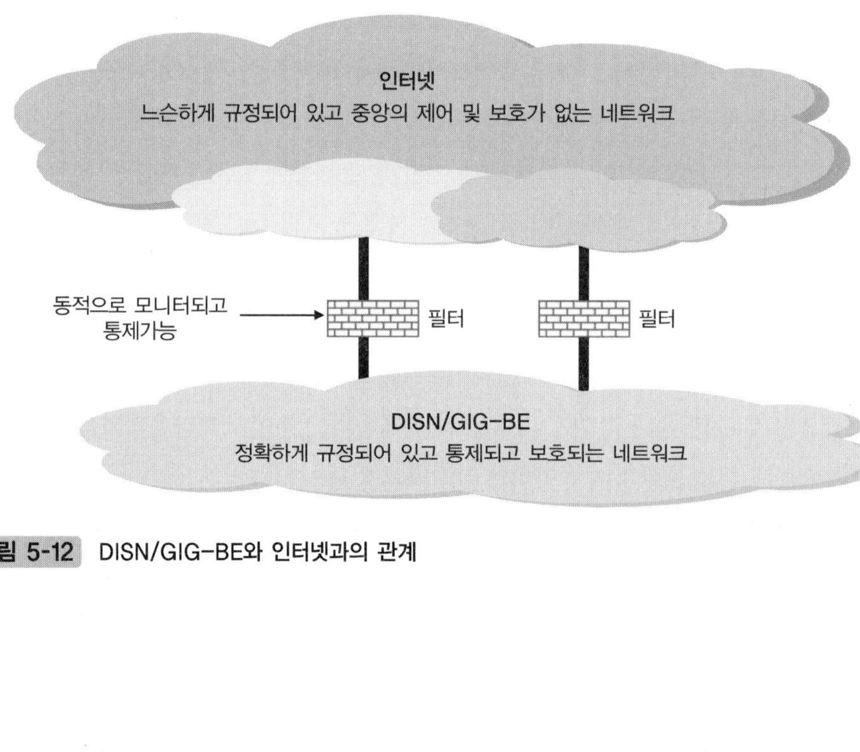

그림 5-12 DISN/GIG-BE와 인터넷과의 관계

5.2.1.3 변혁적 통신 아키텍처(TCA)

변혁적 통신 아키텍처(TCA)는 GIG와 NASA 통신 기반구조에 접속을 가능하게 하는 인터넷과 같은 전송 아키텍처로서 모든 군사력에 데이터 연결을 제공하기 위한 합동통신 개념이다. TCA는 적시적이고 끊김 없는 거대한 통합 및 상호 연결된 네트워크의 관리와 운영을 위한 새로운 개념으로 등장하였다.

TCA의 비전은 동적인 종단 간 접속 능력을 제공하고 공간(Space)이나 대역폭 제한사항 등을 줄여 GIG를 확장하면서 위성, 터미널, 지상 네트워크, 네트워크 관리를 동기화하는 것으로 서로 분리된 네트워크를 통합하는 것이 필요하다. 이와 같은 TCA의 비전이 그림 5-13에 나타나 있다. 그림 상단은 TCA 없이 연통형 시스템에서 분리된 서비스와 제한된 정보관리를 제공하는 통신을 보여주며, 하단은 TCA를 적용하여 통합된 통신을 보여주고 있다. 하나로 통합된 통신은 네트워크 중심 작전(NCO)이 가능하며 표준 기반으로 더욱 향상된 상호운용성을 제공하여 서비스를 통합할 수 있고, 통신 접속과 수용능력이 증가하며, 견고하고 적응 가능한 유연한 네트워크 제공이 가능하다.

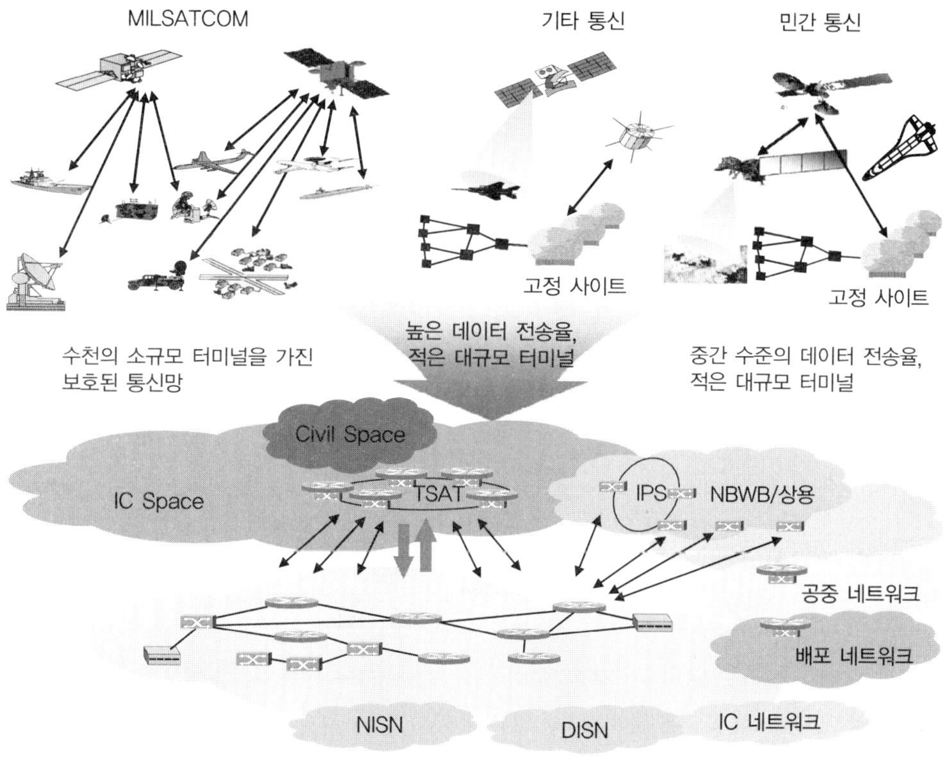

그림 5-13 변혁적 통신 아키텍처(TCA)의 비전

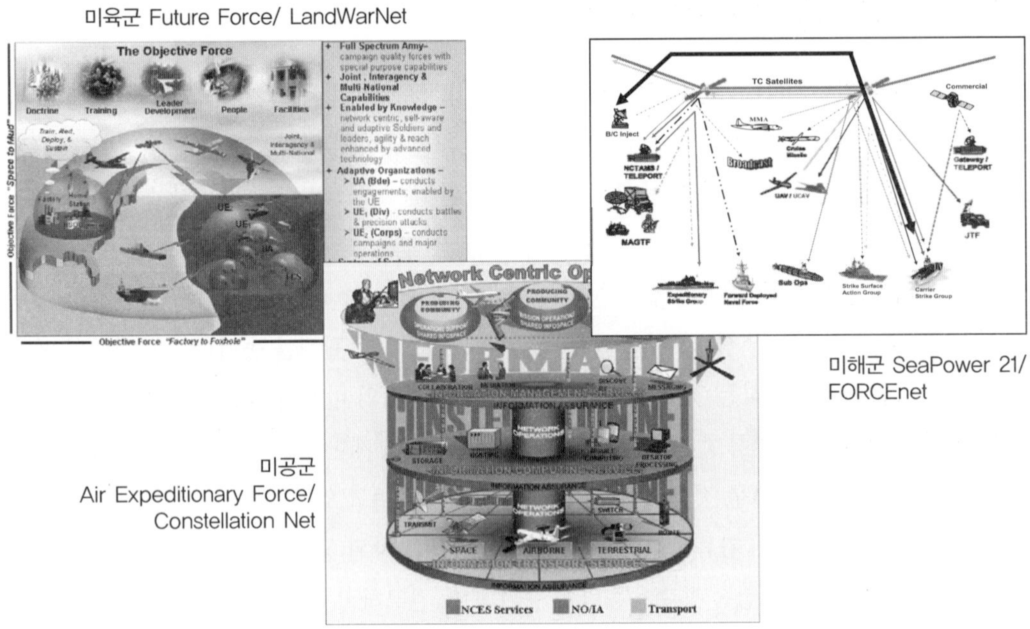

그림 5-14 국방 분야 서비스 임무

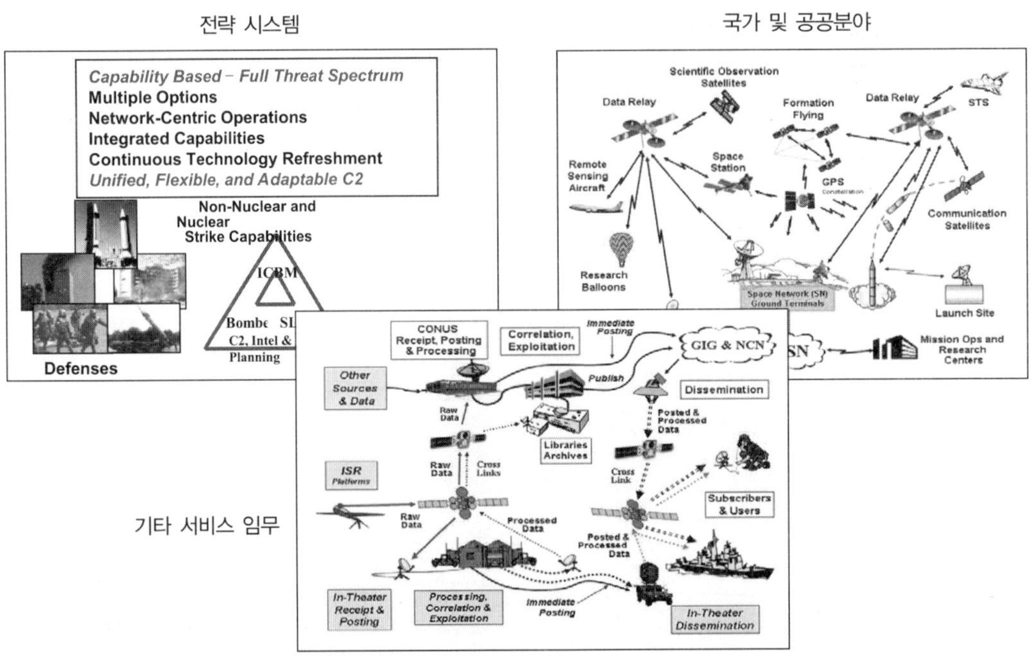

그림 5-15 전략시스템 및 공공 분야 서비스 임무

TCA가 지원하는 서비스 분야는 군사 분야에만 제한되지 않는다. TCA를 기반으로 하는 변혁적 통신(TC) 시스템은 RF 핸들링, Waveform 통신 프로세싱, 군사위성 통신과 연관된 네트워크와 보안 프로토콜 서비스를 포함하며, TCA는 그림 5-14의 각 군의 C4ISR를 포함한 국방 분야 서비스 임무 수행은 물론 그림 5-15의 전략시스템, 국가 및 공공분야, 기타 서비스 임무도 지원하고 있다. 국방 분야 서비스 비전은 육군의 LandWarNet, 해군의 ForceNet, 공군의 Constellation Net을 각각 지원하면서 네트워크를 중심으로 이들을 통합적으로 지원하는 개념이다.

5.2.2 서비스 컴퓨팅 환경

5.2.2.1 그리드 운영 환경(GOE)

그리드 운영 환경(GOE: Grid Operating Environment)은 하나의 목적을 위해 사용되는 둘 이상의 자원을 공유하고 동적인 문제 해결을 지원하는 시스템으로 지리직으로 분산된 안전한 가상 운영을 위한 개념적 기반구조 프레임워크이다. 그리드 운영 환경에 대한 개념은 그림 5-16과 같이 동적이고 자동적인 가상 글로벌 그리드의 모습을 보이고 있다. GOE는 다양한 별개의 조직과 서로 다른 보안 정책, 이종의 시스템, 그리고 다양한 네트워크가 존재하며 다양한 보안 레벨이 적용되고 지리적으로 분산되어 있다.

GOE의 중요한 두 가지 개념은 그리드 컴퓨팅과 자동화이다. 그리드 컴퓨팅은 가상화, 고성능 컴퓨팅이라는 개념을 포함하고 있고 자동화는 설치, 배치, 관리의 자동화를 의미한다. 그리드 운영환경(GOE)은 탄력성, 신뢰성, 생존성이 보장되는 탄력적인(Resilient) 네트워크 기반구조가

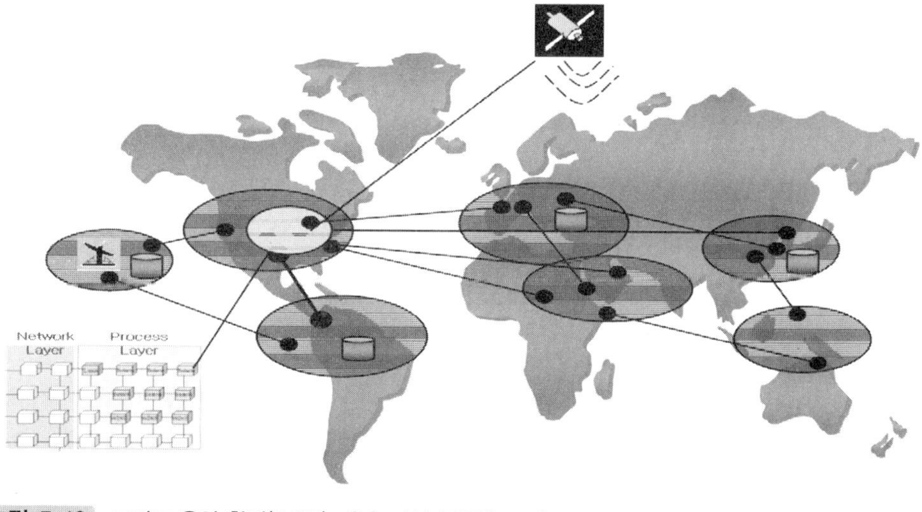

그림 5-16 그리드 운영 환경(GOE) 개념-가상 글로벌 그리드

필수적이다. 여기서 탄력적 네트워크 기반구조란 네트워크 연결이 끊어진 것을 복구하기 위한 어떤 능력을 제공하는 네트워크를 말한다. 탄력적 네트워크는 탄력적인 스키마를 기반으로 하며 보호(Protection)와 회복(Restoration)의 두 가지 요소로 구성된다.

- 보호(Protection) 네트워크 연결 설정 시 네트워크 여유 자원이 계산되어 준비된다. 전용으로 할당된 여유 자원에 각각의 연결이 할당되는 전용(Dedicated) 방식과 각각의 연결이 여유 자원을 서로 공유하는 공유(Shared) 방식이 있다.
- 회복(Restoration) 장애가 발생 시에 네트워크 여유 자원이 발견되고 준비된다. 백업 경로들이 계산되고 장애가 발생 시 여유 자원들이 준비되는 동적(Dynamic) 방식과 백업 경로들이 미리 계산되지 않지만 장애 발생 시 여유 자원들이 준비되는 기계획(Pre-planned) 방식이 있다.

그리드(네트워크) 서비스와 네트워크 기반구조에 대한 탄력성 결합은 다음과 같이 애플리케이션 탄력성, 미들웨어 탄력성, 그리고 구조 탄력성의 세 가지 수준에서 고려된다.

- 애플리케이션 탄력성 소프트웨어와 하드웨어 실패 모두를 복구한다.
- 미들웨어 탄력성 소프트웨어 실패를 복구한다.
- 구조 탄력성 대부분 하드웨어 실패를 복구한다.

탄력적 네트워크를 위해서는 대역폭, 지연시간 등 컴퓨터를 사용하는 업무 이행에 필요한 요구사항을 먼저 성공적으로 달성하는 것이 필요하며, 이를 위해서는 그림 5-17과 같이 계층형 그

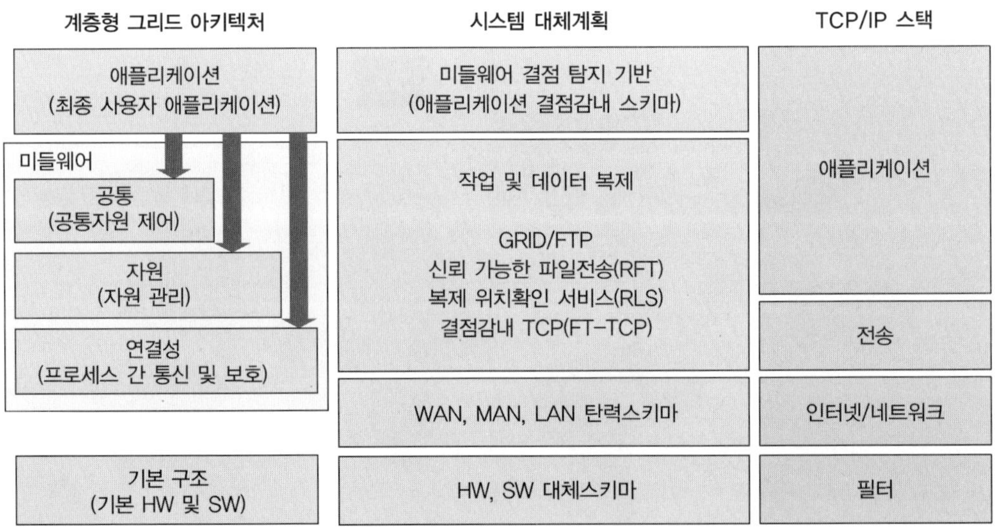

그림 5-17 그리드 네트워킹 탄력성을 위한 접근법

리드 아키텍처, 시스템 대체 계획, 그리고 TCP/IP 스택 모두와 상관관계가 있다.

5.2.2.2 그리드 컴퓨팅

그리드 컴퓨팅이란 위치뿐만 아니라 조직, 기계적인 아키텍처와 무제한의 힘, 협업과 그리드에 연결된 모든 사람들에게 정보 접속을 제공하는 소프트웨어 영역을 다루기 위한 분산 컴퓨팅의 새로운 방법이다. 그리드 컴퓨팅은 분산 컴퓨팅의 다음 세대로 인식되고 있으며, 인터넷 표준을 근간으로 구축되고, 안전하고 효과적인 방법으로 운영 영역을 교차하여 컴퓨팅과 정보 자원의 공유를 가능하게 하는 컴퓨팅을 말한다.

그리드 컴퓨팅은 큰 규모의 자원 공유, 혁신적인 애플리케이션, 고성능 운영에 초점을 두어 전통적인 분산 컴퓨팅으로부터 출현한 새로운 영역으로서, 그리드 기술은 컴퓨팅 능력에 대하여 요구에 따른 접속, 분산 자원의 연합, 최종 사용자 요구사항에 대한 분산 자원의 관리를 가능하게 한다.

미 국방부는 "NCE 그리드 컴퓨팅이 최종 사용자 또는 하나의 거대한 가상 컴퓨팅 시스템으로써 광범위한 네트워크상 분산 컴퓨팅 자원의 연합이 가능할 것으로 기대하고 있으며, 조직 간 경계를 넘어서 보안이나 고 효율성의 컴퓨팅 및 정보자원 공유를 가능하게 하는 서비스 지향 인터넷 표준을 근간으로 해서 구축될 것"이라고 정의하고 있다. 그리드 컴퓨팅은 종종 비즈니스 접근법과 기술적인 솔루션이 같을 것이라고 잘못 여겨지기도 하지만 그렇지는 않고 다음과 같이 비즈니스 접근법에는 유틸리티 컴퓨팅(Utility Computing), 자율 컴퓨팅(Autonomous Computing), 주문형 컴퓨팅(On-demand Computing) 등이 있으며, 기술적인 솔루션에는 클러스터링(Clustering), 주기 수확(Cycle Harvesting), 서버 가상화, 저장소 가상화 등이 있다.

- 비즈니스 접근법/모델
  - **유틸리티 컴퓨팅(Utility Computing):** 제공자가 컴퓨팅 자원을 만들고 사용자는 요구함으로써 기반구조 관리가 가능한 서비스에 관한 프로비전 모델
  - **자율 컴퓨팅(Autonomous Computing):** 사람의 간섭 없이 컴퓨팅 시스템이 컴퓨터 애플리케이션과 시스템의 기능을 제어하는 컴퓨팅 모델
  - **주문형 컴퓨팅(On-demand Computing):** 컴퓨팅 자원이 사용자의 주문에 따라 만들어지는 엔터프라이즈 모델
- 기술적 솔루션
  - **클러스터링(Clustering):** 하나의 고성능 기계로서 운영되고 관리되도록 설계된 고정 환경에서의 컴퓨터의 집합

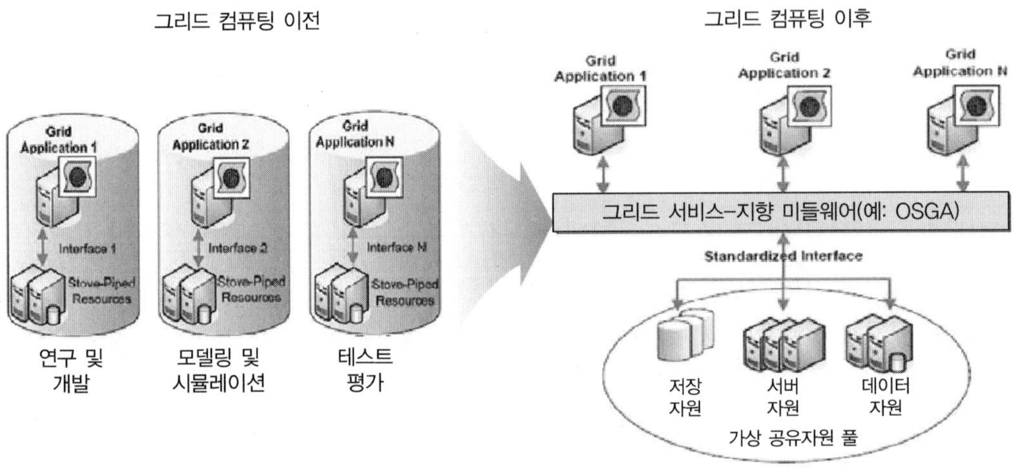

그림 5-18 그리드 컴퓨팅 이전과 이후의 접근법 비교

- **주기 수확(Cycle Harvesting):** 쓰지 않는 온라인 컴퓨팅 능력을 식별하고 그것을 가능하게 만드는 기술
- **서버 가상화(Server Virtualization):** 단일 하드웨어 플랫폼에 별개의 가상머신을 배치하기 위한 능력을 제공하는 기술
- **저장소 가상화(Repository Virtualization):** 다양한 네트워크에서 중앙 콘솔로 관리될 수 있는 단일 저장 장치들의 물리적 저장의 합동

그리드 컴퓨팅 접근법을 기존의 접근법과 비교하여 설명하면, 그림 5-18과 같이 기존의 접근법은 특정 기능을 위주로 하여 애플리케이션을 독점적인 방법으로 구현함으로써 네트워크 중심의 상호운용성과 정보공유, 그리고 애플리케이션 간 협업 등을 할 수 없지만 그리드 컴퓨팅 이후인 미래 접근법에서는 네트워크 중심 환경(NCE)에 분산된 자원을 가상 공유 자원 풀과 서비스 지향 미들웨어를 이용하여 그리드 애플리케이션을 구현하기 때문에 애플리케이션 간 상호운용성, 정보 공유 및 협업 등이 촉진될 것이다.

그리드 컴퓨팅을 위한 그리드 표준은 글로벌 그리드 포럼(GGF: Global Grid Forum)을 중심으로 활발하게 추진되고 있으며, 대표적으로 개방형 그리드 서비스 아키텍처(OGSA: Open Grid Service Architecture)와 그리드 미들웨어인 글로버스 툴킷(Globus Toolkit)이 있다.

OGSA는 인터넷상의 애플리케이션 및 컴퓨팅 자원을 공유할 수 있는 통합에 대한 요구로 개발되었으며, 2002년 2월 GGF4에서 처음 소개되었다. OGSA는 GGF에서 개발한 표준 집합에 의해 정의된 서비스 지향 아키텍처이며 기반자원의 공유를 위한 그리드 기술과 애플리케이션의

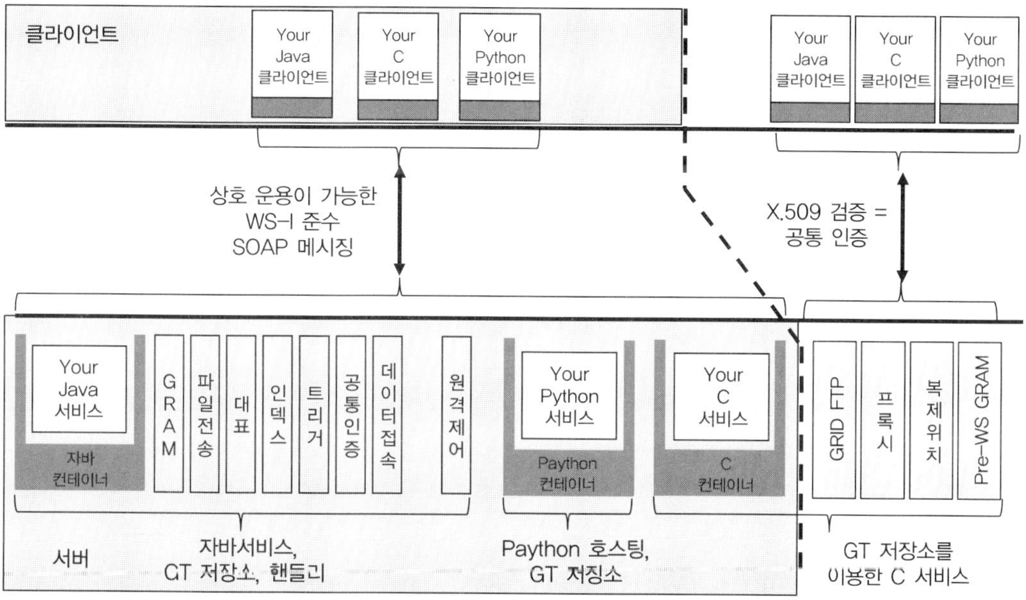

그림 5-19 글로버스 툴킷(Globus Toolkit) 버전 4.0의 구조

공유를 위한 웹 서비스 표준을 상호 결합한 개방형 통합 기술 표준이다. OGSA는 글로버스 툴킷의 단점을 보완하기 위해 글로버스 미들웨어의 장점과 웹 서비스의 기술표준(XML, WSDL, SOAP, UDDI)을 통합하여 그리드 서비스의 개념을 확장한 기술 표준이다.

기본적으로 그리드 아키텍처는 글로버스 프로젝트에 의해 그 기반이 마련되었으며, 글로버스 프로젝트는 그리드 컴퓨팅 환경의 구축을 위해 필요한 기반 기술을 개발하는 프로젝트이다. 글로버스 툴킷은 그리드 애플리케이션을 구축할 때 사용할 수 있는 유용한 컴포넌트들로 구성되며, 컴포넌트들은 그리드 애플리케이션 개발 시 함께 또는 독립적으로 사용될 수 있다. 그림 5-19는 글로버스 툴킷 4.0의 구조를 보여주고 있으며 보안 기반구조, 자원 접속과 관리, 데이터 전송, 업무 실행 등의 주요 컴포넌트를 제공한다.

5.2.3 그리드 컴퓨팅 환경

미 국방부가 추진하고 있는 그리드 컴퓨팅은 연구, 개발, 테스트, 평가(RDT&E)뿐만 아니라 그리드 컴퓨팅 구현을 위해 모델링 및 시뮬레이션(M&S)도 포함된 RDT&E/M&S 개발까지를 포함하고 있으며, 복잡한 계산과 고용량 데이터 분석을 처리하기 위한 고성능의 컴퓨팅 자원과 CPU 주기 수확 기술도 함께 개발하고 있다. 그리드 컴퓨팅은 다음과 같이 유틸리티 컴퓨팅, 그리드 NetOps 능력, 그리드 SOA 기반구조의 3단계로 구분하여 추진되고 있다.

- **유틸리티 컴퓨팅** 유틸리티 컴퓨팅은 데이터 센터나 사용 중인 컴퓨팅 기반 자원(서버, OS, 저장소, 프로세서 등)의 관리 비용을 절감하고 자원 활용을 증가시키기 위해 클러스터링과 가상화로 구현한다. 서비스 제공자는 소비자의 요구에 따라 컴퓨팅 자원을 생산하고 컴퓨팅 기반 자원을 관리하며 필요 시 소비자의 특정 활용을 위해 컴퓨팅 자원을 변형한다. 서비스 제공자에 의해 제공된 서비스는 관리 서비스에 의해 식별된다.
- **그리드 NetOps 능력** 공유되는 정보에 대한 상황 인지를 위해 협업적이고 통합된 모니터링을 수행하게 해주며 분산되고 이질적인 GIG 환경 하에서 컴퓨팅 기반 자원의 관리를 향상시키고 가속화 한다.
- **그리드 SOA 기반구조** 그리드 서비스는 SOA를 기반으로 개발되고 기능적인 그리드 능력을 지원하기 위해 공통적이고 기초가 되는 기능을 제공하며 실행 관리, 자원관리, 데이터 접속/이동/업데이트, 보안 서비스 등의 기능이 그리드 SOA 기반구조에 의해 제공된다.

향후에는 엔터프라이즈 서비스가 가능한 그리드 구현, 그리드 데이터 및 탐색 능력 개발, 그리드 OS 개발, 그리고 그리드 포털 능력의 개발이 포함될 것이다.

- **엔터프라이즈 서비스가 가능한 그리드 구현** 엔터프라이즈 차원에서 많은 기능적 애플리케이션에 의해 사용될 수 있는 공통 서비스로서 최대의 수용 요구를 만족시키기 위해 주문형(On-Demand) 그리드 컴퓨팅 자원을 도입할 것이다. 또한 그리드 컴퓨팅 서비스 제공자는 그리드 컴퓨팅 서비스를 제공하기 위해 표준 기반의 서비스 지향 접근법을 구현하여 유틸리티(Utility) 컴퓨팅 능력을 확장시킬 것이다.
- **그리드 데이터 능력 개발** 네트워크 중심 환경의 공유된 공간인 카탈로그, 웹사이트, 저장소, 문서 저장소, 데이터베이스 등에서 최적화된 저장소와 데이터와 정보 검색을 제공할 것이다. 이 능력은 또한 네트워크 중심 데이터 전략에 적용함으로써 이익공동체(COI)의 협업을 지원할 것이며 그리드 SOA 기반 능력을 사용할 수 있도록 준비시킬 것이다.
- **그리드 탐색 능력 개발** 탐색 엔진은 CPU 주기를 소비하고 데이터를 읽어 들여 질의를 처리하며 초당 최대 요청 스트림을 처리하기 위해 다른 프로세서에서 실행시킬 다른 질의문이 필요하다. 그리드 탐색 능력은 기능적인 능력으로써 최종 사용자에게 탐색 질의 결과를 최적화하기 위한 컴퓨팅 자원을 공급할 것이다. 센서 네트워크 능력 그리드 컴퓨팅은 시간에 의사결정을 형성하기 위해 센서 네트워크의 수집, 저장, 실시간 데이터 및 정보의 융합을 활용할 것이다.
- **그리드 OS 개발** 그리드 모듈 개발을 포함하며 그리드 모듈은 서버, PC 운영체제에 포함되고 인터넷 가능 서버와 PC는 표준 기반 프로토콜을 기반에서 그리드 자원을 사용하게 된다. 그리

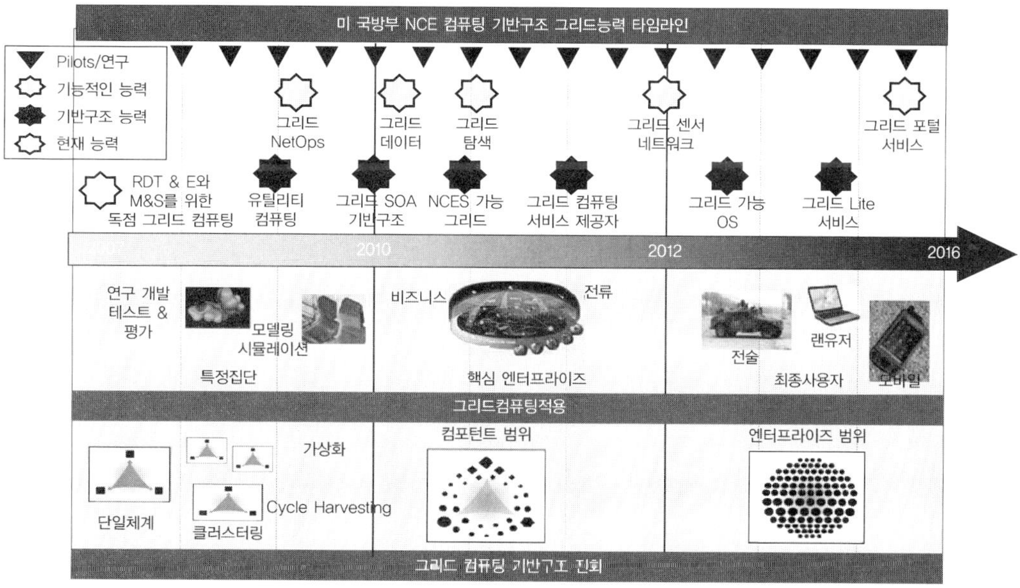

그림 5-20 미 국방부의 컴퓨팅 기반구조 추진계획

드 라이트(Lite) 능력은 작은 장치(PDA, 셀폰, 방화벽 등)의 사용을 확장하고 그리드 장치를 가능하게 하는 주요한 서비스 모음을 식별하는 것이다.

- **그리드 포털 능력 개발** 사용 가능한 그리드 자원에 대한 최종 사용자 뷰를 제공하는 것으로 인증된 최종 사용자는 그리드 자원에 대해 접속하고 구성하며 사용할 수 있다.

참고사항으로 미 국방부에서 발표한 그리드 컴퓨팅 기반구조 추진계획의 전체적인 모습이 그림 5-20에 나타나 있으며, 여기에는 컴퓨팅 기반구조 구축을 위한 개념 연구와 그리드 컴퓨팅 기반구조의 전개 및 단계별 적용내용 등이 포함되어 있다.

5.3 분산/서비스 컴퓨팅 환경 상관관계

5.3.1 전송 기반구조

전송 기반구조의 변천과정이 그림 5-21에 나타나 있다. 1983년에 ARPANET과 통합하여 4개의 물리적으로 분리된 미 국방부 자료통신망(DDN)을 구축하여 운영하였으나, DDN이 물리적으로 분리되어 상호간 통신지원이 이루어지지 않고 통신비용 부담이 과중됨으로써 1995년에 국방정보체계망(DISN)으로 전환하였다. 그 이후 네트워크 중심 개념과 NCES 계획으로 전송대역폭에

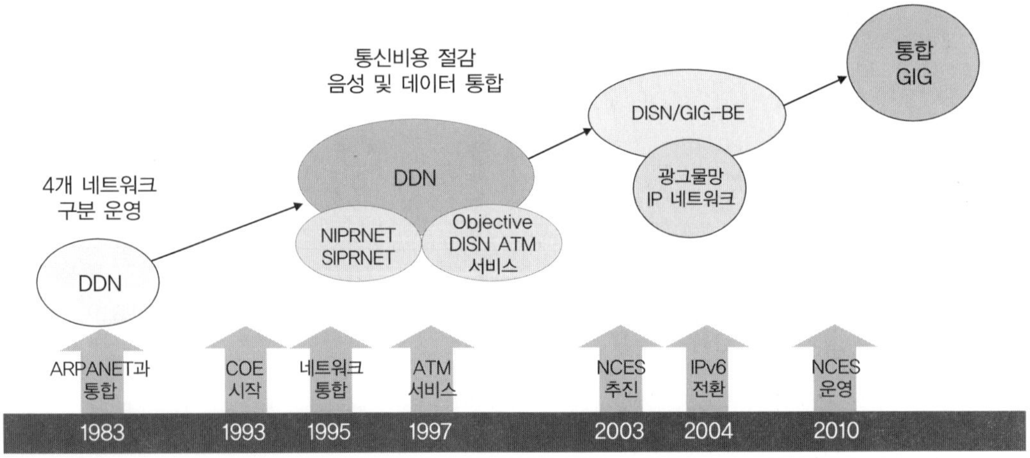

그림 5-21 전송 기반구조의 변천과정

대한 요구가 증가되면서 광 네트워크인 GIG-대역폭 확장(GIG-BE)이 DISN에 통합되었다.

DISN과 GIG-BE의 관계는 그림 5-22와 같이 서로 완전히 분리된 것이 아니라 통합된 네트워크라고 말할 수 있다. DISN과 GIG-BE를 비교해 보면 GIG-BE 사이트는 GIG-BE 계획에 의해 90개 이내의 사이트로 구성되고 최소 10Gbps까지의 전송 속도로 최소 지연시간을 실현하며, DISN은 음성과 데이터, 비디오를 융합하며 300개 정도의 사이트로 구성되어 최적의 접속을 지원하고 있다.

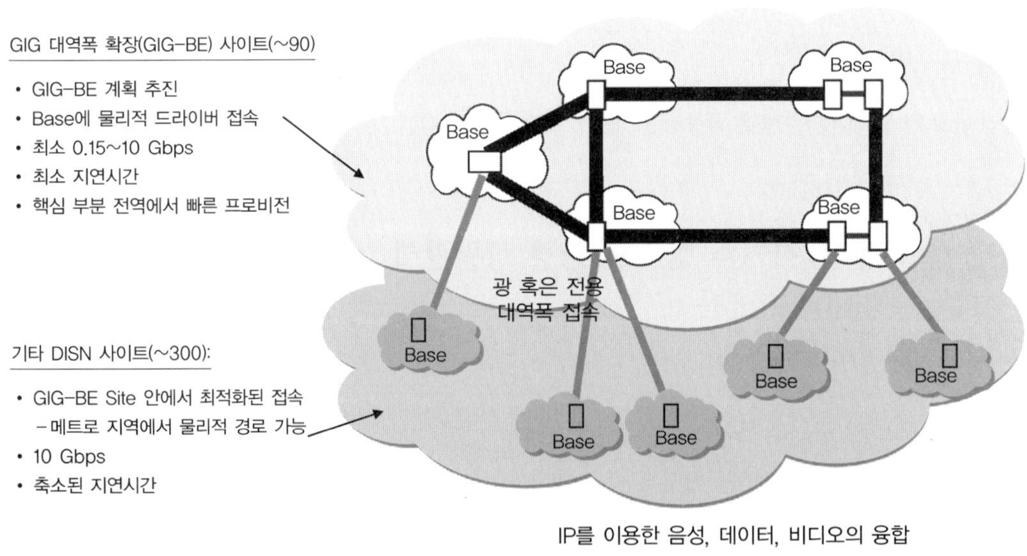

그림 5-22 DISN과 GIG-BE의 관계

5.3.2 컴퓨팅 환경

분산 컴퓨팅은 네트워크에 물리적 또는 논리적으로 분산되어 있는 애플리케이션 사이의 데이터 교환 서비스를 제공하는 것으로써 DII COE의 기반구조 서비스는 통신 모듈, 프리젠테이션, 웹 툴, CORBA와 같은 분산 컴퓨팅 서비스와 분산 컴퓨팅 환경을 포함한다. COE의 분산 컴퓨팅 서비스는 같은 컴퓨팅 플랫폼에서 분산 애플리케이션과 서비스 상호운용성을 지원하고, COE의 분산 컴퓨팅은 이름, 시간, 객체 교환의 세 가지 타입에 의해 구현된다.

그리드 컴퓨팅은 하나의 작업을 지구상의 모든 컴퓨터와 모든 기계 장치와의 연결을 통하여 구축되는 가상의 슈퍼컴퓨터를 통하여 처리하는 것으로 IT기술 관점에서 그리드 컴퓨팅은 글로벌 인터넷 기반구조 위에서 이기종 시스템을 포함한 가용한 모든 자원들을 공유할 수 있게 해주는 분산 컴퓨팅을 위한 새로운 개방형 표준이다. 그리드 컴퓨팅은 NCE에 분산된 자원을 가상 공유 자원 풀과 서비스 지향 미들웨어를 이용하여 상호운용성, 정보 공유, 협업을 지원하며 GGF에서 개발한 표준 모음에 의해 정의된 서비스 지향 아키텍처인 OGSA와 글로버스 툴킷에 의해 구현된다.

분산 컴퓨팅과 그리드 컴퓨팅을 비교해보면, 그리드 컴퓨팅은 대규모 자원 공유, 혁신적인 애플리케이션, 고성능 등에 초점을 맞추고 있다는 측면에서 전통적인 분산 컴퓨팅과 구분되며 분산 자원을 통합하여 제어할 수 있어야 한다는 것과 표준화된 개방형 프로토콜과 인터페이스를 사용해야 한다는 것, 그리고 양질의 서비스(QoS)를 제공해야 한다는 세 가지 특성을 만족해야 한다.

또한 그리드 컴퓨팅은 클러스터 컴퓨팅과 병렬 컴퓨팅을 포함한다. 클러스터란 로컬 지역 내의 컴퓨터 여러 대를 네트워크를 이용해 동일한 시스템 환경에서 커다란 하나의 가상화된 컴퓨터처럼 총체적인 서비스를 제공하는 것을 의미하고, 병렬 컴퓨팅은 순차적으로 진행되는 계산

표 5-1 COE와 NCES의 컴퓨팅 비교

공통운용환경(COE)	네트워크 중심 엔터프라이즈 서비스(NCES)
• 분산 컴퓨팅	• 그리드 컴퓨팅 (유틸리티, 협업, 서비스 지향 컴퓨팅)
• 분산 컴퓨팅 환경(DCE)	• 그리드 운영 환경(GOE)
• 분산 객체(CORBA 등)	• 그리드 미들웨어(글로버스 툴킷)
• 분산 애플리케이션 간 정보교환	• 분산된 모든 자원에 대한 정보공유
• 소규모, 워크스테이션 클러스터	• 대규모, 슈퍼컴퓨터 또는 인터넷 가상화, 자동화

영역을 여러 프로세서에서 동시에 수행하는 고도 병렬처리(MPP: Massively Parallelled Processing)와 작은 규모의 메시지를 전달하는 워크스테이션 클러스터가 해당된다. 이들을 비교해보면 (표 5-1)로 요약할 수 있다.

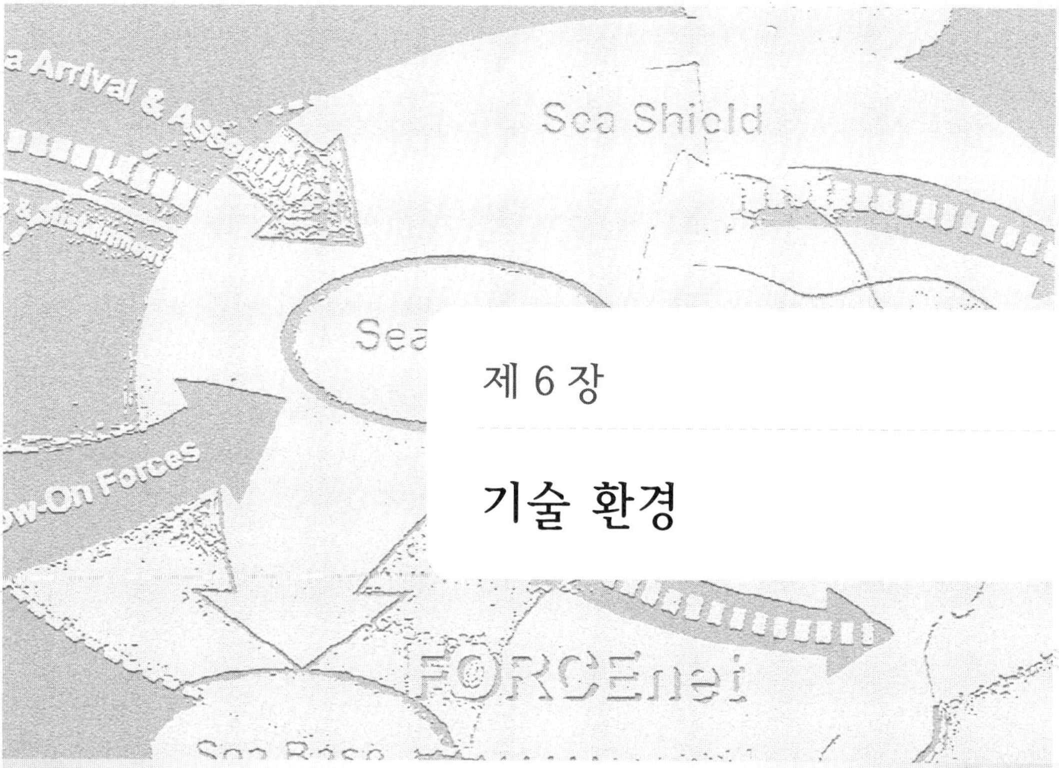

제 6 장

기술 환경

본 장에서는 NCES 핵심 서비스를 구축하는데 필요한 기술 환경을 SOA 기술과 서비스 기술로 구분하여 설명한다. SOA 기술 환경에서는 SOA 개념 및 특징 그리고 기술동향 분석을 간략히 설명한 후 SOA와 NCES 간의 관계를 설명한다. 서비스 기술 환경에서는 NCES 기반 SOA 기술과 제품라인(PL) 기반의 SOA 기술을 설명하며, 그런 다음 분산 기술 환경과 서비스 기술 환경의 상관관계를 비교하여 제시한다. 본 장은 다음과 같이 구성된다.

6.1 SOA 기술 환경

6.1.1 SOA 개념 및 특징

6.1.1.1 SOA 정의

SOA(Service Oriented Architecture)의 정의를 사전적 측면이나 학계 혹은 산업계 측면 모두를 고려해 볼 때 시사하고자 하는 의미는 거의 모두 유사하다고 볼 수 있다. 먼저 사전적 측면에서 SOA의 정의를 살펴보면, 위키백과에서는 "대규모 컴퓨터 시스템을 구축할 때의 개념으로 업무상의 일 처리에 해당하는 소프트웨어 기능을 서비스로 판단하여 그 서비스를 네트워크상에 연동하고 시스템 전체를 구축해 나가는 방법론"으로 정의하고 있으며, 정보통신 용어사전에는 "기업의 소프트웨어 인프라인 정보 시스템을 공유와 재사용이 가능한 서비스 단위나 컴포넌트 중심으로 구축하는 정보기술 아키텍저"로 정의하고 있다.

학계 및 산업계에서 내리는 SOA의 정의를 살펴보면, "서비스를 이용하여 업무를 수행하는 아키텍처," "서비스로 대변되는 단위 비즈니스 기능에 대응하는 추상화된 서비스 계약을 기반으로 IT 아키텍처를 비즈니스 지향적으로 제 구조화하고자 하는 IT의 비전이자 추가 가치 내지는 사명," "신규 애플리케이션의 개발요구에 대해 전면적인 재구축보다는 기존에 보유한 IT 자산을 서비스화하여 이를 연계 구현함으로써 재사용을 극대화하고자 하는 사상이고, 이를 전보다 훨씬 더 구체적으로 지원하는 방법론과 개발 프레임워크, 개발 및 운영 툴의 통칭" 등 사전적 측면에서의 정의와 마찬가지로 의미는 대부분 유사하다는 것을 알 수 있다.

참고로 미 국방부의 NCOW RM에서는 SOA를 "다른 서비스와 상호 커뮤니케이션하는 네트워크상의 서비스 집합"으로 정의하고 있다.

6.1.1.2 SOA 아키텍처 및 구성요소

SOA 아키텍처는 소프트웨어의 구성요소, 구성요소의 가시적인 속성, 그리고 속성들의 관계로 구성된 구조 혹은 시스템의 구조를 의미한다. SOA 아키텍처는 일반적으로 가장 하위의 소프트웨어 프로그램으로 구축된 애플리케이션 계층, 가장 상위의 비즈니스 전문가에 의해 잘 구축된 비즈니스 프로세스 계층, 비즈니스 프로세스 계층과 애플리케이션 계층을 연결하는 서비스 인터페이스 계층으로 구성된다. 서비스 인터페이스 계층은 애플리케이션을 서비스로 식별한 애플리케이션 서비스 계층, 비즈니스 계층을 서비스로 식별한 비즈니스 서비스 계층, 이것을 하나로 연동시켜 주는 오케스트레이션 계층으로 구분되는데, 이러한 SOA 아키텍처의 구성도가 그

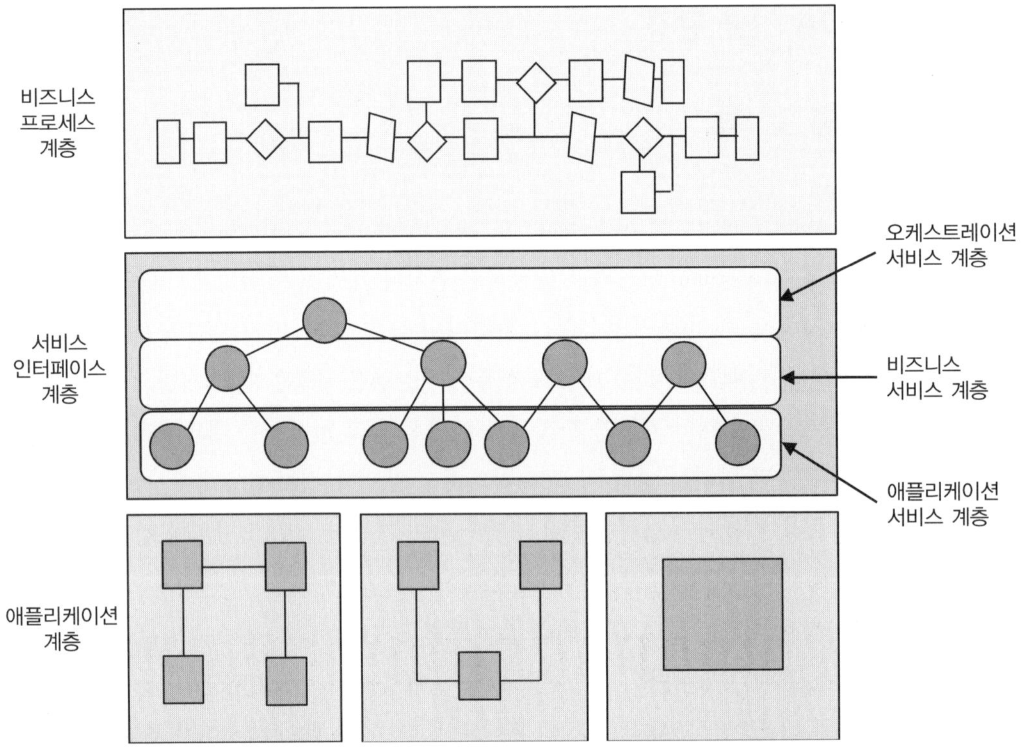

그림 6-1 SOA 아키텍처 구성도

림 6-1에 표현되어 있다.

SOA 아키텍처는 그림 6-2와 같이 애플리케이션 프론트엔드, 서비스, 서비스 레파지토리, 서비스 버스 등 4가지로 구성되어 있으며, 각각의 기능은 다음과 같다.

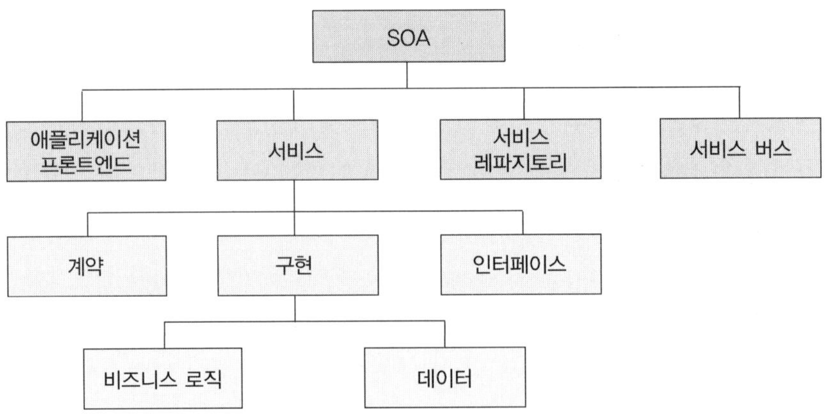

그림 6-2 SOA 아키텍처의 구성요소

- **애플리케이션 프론트엔드** 엔터프라이즈 시스템의 모든 활동을 가동하고 통제한다.
- **서비스** 애플리케이션 프론트엔드와 다른 서비스가 사용할 수 있는 비즈니스 기능을 제공한다. 비즈니스 로직, 데이터, 서비스의 클라이언트(애플리케이션 프론트엔드 혹은 다른 서비스)에 대한 기능, 사용, 제약을 규정한 서비스 계약, 기능을 물리적으로 노출하는 서비스 인터페이스 등이 구현된 것이다.
- **서비스 레파지토리** 서비스를 탐색하고 이용하는 데 필요한 모든 정보를 획득하는 기능을 제공한다.
- **서비스 버스** SOA의 모든 참여자 서비스와 애플리케이션 프론트엔드를 상호 연결한다.

6.1.1.3 SOA 수명주기(Life Cycle)

SOA를 구현하기 위한 수명주기에는 모델, 조합, 배포, 운영의 4개 절차가 있고, 이 절차를 관리하고 통제하는 거버넌스와 프로세스가 있다. SOA 구현을 위한 수명주기는 그림 6-3과 같다.

모델(Model) 단계

비즈니스의 새로운 서비스 구현 요구나 기존 서비스에 대한 변경 요구를 구현하기 위하여 비즈니스 프로세스의 설계를 정의하며, 설계된 프로세스 모델을 전면적으로 재설계하지 않아도 언제든지 변경 및 유지보수할 수 있도록 최신의 표준 기술을 지원하고 서비스 구현까지 연속성을 제공하는 비즈니스 프로세스 설계 툴을 이용하여 프로세스 설계를 수행한다. 그리고 단위 업무 프로세스 설계에 국한하는 것이 아니라 전사적 차원의 프로세스 분류체계를 수립한다.

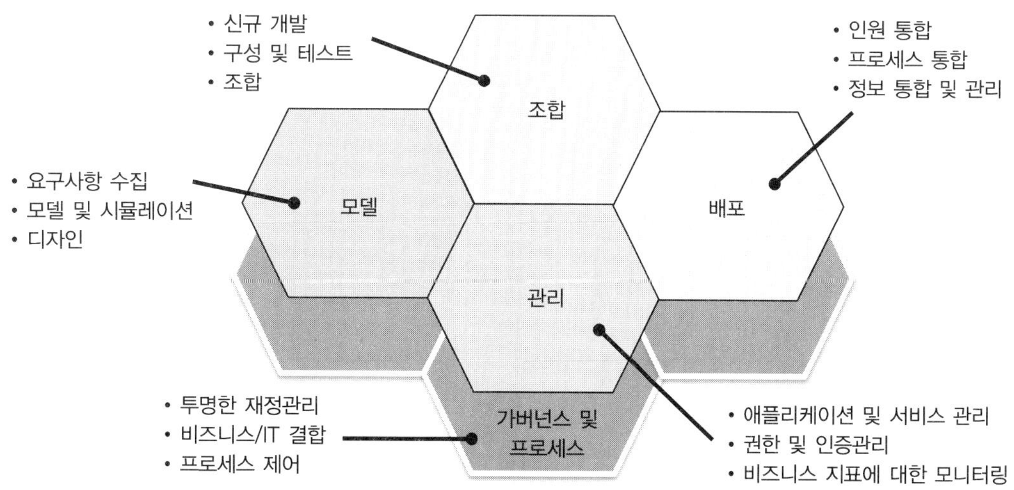

그림 6-3 SOA의 수명주기

| 조합(Assembly) 단계 |

설계된 프로세스 모델을 업무에 그대로 적용하기 위하여 기존에 운영되고 있는 애플리케이션 내의 서비스를 서로 연계하거나 신규 서비스를 개발하여 설계된 프로세스를 그대로 지원하는 프로세스 자동화 인프라를 구현한다. 그리고 단위 활동을 지원하는 컴포넌트나 서비스를 서비스 통합을 지원하는 미들웨어 등을 이용해 약결합 형태로 연동시켜 운영되도록 함으로써 새로운 요구사항의 출현이나 변경 요구에 보다 빠르게 대응할 수 있도록 한다.

| 배포(Deploy) 단계 |

구현 조립된 서비스나 신규로 개발된 서비스를 포털 솔루션을 이용해 인프라 접점을 통합하거나 프로세스의 통합관리 솔루션을 이용하여 프로세스를 통합하고, 통합 솔루션을 이용하여 다양한 플랫폼에 분산된 정보를 통합하는 등 다양한 기술요소를 이용해 프로세스를 실제 업무에 적용시켜 운영한다. 특히 통합 솔루션은 표준 기술을 수용하고 이를 적극 지원할 수 있는 것을 선정해야 향후 이기종 플랫폼에서 운영되는 서비스를 통합하고 자유로운 통합을 효과적으로 지원할 수 있다.

| 운영(Manage) 단계 |

실제 업무에 적용되어 운영되고 있는 애플리케이션과 서비스를 관리하고 서비스 접근 권한 및 사용자의 인증관리 등 서비스 운영의 품질을 유지하기 위한 제반 관리활동을 수행하며 설계된 비즈니스 프로세스 서비스의 운영현황과 비즈니스 성과지표를 중심으로 비즈니스 운영환경을 모니터링한다. 그리고 비즈니스 서비스의 IT 인프라 모듈 운영환경까지 연계해 모니터링하여 기업 내 발생한 문제점을 실시간으로 알려줌으로써 즉시 해결이 가능하도록 해주며, 트렌드 분석과 미리 정의한 비즈니스 룰을 통해 발생 가능하다고 판단되는 위험요소를 사전에 인지하고 이를 해소하도록 함으로써 서비스의 보다 안정적인 운영환경은 물론 지속적이고 점차적인 프로세스 개선의 상시화를 실현할 수 있다.

6.1.1.4 SOA 특징

6.1.1.4.1 기술적 관점

SOA의 특징을 기술적 관점에서 분석해보면, 생산성과 유연성을 극대화시킬 수 있는 인에이블러(Enabler), 시스템으로부터 독립성을 유지할 수 있는 인에이블러, SOA와 연관되어 있는 관계자, 서비스 융·복합을 위한 인프라 기술, 그리고 유비쿼터스 컴퓨팅의 핵심기술이라는 5가지 관점에서 그 특징을 찾아 볼 수 있다.

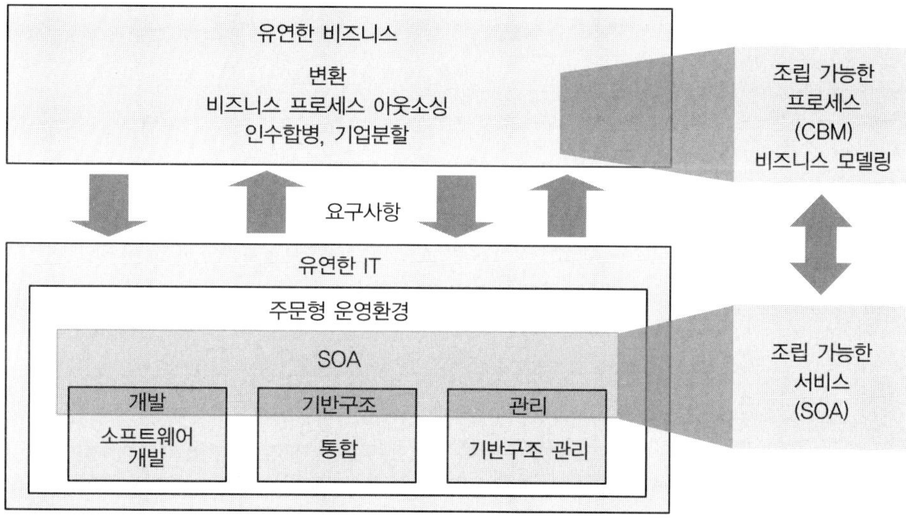

그림 6-4 유연한 비즈니스와 유연한 IT

생산성과 유연성을 극대화시킬 수 있는 인에이블러(Enabler)

외부 변화에 반응해서 신속하게 비즈니스를 바꿀 수 있는 주문형 비즈니스를 구현하기 위해서는 IT 시스템의 유연성이 필수적이므로 SOA는 주문형 운영환경에서 비즈니스 유연성을 가능하게 하는 기반구조를 제공한다. 이러한 유연한 비즈니스와 유연한 IT 환경에 대한 설명이 그림 6-4에 표현되어 있다. 즉 기업 내부 프로세스와 애플리케이션을 각각 서비스라는 기본적인 기능 단위로 나누고 이들 서비스를 연결하여 원하는 기능을 제공하도록 구성하며 비즈니스 환경이 변화되었을 때 이 변화를 반영하여 서비스의 연결 구성을 쉽고 빠르게 변화시켜 새로운 기능을 제공하도록 해준다. SOA를 통해 기업의 인프라의 복잡성 및 유지비용을 최소화하고 생산성과

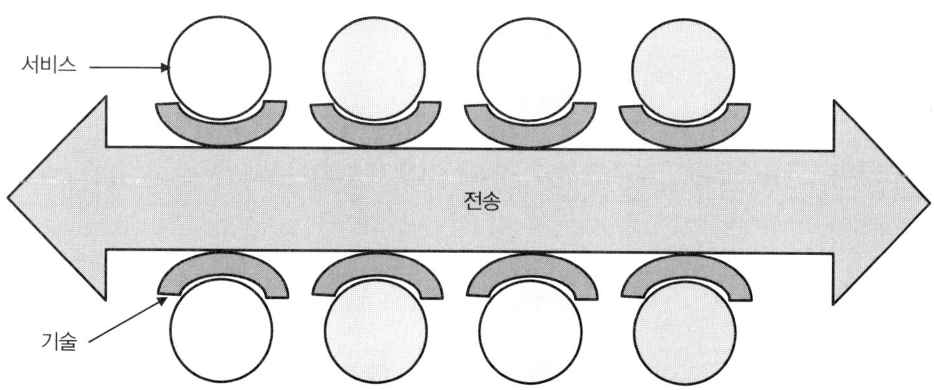

그림 6-5 W3C에서 정의한 SOA 체계

유연성을 극대화할 수 있다.

시스템으로부터 독립성을 유지할 수 있는 인에이블러

W3C(World Wide Web Consortium)에서 제시하고 있는 SOA에 대한 일반적인 체계가 그림 6-5에 표현되어 있다. SOA의 핵심 요소로는 교환되는 메시지, 서비스 요청자와 서비스 제공자로 행동하는 에이전트, 메시지의 흐름을 허용하는 공유된 전송 메커니즘, 그리고 컴퓨터에 의해 처리될 수 있는 서비스나 메시지에 관한 서술 등이 있다. 이런 요소들은 서비스를 시스템으로부터 종속적이 아닌 독립적으로 만들어준다.

SOA와 연관되어 있는 관계자

SOA와 연관되어 있는 관계자들마다 바라보는 SOA 특징은 다음과 같이 다를 수 있다.

- 비즈니스 경영자 또는 비즈니스 분석가 IT 자산들을 구성하고 솔루션을 구현하며 이들을 고객과 파트너에게 노출하는데 사용될 수 있는 서비스의 집합으로 본다.
- 엔터프라이즈 아키텍트 모듈성, 캡슐화, 약결합, 영역의 분리, 재사용, 형상 등 솔루션의 전체적인 특성을 다루는 아키텍처의 원리와 패턴으로 본다.
- 프로젝트 메니저 거대한 병렬 개발을 지원하는 개발 방식으로 본다.
- 테스터 또는 품질보증 엔지니어 전체적인 시스템 테스팅을 모듈화하고 단순화하는 방식으로 본다.
- 소프트웨어 개발자 웹 서비스와 같은 표준, 툴, 기술을 겸비한 프로그래밍 모델로 본다.

서비스 융 · 복합을 위한 인프라 기술

제공하는 서비스에 대한 인터페이스를 XML 기반의 표준 형태(예를 들어, 웹 서비스의 경우 WSDL)로 기술할 수 있으며, 메시지도 XML 기반의 표준 메시지 포맷(예를 들어, 웹 서비스의 경우 SOAP)을 사용하여 통신할 수 있는 표준의 서비스 인프라를 제공할 수 있다. 그리고 약결합 형태의 서비스 연결을 지원하며 서비스 간 결합도가 높을수록 하나의 모듈 변화가 다른 모듈에도 영향을 주어 파문 효과를 일으키게 되는데, 이 파문 효과가 클수록 시스템의 유지보수가 어려워지고 서비스 재사용을 위해 비즈니스 서비스 모델과 적합한 정도로 큰 크기의 서비스를 제공해야 한다.

또한 여러 서비스에서 공통으로 사용할 수 있는 표준 서비스를 제공하는데, 이 표준 서비스에는 각 비즈니스 도메인별 공통 서비스도 존재하지만 융 · 복합을 위해 필요한 기술적인 표준 서비스, 즉 신뢰성 있는 메시지 서비스, 트랜잭션 서비스, 안전한 보안 서비스, 동적인 비즈니스 프로세스 실행 서비스를 포함한다.

| 유비쿼터스 컴퓨팅의 핵심기술 |

유비쿼터스 소프트웨어 요소 기술로서 기존의 DCOM, CORBA, RMI 등의 분산 객체 기술들을 활용하는 연구가 추진되어 왔으나 분산 객체 기술들의 한계점을 극복하기 위해 플랫폼에 독립적인 애플리케이션 통합을 SOA가 지원할 수 있다. 그리고 SOA는 표준화된 인터페이스와 함께 XML 기반의 인터넷 표준 메시징 프로토콜을 이용한 약결합 연결 방식을 제공함으로써 플랫폼에 보다 유연하면서 표준화된 아키텍처와 개발방법을 제공하며 실질적인 유비쿼터스 컴퓨팅의 소프트웨어 통합 기반구조로서의 역할을 수행한다.

6.1.1.4.2 아키텍처 관점

SOA를 분산 시스템의 아키텍처 형태로 바라보는 관점에서는 논리적 뷰, 메시지 중심, 기술(Description) 지향성, 세분성, 그리고 플랫폼 중립성이라는 5가지 속성이 있는데, 각 속성별 서비스의 특징은 다음과 같다.

- **논리적 뷰** 서비스는 비즈니스 레벨의 연산을 수행하는 실제 프로그램, 데이터베이스, 비즈니스 프로세스에 대한 추상화된 논리적 뷰이며, 서비스는 비즈니스 동작으로 정의된다.
- **메시지 중심** 서비스는 제공자와 요청자의 속성이 아닌 제공자와 요청자 간 교환되는 메시지의 관점에서 정의된다. 구현의 내부 구조는 정교하게 추상화되어 있으며 서비스 인터페이스는 서비스 구현과 구별된다.
- **기술(Description) 지향성** 서비스는 머신이 처리할 수 있는 메타데이터/서비스 정의에 의해 기술된다.
- **세분성** 서비스는 비교적 크고 복잡한 메시지를 가진 소수의 연산들을 사용하려는 경향과 절대적인 필요가 아니더라도 네트워크를 사용하려는 경향이 있다.
- **플랫폼 중립성** 메시지들은 인터페이스를 통해 플랫폼에 중립적인 표준화된 포맷으로 전달되는데 XML은 이러한 필요에 가장 알맞은 포맷이다.

SOA와 웹 서비스 간 특징을 살펴보면, SOA는 소프트웨어 아키텍처에 가깝고 웹 서비스는 이러한 아키텍처를 실현하기 위한 기술들의 모음이라고 할 수 있다. 즉 SOA는 특정 기술의 집합이 아니고 기술로부터 독립적이며, 웹 서비스는 기술의 집합체이고 SOA의 개념을 구체화한 것이다.

참고사항으로 미군은 정보기술이 처리한 정보들 간에 재사용과 상호운용성의 문제를 해결하기 위해, 미 국방부 아키텍처 프레임워크(DoDAF)를 통한 상위 개념을 SOA로 정의하고 미군

내에서 개발되는 모든 정보체계와 무기체계를 설계하고 개발할 때 DoDAF 개념을 준수하도록 하고 있다.

6.1.1.4.3 진화적 관점

진화적 관점에서 SOA의 특징을 고찰하기 위해서는 먼저 연도별로 시스템이 어떻게 진화했는지 그 과정을 살펴볼 필요가 있다. 1970년대는 기업의 주요 시스템들은 메인프레임이라고 하는 호스트(Host) 시스템들이 대부분을 차지하고 있었으며, 1980년대 중반에는 비즈니스 로직에 의한 프로그램의 복잡성과 전사적 규모의 정보시스템 구축이 갖고 있는 한계점을 보완하기 위해 클라이언트/서버 아키텍처가 제시되었다. 1980년대 후반에는 OMG에서 발표한 분산 컴퓨팅과 객체지향 기술을 통합한 CORBA 아키텍처가 등장하였고, 1990년 후반부터 비즈니스 요구에 대응하고 실제 비즈니스 구조와 행위를 기반으로 하는 객체지향 아키텍처 기반의 시스템 개발이 확산되었다. 또한 재사용과 생산성, 유연성을 향상시킬 수 있는 컴포넌트 기반 아키텍처가 사용되었다. 그 이후 비즈니스 환경이 디지털 시대로 진입하면서 기업 시장변화에 유연한 조직을 갖추도록 요구됨에 따라 차세대 아키텍처로서 SOA가 등장하게 되었다. 이러한 시스템 진화과정에 본 SOA의 등장배경이 그림 6-6에 도시되어 있다.

6.1.1.4.4 서비스 관점

기존의 컴포넌트 기반 개발에서의 컴포넌트와 SOA의 서비스를 서비스 관점에서 비교해보면

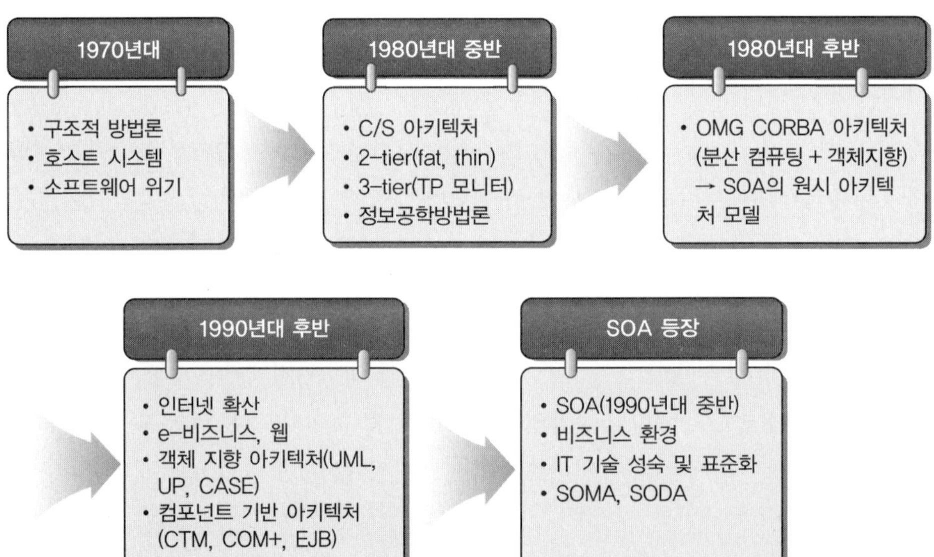

그림 6-6 시스템 진화과정에서 본 SOA의 등장배경

표 6-1 컴포넌트와 SOA 서비스와의 비교

컴포넌트 기반 개발에서의 컴포넌트	SOA 서비스
소 · 중규모	중 · 대규모
시스템 관점에서 컴포넌트 도출	비즈니스 관점에서 서비스 도출
기능 중심적	비즈니스 프로세스 중심적
동종 기술 간 호환	이기종 기술 간 호환
객체 지향적	메시지 지향적
애플리케이션 블록	서비스 조립
재사용성	재사용성, 확장성, 유연성

표 6-1과 같이 요약할 수 있다.

서비스를 컴포넌트와 비교해보면, 유사한 점으로는 서비스와 컴포넌트 모두 재사용성을 목표로 만들어진다는 것이며, 다른 점으로는 컴포넌트의 크기가 소 · 중규모인데 반해 서비스의 크기는 컴포넌트보다 큰 중 · 대규모 수준이며, 컴포넌트가 시스템 관점에서 도출되지만 서비스는 비즈니스 관점에서 도출되므로 비즈니스 가치를 상승시킬 수 있다는 것이다. 그리고 컴포넌트는 객체 지향적 개발로 데이터 중심적이지만, 서비스는 메시지 지향적으로 프로세스가 발생하는 이벤트 중심이기 때문에 서비스는 컴포넌트와 같은 재사용성을 포함하여 비즈니스 측면에서의 확장성과 유연성이 덧붙여진 개념이다.

기타 사항으로 SOA의 서비스는 더 이상 시스템에 종속되지 않도록 약결합으로 연결되어 있으며, 약결합된 서비스들은 전사적으로 존재하고, 서비스의 존재는 표준과 프로토콜을 통해 발생하며, 서비스가 환경에 게시되고 알려지도록 도와준다. 서비스가 공개되면 GIG에서 적절한 접속을 통해 모든 사용자가 이용할 수 있도록 제공하며, DoDAF에는 서비스를 "하나의 인터페이스의 시스템에서 다른 인터페이스의 시스템으로 제공되는 기능의 한 부분(IEEE 1003.0)" 으로 정의하고 있다.

6.1.2 SOA 기술 동향 분석

6.1.2.1 SOA와 웹 2.0

SOA는 웹 기반 표준기술인 웹 서비스 기술을 활용하여 새로운 비즈니스를 창출한다는 개념을 가지는데, 이러한 개념을 웹 2.0과 서비스 모델 측면에서 비교해보면 둘 모두 웹 서비스를 기반으로 한다는 점에서 매우 유사한 특징을 가지고 있다. 선호하는 서비스 표준으로 비교해보면, SOA는 WSDL(Web Services Description Language), UDDI(Universal Description Discovery Integration), SOAP(Simple Object Access Protocol), BPEL(Business Process Execution Language)을 기반으로 하며, 웹 2.0은 HTTP, XML, RSS(Rich Site Summary 또는 Really Simple Syndication), REST(Representational State Transfer)를 기반으로 한다. 그리고 SOA와 웹 2.0 모두 재사용성, 유연성 및 순응성이 높은 편이다.

비즈니스 모델 측면에서 비교해보면, SOA는 BPM, 자산 통합, 데이터 융합, 비즈니스 활동 모니터링, 비즈니스 지능 활용 등의 특징을 가지나, 웹 2.0은 롱 테일(Long Tail) 효과, 네트워크 효과, 집단지능 활용, 고객 셀프 서비스 등의 특징을 가진다. 그리고 설계 플랫폼 측면에서 SOA는 서비스 레이어, 서비스 버스, 워크 유닛 등의 기술을 가지며, 웹 2.0은 AJAX(Asynchronous JavaScript and XML), 신디케이션(Syndication), 멀티 디바이스 소프트웨어 등의 기술을 이용한다.

롱 테일(Long Tail) 효과

파레토 법칙에 의한 80:20의 집중현상을 나타내는 그래프에서 기존에는 무시되거나 발생확률 혹은 발생량이 상대적으로 적은 부분이 인터넷과 새로운 물류기술의 발달로 인해 경제적으로 의미있는 부분이 될 수 있다는 것으로서, 양의 X축으로 길게 뻗어나가면서 기하급수적으로 줄어드는 그래프의 모습에서 나온 말이다.

핵심역량 측면에서 비교해보면, SOA는 기능의 재정비, 자산으로서 데이터, 접근 가능성, 시스템 및 데이터 통합, 비즈니스 기민성, 오픈 표준 및 오퍼레이션의 투명성 등의 특징을 가지며, 웹 2.0은 SaaS(Service as a Software), 데이터 소스에 대한 통제, 공동 개발자로서 사용자 신뢰, 단일 디바이스를 넘어서는 소프트웨어 등의 특징을 가진다.

그외 SOA는 기업중심 모델을 지원하고 웹 2.0은 소비자 중심 비즈니스 모델을 지원한다는 점이 가장 큰 차이점이나, 추후에는 두 개념의 구분이 모호해지고 웹 서비스의 연계가 활발해짐에 따라 웹 2.0이 글로벌 차원의 SOA를 실현하는 방향으로 발전하고 있다.

웹의 진화

정보가 연결되는 개념이 웹 1.0이면, 정보가 연결될 뿐 아니라 사용자의 적극적인 참여로 정보의 생산, 저장, 평가 및 공유가 이뤄지는 개념이 '소셜 웹'으로 대표되는 웹 2.0이다. 웹 3.0은 '시멘틱 웹'으로 정보가 연결되는 것에서 벗어나 데이터와 지식들이 의미를 기반으로 연결되는 웹을 의미하며, 웹 4.0은 웹이 한 단계 높은 지능의 수준으로 확대된 것으로 "Internet of Things"와 같이 모든 것이 연결된 웹 운영체제를 기반으로 한 '유비쿼터스 웹'을 의미한다.

6.1.2.2 SOA와 SOA 2.0

SOA의 개념이 진화하면서 나타난 SOA 2.0은 기존의 SOA가 응답-요청 유형의 클라이언트 서버 모델이었다면, SOA 2.0은 SOA에 이벤트-주도 아키텍처(EDA: Event-Driven Architecture) 모델의 개념이 추가된 것이 가장 큰 차이점이다.

6.1.2.2.1 EDA 개요

| EDA 특징 |

이벤트-주도 아키텍처(EDA)는 실시간으로 비즈니스에서 발생하는 각각의 상황을 시스템적으로 처리하는 개념으로 분리 상호작용, 다 대 다 통신, 이벤트 기반 트리거, 그리고 비동기식 등의 특징이 있다.

- 분리(decouple) 상호작용 이벤트 배포(Publish)는 이벤트 등록자의 존재를 알지 못한다.
- 다 대 다 통신 배포(Publish)/구독(Subscribe) 메시징에서는 한 개의 특정이벤트가 많은 등록자에게 영향을 줄 수 있다.
- 이벤트 기반 트리거 이미 결정된 이벤트의 흐름은 제공된 이벤트에 근거한다.
- 비동기식 이벤트 메시징에 비동기식 연산을 지원한다.

| EDA 프로세싱 유형 |

EDA는 애플리케이션 간의 연결성 및 종속성을 배제하고 이벤트를 매개로 상호작용하도록 시스템을 구상하는 설계 사상으로, 기초적인 메시지 방식의 프로세싱 구조에서 복합적인 구조에 이르는 다양한 유형이 존재한다.

- 단순 이벤트 프로세싱 메시지가 변형 없이 그대로 전달되며 수신 및 반응(Receive and React)의 특징이 있다. 간단한 메시지-주도 혹은 문서-주도의 애플리케이션 구조를 지니는 유형이다.
- 이벤트 스트리밍 프로세싱 본래의 메시지가 변형되거나 부가적인 정보가 추가 혹은 지능적으로 경로가 변경되며, 여과 및 진화(Filter and Evaluate)의 특징이 있다.
- 복합 이벤트 프로세싱 분산된 다양한 소스에서 유입되는 대량의 이벤트 정보를 분석하여 의미 있는 결과를 추출하고 적합한 시스템 대응을 유도하며, 금융거래, 센서 네트워크, 사기적발 시스템, BAM(Business Activity Monitoring) 등에 활용되는 유형이다.

| EDA 아키텍처 |

EDA를 구현하기 위한 컴포넌트는 이벤트 규칙 및 규격을 포함하는 이벤트 메타데이터, 이벤트

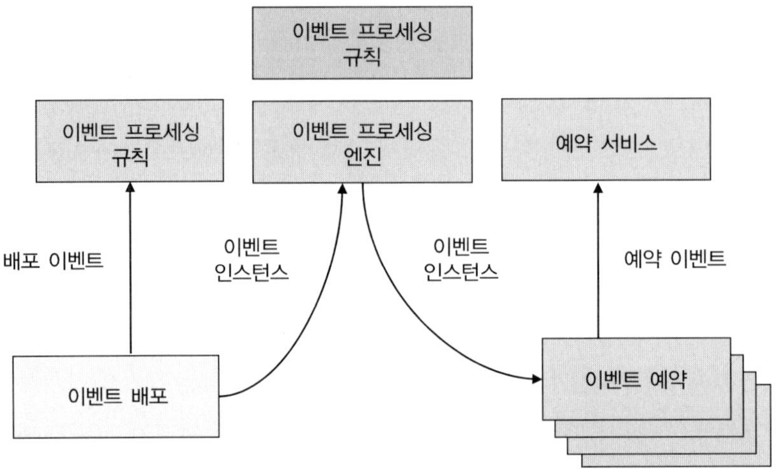

그림 6-7 EDA 기본 아키텍처

프로세싱, 이벤트 통합, 그리고 개발 및 관리 툴로 구성되며, EDA 아키텍처는 기본 아키텍처와 확장 아키텍처의 두 가지 종류가 있다.

- **EDA 기본 아키텍처** 이벤트 프로세싱 규칙, 이벤트 프로세싱 엔진, 배포 서비스, 예약 서비스, 이벤트 배포, 이벤트 예약 등으로 구성되며, 그림 6-7과 같다.
- **EDA 확장 아키텍처** 기본 아키텍처에 이벤트 개발 툴, 엔터프라이즈 정보, 변환 매핑, 필터링, 트랙킹, 이벤트 관리, ESB 등으로 구성되며, 그림 6-8과 같다.

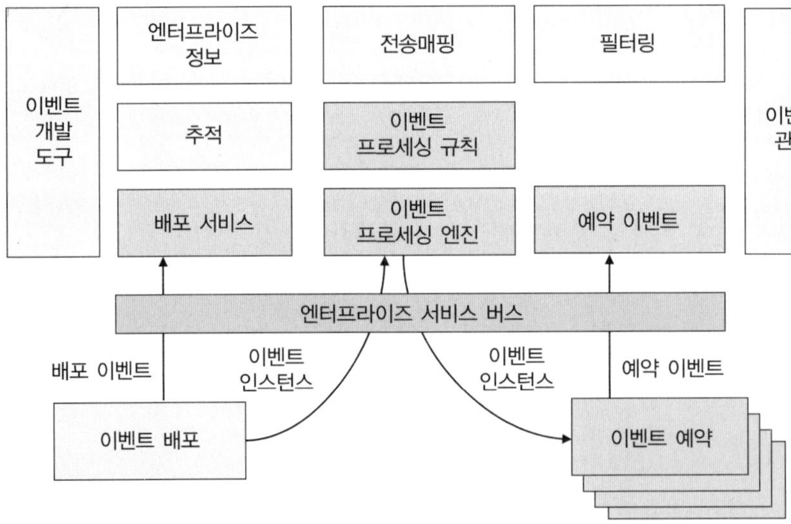

그림 6-8 EDA 확장 아키텍처

6.1.2.2.2 SOA와 EDA 관계

EDA는 업무시 발생하는 각각의 상황을 시스템으로 처리하기 때문에 SOA가 정보요청과 같은 수요와 서비스를 기반으로 하는 데 비해 EDA는 메시지 전송을 유발하는 실시간 이벤트를 기반으로 한다. 즉 SOA가 예측이 가능하고 1:1 요청과 응답행위가 가능하다면, EDA는 예측 불가능한 상호작용을 자동으로 처리하고 상황변화를 미리 모니터링하여 자동으로 알려주는 기능이 있다.

이벤트 기반 서비스 기술은 실시간으로 발생하는 이벤트를 감지하고 분석하여 이에 대한 반응으로 서비스가 연동되는 기술로서 실시간 기업(RTE) 환경에서 요구되고 있는 기업 내 업무 프로세스에서 발생하는 다양한 정보를 실시간으로 모니터링하고 분석하여 변화에 대한 신속한 대응을 제공한다. 이러한 측면에서 비교해보면, SOA와 EDA는 상호 보완적인 서비스 구축방법으로 볼 수 있고 SOA가 정의된 서비스 인터페이스를 이용하여 요청 및 응답을 통해 서비스를 연동하는 것이라면, EDA는 이벤트에 대한 감지 및 응답 모델이라는 점에서 차이가 있다.

그리고 SOA가 클라이언트에 의해 서비스가 제어되고 순차적으로 실행되는 반면, EDA는 이벤트 수신자가 대응 여부를 결정하므로 이벤트가 동시에 여러 곳으로 비동기 방식으로 전달이 가능하므로 이벤트 발생에 의한 대응이 동적으로 구성된다. SOA가 서비스의 재활용 및 공유가 주목적이라면, EDA는 실시간 서비스 제공이 주목적이라고 할 수 있다. 이와 같은 SOA와 EDA 간의 비교가 표 6-2에 나타나 있다.

현재 EDA를 지원하는 대형 벤더의 제품들은 기존에 SOA를 지원하던 ESB(Enterprise Service Bus)나 WAS(Web Application Server) 제품에 이벤트 처리 기능을 강화함으로써 EDA를 함께 지원하는 형태이므로 EDA는 유비쿼터스 환경에 능동적이고 신속한 상황인지 및 처리가 가능한 기업환경의 유비쿼터스를 위한 서비스 아키텍처 플랫폼이라고도 볼 수 있다. 따라서 SOA와 EDA의 장점을 접목시켜 주변 환경의 변화를 감지하고 능동적으로 개별 시스템의 연계 관계를 변화

표 6-2 SOA와 EDA 간 비교

SOA	EDA
예상 가능한 환경에서 프로세스가 시작	예상치 못한 시간에 발생되는 비즈니스 이벤트에 의해 진행
1:1	1:1, 1:M, M:M
요청하는 클라이언트에 의해 프로세스의 흐름이 결정	이벤트 수신자에 의해 프로세스의 흐름이 결정
직선적, 순차식 프로세스 흐름	병렬적, 비동기식 프로세스 흐름

시킨다면 사용자 맞춤형 서비스의 제공, 효율적인 서비스 요청 처리 및 시스템 연계 등의 작업이 가능하게 된다.

> **웹 애플리케이션 서버(WAS: Web Application Server)**
>
> 웹과 기업의 기간 시스템 사이에 위치하면서, 웹 기반 분산 시스템 개발을 쉽게 도와주고 안정적인 트랜잭션 처리를 보장해 주는 일종의 미들웨어 소프트웨어 서버이다. 3개 계층의 웹 컴퓨팅 환경에서 기존의 클라이언트/서버 환경의 애플리케이션 서버와 같은 역할을 수행하며, 클라이언트와 서버 환경에서 트랜잭션 처리 및 관리와 다른 이기종 시스템 간의 애플리케이션 연동 등을 주된 기능으로 하고 있다.

6.1.2.2.3 서비스 패러다임의 진화

서비스 패러다임은 시간이 경과함에 따라 아키텍처 기반에서 서비스와 사용자 중심으로 진화하였는데, 이러한 서비스 패러다임의 진화가 그림 6-9에 나타나 있다. 진화과정을 설명하면, 최초 상호운용성을 강조하는 웹 서비스에서 재사용성 및 느슨하게 결합된 SOA로 진화하였다. 그 이후 SOA는 사용자 기반의 소셜 네트워크를 강조하는 웹 2.0으로 진화하였다가 글로벌 SOA로 진화하였다. 글로벌 SOA와 웹 2.0은 엔터프라이즈 소셜 네트워킹 개념이 포함된 엔터프라이즈 2.0으로 진화하였으며, SOA에서 엔터프라이즈 SOA 개념을 포함시키고 엔터프라이즈 2.0에서 서비스 개념을 포함시켜 SOA 2.0으로 진화되었다.

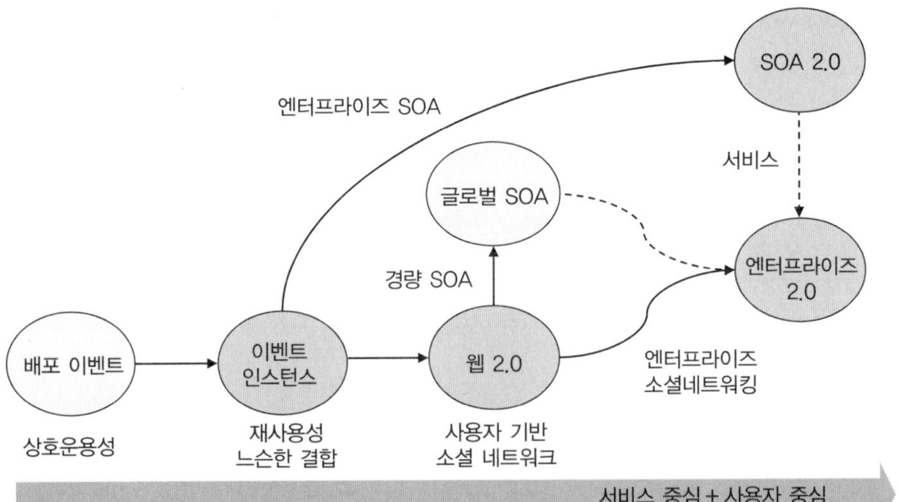

그림 6-9 서비스 패러다임의 진화

6.1.3 SOA와 NCES

6.1.3.1 SOA와 NCES 관계

NCES는 지식 공유를 개선시키고 미래 지식을 창조하기 위한 기반으로서 엔터프라이즈 서비스 실현을 위해 네트워크 중심 서비스를 필요로 하며 서비스 보안, 서비스 발견, ESM, 메시징, 메타데이터 발견, 중재 등의 SOA 서비스를 포함하고 있다. 그리고 서비스 보안은 자격 벨리데이션, 애플리케이션(포털 기술 포함)을 위한 접속 통제 및 사용자 속성/임무에 기반을 둔 서비스를 제공한다.

서비스 발견은 서비스 소비자와 서비스 제공자를 식별해서 연결해주며, ESM은 엔터프라이즈 서비스 모니터링, 성능 및 사용량 등을 추적한다. 메시징은 배포, 구독, 업데이트 경보 등의 고성능의 측정 및 상호운용이 가능한 메시징 능력이며, 메타데이터 발견은 재사용 가능한 구조적 메타데이터 컴포넌트의 배포, 구독 및 관리능력을 제공하고, 중재는 다양한 데이터 포맷 및 프로토콜 간 번역능력과 상호운용성을 달성하기 위한 기능을 제공한다.

핵심 엔터프라이즈 서비스(CES)는 엔터프라이즈 범위의 정보공유를 가능하게 하며, 미 국방부의 정보 및 서비스의 사용과 상호운용성을 실현하기 위해 요구되는 최소 단위의 집합으로서, 미 국방부 내에서 서비스 기반 컴퓨팅을 가능하게 한다. NCES는 기본적인 제품 또는 플랫폼이 아닌 인터페이스에 집중되며 서비스 인터페이스의 상호운용성을 달성하기 위한 최선의 방안을

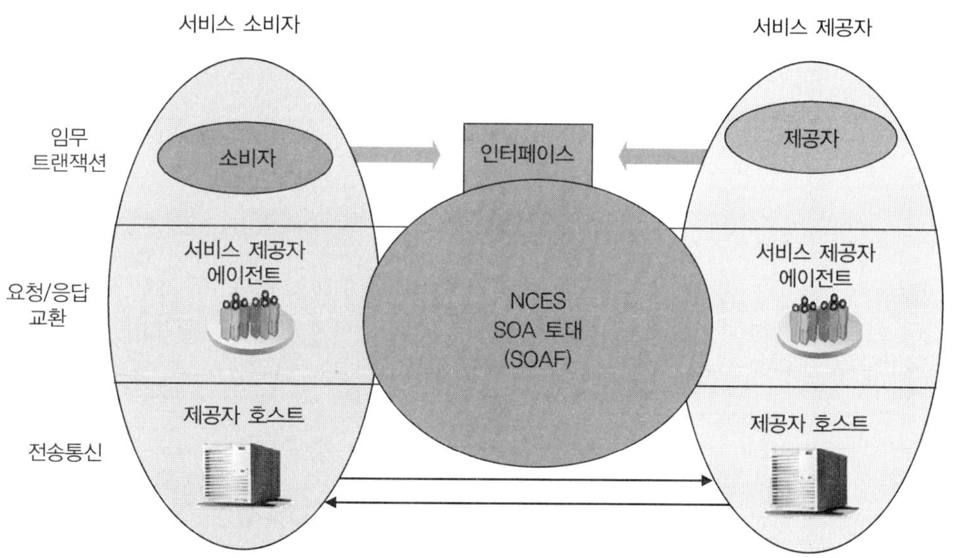

그림 6-10 NCES SOA 토대(SOAF) 개념

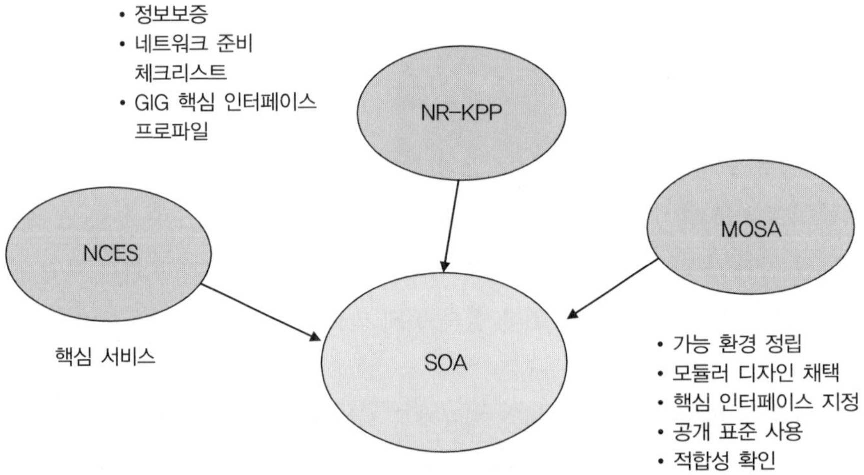

그림 6-11 SOA와 NCES, NR-KPP, MOSA와의 관계

제시하는 등 약결합 방식의 네트워크상의 다른 시스템과 협업을 가능하게 해주는 솔루션이다. 그림 6-10은 이러한 NCES를 구축하기 위해 사용되는 SOA 토대(SOAF)의 개념을 데이터 소비자 및 생산자 간 임무 트랜잭션, 요청 및 응답 교환, 그리고 커뮤니케이션 측면에서 설명하고 있다.

6.1.3.2 SOA와 NCES, NR-KPP, MOSA와의 관계

SOA와 NCES, 넷-레디 핵심 성능 파라미터(NR-KPP), MOSA와의 관계가 그림 6-11에 표현되어 있다. SOA가 성숙되기 위해서는 NCES의 핵심 서비스(CES)를 사용하고 핵심 인터페이스를 결정해야 하며, 넷-레디 체크리스트를 사용하는 아키텍처를 평가하고 주요 인터페이스가 개방 표준을 따를 수 있도록 보장되어야 한다.

> **넷-레디 핵심 성능 파라미터(NR-KPP: Net-Ready Key Performance Parameter)**
>
> NR-KPP는 종단 간 기술적 정보교환 및 운영 효과성 제고를 위해 요구되는 넷-레디 속성들에 대한 접근 수단을 제공하며, 적시에 정확하고 완전하게 정보교환이 수행되었는지를 평가하는 검증된 성능 측정도구 및 관련 메트릭(Metrics)으로 구성되어 있다.

6.2 서비스 기술 환경

6.2.1 NCES 기반 SOA 기술

6.2.1.1 NCOW RM의 SOA 기술

NCOW RM의 타겟 기술 뷰(TTV)에는 NCW를 가능하게 해주는 모든 기술에 대한 설명이 수록되어 있으며, NCW 구현을 위해서 TTV 기술들은 SOA 개념을 기반으로 한다. TTV는 총 11개 분류로 구성되어 있는데 이를 계층화하면 그림 6-12와 같이 4개 계층으로 구분되나 정보보증 기술은 모든 계층의 기술을 지원하고 있다.

- 기반구조 기술 계층　컴퓨터 기반구조(CI) 기술과 전송 기반구조(TI) 기술로 구성된다.
- 데이터베이스 기술 계층　데이터 전략 기술과 정보 모델링 기술로 구성된다.
- 컴퓨팅 환경 기술 계층　서비스 지향 컴퓨팅(SOC) 기술, 자율 컴퓨팅(AC) 기술, 그리드 컴퓨

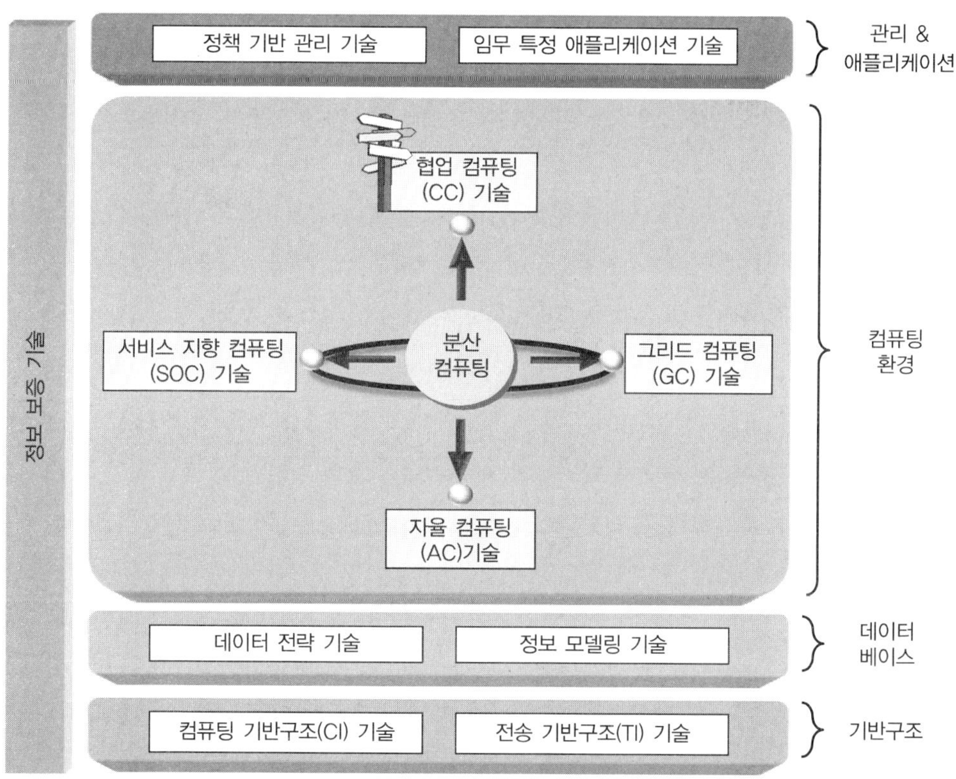

그림 6-12 TTV 기술의 4개 계층

팅(GC) 기술, 그리고 협업 컴퓨팅(CC) 기술로 구성된다.

- **관리 및 애플리케이션 기술 계층** 정책 기반 관리 기술과 임무 특정 애플리케이션 기술로 구성된다.

6.2.1.2 NCES SOA 기술

6.2.1.2.1 컴퓨팅 기반구조(CI) 기술

컴퓨팅 기반구조(CI) 기술은 운용 환경, 플랫폼, 프레임워크 등을 포함하는 컴퓨팅에 필요한 기반구조 기술이다. 주요 기술에는 운용 환경, 애플리케이션 플랫폼, 애플리케이션 프레임워크, 정보 수명주기 관리계획(ILMI: Information Lifecycle Management Initiative), 데이터 보호계획(DPI: Data Protection Initiative), 콘텐츠 기억 저장소 해결계획(CASSI: Content Addressable Storage Solutions Initiative) 등이 있다.

- **운용 환경** 리눅스, 윈도우와 같은 운영체제(OS)를 포함하고 애플리케이션, 애플리케이션 프레임워크와 GIG에 연결된 이기종의 물리적인 장비(임베디드 IT 디바이스, 통신 장비를 포함한 IT 플랫폼)의 상호운용성을 가능하게 한다.
- **애플리케이션 플랫폼** Java 2, J2EE, Java 2, J2ME, .NET 플랫폼 등이 있다.
- **애플리케이션 프레임워크** 특정 OS를 위한 애플리케이션의 표준 구조를 구현하는데 사용되는 라이브러리 집합이다.
- **정보 수명주기 관리계획(ILMI)** 데이터가 환경을 통해서 어떻게 흐르는지 결정하는 프로세스와 기술의 결합이다.
- **데이터 보호계획(DPI)** 데이터 보호 및 회복을 위한 새로운 접근법과 베스트 프랙티스를 정의한다.
- **콘텐츠 기억 저장소 해결계획(CASSI)** 참조 정보에 대한 특징을 가지는 저장 기술로서 콘텐츠 기억 저장소를 언제 어디서나 사용할 수 있도록 유비쿼터스화 시킨다.
- **기타 기술** 저장소 관리계획-규격(SMI-S: Storage Management Initiative-Specification) 기술, QoS 기술 등이 있다.

6.2.1.2.2 전송 기반구조 기술

전송 기반구조 기술은 모든 통신과 네트워킹, 그리고 이와 관련된 프로토콜 및 애플리케이션에 상호운영이 가능한 전송 서비스를 제공하는 기술이다. 주요 기술에는 GIG-대역폭 확장(GIG-BE), 변혁적 통신 아키텍처(TCA), MANET(Mobile Ad-hoc Networks), SyncML(Synchronous Markup Language) 등이 있다.

> **저장소 관리계획-규격(SMI-S: Storage Management Initiative - Specification)**
>
> SMI-S는 저장소 네트워킹 산업협회(SNIA)에서 개발하고 유지하는 저장소 표준으로서 공통 정보모델과 웹-기반 엔터프라이즈 관리표준을 기반으로 한다. ANSI 표준인 ANSI INCITS 388-2004에서도 역시 인가되었으며, 이기종 저장소를 가진 벤더 시스템들 간의 상호운용성을 가능하게 하는 것이 주목적이다.

- GIG-대역폭 확장(GIG-BE) 네트워크 중심 작전으로 전환하기 위한 기반으로 광 네트워크를 제공하므로 이를 통해 네트워크 중심 속성인 도달성, 풍부성, 민첩성을 달성할 수 있다.
- 변혁적 통신 아키텍처(TCA) MILSATCOM과 연관된 RF 처리, 통신 프로세싱, 네트워크 및 보안 프로토콜을 실행한다.
- MANET 무선망에 의해 연결된 모바일 노드로 구성된 자율 분산시스템이다.
- SyncML 모든 애플리케이션과 모바일 기기에 공통으로 사용되는 동기화 기술로서 개방형 모바일 단체(OMA: Open Mobile Alliance)에 의해 지원되는 국제표준 프로토콜이다.
- 기타 기술 TCP, IPv6, PKI 표준, 무선전술망, 모바일 IPv6, 이중 스택 라우팅 등이 있다.

6.2.1.2.3 데이터 전략 기술

데이터 전략 기술은 NCES를 구현하기 위한 데이터와 데이터베이스(DB)에 관련된 기술이다. 세부 기술에는 DDMS(DoD Discovery Metadata Specification), XML, XML 레지스트리, 메타데이터 레지스트리, 데이터 정제, 국제화(Internationalization) 등이 있다.

- DDMS 공유 공간에 게시된 자원을 발견하기 위해 메타데이터를 정의한다.
- XML 웹 환경에서 다양한 정보 교환을 지원한다.
- XML 레지스트리 XML 스키마, 데이터 요소, 문서, 메타데이터를 저장하는 정보시스템이다.
- 메타데이터 레지스트리 및 데이터 정제 소프트웨어 개발자가 데이터 기술 사용을 지원할 때 사용되는 기술로서 소프트웨어 개발자는 XML 데이터, 메타데이터, DB 세그먼트 등에 접속할 수 있다.
- 국제화(Internationalization) W3C 아키텍처 도메인의 일부분으로 W3C의 포맷과 프로토콜이 언어와 시스템 등으로부터 독립되도록 지원한다.
- 기타 기술 XML 네임스페이스, XML 스키마, XML Information Set, XML Path, XInclude, XML 포인터, XLT, XSLT, SVG(Scalable Vector Graphics), SVG Mobile, 메타데이터/분류 툴,

DDMS & DoD DRM(Data Reference Model), DoD 메타데이터 레지스트리, Unicode/ISO 10646 등이 있다.

6.2.1.2.4 정보 모델링 기술

정보 모델링 기술은 엔터프라이즈 환경에서 저장 기술과 접속 프로토콜에 독립적이도록 각종 데이터를 모델링하는 기술이다. 세부 기술에는 객체 지향 정보 모델링(OOIM: Object Oriented Information Modeling), 공통 정보 모델(CIM: Common Information Model), 통합 모델링 언어(UML: Unified Modeling Language), 관리 객체 포맷(MOF: Managed Object Format), 비즈니스 프로세스 모델링 언어(BPML: Business Process Modeling Language), 비즈니스 프로세스 실행 언어(BPEL: Business Process Execution Language)가 있다.

- 객체 지향 정보 모델링(OOIM) 저장 방식, 접속 프로토콜, 레파지토리의 특정 형태에 대해 참조 모델이 없는 환경 하에서 객체 집합의 특징과 다른 객체와의 관계에 대해 설명하고 있는 기술 독립적인 명세서이다.
- 공통 정보 모델(CIM) 엔터프라이즈와 인터넷 환경에서 컴퓨팅과 비즈니스 엔티티를 묘사하고 관리하기 위한 개념적 정보 모델이다.
- 통합 모델링 언어(UML) 데이터 구조, 비즈니스 프로세스, 애플리케이션 구조, 행위, 아키텍처를 위해 공통 모델링을 지원한다.
- 관리 객체 포맷(MOF) OMG의 인터페이스 정의어(IDL)를 기반으로 한 언어이다.
- 비즈니스 프로세스 모델링 언어(BPML) 비즈니스 프로세스 모델링을 위한 수단으로 BPMI가 개발한 XML 기반 메타 언어이다.
- 비즈니스 프로세스 실행 언어(BPEL) 비즈니스 프로세스 행위를 묘사하기 위해 OASIS가 개발한 XML 언어이다.
- 기타 기술 CIM 스키마, xmlCIM, CIM-XML, DEN(Directory Enabled Networking) 스키마, SMI-S 스키마, WBEM(Web-Based Enterprise Management) 스키마, WS-Policy 스키마, XPDL(WfMC), XLANG(Microsoft), WSFL(Web Services Flow Language), WSCI(Web Services Choreography), WS-CDL 등이 있다.

6.2.1.2.5 분산 컴퓨팅 기술

| 서비스 지향 컴퓨팅(SOC) 기술 |

서비스 지향 컴퓨팅 기술은 엔터프라이즈 환경에서 신속하고 원활한 정보 교환 및 공유가 가능하도록 해주는 기술이다. 주요 기술에는 SOA, 웹 서비스 아키텍처, 시멘틱 웹, RSS, 웹기반 저작 등이 있다.

- **SOA** 네트워크상에서 소프트웨어 자원을 가용하고 발견 가능한 서비스로 간주하는 엔터프라이즈 소프트웨어 애플리케이션에 대한 접근법이다.
- **웹 서비스 아키텍처** 다양한 플랫폼과 프레임워크에서 동작하는 다른 소프트웨어 애플리케이션 사이의 상호운영을 위한 표준 수단을 제공한다.
- **시멘틱 웹** 웹 상에서 머신이 가용한 정보를 쉽게 자동적으로 프로세스하고 통합하도록 명백한 의미를 주도록 하는 지능형 웹이다.
- **RSS** 주요 뉴스 사이트, 뉴스 기반 커뮤니티 사이트, 개인 웹 로그 등의 사이트와 같은 뉴스 관련 콘텐츠를 가져오게 하는 포맷이다.
- **웹기반 저작** 사용자가 동떨어진 웹 서버상에서 파일을 편집하고 관리할 수 있도록 해주는 HTTP 프로토콜의 확장이다.
- **기타 기술** WSDL, WS Messaging, XML-RPC, WS 디렉토리 접속, WS Choreography, WS Security, WS Transaction, WS Reliable Messaging, 웹 서비스 통합 등이 있다.

자율 컴퓨팅(AC) 기술

자율 컴퓨팅 기술은 컴퓨터가 자가 방어, 자가 치유, 자가 최적화, 자가 구성이 가능한 기술이다. 주요 기술에는 에이전트-기반 시스템 제어(CoABS: Control of Agent-Based Systems), FIPA(Foundation for Intelligent Physical Agents) 관련 기술, 워크플로우 관리 등이 있다.

- **에이전트-기반 시스템 제어(CoABS)** 자율 소프트웨어 에이전트의 대규모 시스템을 안전하게 통제하고 조정하며 관리하는 기술을 개발하기 위한 미 국방고등연구기획국(DARPA)의 프로그램이다.
- **FIPA** 이기종의 상호작용하는 에이전트와 에이전트 기반 시스템을 위해 소프트웨어 표준을 제공하기 위해 구성되었으며, 표준을 생산하고 개발하는 조직과 FIPA 메커니즘을 지원하는 조직으로 구성되어 있다.
- **워크플로우 관리** 전체 혹은 부분 비즈니스 프로세스를 전산화하고 자동화시킨 것으로, IT 애플리케이션과 툴의 상호작용에 관계된 프로세스와 인간과 기계 기반의 활동의 조합에 관계된 프로세스를 자동화하는 것이 특징이다.

그리드 컴퓨팅(GC) 기술

그리드 컴퓨팅 기술은 그리드에 연결된 모든 사용자에게 정보 접속을 제공하는 소프트웨어 영역을 다루기 위한 분산 컴퓨팅 기술이다. 주요 기술에는 개방형 그리드 서비스 아키텍처

(OGSA), 그리드 서비스, Peer-To-Peer (P2P) 프로토콜 등이 있다.

- **개방형 그리드 서비스 아키텍처(OGSA)** 그리드 컴퓨팅에서 이기종의 지리적으로 분산된 환경에서 통신을 가능하게 하는 개방된 표준과 프로토콜의 집합이다.
- **그리드 서비스** 클라이언트가 그리드 서비스와 어떻게 상호 작용하는가를 정의하는 컨벤션 집합에 순응하는 웹 서비스이다.
- **Peer-To-Peer(P2P) 프로토콜** 사용자들이 원거리에서 실시간으로 함께 동작하는 컴퓨터와 공유자원을 모으게 해준다.
- **기타 기술** 그리드 애플리케이션 및 프로그래밍 모델 환경 기술, 그리드 아키텍처 기술, 그리드 데이터 기술, 그리드 보안 기술, 그리드 ISP 기술, 그리드 P2P 기술, 그리드 SRM(Service Component Reference Model) 기술, CIM 기반 그리드 스키마 기술 등이 있다.

| 협업 컴퓨팅 기술 |

협업 컴퓨팅 기술은 원거리에 있는 사용자에게 정보와 서비스의 접속을 공유할 수 있도록 분산 컴퓨팅 기술을 통합하는 기술이다. 이 범주 내에는 지능 에이전트 지원과 조정이 포함되며 기술의 통합을 위해 가상 조직(VO)의 생성이 요구된다. 여기서 가상조직은 직접적으로 의사결정 속도에 영향을 주고 정보 우월을 가능하게 해주는 조직이다. 원거리의 GIG 사용자 간 가상조직(VO)을 가능하게 하기 위해 협업 컴퓨팅 기술은 다양한 상호작용 모드를 지원하는 경량의 유비쿼터스 컴포넌트를 제공한다. 네트워크 중심 협업 환경은 참가자 간 동기 및 비동기 메시지의 교환과 문서, 애플리케이션 공유, 워크플로우 공유, 비디오 회의를 개최할 수 있는 공간을 제공해준다. 주요 기술에는 통합메시징 등이 있다.

- **통합메시징** 다양한 디바이스가 다른 메시지(이메일, 팩스, 음성, 비디오 등)의 스트림에 접속 가능하도록 하나로 통합시키는 기술이다.

| 정책기반 관리 기술 |

정책기반 관리 기술은 CIM 표준을 기반으로 한 모든 기술을 포함한 광범위한 기술 영역으로서 비즈니스 및 서비스 차원의 관리 정책을 정의하고, 이를 기반으로 네트워크 및 서비스를 일관된 정책에 따라 자동으로 관리하는 기술이다. 주요 기술에는 WBEM, DEN, 공통 개방형 정책 서비스 프로토콜(COPS: Common Open Policy Service Protocol), 그리드 컴퓨팅 정책기반 관리 애플리케이션 등이 있다.

- **WBEM** 엔터프라이즈 컴퓨팅 환경에서 관리를 통합하기 위해 개발된 관리와 인터넷 표준 기

술의 집합이다.

- DEN　디렉토리 안에 네트워크 요소 및 서비스를 표시하기 위해 표준 정보 모델을 개발하도록 DMTF가 후원하는 산업 이니셔티브이다.
- 공통 개방형 정책 서비스 프로토콜(COPS)　정책서버와 클라이언트 사이에 정책정보를 교환하기 위해 사용할 수 있는 간단한 질의와 응답 프로토콜이다.
- 그리드 컴퓨팅 정책기반 관리 애플리케이션　그리드 엔티티의 관리에 관련된 정책을 전달하는 접근법이다.
- 기타 기술　정책 프레임워크, 정책 CIM, Diffserv 등이 있다.

임무 특정 애플리케이션 기술

임무 특정 애플리케이션 기술은 GIG 내 임무 영역(MA)이 네트워크 중심이 되도록 해주는 기술이다. 주요 기술로 비즈니스 임무영역을 지원하는 기술은 ERP(Enterprise Resource Planning) 관련 기술, SCM(Supply Chain Management) 관련 기술, CRM(Customer Relationship Management) 관련 기술, 로제타넷(rosettanet) 관련 기술이 있고, 전투 임무영역을 지원하는 기술은 SDR(Software Defined Radio)이 있다.

- ERP　군수, 행정, 인사 등 비즈니스 프로세스를 통합하는 기술이다.
- SCM　정보, 비용, 지식의 흐름 등을 통합적으로 관리 운영하여 불확실성을 줄이고 최적화를 달성하는 기술로서, SCOR(Supply Chain Operations Reference Model) 기반 기술이 있다.
- CRM　고객과의 관계를 관리하는 기술이다.
- 로제타넷(rosettanet) 산업계 전반에 걸쳐 개방된 e-비즈니스 프로세스 표준을 생성하고 구현하기 위한 기술이다.
- SDR　합동전술통신체계(JTRS) 등을 개발하기 위한 기술이다.
- 기타 기술　XML 기반으로 전자상거래시스템을 제작하는데 필요한 국제적인 표준규격인 ebXML 등이 있다.

정보보증 기술

정보보증 기술은 정보의 처리, 전달, 저장, 공유를 보장해 주는 기술이다. 주요 기술에는 정보 공유 보증, 가용 엔터프라이즈, 사이버 상황 인식, 엔터프라이즈 관리 및 통제 등이 있다.

- 정보 공유 보증　세션 스코어 인증, 신용 인증, 토큰 인증, 바이오 메트릭스, 정책기반 접근제어 메커니즘을 사용한 파일럿, 메타데이터 표준, 초기 정보보증 메타데이터 생성 도구, 메타데이터 보안 연결, CDS(Cross Domain Solution) 브라우저/권리, CDS 협업 슈트, CDS 네이더베

이스, 특수 목적 보장 플랫폼, 다중목적 보장 플랫폼, 정보보증 접속 통제 메커니즘 프로파일 보호 기술 등이 있다.

- 가용 엔터프라이즈 정책 기반 네트워크 관리, 정보보증 정책 기반 라우팅, HAIPv2 프로덕트, TRANSEC, GIG ID 관리 표준, 토큰 인증, 하드웨어 토큰, 네트워크 관리/통제 기밀성 및 무결성, 작전 기반 자원 할당 기술 등이 있다.
- 사이버 상황 인식 호스트 기반 침입탐지시스템(IDS), 네트워크 기반 IDS, 이상 감지, UDOP (User Defined Operational Picture), NETCOP(Netops Common Operational Picture), 네트워크 매핑, 취약성 스캐닝, 호스트 기반 IPS, 네트워크 기반 IPC, 역추적(Traceback), 상호관계, 오용 감지, 사용자 활동 프로파일 기술 등이 있다.
- 엔터프라이즈 관리 및 통제 사용자 식별 관리, 역할 기반 특권, 특권 관리 기반구조, OTNK, 인증 관리, 유니버셜 형상 관리, 신뢰성 있는 소프트웨어 다운로드, 포맷 표준 감사, 집합 및 분석 표준검사 기술 등이 있다.
- 기타 기술 미래의 암호 능력 제공을 위해 신개념의 암호 관리 프로그램 개발이 지속적으로 진행 중에 있다.

6.2.2 제품라인(PL)의 SOA 기술

6.2.2.1 제품라인(PL) 시스템의 기능

제품라인(PL) 시스템의 능력별 기능은 능력개발문서(CDD)의 NCES 아키텍처 산출물 중 시스템 기능을 기술한 SV-4에 기술되어 있다.

6.2.2.1.1 엔터프라이즈 토대(SOAF)

- 엔터프라이즈 서비스 관리(ESM) 메트릭스 수집, SLA 호환성 강화, SLA 관리, 웹 서비스 관리, SLA 호환성 모니터링, 서비스 사용 모니터링, 메트릭스 보고의 총 8개 기능이 있으며, 각 기능의 세부 설명은 표 6-3과 같다.
- M2M 메시징 메시지 라우팅, 콘텐츠 수신, 메시지 큐잉, 콘텐츠 공개, 메시지 배달, 구독 관리, 토픽 및 채널 관리의 총 7개의 기능이 있으며, 각 기능에 대한 세부 설명은 표 6-4와 같다.
- 서비스 발견 서비스 레지스트리 관리, 서비스 엔드포인트 검색, 서비스 데이터 관리의 총 3개의 기능이 있으며, 각 기능에 대한 세부 설명은 표 6-5와 같다.
- 인원 및 장비 발견 역할/속성과 엔티티 연관, 속성 관리, 엔티티 관리, 역할 관리, 인원 및 엔티티 발견인원 및 장비 발견의 총 5개의 기능이 있으며, 각 기능에 대한 세부 설명은 표 6-6과 같다.

표 6-3 엔터프라이즈 서비스 관리(ESM) 시스템의 기능

기능 이름	설명
메트릭스 수집	메트릭스 수행
SLA 호환성 강화	임계점 도달 시 SLA 임계점 설정 및 경고 발생
SLA 관리	SLA 추가, 수정, 이름변경, 삭제
웹 서비스 관리	웹 서비스 추가, 수정, 이름변경, 삭제
SLA 호환성 모니터링	SLA 메트릭스 로그와 모니터링
서비스 사용 모니터링	서비스 액티비티와 수행 로그 모니터링
웹 서비스 모니터링	웹 서비스 수행, 품질, 웹 서비스 레벨 결점의 로그와 모니터링
메트릭스 보고	밀봉(canned), 애드-혹 리포트 제공

표 6-4 M2M 메시징 시스템의 기능

기능 이름	설명
메시지 라우팅	메시지 라우팅 제공
콘텐츠 수신	경고 및 통시를 포함한 콘텐츠의 비동기적인 수신
메시지 큐잉	배달 혹은 검색을 위한 메시지 큐잉
콘텐츠 공개	토픽과 채널에 경고 혹은 통지 등의 콘텐츠 게시
메시지 배달	다른 메커니즘(예: e-Mail, 웹브라우저)을 통해 메시지 배달
구독 관리	구독의 추가, 수정, 이름 변경, 삭제
토픽/채널 관리	토픽과 채널의 추가, 수정, 이름 변경, 삭제

표 6-5 서비스 발견 시스템의 기능

기능 이름	설명
서비스 레지스트리 관리	서비스 레지스트리 관리
서비스 엔드포인트 검색	서비스 레지스트리 탐색과 서비스 엔드포인트 검색
서비스 데이터 관리	서비스 레지스트리 내 데이터 추가, 수정, 삭제

표 6-6 인원 및 장비 발견 시스템의 기능

기능 이름	설명
역할/속성과 엔티티 연관	역할 기반과 속성 기반의 접속 통제를 위해 역할/속성을 엔티티에 매핑
속성 관리	속성 추가, 수정, 이름 변경, 삭제
엔티티 관리	보안을 위해 휴먼과 non-휴먼 엔티티의 추가, 수정, 이름 변경, 삭제
역할 관리	역할의 추가, 수정, 이름 변경, 삭제
인원/엔티티 발견	인원 및 엔티티를 위한 쿼리

- **메타데이터 서비스** 메타데이터 관리, 메타데이터 카탈로그, 메타데이터 검색의 총 3개의 기능이 있으며, 각 기능에 대한 세부 설명은 표 6-7과 같다.
- **중재** 정보 적응, 오케스트레이션 스크립트 실행, 정보 변경의 총 3개의 기능이 있으며, 각 기능에 대한 세부 설명은 표 6-8과 같다.
- **서비스 보안** 식별 및 인증 수행, 접속 통제, 데이터 암호화, 보안정책 호환성 강화, 정보 로그 및 검사, 보안 정책 관리, 보안정책 호환성 모니터링의 총 7개의 기능이 있으며, 각 기능에 대한 세부 설명은 표 6-9와 같다.

표 6-7 메타데이터 서비스 시스템의 기능

기능 이름	설명
메타데이터 관리	메타데이터 레지스트리 내에 데이터의 추가, 수정, 삭제
메타데이터 카탈로그	레지스트리, 카탈로그, 디렉토리, 라이브러리 및 기타 컬렉션의 추가, 수정, 이름 변경, 삭제
메타데이터 검색	메타데이터 검색

표 6-8 중재 시스템의 기능

기능 이름	설명
정보 적응	정보 적응 기능 수행
오케스트레이션 스크립트 실행	서비스 오케스트레이션 스크립트 수행
정보 변경	XML 콘텐츠 변경

표 6-9 서비스 보안 시스템의 기능

기능 이름	설명
식별/인증 수행	식별 및 인증 수행
접속 통제	역할과 속성 기반 접속 통제
데이터 암호화	데이터 암호화
보안정책 호환성 강화	임계점 도달 시 보안정책 임계점 설정 및 경고 발생
정보 로그 및 검사	서비스 수행, 보안 액티비티 등의 로그 및 검사
보안정책 관리	보안 정책 추가, 수정, 이름 변경, 삭제
보안 정책 호환성 모니터링	보안 액티비티 로그 및 모니터링

6.2.2.1.2 콘텐츠 발견 및 배달

콘텐츠 발견 및 배달의 제품라인(PL) 기능을 보면 캐시 콘텐츠, 정보 찾기, 카탈로그 관리, 콘텐츠 검색, 그리고 콘텐츠 스테이징의 총 5개 기능이 있다. 각 기능에 대한 세부 설명은 표 6-10에 나타나 있다.

표 6-10 콘텐츠 발견 및 배달 시스템의 기능

기능 이름	설명
캐시 콘텐츠	콘텐츠 캐싱 제공
정보 찾기	인원, 서비스, 콘텐츠, 메타데이터에 대한(연합 탐색 등을 통한) 쿼리
카탈로그 관리	카탈로그, 연관 메타데이터의 추가, 수정, 이름 변경, 삭제
콘텐츠 검색	협업, 저장된 데이터 검색을 포함한 콘텐츠의 동기적 검색
콘텐츠 스테이징	콘텐츠 스테이징 제공

6.2.2.1.3 엔터프라이즈 협업

엔터프라이즈 협업의 제품라인(PL) 기능에는 협업 세션 안내, 워크스페이스 관리, 가상 팀 관리의 총 3개 기능이 있고, 협업 세션 안내 기능에는 또다시 7개의 세부 기능이 있다. 이들 기능에 대한 세부 설명은 표 6-11에 나타나 있다.

표 6-11 엔터프라이즈 협업 시스템의 기능

기능 이름	설명
협업 세션 안내	협업 세션의 추가, 수정, 삭제 ※ 세부 기능: 애플리케이션 브로드캐스트, 애플리케이션 공유, IP상 오디오/비디오 전송, 존재 및 인지 발견, 텍스트 협업 제공(채팅, 인스턴트 메시징), 화이트보드 및 주석
워크스페이스 관리	작업공간의 추가, 수정, 삭제
가상 팀 관리	가상 팀의 생성, 업데이트, 삭제

6.2.2.1.4 온라인 포털

온라인 포털의 제품라인(PL) 기능에는 서비스 접속 제공, 사용자 프로파일 관리, 사용자 지원 제공의 총 3개의 기능이 있으며, 각 기능에 대한 세부설명은 표 6-12와 같다.

표 6-12 온라인 포털 시스템 기능

기능 이름	설명
서비스 접속 제공	NCES 서비스 접속 제공
사용자 프로파일 관리	사용자 프로파일 추가, 수정, 이름변경, 삭제
사용자 지원 제공	사용자 지원 제공

6.3 분산/서비스 기술 환경 상관관계

6.3.1 컴퓨팅 기반구조 기술

6.3.1.1 COE 컴퓨팅 기반구조 기술

COE의 운영체제(OS)는 Hp, Unix, Windows 등이고 플랫폼은 J2EE와 .NET을 사용한다. COE를 기반으로 하여 애플리케이션을 개발할 때는 그림 6-13과 같은 애플리케이션 프레임워크를 사용한다.

재사용 가능한 소프트웨어의 두 가지 유형은 운영체제와 국방 COE 컴포넌트이고 COE 컴포

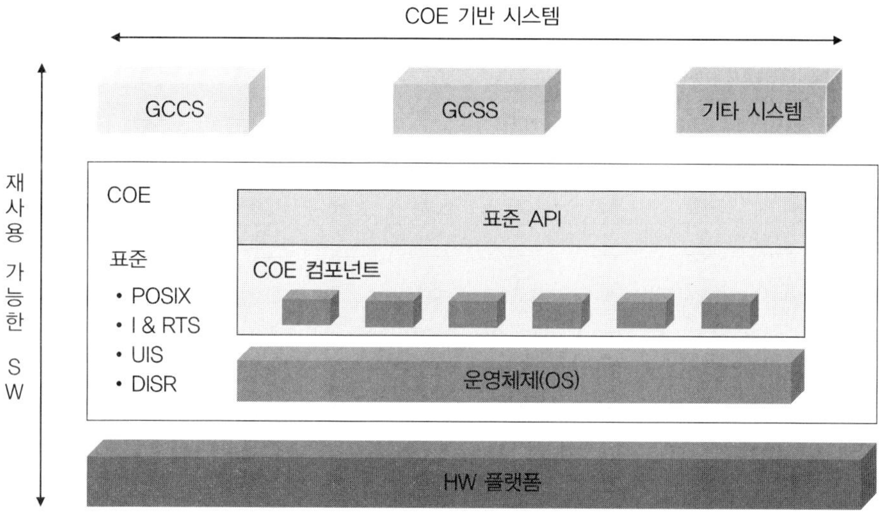

그림 6-13 COE에서 사용하는 애플리케이션 프레임워크

넌트는 API를 통해서 접근되며 목표 시스템의 구조적인 백본을 형성한다. API는 프로그래머가 COE와 상호 작용하는 애플리케이션만을 개발하도록 시스템이 허용한다는 것을 의미한다. COE 컴포넌트는 표준 기반의 POSIX(Portable Operating System for Information Exchange), I&RTS(Integration and Runtime Specification), UIS(User Interface Specification), 그리고 DISR의 규정에 따라 구축된다.

6.3.1.2 NCES 컴퓨팅 기반구조 기술

NCES 운영체제는 Windows와 Linux 계열이고 플랫폼은 J2EE, Java 2, J2ME, .NET 계열이다. 여기서 Java 2는 데스크탑 애플리케이션을 개발하고 지원하기 위해 설계되었고, J2ME는 모바일에서 동작하는 애플리케이션을 지향하며, J2EE는 대규모의 분산 솔루션을 지원한다. .NET은 다양한 애플리케이션을 구축하는 데 사용할 수 있어 데스크탑과 모바일 시스템으로부터 분산 웹솔루션과 웹 서비스를 구축하는 전 범위에 걸쳐 있다. NCES 컴퓨팅 기반구조 기술로는 애플리케이션 프레임워크, ILMI, DPI, CASSI 등이 있고, 기타 기술로는 SMI-S, QoS 기술 등이 있다.

6.3.1.3 컴퓨팅 기반구조 기술의 상관관계

COE는 공개표준이 아닌 특정 업체에 의해 제작된 운영체제인 Hp, Unix, Windows를 채택하였다. 따라서 각 운영체제에 맞는 COE 프로그램을 개발하거나 변경이 요구되므로 COE의 구축 목표와는 달리 개발 및 유지보수에 많은 비용이 소요된다. 그리고 무료 획득이 가능하고 Sun사에 의해 다양한 지원도구의 활용이 가능한 J2EE와 .NET을 사용하지만, NCES는 SOA를 기반으로 하기 때문에 SOA를 지원하는 Java 2, J2ME 플랫폼까지 확장해서 사용하고 있으며 운영체제와 컴포넌트의 재사용 개념으로 애플리케이션 프레임워크를 사용하고 있다. 또한 NCES는 특정 운영체제에 독립적인 애플리케이션의 표준 구조를 구현하기 위해서 애플리케이션 프레임워크도 사용한다.

네트워크 중심 환경(NCE)에서 대용량의 데이터를 저장하고 관리하기 위해서 NCES는 CASSI, SMI-S와 같은 기술을 사용하고 있으며, 복잡하고 다양한 환경에서 서비스의 질을 향상시키고 서비스 사용자가 원하는 시간에 서비스 제공자로부터 제공받을 수 있도록 QoS 기술을 사용하고 있다.

COE가 정적인 데이터 저장소의 개념을 가지고 있다면, NCES는 네트워크 중심의 동적인 데이터 저장소의 개념을 가지고 있다. NCW 환경 하에서는 데이터의 양이 커지고 또한 데이터의 가치가 증가할 것이기 때문에 막연하게 구상되어 오던 데이터 보호정책들이 기술적으로 통합 및 정형화되고 실제 환경에서 체계적으로 구현할 수 있는 근간을 제공하는 ILMI와 같은 기술을 NCES에서 사용하고 있다. 이 기술은 스토리지 이용에 다양성을 부여하여 운영 능력을 극대화 시킬 뿐만 아니라 데이터 관리에 따르는 총 소요비용을 줄일 수 있다. 핵심은 데이터의 중요도나 활용도를 높여 데이터의 생성과 유지, 소멸 등을 시기적절하게 조정한다는 것이며, 수많은 데이터를 보호하기 위해서 DPI같은 기술이 사용되고 있다는 것이다.

6.3.2 데이터 전략기술

6.3.2.1 COE 데이터 전략기술

COE의 데이터 전략기술에는 데이터 통합과 공유 데이터 환경(SHADE)이 있다. 데이터 통합은 공유 데이터 환경의 데이터를 통합하여 쉽게 접근할 수 있는 기능을 제공하기 위해 인터페이스 관련 기술로 Java 기반의 JDBC(Java DataBase Connectivity)를 사용하고 질의어와 관련된 기술로 ANSI-SQL(92, 99), XQuery 등을 사용한다. COE의 데이터 서비스는 SHADE라는 구성요소에 의해 제공되는데, 이 SHADE는 데이터 공유 방법, 데이터 저장 및 접근 구조, 재사용 가능한 소프트웨어 및 데이터 컴포넌트, 개발 지침, 데이터 서비스 개발자를 위한 표준 등을 포함하는 종합적인 데이터 전략을 제공한다.

COE는 데이터 서비스를 제공하기 위해 COTS 제품 특히 RDBMS를 사용한다. SHADE 관련 핵심 기술에는 중재, UML, CORBA, XML 등이 있다. 중재는 애플리케이션이 이질적인 데이터를 획득하고 필요한 형태로 변형시키기 위해 사용되고, UML은 시스템 개발과정에서 객체지향 시스템의 결과물을 명세화, 시각화, 문서화하기 위하여 사용되는 모델링 언어이다. CORBA는 객체지향 기술을 기반으로 서로 다른 운영체제와 네트워크 환경, 이종의 데이터 모델, 데이터 유형, 구현 언어 등 특정 환경에 종속되지 않고 시스템을 구축할 수 있게 해주는 일종의 객체 지향 미들웨어의 표준이다. XML은 기존의 HTML 태그의 한계와 SGML 문법의 복잡성 등의 문제점을 개선하기 위해서 W3C에서 제안한 언어로서 SGML의 복잡성을 피하면서도 SGML의 구조화, 확장성, 검증 등의 특성을 유지하고 있다.

6.3.2.2 NCES 데이터 전략기술

NCES는 정보공유 공간에 게시된 자원을 발견하기 위해 메타데이터를 정의하는 DDMS를 사용하고 웹 환경에서 다양한 정보 교환을 위해 XML과 관련된 기술(XML 레지스트리, XML 네임스페이스, XML 스키마 등)을 사용한다. DDMS는 커뮤니티와 조직의 공유 공간에 게시된 자원의 발견 메타데이터에 대한 구성요소를 정의하는데, 전사적으로 알려진 모든 데이터 서비스를 설명하는데 사용되는 정보 필드의 집합을 기술하고 있으며 개발자, 아키텍트 및 공학자가 발견 서비스를 기반으로 이 정보를 참조한다.

메타데이터 레지스트리 및 데이터 정제는 둘 모두 소프트웨어 개발자로 하여금 공유 데이터의 교환을 구현하는데 핵심 구성요소로 등록되어 있는 XML 데이터, 메타데이터, 그리고 COE DB 세그먼트 등에 접속을 가능하게 해준다. 메타데이터 레지스트리는 XML 사용에 대한 가이던스와 핵심 분류(Taxomony)에 접속할 수 있도록 XML 갤러리와 분류 갤러리로 구성되어 있다. 국제화는 W3C의 포맷과 프로토콜이 언어와 시스템 등으로부터 독립적이게 하는 것으로 국제화 액티비티는 문자를 식별하고 묘사하기 위해서 Unicode/ISO 10646을 사용하도록 규정하고 있다. Unicode/ISO 10646란 국제표준으로 제정된 2바이트계의 세계 공통의 국제 문자부호 체계이다. 기타 기술로는 XML Path, XML Information set, XInclude 등이 있다.

6.3.2.3 데이터 전략기술의 상관관계

COE는 데이터 공유 및 접근을 위해서 자바 기반의 인터페이스 기술인 JDBC와 질의 기술인 ANSI-SQL, XQuery를 사용하는 반면에 NCES는 DDMS를 사용한다. 미 국방부는 네트워크 중심 데이터 전략(NCDS)에서 사용자와 시스템이 전사적으로 데이터 자산을 검색하고 접근할 수 있는 목표와 접근법을 정의하는데, DDMS는 미 국방부 전반에 걸쳐 데이터 가시성의 네트워크 중심 목표를 지원하기 위해 개발되었다.

COE의 SHADE는 NCES의 메타데이터 레지스트리 및 DDMS와 유사한 개념이다. SHADE에는 UML과 XML 기술을 사용하는데, 이 기술은 COE가 MDA를 기반으로 하기 때문에 모델링을 위해서 UML을 사용하고 모델 교환을 위해서 XML을 사용하고 있다. NCES에서는 다양한 플랫폼을 사용하므로 XML은 데이터가 플랫폼에 독립적이도록 해주며 웹 서비스 내의 모든 규격은 XML로 표현된다. 그리고 데이터의 원활한 교환을 위해서 세계 각국의 다양한 언어와 수많은 시스템 등으로부터 독립적이게 하기 위해서 문자를 식별하고 묘사하기 위해 국제화 기술을 사용한다.

6.3.3 정보모델링 기술

6.3.3.1 COE 정보모델링 기술

COE의 정보모델링 기술에는 UML과 MOF(Meta-Object Facility, 메타모델 정의 언어)가 있다. 기존의 컴포넌트 개발 및 컴포넌트 기반 개발절차에서는 모델링 표현을 위하여 UML을 사용하고 있다. UML의 다이어그램들과 스테레오타입, 태그 등의 확장기능은 각 컴포넌트의 개발단계에서 필요로 하는 다양한 모델링 작업들을 용이하게 수행할 수 있도록 한다. MOF는 객체 지향 모델 작성에 사용되는 UML 메타 모델의 필수 요소와 문법, 그리고 구조를 정의하는 메타 모델이며, 객체 및 컴포넌트 기술의 핵심을 정형화시킨 모델로서 MDA에서 MOF는 CWM(Common Warehouse Metamodel)이나 UML의 메타 모델에 대한 공통 모델로서 제공된다.

MDA에서 표준 모델링과 변환구조를 지원하는 MOF를 이용하여 메타 모델을 정의하고 이를 이용하여 시스템 아키텍처를 구성함으로써 기술 플랫폼 간의 상호운용성을 보장한다. MDA의 구성요소는 MOF, UML, XML, CWM이다. 그리고 MOF는 모델 정보에 대한 표준 저장소를 제공하고 표준화된 방식으로 모델 정보를 접근하는 구조를 정의한다. 여러 애플리케이션의 메타 모델을 정의할 때 공통적으로 MOF를 사용하여 이종의 애플리케이션 간에 메타 모델 정보를 교환할 수 있게 한다.

6.3.3.2 NCES 정보모델링 기술

OOIM은 객체 집합의 특징과 다른 객체와의 관계에 대한 기술 독립적인 명세서이다. CIM은 비즈니스 엔티티를 묘사하고 관리하기 위한 개념적 정보 모델로서 웹 기반 관리에서 사용될 객체 지향 기술을 기반으로 한다. HMMS(HyperMedia Management Schema)를 출발점으로 하여 이미 존재하는 SNMP, DMI 2.0, CMIP 등의 여러 관리 기술들에 의해 사용되는 관리 정보들을 수용할 수 있도록 설계되었으며, 구현 시에 CORBA, COM 등의 다수의 객체 기반 실행 모델이나 JMAPI(Java Management API)와 같은 객체 기반 관리 기술 등을 사용하고 있다. 기타 CIM 관련 기술로는 CIM 스키마와 XML을 사용한 xmlCIM, CIM-XML등의 기술도 사용되는데 이러한 기술은 WBEM에 적용되는 기술이기도 한다.

UML은 데이터 구조, 비즈니스 프로세스, 애플리케이션 구조, 행위, 아키텍처를 위한 공통 모델링을 지원한다. UML 2.0은 그 이전 버전에 비해 많은 부분에서 개정되었는데, 주요 개정 내용으로는 모델링 시 고급 자동화를 지원할 수 있는 매우 정확한 언어의 정의 및 언어 구조의 향상, 규모가 큰 소프트웨어 시스템의 모델링 향상, 도메인 규격의 특성화 지원 향상, 다양한 모델링 개념들의 정리 및 개념화 정의 등이 있다.

MOF는 관리 정보를 표현하는 OMG의 IDL을 기반으로 한 언어이며, CIM은 MOF 내에서 정의되는데 CIM 클래스나 객체를 표현하는데 사용한다. MOF 문법은 텍스트 형태로 객체 정의를 기술하는 방법이며 대소문자 구별이 없다. 주요 구성요소에는 클래스, 연관, 속성, 참조, 메소드, 인스턴스, 한정자 등이 있다. MOF를 사용한 명세서는 관리 대상 객체를 정의하는 기능 이외에도 컴파일 시에 도움을 주는 컴파일 지시자들도 포함하고 있다. 비즈니스 프로세스 모델링 및 행위 묘사를 위해 XML 기반의 BPML과 BPEL을 사용하고 있다.

6.3.3.3 정보모델링 기술의 상관관계

COE와 NCES 모두 동일하게 MOF 기술이 있지만 실제는 서로 다른 기술이다. COE의 MOF는 UML 메타 모델의 필수 요소와 문법, 그리고 구조를 정의하는 반면 NCES의 MOF는 관리 정보를 표현하는 형식이다. COE에서 컴포넌트 개발 시 새로운 플랫폼이나 환경의 변화에 따른 상호운용성 문제를 해결하기 위해 MDA를 사용하는데, MDA는 소프트웨어가 구동되는 특정 기반구조나 플랫폼에 한정되지 않고 개발될 수 있도록 UML을 사용하고 있다.

COE는 UML 버전 1.x를 사용하였으며, NCES는 버전 2.x를 사용하고 있다. UML 2.0은 W3C의 XML 스키마(WXS)를 사용해서 XML을 정의하는 반면에 지난 버전들은 XML DTD(Data Type Declaration)를 사용하고 있다. NCES의 환경은 다양한 애플리케이션과 복잡한 시스템이 통합되는 환경이기 때문에 이를 지원하기 위해 유연한 모델링을 지원하는 UML 2.x를 사용하고 있다.

NCES는 분산 네트워크 환경 하에서 시스템을 관리할 때 상호호환성을 보장하기 위해 비즈니스 엔티티를 묘사하고 관리하는 개념적 정보 모델인 CIM을 사용하고 있으며, 이 때 CIM은 관리 정보를 묘사하기 위해 IDL을 기반으로 하는 MOF를 사용하고 있다. CIM과 MOF 기술 모두가 객체를 모델링하고 관리 대상으로 삼기 때문에 객체에 대한 독립적인 기술명세서인 OOIM을 사용하고 있다.

NCES의 기반인 SOA는 비즈니스 자동화 솔루션, 비즈니스 프로세스에 중점을 두고 있고 NCES 구축 시 기민성, 재사용성, 엔터프라이즈 환경 등을 고려하기 때문에 비즈니스 서비스 중심의 환경을 구축하고 비즈니스 프로세스 모델링 및 행위를 묘사하기 위해서 XML 기반의 BPML 및 BPEL을 사용하고 있다.

6.3.4 컴퓨팅 환경 및 자원관리 기술

6.3.4.1 COE 컴퓨팅 환경 및 자원관리 기술

시스템 및 네트워크 관리를 위한 기능은 COE 아키텍처 중 가장 하위인 커널 계층의 시스템 관리 및 네트워크 관리 서비스에서 수행한다.

6.3.4.2 NCES 컴퓨팅 환경 및 자원관리 기술

정책기반 기술은 비즈니스 및 서비스 차원의 관리정책을 정의하고 이를 기반으로 네트워크 및 서비스를 일관된 정책에 따라 자동으로 관리하는 기술이다. 여기서 정책은 네트워크 자원을 관리 및 제어하기 위한 규칙의 집합으로써 특정 상황이 발생할 경우 이에 대한 행위의 목적 및 순서, 방법을 명확히 정의하고 있는 규칙들이다. 또한 지속적인 운용관리를 통해 구축된 지식 데이터를 기반으로 각 상황에 대해 조치한 여러 운용관리 행위들 중에서 최상의 결과를 낸 행위, 즉 조건과 그에 해당하는 행위의 집합을 정책이라고 할 수 있다. 정책기반 기술의 장점은 다음과 같다.

- 사용자 및 서비스에 대한 특성과 로직을 미리 정책으로 정의하고, 이에 따라 자동으로 관련 장비의 구성 및 제어가 가능하다.
- 기존의 많은 인력과 시간을 소요하는 수동 구성 및 제어의 문제점을 해결할 수 있다.
- 단순히 정책을 바꾸는 것 만으로 서비스의 특성 및 제어가 바로 반영될 수 있다. 이러한 정책들이 논리적으로 통합된 저장소에 저장됨에 따라 일관된 관리가 가능하며 서비스 혹은 시스템 간의 데이터 공유가 용이하다.

WBEM은 CIM을 기반으로 분산 네트워크 환경에서 효율적인 시스템 관리 프레임워크를 제시하는데, 클라이언트, CIM 서버, 제공자로 구성된다. WBEM 표준 기술 관계를 보면, 관리 데이터 모델인 CIM 표준 정보 모델, 데이터 전송을 위해 사용되는 프로토콜과 CIM 데이터를 인코딩하는 표준 기술로 구성된다. 현재 전송 프로토콜로는 HTTP가 사용되고 있고, CIM 데이터의 인코딩에는 XML을 사용하고 있다.

DEN은 디렉토리 내에 네트워크 요소 및 서비스를 표시하기 위한 표준 정보 모델을 개발하도록 DMTF가 후원하는 산업 이니셔티브로서 CIM이 관리 환경 내의 관리 개체들을 추상적으로 표현한 정보모델이라면, DEN은 이를 기반으로 정보 모델의 저장방법 및 접근 프로토콜 등을 고려한 구체화된 데이터 모델이다. CIM을 기반으로 정보 모델을 확장하고, 접근 프로토콜은 LDAP(Light Weight Directory Access Protocol)를 사용하며, 정보 저장을 위해서는 디렉토리를 사용한다. 여기서 디렉토리는 실제 분산되고 논리적으로 중앙 집중화시킨 저장소로서 디렉토리에 네트워크의 상태를 저장해서 네트워크 정보를 액세스할 수 있다.

COPS(Common Open Policy Service Protocol) 프로토콜은 정책서버와 클라이언트 사이에 정책 정보를 교환하기 위해 사용할 수 있는 간단한 질의와 응답 프로토콜이다. COPS 프로토콜의 주요 특징은 다음과 같다.

- COPS는 자기 자신을 식별할 수 있는 객체로서 프로토콜 자체의 변경 없이 다종의 클라이언트를 지원할 수 있도록 설계되어 있고 인증 및 메시지 무결성을 위해 메시지 차원의 보안을 제공한다.
- 네트워크 관리 기술은 관리정책을 저장하는 정책저장소, 정책저장소를 참조하여 각 장비상태에 대해 적절한 정책을 결정하는 PDP(Policy Decision Point), 그리고 PDP로부터 받은 정책을 실행하는 PEP(Policy Enforcement Point)로 구성된다.
- PDP와 정책저장소 간의 프로토콜로는 LDAP를 사용하며, PDP와 PEP 간의 프로토콜로는 COPS를 사용한다.
- PEP는 라우터 혹은 IP 트래픽을 처리하는 장치이고, PDP는 특정 클라이언트에 대한 네트워크 접근 인가 혹은 적절한 서비스 등을 제공하는 제어기이다.
- PDP와 PEP 간의 보안과 관련해서는 기존의 IPSEC과 같은 프로토콜을 재사용할 수 있다.

그리드 컴퓨팅 정책기반 관리 애플리케이션은 그리드 엔티티의 관리에 관련된 정책을 전달하는 접근법이다. 그리드 컴퓨팅 환경(GCO)에서 그리드 자원관리 서비스를 제공하는 대표적인 그리드 미들웨어로는 미국에서 개발한 글로버스 툴킷과 한국에서 개발한 More Dream 등이 있다. 기존에 사용됐던 그리드 자원관리 모델들은 다양한 서비스와 기능으로 인해 국내 · 외의 여러 그리드 프로젝트에 사용되었으나 그리드 미들웨어를 기반으로 한 계층적인 구조를 띄고 있고 자원의 상세정보를 실시간으로 활용하기 어렵기 때문에 개별적인 자원관리와 할당에 비효율적이고 자원관리자에 집중되는 통신 메시지와 작업 부하의 처리에 제한사항을 보이고 있다. 또한 거래 메커니즘의 부재로 인해 상업적인 자원을 제공하는 그리드 자원 공급자들을 만족시키기에 역부족이고 동적으로 변화하는 자원 요구량에 적절히 대처하기 어려운 단점을 가지고 있다. 이러한 문제점들을 해결하기 위한 기술로는 그리드 자원관리를 위한 분산화된 중개자 기반 모델, 사용자 요구 예측 기반 그리드 자원관리 모델, 서비스 에이전트 기반 그리드 자원관리 모델 등이 있다.

기존의 패킷 헤더를 이용한 라우팅은 경로를 찾기 위해 필요 이상의 많은 정보를 요구해서 전송속도를 감소시키기 때문에 MPLS(Multi-Protocol Label Switching)라는 짧고 고정된 길이의 레이블을 이용하여 패킷을 전달하는 기술을 사용하고 있다. 그리고 MPLS를 일반화하여 그 적용 범위를 대규모 WDM(Wavelength Division Multiplexing) 망을 비롯한 IP 전달망까지 넓힌 GMPLS(Generalized MPLS)도 사용하고 있다.

6.3.4.3 컴퓨팅 환경 및 자원관리 기술의 상관관계

컴퓨팅 환경 및 자원관리 기술에 대해 COE는 기본적인 시스템 및 네트워크 관리 기술만 있으나 NCES는 CIM 표준을 기반으로 광범위한 기술 영역인 정책기반 관리 기술을 사용하고 있다. NCES 구축 환경은 관련 장비에 대한 수동 구성 및 제어가 아닌 동적의 유연한 구조를 요구하는 환경이기 때문에 정책기반 관리 기술이 요구된다. NCES 컴퓨팅 환경은 엔터프라이즈 컴퓨팅 환경으로서 이 환경에서 다양한 시스템 자원을 일관된 방법으로 관리하고 효율적인 시스템 관리를 위해 WBEM 기술을 사용하고 있다.

정책기반 관리 기술은 CIM과 DEN을 기반으로 모든 관리대상들을 모델링함으로써 더욱 강력한 기능을 발휘할 수 있다. 즉 망 자원 및 서비스 등을 포함한 모든 관리대상을 표준에 따라 모델링하고 이를 논리적으로 통합된 장소에 저장함으로써 일관된 관점에서 망을 하나의 시스템으로 보고 관리할 수 있다. 이를 통해 신규 서비스에 대한 속성 및 관리정책을 정의함으로써 신규 서비스가 생성되고 정책에 따라 자동으로 제어되어 신규 서비스 생성 및 개인화된 서비스의 제공에 있어 유연한 구조를 가질 수 있다.

NCW 환경에서 인터넷은 모든 패킷을 동등하게 최선을 다해서 처리하는 방식에서 벗어나 사용자들의 서비스 등급이나 패킷 유형, 그리고 응용 프로그램의 종류에 따른 QoS를 차별화하여 지원하는 기능이 필요하며 트래픽 엔지니어링과 차별화된 서비스를 효율적으로 제공하기 위해 MPLS, DiffServ 등을 사용한다. 이외에도 차세대 인터넷에서 서비스 품질의 보장, 차별화된 서비스 제공, 그리고 SOA 기반의 ALL-IP망 관리를 위해서 MPLS, Diffserv 기술을 사용하고 있다.

NCES는 그리드 컴퓨팅 환경으로서 그리드 엔티티 관리에 관련된 정책을 전달하는 접근법인 그리드 컴퓨팅 정책기반 관리 애플리케이션 기술을 사용하고 있다.

6.3.5 애플리케이션 개발 및 지원 기술

6.3.5.1 COE 애플리케이션 개발 및 지원 기술

NCES와 유사한 개념인 임무영역에 공통 기능을 제공하는 기술이 COE에는 공통지원 응용계층에 있다. 공통지원 응용계층의 기능을 살펴보면 임무 응용 계층의 서비스를 위해 공통적으로 요구되는 전장상황 관측과 문서 등을 작성, 저장, 시현, 보고, 전파, 하달, 공유, 관리하기 위한 기능이 있으며, 공통 데이터 형식을 처리하고 표현하며, 정보의 통합화 및 시각화를 위해 편의를 제공하는 이미지, 지형, 정지 영상, 동영상 등에 관한 기술이 있다.

6.3.5.2 NCES 애플리케이션 개발 및 지원 기술

NCES 애플리케이션 기술은 임무영역(비즈니스, 전투원, 정보)에 특정한 기능을 제공하는 애플리케이션 기술이다. 비즈니스 임무영역은 ERP, SCM, CRM 개념을 적용하기 위한 기술과 로제타넷 관련 기술을 사용하고 있다. SCM은 기업의 경쟁력을 강화하기 위한 방법으로 공급, 생산, 유통 및 판매 등 공급체인 시스템 전체를 관리하는 경영방식이자 시스템 기술이다. CRM은 고객 중심으로의 경영환경의 변화에 따라 고객의 중요성을 인식하고 고객과의 관계 이해 및 지속적인 커뮤니케이션 강화를 통해 궁극적으로 기업의 수익성을 제고시키고자 하는 전략적 접근 방법이다.

로제타넷은 정보통신 및 전자산업 분야의 공급사슬 상에 있는 기업들 간의 종적인 통합을 위한 표준을 제시하는 기술이다. 표준화 작업은 사전, RNIF(RosettaNet Implementation Framework), PIP(Partner Interface Process spec), 제품 및 업체 코드 등의 구성요소를 필수 요소로 규정하고 있다.

- 사전 거래 네트워크에 참여하는 업체들의 용어를 통합하여 용어의 차이에서 발생할 수 있는 혼란과 중복 프로세스의 문제를 해소시켜 준다.
- RNIF 공용 네트워크 기반의 애플리케이션 프레임워크로서 로제타넷 표준의 신속하고 효율적인 실행을 위해서 공통의 교환 프로토콜을 제공한다.
- PIP 전문화된 시스템 간의 XML 기반의 다이얼로그(Dialog)로서 IT와 전자상거래 공급망 파트너 간의 비즈니스 프로세스의 핵심이다. 각 비즈니스 프로세스의 수행에 필요한 PIP는 B2B 비즈니스의 실행에 필요한 모델과 문서를 제공해 주며 실제 모두 데이터 값이 정해진 표

준대로 입력되어 교환될 수 있도록 지원한다. 관련 기술로 SCOR(Supply Chain Operations Reference Model) 기반 기술 등이 있다.

전투 임무영역은 JTRS를 개발하기 위해 SDR 기술을 사용하고 있다. SDR은 개방형 구조의 단일 하드웨어 플랫폼 상에 객체 지향 구조의 응용 소프트웨어를 다운로드하여 끊김 없는 글로벌 통신을 가능하게 해주는 기술로서 ALL-IP 기반 기술과 함께 통합된 이동통신 시스템을 구축하기 위해 사용되는 주요 기술이다.

ebXML은 엔터프라이즈 환경에서 전자문서 교환에 요구되는 표준 전자문서를 제공한다. ebXML은 국제연합 산하 UN/CEFACT와 OASIS가 개발한 개방형 표준으로서 XML을 기반으로 하고 있으며, 모든 사용자들이 상호운용성과 일관성이 확보된 환경 하에서 안전하게 전자정보를 전 세계적으로 사용할 수 있게 하는 개방형 기반구조를 제공하고 단순한 비즈니스 문서 교환을 능가하는 비즈니스 프로세스 모델로서의 역할을 수행한다.

6.3.5.3 애플리케이션 개발 및 지원 기술의 상관관계

COE는 임무영역에 전장상황 관측 및 문서 관리 등의 공통 기능을 지원하기 위한 기술만 있으나 NCES는 엔터프라이즈 환경 하에서 비즈니스 임무영역에 적시적인 군수 지원, 전사적인 사용자 관리, 그리고 정보자원의 전사적 활용을 위해 서비스 제공자 위주가 아닌 사용자 위주의 환경으로 변화시키기 위해 정보화 통합전략 개념인 ERP, SCM, CRM 등을 사용하고 있다.

NCW에서는 복잡한 전투형태가 존재하고 다양한 전장 환경과 무선 접속환경에서 유연하게 적응할 수 있는 통신시스템의 구축이 필요한데, 이러한 환경에 적합한 기술로 SDR을 사용하고 있다. 구현 사례로는 JTRS가 있고, 이외에 SPEAKeasy, GloMo도 있다. NCES에서 로제타넷 기술을 사용하는 것은 비즈니스 임무 영역을 지원하는 개념인 SCM의 표준이 되기 때문이며, 전자문서 혹은 전자정보 교환을 위해 ebXML 기술을 사용하고 있다.

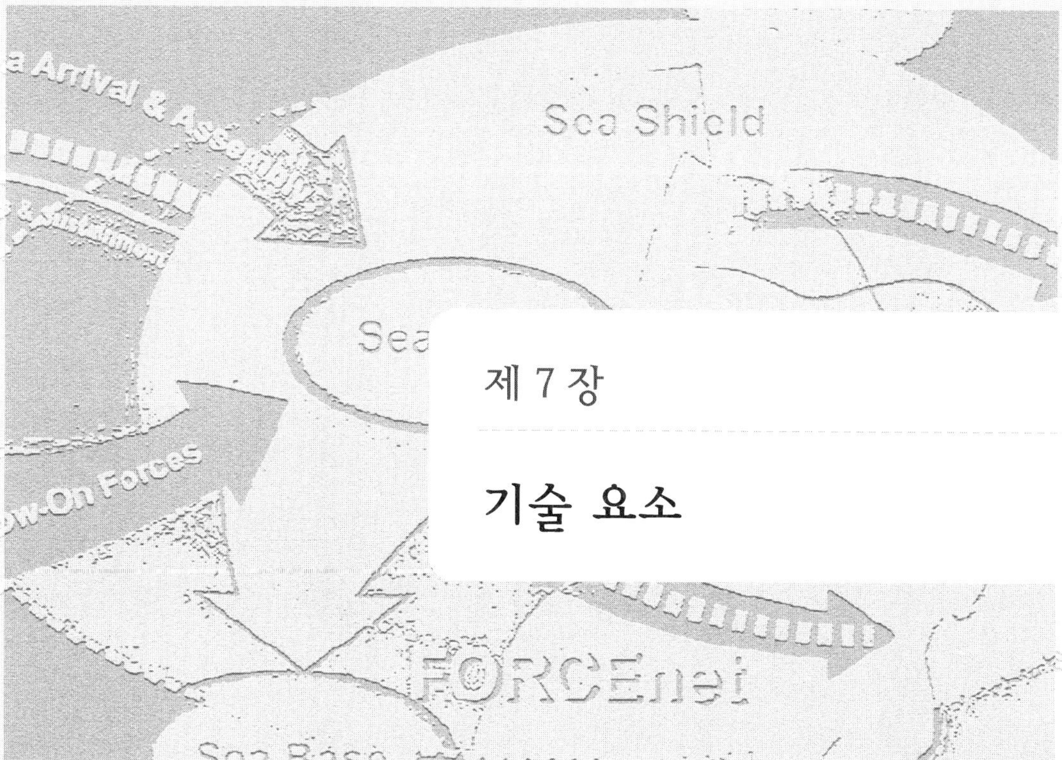

제 7 장

기술 요소

본 장에서는 NCW 서비스 구축을 위해 필요한 기술 요소를 분산 기술과 서비스 기술로 구분하여 설명한다. 분산 기술 요소에서는 공통운용환경(COE)의 개요 및 계층별 서비스 기술을 간략히 설명한 후 세그먼트와 컴포넌트 개념을 비교 설명한다. 서비스 기술 요소에서는 COE의 기술 요소와 비교하기 위해 최종 11개 서비스로 확정되기 이전 비교적 내용이 상세히 공개되어 있는 9개 핵심 서비스에 대한 기술 요소를 설명한다. 그런 다음 분산 기술 요소와 서비스 기술 요소와의 상관관계를 COE 계층별로 비교하여 제시한다. 본 장은 다음과 같이 구성된다.

7.1 분산 기술 요소

7.2 서비스 기술 요소

7.3 분산/서비스 기술 요소 상관관계

7.1 분산 기술 요소

7.1.1 공통운용환경(COE) 개요

공통운용환경(COE)은 정보체계 간 공유, 재사용 가능한 소프트웨어, 데이터 구성요소들과 이러한 구성요소들의 통합 및 실행 환경을 제공하며, 정보체계는 COE를 이용하여 공통요소를 공유함으로써 통합 및 상호운용성이 향상될 수 있다. 이를 가능케 하는 기본 바탕은 개방체계 원리를 적용시킨 미 국방부의 TAFIM, DISR(JTA) 등의 아키텍처이며, 이러한 아키텍처를 기반으로 보다 실용적이고 실질적인 시스템 개발방법을 제공함으로써 소프트웨어 및 데이터의 공유와 재사용을 유도하고 있다.

국방 COE란 정보체계 간 상호운용성, 이식성, 확장성 및 일관성이 보장되는 개방형 시스템 구현을 위한 일련의 지침 및 가이드라인으로서 아키텍처, 개발 전략 및 접근법, 재사용이 가능한 소프트웨어의 집합, 소프트웨어 기반구조, 표준 및 가이드라인의 집합으로서 국방정보체계의 엔터프라이즈 공통 활용과 재사용이 보장될 수 있도록 하여 소프트웨어의 생산성과 품질을 향상시키는 데 목적이 있는 참조 모델이다. 또한 상호운용이 가능한 시스템 개발을 위한 아키텍처와 접근방법이며 최소한의 확장이 가능한 보안 아키텍처와 보안 서비스를 가지고 애플리케이션과 시스템들 간의 데이터 공유를 위한 환경을 의미한다.

COE는 2.2.1.2절에서 이미 설명한 바와 같이 WWMCCS를 대체하기 위해 추진되었으며, C4ISR 적용을 위한 GCCS COE, 정보체계 적용을 위한 DII COE, 그리고 실시간 지휘통제체계에 확대해서 적용하기 위한 RT COE까지 개발하였고, 결국 실패로 끝났지만 무기체계 적용을 위해 WS COE의 개발도 추진하였다. 그 이후 NCW가 등장함에 따라 DII COE에 실시간 개념인 RT COE를 접목시켜 NCES로 발전하였다.

7.1.2 공통운용환경(COE) 계층

국방 공통운용환경(COE) 아키텍처 버전 1.0은 2003년 8월에 발표된 미 국방부의 DII COE I&RTS(Integration and Runtime Specification) 버전 4.3에 기반을 두고 있으며, 국방 COE 아키텍처는 그림 7-1과 같이 5계층 16개의 세그먼트로 구성되어 있다.

7.1.2.1 공통지원 애플리케이션 계층

공통지원 애플리케이션 계층은 기반구조 서비스와는 다르게 특정 임무영역(비즈니스, 기능

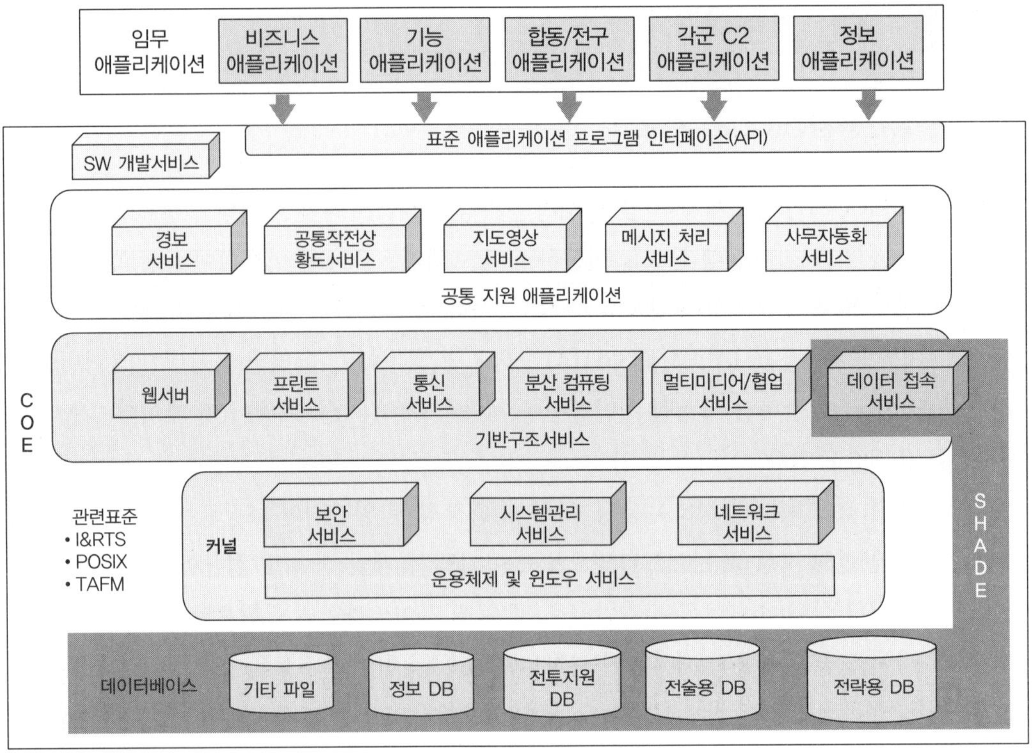

그림 7-1 국방 COE 아키텍처 버전 1.0 구성도

별, 합동/전구, 지휘통제, 정보)을 위해 공통적으로 지원되는 기능을 제공하는 계층으로 COTS와 GOTS로 구성된다. 이 계층의 기능은 임무 애플리케이션 계층의 서비스를 위해 공통적으로 요구되는 전장상황 관측, 문서 작성, 저장, 시현, 보고, 전파, 하달, 공유, 관리 등의 기능을 제공하고, 공통 데이터 형식을 처리하고 표현하며, 정보의 통합성 및 시각화를 위한 편의를 제공하는 데 있다.

이 계층은 경보 서비스, 공통작전상황도(COP) 서비스, 지도/영상 서비스, 메시지 처리 서비스, 그리고 사무자동화 서비스 등 총 5개의 세그먼트로 구성되며, 각 구성요소별 주요 기능은 다음과 같다.

- **경보 서비스** 관측 운영자에게 경보 메시지를 전달하고 관리하며 시스템 관리자에게 문서 메시지를 전달하는 서비스이다. 상위수준 서비스로는 "날아오는 미사일에 대한 경고" 등의 예가 있으며, 하위수준 서비스로는 "복사용지 없음" 등의 메시지 예가 있다.
- **공통작전상황도(COP) 서비스** 전장에 대한 획득 정보를 제공하며 전술 C4I의 상황도를 제공하는 서비스이다. 주요 기능에는 지도, 투명도, 상황도 및 지형분석과 관련된 관리업무 등이

있다.

- **지도/영상 서비스** 획득된 지도, 차트, 측량값 및 영상정보 등을 처리하는 서비스이다. 주요 기능으로는 지형분석 결과의 작성, 지도 도시 및 선택, 지형정보 조회, 영상 처리 및 편집, 특정 정보데이터 관리, 영상보고서 작성 지원 등이 있으며, 관련 표준에는 JPEG 파일교환 포맷, GIF, MIL-STD-2411/2407/2401 등이 있다.
- **메시지 처리 서비스** 군 전문 메시지를 해석하거나 분배하며, 실시간의 통합전투 수행을 보장하기 위해 명령이나 상황 등을 자동화하는 서비스이다. 주요 기능으로 다양한 메시지의 입/출력 방법 및 표준 포맷 제공, 다양한 메시지 포맷의 인식, 분해, 재조립 등이 있으며, 관련 표준에는 메시지 텍스트 포맷(MTF), 가변 메시지 포맷(VMF), XML-MTF, X.400, X.500 등이 있다.
- **사무자동화 서비스** 브리핑 데이터를 작성하고 전시하는 서비스이다. 워드프로세서와 스프레드시트 등이 있으며 전자메일 및 웹 브라우저 등도 제공된다.

7.1.2.2 기반구조 서비스 계층

기반구조 서비스 계층은 네트워크, 시스템, 보안관리 서비스 등을 포함하며, 각 서비스는 어떠한 특정 애플리케이션에 대해서도 독립적이고, 네트워크 서비스는 시스템 외부 데이터를 수신하는 것과 시스템 외부로 전송하기 위한 수단을 제공한다. 분산 컴퓨팅 서비스는 클라이언트/서버 또는 n-계층(Tier) 환경에서 분산처리를 달성하기 위해 필요한 기반구조를 제공하며, COTS 제품에 의해 제공되는 프린트 서비스들은 프린터, 플로터, 유사장비 등에 접근할 수 있는 세그먼트를 제공한다. 데이터 접근 서비스는 분산 환경에서 파일관리뿐만 아니라 관계형 데이터베이스 관리도 포함하며, 멀티미디어/협업 서비스는 멀티미디어 프레젠테이션과 협업적인 기능들을 결합한다.

이 계층은 웹 서버, 프린트 서비스, 통신 서비스, 분산컴퓨팅 서비스, 그리고 멀티미디어/협업 서비스 등 총 5개의 세그먼트로 구성되며, 각 구성요소별 주요 기능은 다음과 같다.

- **웹 서버** 하이퍼텍스트 문서를 송 · 수신하기 위해 사용하는 기반구조 서비스이다. 주요 기능으로는 서버 다운현상 방지, 웹 사이트의 CPU 자원 모니터링, 웹 서버 상태 저장 및 복구, 동시에 여러 개의 요청과 응답 처리, 동시 접속 가능한 사용자의 수 제한, 특정시간 동안 서비스를 못할 경우 Time Out 메시지 전송, 캐싱 기능 제공, 그리고 로드 밸런싱(Load Balancing) 지원 등이 있으며, 관련 표준에는 HTTP, URL, URI, IETF RFC 2616/1738/2396 등이 있다.
- **프린트 서비스** 프린터, 플로터, 유사장비 등에 접근할 수 있는 세그먼트를 제공하고 일반 프린트 장비에 대해 드라이버 설치 및 구성, 부가장치 지원 및 프린터 서버 등을 지원하는 서비스

이다. 주요 기능으로는 네트워크 프로토콜(NetBEUI, TCP/IP 및 IPX/SPX) 등을 통한 프린트 기능이 있으며, 관련 표준에는 TCP/IP Line Printer Daemon(LPD) 등이 있다.

- **통신 서비스** 통신 프로토콜을 이용한 두 개 이상의 개체 통신구조로 구성되어 수행하는 서비스로서 NetBIOS over TCP/IP, 메일 프로토콜, FTP, Telnet 등의 프로토콜이 있다. 주요 기능으로는 안정적 데이터 전달을 위한 단편화, 재조립, 캡슐화, 연결 제어, 오류 제어, 동기화, 주소 부여, 다중화, 전송 서비스 등이 있으며, 관련 표준에는 IETF 표준 5/RFC 791/RFC 950/RFC 922/RFC 792/RFC 1112, 전송제어 프로토콜(TCP), 인터넷 프로토콜(IP) 등이 있다.
- **분산 컴퓨팅 서비스** 중앙에 집중되어 있던 메인프레임 컴퓨팅 파워를 다중 호스트로 분리하여 기존에 구축된 독립적인 이기종 시스템을 하나의 네트워크로 연결하고 통합하는 서비스이다. 주요 기능으로는 원격 파일 및 프린트의 공유, 분산 DB의 정보 처리, 원격의 특정 하드웨어 장비사용 등이 있고, 지원 기술로는 ANSA(AMP), DCE(OSF), CORBA(OMG), DOE(Sun), OLE, COM(이상 Microsoft), SOM(IBM) 등이 있으며, 관련 표준에는 OMG document formal/99-10-07, Common Object Request Broker: Architecture and Specification, Version 2.3.1 등이 있다.
- **멀티미디어/협업 서비스** 영상회의, 전자출판, 가상현실, 각종 오락, 의료, 교육, 방송 등과 관련된 서비스이다. 주요 기능으로는 멀티미디어 프리젠테이션 제공(비디오, 오디오 등이 복합 표현) 등이 있으며, 관련 표준에는 JSR168, SIP/SIMPLE Specification, iCalendar 등이 있다.

7.1.2.3 커널 계층

COE 커널은 플랫폼이 어떻게 사용될 것인지 고려치 않은 모든 플랫폼에서 필요로 하는 소프트웨어의 최소한의 집합이며, COE 커널 컴포넌트들은 운영체제와 윈도우 서비스, 기반구조 서비스 계층에 적절히 속해 있는 다른 서비스들의 집합을 포함한다. COE 커널은 항상 운영체제를 포함하고 있으며, 그 기능으로는 시스템관리 기능, 보안관리 기능, 실행적인 관리자 기능, 특권 오퍼레이터의 로그인 계정 생성을 위한 유틸리티, 특권 없는 오퍼레이터의 로그인 계정 생성을 위한 유틸리티, 그리고 세그먼트 설치를 위한 COE 도구 등이 있다.

이 계층은 보안 서비스, 시스템 관리 서비스, 네트워크 관리 서비스, 그리고 운영체제 서비스 등 4개의 세그먼트로 구성되며, 각 구성요소별 주요 기능은 다음과 같다.

- **보안 서비스** 사용자 접근통제, 네트워크 접근통제, 그리고 보안 감사 등을 수행하는 서비스이다. 주요 기능으로는 사용자 접근통제 관리, 데이터의 갱신 · 열람 · 출력 등 접근 통제 및 이력 관리, 바이러스 및 해커 등의 침입방지 등이 있다.
- **시스템 관리 서비스** 개방 시스템 환경에 대한 효과적인 관리를 수행하는 서비스이다. 주요 기

능으로 관리요소 상태 관리, 형상통제, 성능 관리, 결함 관리, 사용자 · 그룹 관리, 용도 관리 및 기타 관리 등이 있다.

- **네트워크 관리 서비스** 네트워크상에 있는 다양한 자원들을 모니터링하고 제어하는 서비스이다. 주요 기능으로 장애 관리, 형상 관리, 보안 관리, 성능 관리, 계정 관리 등이 있다.
- **운영체제 서비스** 사용자 애플리케이션을 효율적으로 실행하는 기본 SW 또는 총괄 제어 프로그램과 관련된 서비스이다. 주요 기능으로 프로세스 및 프로세서 관리, 기억장치 관리, 파일 관리, 입출력 관리, 보조기억장치 관리, 시스템 콜 인터페이스 기능 등이 있다.

7.1.2.4 SHADE 계층

SHADE 계층은 체계 간 상호운용성 및 데이터 공유 요구사항을 만족시키기 위한 데이터 접속 아키텍처, 데이터 공유 방식, 재사용 가능한 소프트웨어 및 데이터, 지침 및 표준 등을 제공하는 계층이다. SHADE는 COE 기반 체계 간의 데이터 공유 능력뿐만 아니라 기존 체계 또는 기존 체계 간의 데이터 공유능력을 향상시킬 수 있으며 데이터 표준화를 실현할 수 있는 점진적 접근방

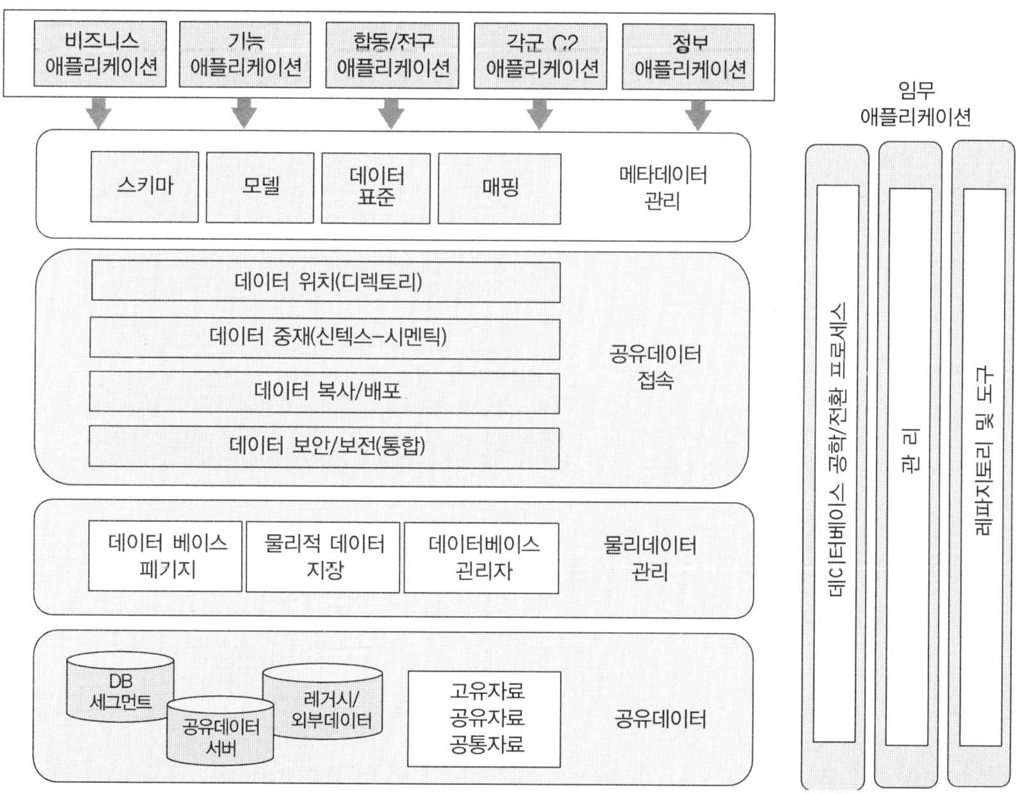

그림 7-2 SHADE 아키텍처

법을 지원하고 "모든 데이터를 모든 사람에게, 어느 곳에서나 가용" 하게 하는 것으로 정보교환의 요구사항이 존재하는 곳에서 데이터 공유를 단순화시켜 주는데 우선을 두고 있다.

이 계층은 데이터 접속 서비스 세그먼트로 구성되며 주요 기능은 다음과 같다.

- 데이터 접속 서비스 데이터의 통합 및 접속과 실시간으로 데이터 접속을 제공하는 서비스이다. 관련 표준에는 ODBC(Open Database Connectivity), JDBC(Java Database Connectivity), ANSI-SQL 92/99, XQuery 등이 있다.

SHADE 아키텍처는 그림 7-2와 같이 공유 데이터, 물리적 데이터 관리, 공유 데이터 접속, 메타데이터 관리의 4계층으로 구성되어 있으며, COE로부터 분리되어 있는 임무 애플리케이션에는 레파지토리 및 도구, 관리, 그리고 데이터베이스 공학/전환 프로세스가 있다.

7.1.2.5 소프트웨어 개발 서비스 계층

COE는 개발자가 임무 관련 애플리케이션 소프트웨어를 개발하도록 지원하는데, 이를 위해 소프트웨어 개발 서비스는 API 라이브러리와 세그먼트화 절차를 지원하기 위한 도구들의 집합을 포함하고 있다.

7.1.3 세그먼트와 컴포넌트

7.1.3.1 세그먼트 개념

COE에서 컴포넌트 개념과 가장 유사한 개념으로 주목할 만한 개념은 세그먼트(Segment)이다. COE 기반체계에서 모든 소프트웨어 및 데이터는 세그먼트로 패키지화되며 세그먼트는 모듈이 제공하는 기능 항목으로 정의되고 하나 이상의 모듈로 구성된다. 즉 세그먼트는 시스템 개발자가 아닌 최종 사용자의 관점에서 보는 연관된 기능의 집합체이며 COE 기반 시스템을 구축하는 가장 기본적인 단위인데, 특히 COE의 일부분인 세그먼트들은 COE 컴포넌트 세그먼트라고 정의할 수 있다.

COE 컴포넌트 세그먼트는 COE 내에 포함되는 속성들을 포함하며 모든 세그먼트에 적용되는 로드(Load), 제거(Remove) 및 다른 세그먼트와의 상호작용 방식에 관한 제어와 더불어 엄격한 관리를 받게 되는데 이는 전체 시스템을 구성하는 기반이 되기 때문이다.

COE의 세그먼트 유형에는 소프트웨어, 데이터, 계정 그룹, COTS, 데이터베이스, 그리고 패치(Patch)가 있는데, 각 세그먼트 유형에 대한 세부 설명은 다음과 같다.

- **소프트웨어** 실행 가능한 소프트웨어와 정적인 데이터의 집합으로서 COTS 또는 GOTS가 있으며 임무 및 공통지원 애플리케이션, 기반구조 서비스 등을 포함한다.
- **데이터** 데이터 파일의 집합으로서 세그먼트에 의해서만 사용되는 세그먼트 데이터, 특정 운영 플랫폼 내에서만 사용되는 로컬 데이터, 그리고 네트워크를 통해 접근이 가능한 글로벌 데이터가 있다.
- **계정 그룹** 실행 환경을 수립하는 템플릿으로서 COE 커널과 함께 전달되는 보안 관리자와 COE 커널과 함께 전달되는 시스템 관리자가 있다. 계정은 DISA의 승인이 요구된다.
- **COTS** 개발 업체에 의해 만들어지고 세그먼트 디렉토리 밖에서 승인된 소프트웨어로서 세그먼트와 관련된 모든 파일을 지칭한다.
- **데이터베이스(DB)** DB 서버에 설치되며 COE에서 제공하는 DBMS 중 하나를 사용한다. DB를 생성하기 위한 스크립트를 포함하며 DB 설치를 위해서는 데이터 세그먼트가 필요하다.
- **패치(Patch)** 이전 버전의 세그먼트를 수정하거나 업데이트하는 세그먼트로서 이전 버전의 세그먼트의 부분 집합이다.

세그먼트를 사용할 경우에는 다음과 같은 4가지 이유로 재사용성이 향상되고 통합 및 형상관리가 용이해진다.

- 디렉토리 구조 내 세그먼트가 각각 할당되어 있어 세그먼트 개발자 간 상호 연관성을 최소화할 수 있다.
- 체계적으로 세그먼트의 제어가 가능하기 때문에 자동화된 소프트웨어 지원도구를 이용하여 COE 제공환경을 확장시킬 수 있다.
- 확인(Verification) 및 설치를 자동화할 수 있다.
- 임무 애플리케이션 세그먼트가 COE로부터 분리되어 있어 임무 애플리케이션이 고장 시 전체 시스템에 적은 영향을 미친다.

7.1.3.2 세그먼트와 컴포넌트 특성

세그먼트와 컴포넌트 모두 자율적인 특성을 가지며, 명확하게 정의된 인터페이스를 제공하고, 채용 및 조립의 단위로 파악될 수 있으며, 재사용의 기본단위로서 사용자의 이해를 돕기 위한 문서들을 제공한다. 세그먼트는 시스템의 엄격한 통제 아래 소프트웨어 지원도구에 의해 자동화된 통합이 가능하나 일반적인 컴포넌트들은 스크립트 등의 수작업에 의해 통합되는 것이 일반적이다. 그리고 세그먼트가 엄격한 보안 능력을 제공하는 것에 비해 컴포넌트는 보안에 관한 메커니즘이 부족하다는 단점이 있다. 세그먼트는 전체 시스템에 대한 고장감내 특성을 제공하나, 일반적인 컴포넌트는 고장감내 특성에 관한 메커니즘을 제공하지 않는다.

7.2 서비스 기술 요소

3.3절에서 이미 설명한 바와 같이, 2010년 9월 29일 완전 작전능력(FOC)을 선언하면서 개발이 완료된 NCES의 핵심 서비스는 총 11개이지만 최초 9개 서비스에 추가되거나 보완된 서비스들(사용자 접속, 인원 발견, 메타데이터 발견, 콘텐츠 배달 서비스 등)은 현재 개략적인 내용과 이점에 대해서만 공개되어 있는 상태이기 때문에, 본 절에서는 7.1절의 분산 기술 요소와의 상관관계를 비교하기 위해 최초 9개 서비스의 기술 요소에 대해서만 설명한다.

7.2.1 핵심 엔터프라이즈 서비스(CES) 구성요소

작성 순서는 3.3.1절과 마찬가지로 최초 9개 서비스 중 최종 11개 서비스로 확정되어 구축이 완료될 때까지 서비스 내용에 변함이 없거나 내용 상 큰 차이가 없었던 사용자 지원(사용자 접속), 협업, 발견(인원 발견, 서비스 발견, 콘텐츠 발견, 콘텐츠 배달), ESM, 중재, 메시징, 정보보증/보안(서비스 보안) 서비스를 먼저 설명하고, 그 후 서비스 내용이 현저히 변경되었거나 제외되었던 저장 서비스(메타데이터 관리)와 애플리케이션 서비스를 설명한다.

7.2.1.1 사용자 지원

사용자 지원은 섹션 508 호환성, 스마트 에이전트 파일럿/SW 로보틱스, 맞춤식 에이전트 등으로 구성되며, 각 구성요소에 대한 기술 요소는 다음과 같다.

- 섹션 508 호환성
  - 접속 가능한 검증(Validation) 도구
- 스마트 에이전트 파일럿/SW 로보틱스
  - 서비스 제공 콘텐츠의 능동적 모니터링
  - 서비스 제공 데이터 콘텐츠 내 중요 이벤트의 인식 능력
- 맞춤식 에이전트
  - 스마트 에이전트에 기반을 둔 COI 경보
  - 사용자 행위에 따른 보고

7.2.1.2 협업

협업은 현존 능력, 표준기반 서비스로 진화, 정책기반 상호운용성, GES 내 정렬 및 통합, 표준 성숙화 및 글로벌 통신 개선 등으로 구성되며, 각 구성요소에 대한 기술 요소는 다음과 같다.

- 현존 능력
  - 포털 및 턴키(Turnkey) 기능
  - 다중 컨퍼런싱 유닛(MCU) 서비스
  - 사용자 및 공간의 로컬/글로벌 인식
- 표준 기반 서비스 진화
  - 요구사항 업데이트 및 표준화, 기술 평가
  - 인터페이스 정련
  - 모바일 및 전술 지원
- 정책 기반 상호운용성
  - 엔터프라이즈 인식, 워크플로우 및 협업, 포털 및 포털 웹 서비스
  - MCU 상호운용성, 도메인 간 보안
- GES 내 정렬 및 통합
  - 정렬된 COI 애플리케이션, 동적 가상공간 능력
  - CES 상호운용 가능한 통합
- 표준 성숙화 및 글로벌 통신 개선
  - 표준의 성숙화
  - 통합 및 글로벌 통신
  - 번역 서비스 통합

7.2.1.3 발견

발견은 디렉토리 서비스, 콘텐츠 관리 등으로 구성되며, 각 구성요소에 대한 기술 요소는 다음과 같다.

- 디렉토리 서비스
  - 글로벌 디렉토리 서비스(GDS): 개인 ID, 조직 ID
  - 객체 레지스트리: XML 레지스트리
  - 애플리케이션/서비스: UDDI, 웹 서비스

- 콘텐츠 관리
  - 분류: 개념 개발, 초기 구현
  - 카탈로그: COI 및 도메인 카탈로그, 탐색, 프로파일 및 정책 관리, 글로벌 카탈로그, COI 간 탐색

7.2.1.4 엔터프라이즈 서비스 관리(ESM)

ESM은 통합관리 능력, 공통작전상황도 능력, 전술/정책 및 절차 지원 등으로 구성되며, 각 구성요소에 대한 기술 요소는 다음과 같다.

- 통합관리 능력
  - 네트워크 관리: TCP/IP, 비동기식 전송, 저장
  - 시스템 관리: 단일 호스트 서버, 호스팅 환경
  - 애플리케이션/서비스 관리: 분산, End-to-End, 웹 서비스
  - 원거리 통신 관리: 위성, 무선, 광학
  - 서비스 운영 관리: 서비스 데스크, 서비스 레벨 관리, 서비스 규정
- 공통작전상황도(COP) 능력
  - COP 능력: 개념 개발, 초기 구현
  - COP 구현: 전구(Theater), JTF 간 경계, 글로벌 COP
- 전술/정책 및 절차 지원
  - NCES: 수락기준 배포, 수락 요구사항
  - NetOps: 작전개념(CONOPS) 배포, 수락 요구사항
  - 보안: ESM 보호기술 승인, 보안 도메인 간 관리

7.2.1.5 중재

중재는 관계자 경보 능력, 중재 목표물 식별, 중재 파일럿 프로젝트, 초기운영 중재 능력 가용성, 시스템 어댑터 참여, 애플리케이션 참가그룹 연결, 서비스 레벨 관리 개선, 융합 능력 개선, 동기화 능력 개선 등으로 구성되며, 각 구성요소에 대한 기술 요소는 다음과 같다.

- 관계자 경보 능력
  - 시장주도 접근: 브로커링, B2B 및 B2C 통합, 융합 및 집합, COP 인덱싱
- 중재 목표물 식별

- 제공자/소비자 시스템
- 엔지니어링 요구사항 기록: 네트워크 서비스 상호작용, 비동기식/동기식, 중복, 생존성, 수행 능력, 배달, 감사, 관리, 보안

• 중재 파일럿 프로젝트
- 수행 성능 및 엔지니어링 이슈 기록: 서비스의 물리적 분산, 확대, 가용성, 업무 균형, 네트워크 이슈
- 표준 중재 통합 프로세스

• 초기운영 중재 능력 가용성
- 중재 기반구조, 정보 전송, 배포 및 구독 채널, 확증된 콘텐츠 배달
- 제한 콘텐츠 번역, 중재 데이터 감사, 신규 서비스 관리

• 관계 시스템 어댑터 전개
- 신규 가치추가 네트워크 서비스 개발
- 데이터 인식 서비스(Pull) 허가

• 애플리케이션 참가그룹 연결
- 지도, 번역, 서비스 수준 협의(SLA)
- 소비자의 서비스 가용성

• 서비스 레벨 관리 개선
- 수행 성능 모델링 정련
- 애플리케이션 레이어 서비스 측정

• 융합 능력 개선
- 융합 기회 식별
- 비즈니스 규칙 정련
- 서비스로서 융합된 데이터 제공

• 동기화 능력 개선
- 준 실시간 접속 기능, 식별된 네트워크 상호작용
- 하드웨어 및 소프트웨어 배치/최적 구성, 예상되는 미래 서비스

7.2.1.6 메시징

메시징은 하이브리드 아키텍처 및 웹기반 메시징, 인스턴트 메시징, 통지 서비스 및 인식 서비스, 통합메시징, 전술/모바일 지원 등으로 구성되며, 각 구성요소에 대한 기술 요소는 다음과 같다.

- 하이브리드 아키텍처 및 기반 메시징
  - 웹 기반 메시징: X.400(지휘소자동화시스템(CPAS)용 전문처리 엔진)에서 SMTP로 변환
  - 메시지 저장 서버
  - 메시지 관리 및 정보보증(안티-바이러스/스팸, 침입탐지시스템, 메시지 추적, 모니터링 및 보고, 지식관리/탐색 지원 등)
  - 공통서비스 기반구조(GDS, PKI) 통합
- 인스턴트 메시징
  - 탐지 및 상태존재 확인
  - 보안 동기 메시징
- 통지 서비스 및 인식 서비스
  - 통지 서비스(Push): 선택된 장비에 대한 통지 및 경고
  - 인식 서비스(Pull): 화이트보드 공유
- 통합메시징
  - 이메일, 팩스, 페이징, 보이스 메일 등
- 전술/모바일 지원
  - 경량/무선 장비(SMS, EMS, MMS, 인스턴트 메시징, 3G/4G 이메일 등)
  - 낮은 대역폭 환경(WAF, WAP 등) 장비

7.2.1.7 정보보증/보안

정보보증/보안은 PKI, 접속관리 서비스, 보안 도메인, 보안 로그 등으로 구성되며, 각 구성요소에 대한 기술 요소는 다음과 같다.

- PKI
  - PKI, 추가 엔티티, 하드웨어 토큰
- 접속관리 서비스
  - 접속 불가지역 제한, 엔터프라이즈 소스 통합, 엔터프라이즈 서비스 활용
- 보안 도메인
  - 가드, XML 가드
- 보안 로그
  - 로그인 및 검색, 로그 분석

7.2.1.8 애플리케이션

애플리케이션은 기술, 운영, 정책 및 절차, 자원 등으로 구성되며, 각 구성요소에 대한 기술 요소는 다음과 같다.

- 기술
  - 물리적 요소, 보안 아키텍처(요구 및 정의), 임무 균형
  - MOE(Model Operating Environment), 그리드 컴퓨팅, 콘텐츠 배달 아키텍처
- 운영
  - ESM 서비스 구현, CERT 보안, 표준화된 운영 및 레벨 지원, 재난 회복
  - 스테이징(staging), 준비 대기 및 전장 투입, 보안, 기지 강화
- 정책 및 절차
  - 보안 기술 구현 가이느(STIGS)
  - 기술 삽입 업데이트, 획득 전략, 자금 조달
  - 일회성(One-Off) 맞춤식 솔루션
  - 수요에 따른 프로세싱 용량(일용품 서비스)
- 자원
  - 시스템 행정 표준
  - DBA 표준
  - 확증 프로세스

7.2.1.9 저장

저장은 기술, 운영, 정책 및 절차 등으로 구성되며, 각 구성요소에 대한 기술 요소는 다음과 같다.

- 기술
  - 저장 아키텍처
- 운영
  - 안정된 저장관리
- 정책 및 절차
  - 수요에 따른 저장: 일용품 서비스

7.2.2 제품라인(PL) 구성요소

7.2.2.1 SOAF

SOAF는 ESM, M2M 메시징, 서비스 발견, 인원 및 장비 발견, 메타데이터 서비스, 중재, 서비스 보안 등으로 구성되며, 각 구성요소에 대한 기술 요소는 다음과 같다.

- ESM
  - 웹 서비스 데이터 모니터링: 캡처, 뷰(view), 보고 등
  - 오류 관리: 오류 추적, 오류원인 식별
- M2M 메시징
  - 동기적/비동기적 정보교환, 콘텐츠 분산지원 서비스
  - 지능적 라우팅, 보증된 배달기능 제공, 웹 서비스 및 무선기반 인터페이스 지원
  - 경보 기능 지원: 이메일, 인스턴트 메시지, 전화, 오디오/비디오, 웹 브라우저, 랩톱 컴퓨터, PDA, 휴대폰
- 서비스 발견
  - 웹 서비스 이용 배포, 발견, 등록
  - 분류된 엔터프라이즈 정보저장 기능: UDDI, ebXML, RDBMS
- 인원 및 장비 발견
  - 웹 서비스 환경에서 인원 및 장비 식별, 발견, 배포
  - 웹 서비스 인터페이스 제공: 글로벌 디렉토리 서비스(GDS)
- 메타데이터 서비스
  - 데이터 컴포넌트 교환, 메타데이터 관리, 배포, 접속
  - 메타데이터 레파지토리(MDR): 메타데이터 요소(RDBMS 스키마, 심벌, XML 스키마 등) 저장 및 분류
- 중재
  - 콘텐츠 변환: XML 변환 콘텐츠 제공
  - 서비스 적응: 일반 표준을 XML로 변환하거나 XML을 일반 정보로 변환
  - 서비스 오케스트레이션: BPEL 등록, 동적 정보라우팅, XML 변환 서비스
- 서비스 보안
  - 임무 및 속성기반 접속통제, 보안정책 관리, 보안 서비스 명세
  - PKI 통합, 로그인 및 감사 서비스

7.2.2.2 콘텐츠 발견 및 배달

콘텐츠 발견 및 배달은 연합 탐색, 엔터프라이즈 카탈로그 서비스, 데이터 소스 통합, 엔터프라이즈 콘텐츠 배달 네트워크 등으로 구성되며, 각 구성요소에 대한 기술 요소는 다음과 같다.

- 연합 탐색
  - 애플리케이션으로 부터 질의 수신
  - 집합 또는 이격된 데이터 소스 결과 지원
- 엔터프라이즈 카탈로그 서비스
  - 표준화 및 엔터프라이즈 목록 웹 서비스 API 기능
  - 엔터프라이즈 카탈로그 노출
- 데이터 소스 통합
  - COI-명세 데이터 소스의 이동 지원
  - 새로운 데이터 소스의 엔터프라이즈-범위 지원
  - 연합 탐색 COI 이동 지원
- 엔터프라이즈 콘텐츠 배달 네트워크
  - 스마트-캐시 방식: 정보이동, 정보서상, 서상 섭속, 엔터프라이즈 연합경고 및 취급 메시징 능력, 엔터프라이즈 중재-가능 서비스 및 재난 복구
  - 캐싱 명세: DoD 데이터 저장시설의 표준명세 제공
  - 분산 캐싱: 콘텐츠의 투명성 지원
  - 단계별 이동: 데이터 응답지원 기능, 인증 및 신뢰성 있는 배달능력 제공, 대역폭 사용 및 스케줄링 지원

7.2.2.3 협업

협업은 세션관리, 존재 및 인지, 텍스트/오디오/비디오 협업, 화이트보딩, 애플리케이션 공유, 애플리케이션 브로드캐스팅 등으로 구성되며, 각 구성요소에 대한 기술 요소는 다음과 같다.

- 세션 관리
  - 다중 및 점대점 세션 지원, 다중 세션 내 점대점 세션 지원(개인 점대점 텍스트 또는 다중 세션 내 사용자 간 음성 통신)
  - 세션 및 작업공간의 통제 및 제작
- 존재 및 인지

- 기초적인 보안 및 발견 서비스 통합

- 텍스트 협업
  - 텍스트 메시지로 협업
  - 가상 텍스트 세션 기능: 변경, 전시, 캡처, 보관, 검색, 권한자 식별, 시간-스탬프 텍스트 메시지
- 오디어 협업
  - 전 이중(송/수신) 능력, 묵음, 시각화 기능
  - 오디오 녹음, 보관, 재생 기능
- 비디오 협업
  - IP 네트워크를 통한 비디오 회의협업 지원
  - 실시간 방송 및 비디오 녹화 기능
- 화이트보딩 및 주석
  - 다이어그램, 사진, 애플리케이션 스냅 샷 기능
  - 기본 이미지 및 주석 저장 기능
- 애플리케이션 공유
  - 사용자 장비 공유 기능
  - 공유된 애플리케이션 세션 내 사용자 통제
- 애플리케이션 브로드캐스팅
  - 애플리케이션 사용 허가
  - 시각정보 제공을 위해 협업 세션의 모든 인원에게 브로드캐스팅 기능: 비디오 회의, 비디오 녹화, 텍스트 편집, 프리젠테이션
- 가상공간
  - 공개된 공간 내 파일 배포, 관리, 정보검색
  - 서비스 로그인, 가상공간 버전통제, 임무기반 접속, 게시판 능력
  - 인덱싱 및 검색 능력 제공

7.2.2.4 국방 온라인 포털

국방 온라인포털은 인원 및 장비 발견, 콘텐츠 발견, 협업, 사용자 프로파일링 및 맞춤화 등으로 구성되며, 각 구성요소에 대한 기술 요소는 다음과 같다.

- 인원 및 장비 발견
  - 단일 시작 포인트 제공

- 콘텐츠 발견
  - 정보검색 및 게시, 콘텐츠 관리, 연합탐색 통합
  - 단일 시작 포인트 제공
- 협업
  - 접속문서 협업, 텍스트 채팅, 작업그룹, 엔터프라이즈 협업 통합
  - 단일 시작 포인트 제공
- 사용자 프로파일링 및 맞춤화
  - 사용자 프로파일링 및 맞춤화를 위해 요구사항에 대한 도움말 기능
  - 사용자 프로파일링 통합

7.3 분산/서비스 기술 요소 상관관계

본 절에서는 국방COE의 분산 기술 요소와 서비스 기술 요소와의 상관관계를 분석하기 위해 7.2절과 마찬가지로 서비스 기술 요소의 내용이 비교적 상세히 공개되어 있는 NCES의 최초 9개 서비스에 대해서만 비교하여 분석 결과를 제시한다. 특히 상관관계 분석 시 제품라인(PL)의 4개 서비스에 대한 기술 요소도 함께 비교하여 제시한다.

7.3.1 COE 세그먼트와 NCES 기술 요소

7.3.1.1 공통지원 애플리케이션 계층

공통지원 애플리케이션 계층의 구성요소는 경보 서비스, 공통작전상황도(COP) 서비스, 지도영상 서비스, 메시지처리 서비스, 사무자동화 서비스이며, 이들 서비스의 상관관계는 다음과 같다.

7.3.1.1.1 경보 서비스

COE의 경보 서비스는 "시스템 관리자에세 문서 메시시를 선날하거나 관측 운영자에게 경보 메시지를 전달하고 관리"하는 서비스를 수행한다. NCES에도 경보 서비스와 매우 유사한 기능을 수행하는 서비스, 즉 높은 상관관계를 갖고 있는 서비스가 있는데 바로 메시징 서비스의 통지 및 인식 서비스와 통합메시징 서비스가 있다. 즉 통지 및 인식 서비스는 "Push 및 Pull 기술을 이용하여 선택된 특정 장비에 통지하고 경고하거나, Pull 기술을 이용하여 화이트보드를 공유" 하

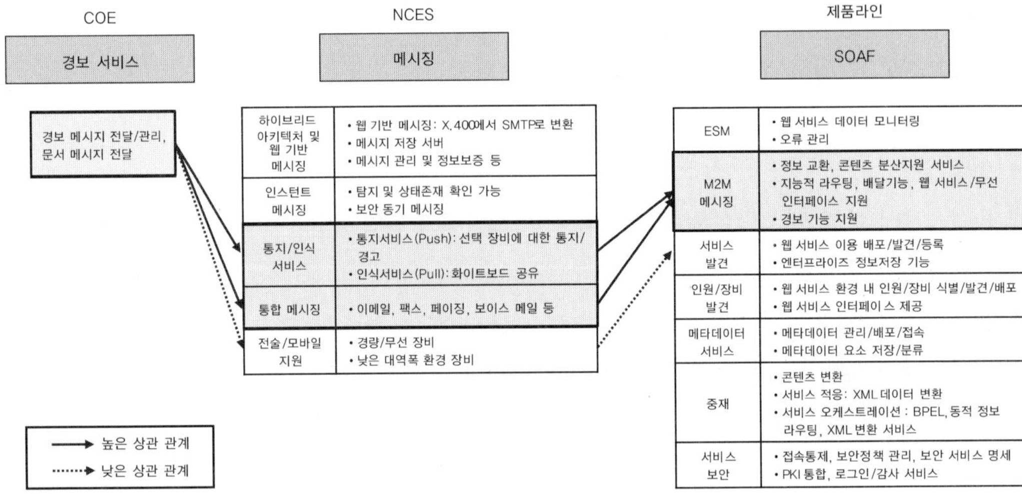

그림 7-3 경보서비스와 메시징, SOAF 간 상관관계

는데 이 기능이 경보 서비스의 기능과 동일하고, 통합메시징 서비스는 "이메일, 팩스, 페이징, 보이스 메일 등을 이용"하는데 이 기능 역시 경보 서비스의 기능과 동일하다. 경보 서비스와 낮은 상관관계를 가지는 메시징 서비스로는 "경량의 무선 장비나 낮은 대역폭 환경의 장비를 지원"하는 전술/모바일 지원 서비스"가 있다.

그리고 NCES의 메시징 서비스는 제품라인(PL)의 구성요소 중에서 SOAF의 M2M 메시징을 통해 "정보 교환, 콘텐츠 분산 지원 서비스, 지능적 라우팅, 배달, 웹 서비스 및 무선 인터페이스 지원, 그리고 경보 기능 지원" 등의 기능을 제공한다.

COE의 경보 서비스, NCES의 메시징 서비스, 그리고 제품라인(PL)의 SOAF 간의 상관관계가 그림 7-3에 도시되어 있다.

7.3.1.1.2 공통작전상황도(COP) 서비스

COE의 공통작전상황도(COP) 서비스는 "전장 획득정보 및 전술 C4I 상황도를 제공하여 지도, 투명도, 상황도, 지형분석 등을 관리"하는 서비스를 수행한다. COP 서비스와 높은 상관관계를 갖고 있는 NCES에는 ESM의 공통작전상황도 능력 서비스가 있고 낮은 상관관계로는 중재의 관계자 경보 능력 서비스가 있다. 즉 공통작전상황도 능력 서비스는 "공통작전상황도 개념 개발 및 초기 구현" 등의 역할이 있는데 이 기능이 COP 서비스와 동일하며, 중재의 관계자 경보 능력 서비스는 "공통작전상황도 인덱싱" 기능이 COP 서비스와 일부 유사하다.

그리고 NCES의 ESM 서비스와 중재 서비스는 제품라인(PL)의 구성요소 중에서 콘텐츠 발견 및 배달의 엔터프라이즈 콘텐츠 배달 네트워크를 통해 "정보의 이동 및 저장, 그리고 저장 접속"

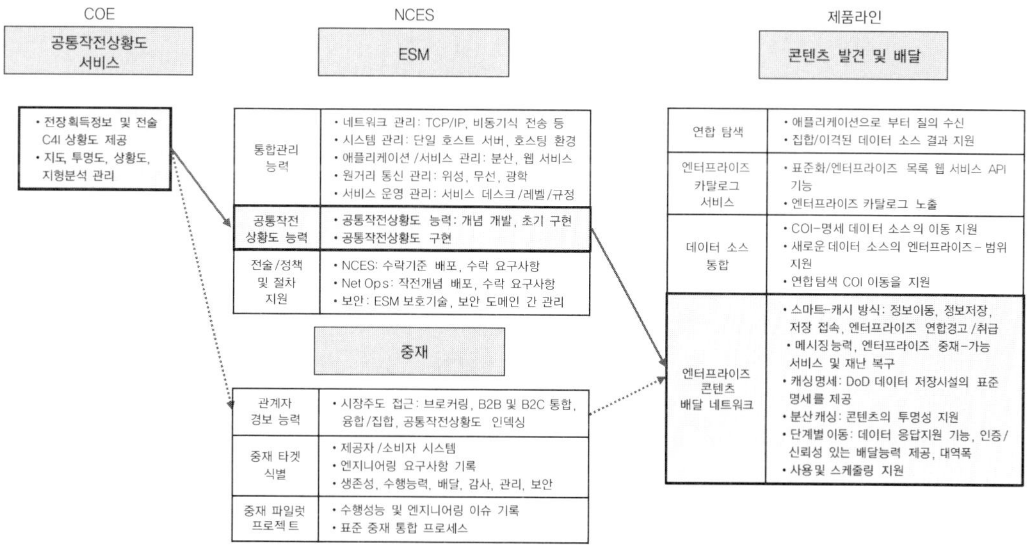

그림 7-4 COP 서비스, ESM/중재, 콘텐츠 발견 및 배달 간 상관관계

등의 기능을 제공한다.

COE의 공통작전상황도(COP) 서비스, NCES의 ESM 및 중재 서비스 그리고 제품라인(PL)의 콘텐츠 발견 및 배달 간의 상관관계가 그림 7-4에 도시되어 있다.

7.3.1.1.3 지도영상 서비스

COE의 지도영상 서비스는 "획득 지도, 차트, 측량값, 영상정보 처리, 지형분석 결과 작성" 등의 서비스를 수행한다. 지도영상 서비스와 높은 상관관계를 갖고 있는 NCES에는 중재의 애플리케이션 참가그룹 연결 서비스가 있고, 낮은 상관관계로는 중재의 초기운영 중재능력 가용성 서비스가 있다. 즉 애플리케이션 참가그룹 연결 서비스는 "지도, 번역, SLA 협의" 등의 역할이 있는데 이 기능이 지도영상 서비스와 동일하며, 중재의 초기운영 중재능력 가용성 서비스는 "중재 기반구조, 정보 전송, 배포, 구독 채널 등"의 기능이 지도영상 서비스와 일부 유사하다.

그리고 NCES의 중재 서비스는 제품라인(PL)의 구성요소 중에서 협업의 비디오 협업을 통해 "IP 네트워크를 통한 비디오 회의협업 지원, 실시간 방송 및 비디오 녹화" 등의 기능을 제공한다.

COE의 지도영상 서비스, NCES의 중재 서비스 그리고 제품라인(PL)의 협업 간의 상관관계가 그림 7-5에 도시되어 있다.

7.3.1.1.4 메시지 처리 서비스

메시지 처리 서비스는 "군 전문 메시지의 해석 및 분배, 명령, 상황 자동화" 등의 서비스를 수행

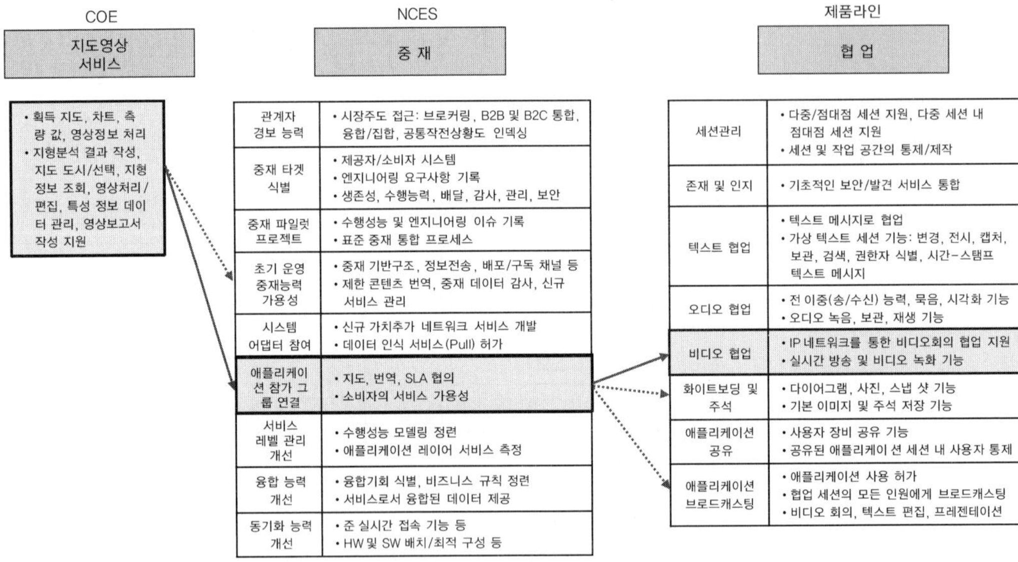

그림 7-5 지도영상 서비스, 중재, 협업 간 상관관계

한다. 메시지 처리 서비스와 높은 상관관계를 갖고 있는 NCES에는 메시징의 하이브리드 아키텍처 및 웹 기반 메시징 서비스가 있고, 낮은 상관관계로는 메시징의 인스턴트 메시징과 통합 메시징 서비스가 있다. 즉 하이브리드 아키텍처 및 웹 기반 메시징 서비스는 "X.400에서 SMTP로 변환되는 웹 기반 메시징, 메시징 저장 서버, 메시지 관리 및 정보보증" 등의 역할이 있는데

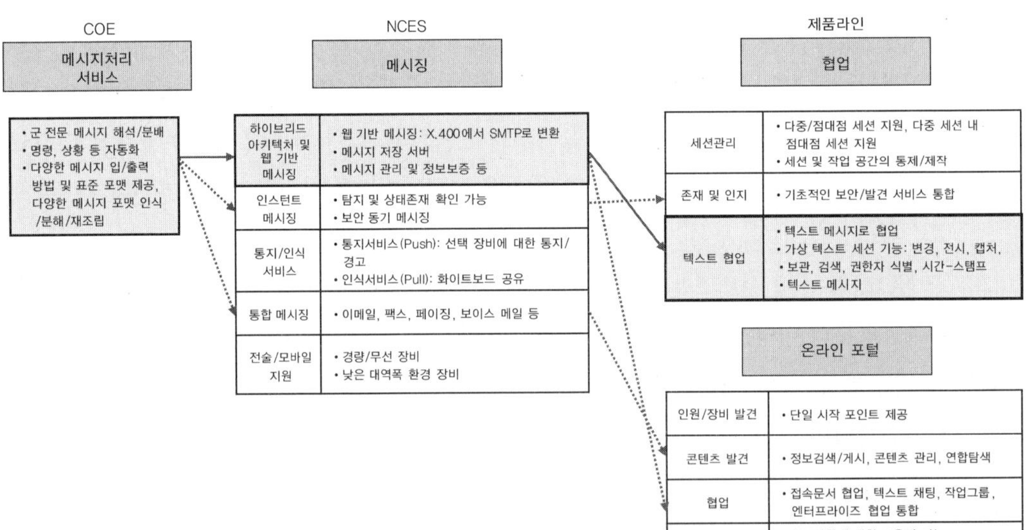

그림 7-6 메시지 처리 서비스, 메시징, 협업/온라인 포털 간 상관관계

이 기능이 메시지 처리 서비스와 동일하며, 인스턴트 메시징 서비스는 "보안 동기 메시징"이 통합메시징은 "이메일, 팩스, 페이징, 보이스 메일 등"의 기능이 메시지 처리 서비스와 일부 유사하다.

그리고 NCES의 메시징 서비스는 제품라인(PL)의 구성요소 중에서 협업의 텍스트 협업을 통해 "텍스트 메시지로 협업, 가상 텍스트 세션 기능" 등을 제공하며, 온라인 포털의 콘텐츠 발견과 협업을 통해 "정보검색 및 게시, 콘텐츠 관리, 접속문서 협업, 텍스트 채팅" 등의 기능을 제공한다.

COE의 메시지 처리 서비스, NCES의 메시징 서비스 그리고 제품라인(PL)의 협업 및 온라인 포털 간의 상관관계가 그림 7-6에 도시되어 있다.

7.3.1.1.5 사무자동화 서비스

COE의 사무자동화 서비스는 "워드프로세서, 스프레드시트, 브리핑 자료 작성 및 전시" 등의 서비스를 수행한다. 사무자동화 서비스와 높은 상관관계를 갖고 있는 NCES에는 애플리케이션의 자원 서비스가 있고, 낮은 상관관계로는 ESM의 통합관리 능력, 애플리케이션의 정책/절차 및 자원, 그리고 협업의 정책기반 상호운용성 서비스가 있다. 즉 자원 서비스는 "시스템의 행정 표준, DBA 표준" 등의 역할이 있는데 이 기능이 사무자동화 서비스와 동일하며, 통합관리 능력 서

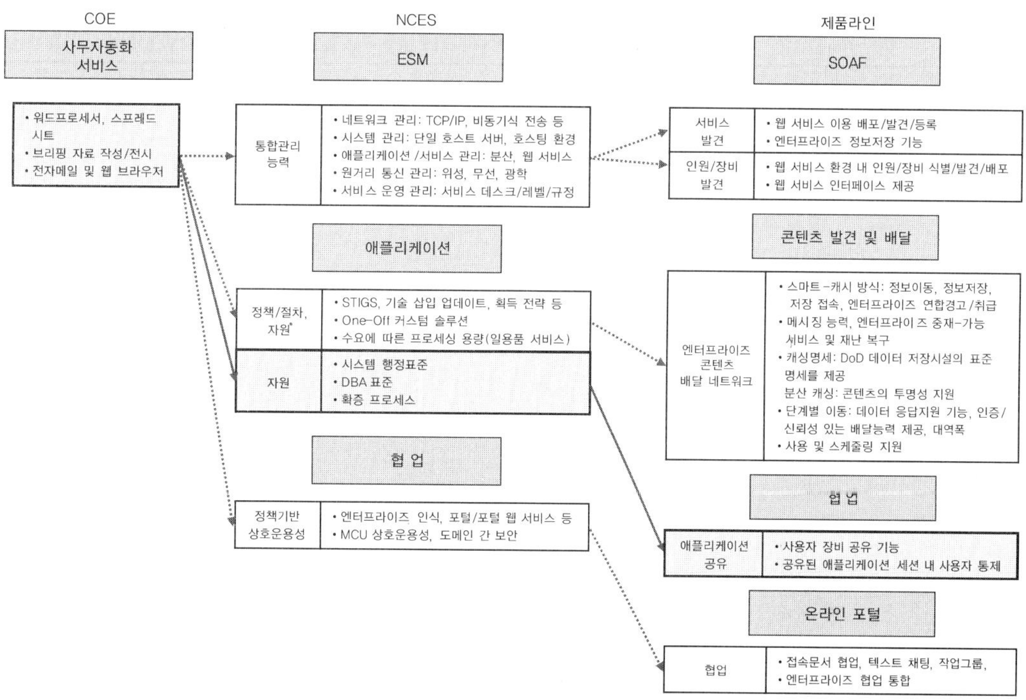

그림 7-7 사무자동화 서비스, ESM/애플리케이션/협업, SOAF/콘텐츠 발견 및 배달/협업/온라인 포털

비스는 "애플리케이션/서비스 관리와 서비스 운영 관리", 정책/절차 및 자원은 "One-Off 커스컴 솔루션", 그리고 정책기반 상호운용성 서비스는 "포털/포털 간 웹 서비스" 등의 기능이 사무자동화 서비스와 일부 유사하다.

그리고 NCES의 ESM, 애플리케이션, 협업 서비스는 제품라인(PL)의 구성요소 중에서 SOAF의 서비스 발견과 인원/장비 발견 서비스, 콘텐츠 발견 및 배달의 엔터프라이즈 콘텐츠 배달 네트워크, 협업의 애플리케이션 공유, 그리고 온라인 포털의 협업을 통해 각각 관련된 기능을 제공하는데, 특히 협업의 애플리케이션 공유를 통해 "사용자 장비 공유, 공유된 애플리케이션 세션 내 사용자 통제" 등의 기능을 제공한다.

COE의 사무자동화 서비스, NCES의 ESM, 애플리케이션, 협업 서비스 그리고 제품라인(PL)의 SOAF, 콘텐츠 발견 및 배달, 협업, 온라인 포털 간의 상관관계가 그림 7-7에 도시되어 있다.

7.3.1.1.6 상관관계 종합

COE의 공통지원 애플리케이션 계층과 NCES 그리고 제품계열(PL) 구성요소 간의 상관관계를 종합하면 그림 7-8과 같이 나타낼 수 있다. 그림 좌측의 정육면체는 공통지원 애플리케이션 계

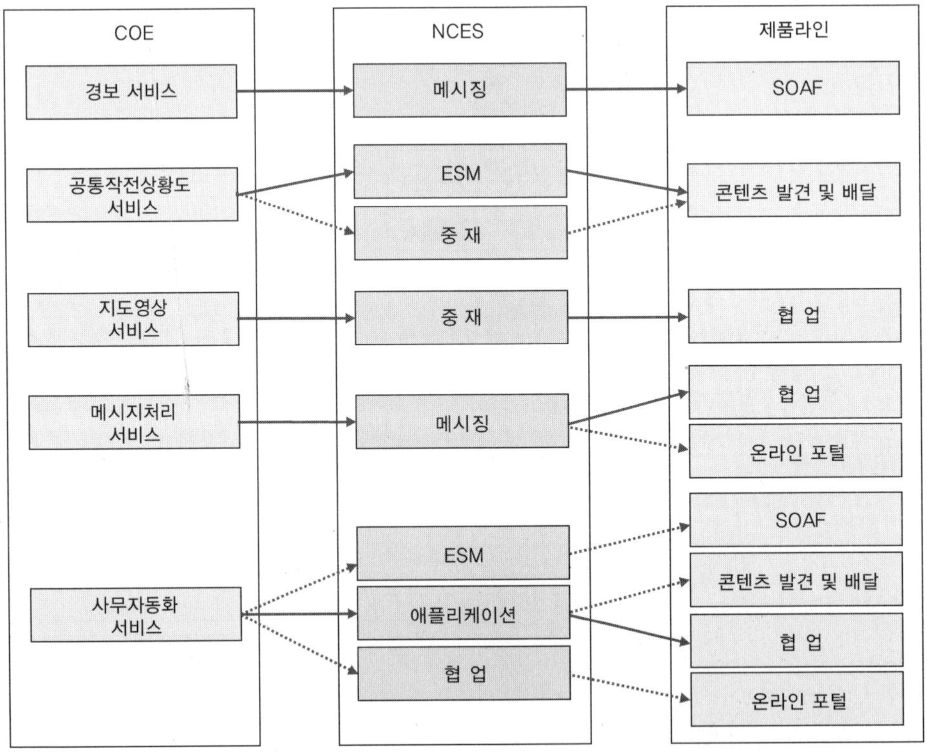

그림 7-8 COE의 공통지원 애플리케이션 계층, NCES, 제품라인(PL)의 구성요소 간 상관관계

층의 5개 서비스를 나타내며, 중앙 사각형은 이들 5개의 서비스와 높은 상관관계를 갖고 있는 NCES를 나타내고, 우측 사각형은 이들 NCES 서비스를 사용자가 이용하거나 구체적으로 제품화시켜 줄 때 사용되는 제품계열(PL)의 구성요소를 나타내고 있다. 또한 실선은 서로 간의 상관관계가 매우 높다는 의미이며, 점선은 비교적 그 상관관계가 낮은 것을 의미한다. 각 구성요소 간에는 1:1, 1:N 또는 N:1의 관계가 있다.

그림 7-8에서 NCES와 제품계열(PL) 구성요소 간 상관관계의 예를 들면, 메시징-SOAF, 중재-협업은 높은 상관관계이면서 1:1의 관계이고, ESM/중재-콘텐츠 발견 및 배달은 높은 상관관계이면서 낮은 상관관계를 갖고 있는 N:1(2:1) 관계를 갖고 있다. 그리고 메시징-협업/온라인 포털, 애플리케이션-콘텐츠 발견 및 배달/협업은 역시 높은 상관관계이면서 낮은 상관관계를 갖고 있는 1:N(1:2)의 관계이다.

7.3.1.2 기반구조 서비스 계층

기반구조 서비스 계층의 구성요소는 웹 서버, 프린트 서비스, 통신 서비스, 분산컴퓨팅 서비스, 멀티미디어/협업 서비스이며, 이들 서비스의 상관관계는 다음과 같다.

7.3.1.2.1 웹 서버

웹 서버는 "하이퍼텍스트 문서의 송신 및 수신, 서버의 다운현상 방지, CPU 자원의 모니터링, 웹 서버 상태의 저장 및 복구, 동기 요청 및 응답 처리가능 사용자수 제한" 등의 역할을 수행한다. 웹 서버와 높은 상관관계를 갖고 있는 NCES에는 ESM의 통합관리 능력이 있다. 즉 통합관리 능

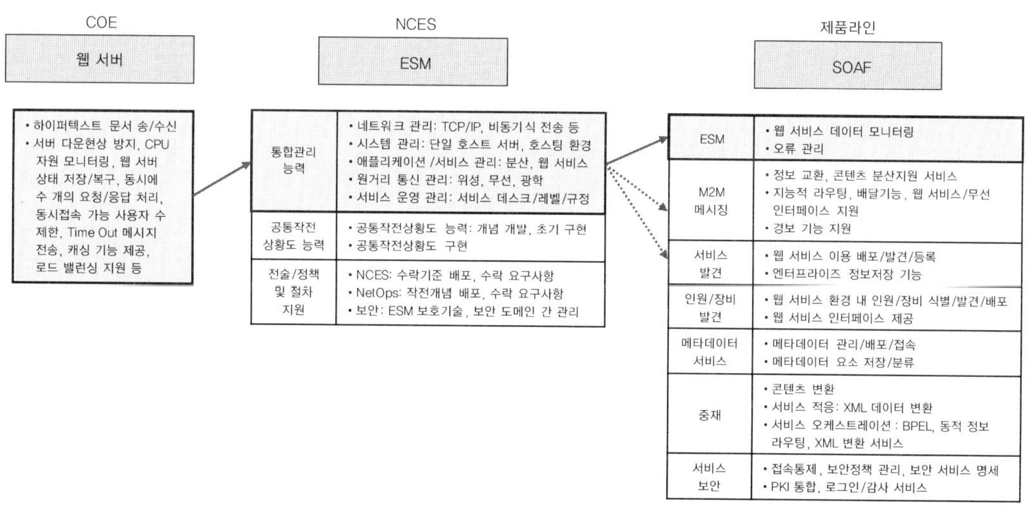

그림 7-9 웹 서버, ESM, SOAF 간 상관관계

력은 "네트워크 관리, 시스템 관리, 애플리케이션 및 서비스 관리, 원거리 통신 관리, 그리고 서비스 운영 관리" 등의 역할이 있는데 이 기능이 웹 서버의 기능과 동일하다.

그리고 NCES의 ESM 서비스는 제품라인(PL)의 구성요소 중에서 SOAF의 ESM을 통해 "웹 서비스 데이터 모니터링 및 오류 관리" 등의 기능을 제공하며, M2M 메시징과 서비스 발견 구성요소에도 "웹 서비스 및 무선 인터페이스 지원"과 "웹 서비스를 이용한 배포, 발견 및 등록"과 같은 유사한 기능을 제공한다.

COE의 웹 서버, NCES의 ESM 그리고 제품라인(PL)의 SOAF 간의 상관관계가 그림 7-9에 도시되어 있다.

7.3.1.2.2 프린트 서비스

프린트 서비스는 "프린터, 플로터, 유사장비 등에 접근 가능한 세그먼트의 제공, 일반 프린트 장비에 대한 드라이버 설치 및 구성, 부가장치 지원 및 프린터 서버 지원" 등의 역할을 수행한다. 프린트 서비스와 높은 상관관계를 갖고 있는 NCES에는 애플리케이션의 자원 서비스가 있고, 낮은 상관관계로는 애플리케이션의 정책/절차 및 자원 서비스가 있다. 즉 자원 서비스는 "시스템의 행정 표준, DBA 표준, 확증 프로세스" 등의 역할이 있는데 이 기능이 프린트 서비스와 동일하며, 정책/절차 및 자원은 "One-Off 커스텀 솔루션" 등의 기능이 프린트 서비스와 일부 유사하다.

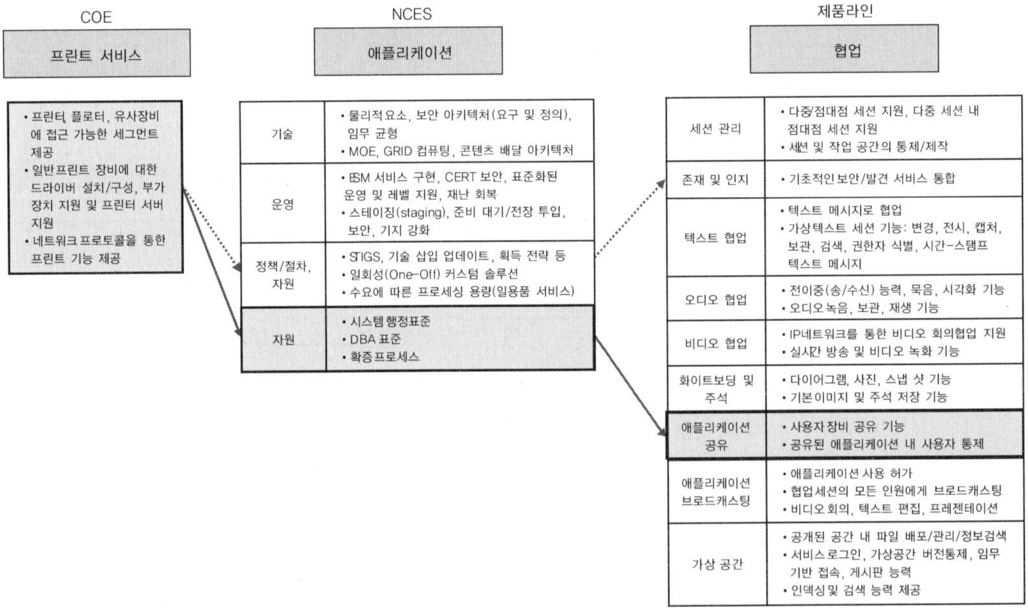

그림 7-10 프린트 서비스, 애플리케이션, 협업 간 상관관계

그리고 NCES의 애플리케이션은 제품라인(PL)의 구성요소 중에서 협업의 애플리케이션 공유와 존재 그리고 인지를 통해 각각 관련된 기능을 제공하는데, 특히 협업의 애플리케이션 공유를 통해 "사용자 장비 공유, 공유된 애플리케이션 세션 내 사용자 통제" 등의 기능을 제공한다.

COE의 프린트 서비스, NCES의 애플리케이션 그리고 제품라인(PL)의 협업 간의 상관관계가 그림 7-10에 도시되어 있다.

7.3.1.2.3 통신 서비스

통신 서비스는 "통신 프로토콜을 이용한 두 개 이상의 개체통신 구조를 구성하고 수행"하는 역할을 한다. 통신 서비스와 높은 상관관계를 갖고 있는 NCES에는 협업의 표준 성숙화 및 글로벌 통신 서비스가 있고, 낮은 상관관계로는 메시징의 통합메시징과 협업의 정책기반 상호운용성 서비스가 있다. 즉 표준 성숙화 및 글로벌 통신 서비스는 "통합 및 글로벌 통신" 등의 역할이 있는데 이 기능이 통신 서비스와 동일하며, 통합메시징 서비스는 "이메일, 팩스, 페이징, 보이스 메일 등", 정책기반 상호운용성 서비스는 "엔터프라이즈 인식, 포털/포털 간 웹 서비스, MCU 상호운용성" 등의 기능이 통신 서비스와 일부 유사하다.

그리고 NCES의 협업과 메시징 서비스는 제품라인(PL)의 구성요소 중에서 협업의 세션관리

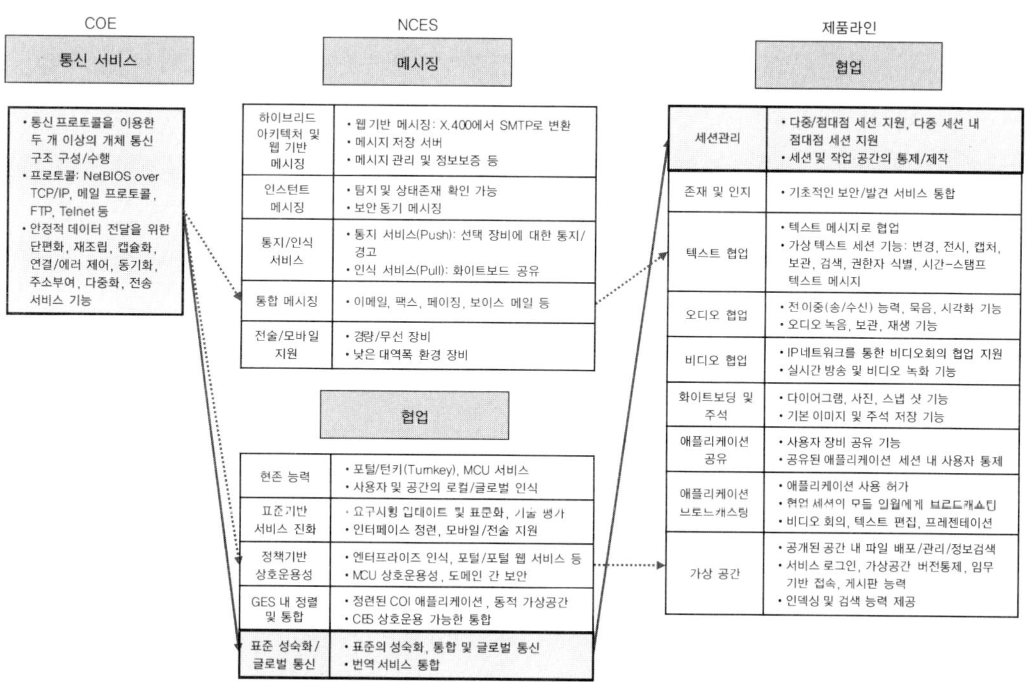

그림 7-11 통신 서비스, 메시징/협업, 협업 간 상관관계

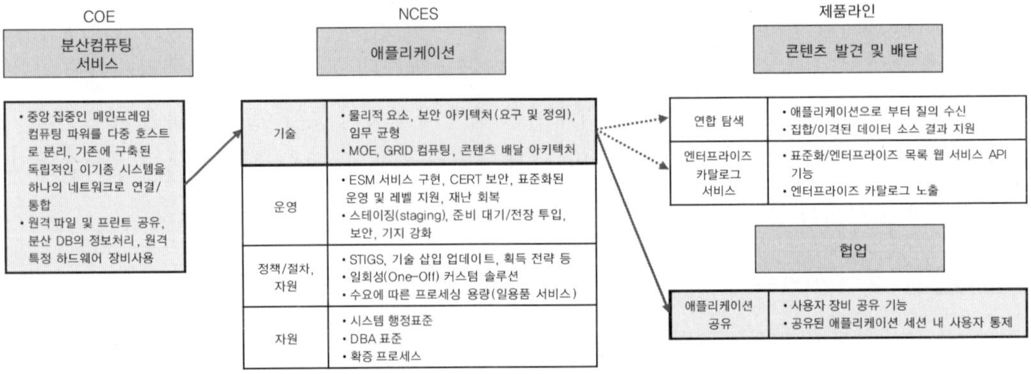

그림 7-12 분산컴퓨팅 서비스, 애플리케이션, 콘텐츠 발견 및 배달/협업 간 상관관계

와 가상공간 그리고 텍스트 협업을 통해 각각 관련된 기능을 제공하는데, 특히 협업의 세션관리를 통해 "다중/점대점 세션 지원, 다중 세션 내 점대점 세션 지원, 세션 및 작업공간의 통제 및 제작" 등의 기능을 제공한다.

COE의 통신 서비스, NCES의 메시징 및 협업 서비스 그리고 제품라인(PL)의 협업 간의 상관관계가 그림 7-11에 도시되어 있다.

7.3.1.2.4 분산컴퓨팅 서비스

분산컴퓨팅 서비스는 "중앙 집중인 메인프레임 컴퓨팅 파워를 다중 호스트로 분리하고, 기존에 구축된 독립적인 이기종 시스템을 하나의 네트워크로 연결 및 통합"하는 등의 서비스를 수행한다. 분산컴퓨팅 서비스와 높은 상관관계를 갖고 있는 NCES에는 애플리케이션의 기술 서비스가 있다. 즉 기술 서비스는 "물리적 요소, 보안 아키텍처 임무 균형, MOE, 그리드 컴퓨팅, 그리고 콘텐츠 배달 아키텍처" 등의 역할이 있는데 이 기능이 분산컴퓨팅 서비스와 동일하다.

그리고 NCES의 애플리케이션 서비스는 제품라인(PL)의 구성요소 중에서 협업의 애플리케이션 공유, 콘텐츠 발견 및 배달의 연합탐색과 엔터프라이즈 카탈로그 서비스에 각각 관련된 기능을 제공하는데, 특히 협업의 애플리케이션 공유를 통해 "사용자 장비 공유, 공유된 애플리케이션 세션 내 사용자 통제" 등의 기능을 제공한다.

COE의 분산컴퓨팅 서비스, NCES의 애플리케이션 그리고 제품라인(PL)의 콘텐츠 발견 및 배달, 그리고 협업 간의 상관관계가 그림 7-12에 도시되어 있다.

7.3.1.2.5 멀티미디어/협업 서비스

멀티미디어/협업 서비스는 "영상회의, 전자출판, 가상현실, 각종 오락, 의료, 교육, 방송, 멀티미디어 프레젠테이션" 등의 역할을 수행한다. 이 서비스와 높은 상관관계를 갖고 있는 NCES에는

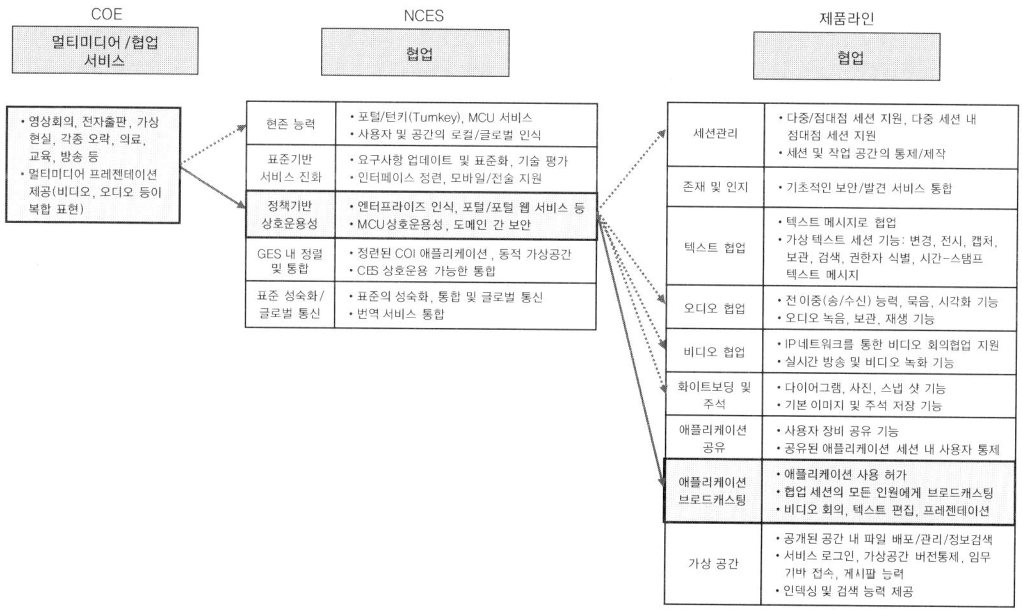

그림 7-13 멀티미디어/협업 서비스와 협업, 협업 간 상관관계

협업의 정책기반 상호운용성 서비스가 있고, 낮은 상관관계로는 협업의 현존 능력이 갖고 있는 서비스가 있다. 즉 정책기반 상호운용성 서비스는 "포털/포털 간 웹 서비스" 등의 기능이 멀티미디어/협업 서비스와 동일하다.

그리고 NCES의 협업 서비스는 제품라인(PL)의 구성요소 중에서 협업의 애플리케이션 브로드캐스팅을 통해 "협업 세션의 모든 인원에게 브로드캐스팅, 비디오 회의, 텍스트 편집, 프레젠테이션" 등의 기능을 제공하며, 그 외 협업의 세션관리, 오디오/비디오 협업, 화이트보딩 및 주석 등을 통해서도 일부 기능을 제공한다.

COE의 멀티미디어/협업 서비스, NCES의 협업 그리고 제품라인(PL)의 협업 간의 상관관계가 그림 7-13에 도시되어 있다.

7.3.1.2.6 상관관계 종합

COE의 기반구조 서비스 계층과 NCES 그리고 제품계열(PL) 구성요소 간의 상관관계를 종합하면 그림 7-14와 같이 나타낼 수 있다. 그림 좌측의 정육면체는 기반구조 서비스 계층의 5개 서비스를 나타내며, 중앙 사각형은 이들 5개의 서비스와 상관관계를 갖고 있는 NCES를 나타내며, 우측 사각형은 이들 NCES 서비스를 사용자가 이용하거나 구체적으로 제품화시켜 줄 때 사용되는 제품계열(PL)의 구성요소를 나타낸다.

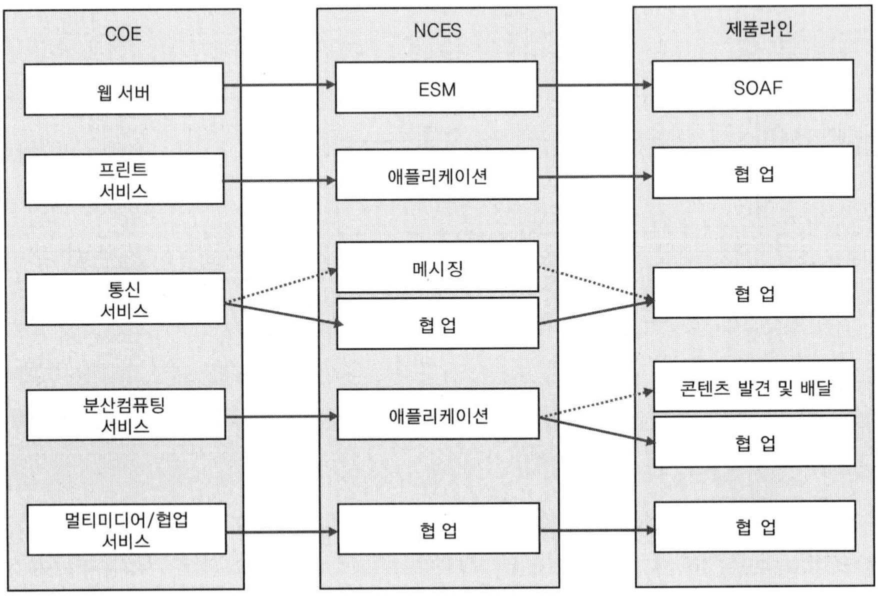

그림 7-14 COE의 기반구조 서비스 계층, NCES, 제품라인(PL) 구성요소 간 상관관계

7.3.1.3 커널 계층

COE의 커널 계층의 구성요소는 보안 서비스, 시스템관리 서비스, 네트워크관리 서비스, 운영체제 서비스이며, 이들 서비스의 상관관계는 다음과 같다.

7.3.1.3.1 보안 서비스

보안 서비스는 "사용자 및 네트워크 접근 통제, 보안 감사, 사용자 접근통제 관리, 데이터 갱신/열람/출력 등 접근통제 및 이력관리, 바이러스 및 해커 등의 침입방지"의 역할을 수행한다. 보안 서비스와 높은 상관관계를 갖고 있는 NCES에는 정보보증/보안의 PKI, 접속관리 서비스, 보안 도메인 및 보안 로그가 있고, 낮은 상관관계로는 ESM의 전술/정책 및 절차 지원, 메시징의 하이브리드 아키텍처 및 웹 기반 메시징, 애플리케이션의 운영 서비스가 있다. PKI는 "PKI, 하드웨어 토큰", 접속관리 서비스는 "고립지역 제한, 엔터프라이즈 서비스 통합 및 활용", 보안 도메인은 "가드 및 XML 가드" 등의 역할이 보안 서비스와 동일하며, 전술/정책 및 절차 지원은 "ESM 보호기술 승인 및 보안 도메인 간 관리를 수행하는 보안", 하이브리드 아키텍처 및 웹 기반 메시징은 "정보보증(안티 바이러스/스팸, IDS, 메시지 추적, 모니터링 및 보고, 지식관리/탐색 지원 등)", 운영의 "CERT 보안, 표준화된 운영 및 레벨 지원" 등의 기능이 보안 서비스와 일부 유사하다.

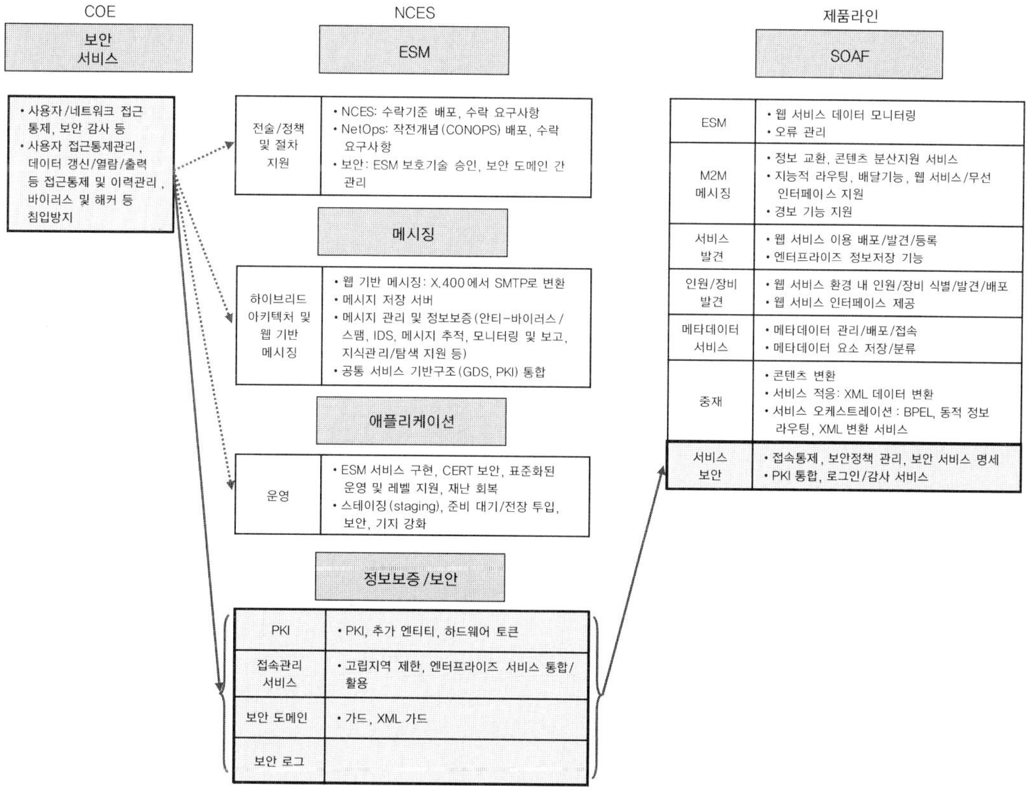

그림 7-15 보안 서비스, ESM/메시징/애플리케이션/정보보증/보안, SOAF 간 상관관계

그리고 NCES의 ESM, 메시징, 애플리케이션, 정보보증/보안 서비스는 제품라인(PL)의 구성요소 중에서 SOAF의 서비스 보안을 통해 "접속 통제, 보안정책 관리, 보안 서비스 명세, PKI 통합, 로그인/감사 서비스" 등의 기능을 제공한다.

COE의 보안 서비스, NCES의 ESM, 메시징, 애플리케이션, 정보보증/보안 서비스 그리고 제품라인(PL)의 SOAF 간의 상관관계가 그림 7-15에 도시되어 있다.

7.3.1.3.2 시스템 관리 서비스

시스템 관리 서비스는 "개방 시스템 환경에 대한 효과적인 관리, 관리요소 상태 관리, 형상 통제, 성능 관리, 결함 관리, 그리고 사용자 및 그룹 관리" 등의 역할을 수행한다. 시스템 관리 서비스와 높은 상관관계를 갖고 있는 NCES에는 ESM의 통합관리 능력과 중재의 초기운영 중재 능력 가용성, 시스템 어댑터 참여, 서비스 레벨관리 개선, 융합 능력 개선, 그리고 동기화 능력 개선이 있고, 낮은 상관관계로는 애플리케이션의 기술, 협업의 표준기반 서비스로 진화 등이 있다. 통합관리 능력은 "네트워크 관리, 시스템 관리, 애플리케이션/서비스 관리, 원거리 통신관리, 서비스 운영 관리" 등의 역할이, 중재 서비스는 "중재 기반구조, 정보전송, 배포/구독 채널, 신규 가치 추가 네트워크 서비스 개발, 수행성능 모델링 정련" 등의 역할이 시스템 관리 서비스와 기능이 동일하다. 기술 서비스는 "물리적 요소, MOE, 그리드 컴퓨팅, 콘텐츠 배달 아키텍처"가 표준기반 서비스로 진화에서는 "요구사항 업데이트 및 표준화, 기술 평가, 인터페이스 정련, 모바일/전술 지원" 등의 역할이 시스템 관리 서비스의 일부 기능과 유사하다.

그리고 NCES의 ESM, 애플리케이션, 중재, 협업 서비스는 제품라인(PL)의 구성요소 중에서 SOAF의 ESM과 협업의 세션관리를 통해 "웹 서비스 데이터 모니터링, 오류관리", "다중/점대점 세션 지원, 다중 세션 내 점대점 세션 지원" 등의 기능을 각각 제공하며, 그 외 사용자 지원과 콘텐츠 발견 및 배달을 통해서도 일부 기능을 제공한다.

COE의 시스템 관리 서비스, NCES의 ESM, 애플리케이션, 중재, 협업 서비스 그리고 제품라인(PL)의 사용자 지원, SOAF, 콘텐츠 발견 및 배달, 협업 간의 상관관계가 그림 7-16에 도시되어 있다.

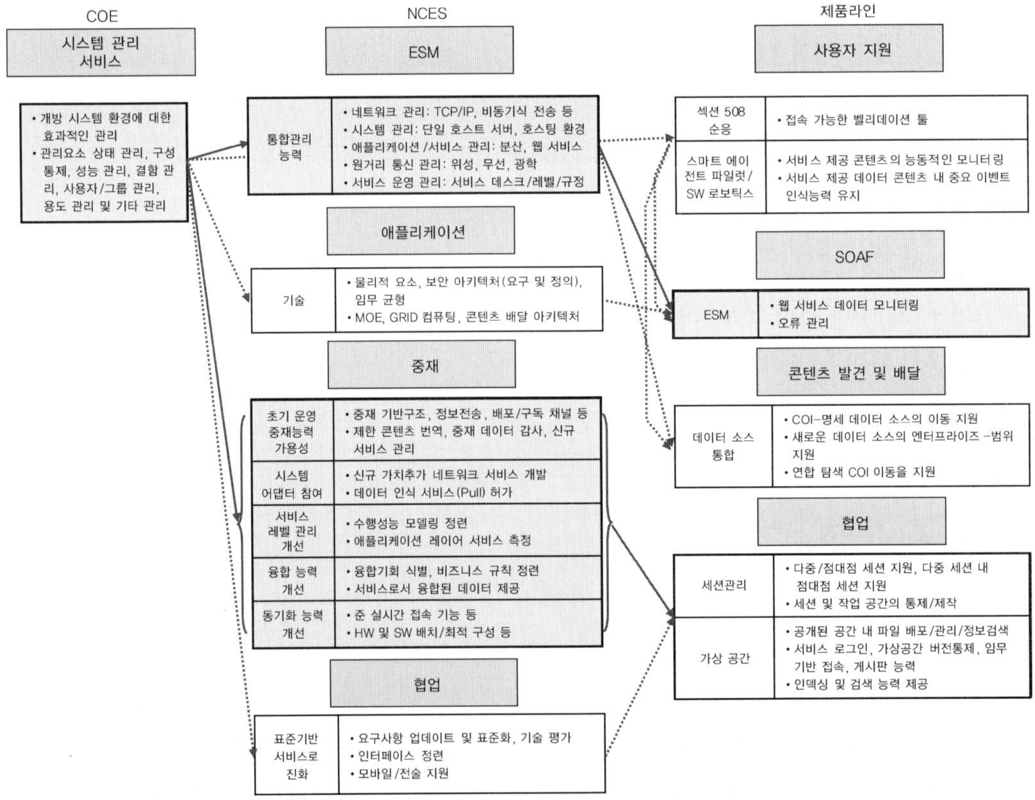

그림 7-16 시스템관리 서비스, ESM/애플리케이션/중재/협업/사용자 지원, SOAF/콘텐츠 발견 및 배달/협업 간 상관관계

7.3.1.3.3 네트워크 관리 서비스

네트워크 관리 서비스는 "네트워크 상 다양한 자원을 모니터링 및 제어, 장애 관리, 형상 관리, 보안 관리, 성능 관리, 그리고 계정 관리" 등의 역할을 수행한다. 네트워크 관리 서비스와 높은 상관관계를 갖고 있는 NCES에는 ESM의 통합관리 능력이 있으며, 낮은 상관관계로는 애플리케이션의 자원, 중재의 시스템 어댑터 참여, 그리고 정보보증/보안의 PKI가 있다. 통합관리 능력은 "네트워크 관리, 시스템 관리, 애플리케이션/서비스 관리, 원거리 통신관리" 등의 역할이 네트워크 관리 서비스와 기능이 동일하다. 자원 서비스는 "시스템 행정표준 및 DBS 표준", 시스템 어댑터 참여는 "신규 가치추가 네트워크 서비스 개발", 정보보증/보안은 "엔터프라이즈 서비스 통합/활용" 등의 역할이 네트워크 관리 서비스의 일부 기능과 유사하다.

그리고 NCES의 ESM, 애플리케이션, 중재, 정보보증/보안 서비스는 제품라인(PL)의 구성요소 중에서 SOAF의 ESM, 메타데이터 서비스, 서비스 보안과 온라인 포털의 인원/장비 발견, 콘텐츠 발견, 협업, 사용자 프로파일링 및 맞춤화를 통해 관련 기능을 제공한다.

COE의 네트워크 관리 서비스, NCES의 ESM, 애플리케이션, 중재, 정보보증/보안 서비스 그리

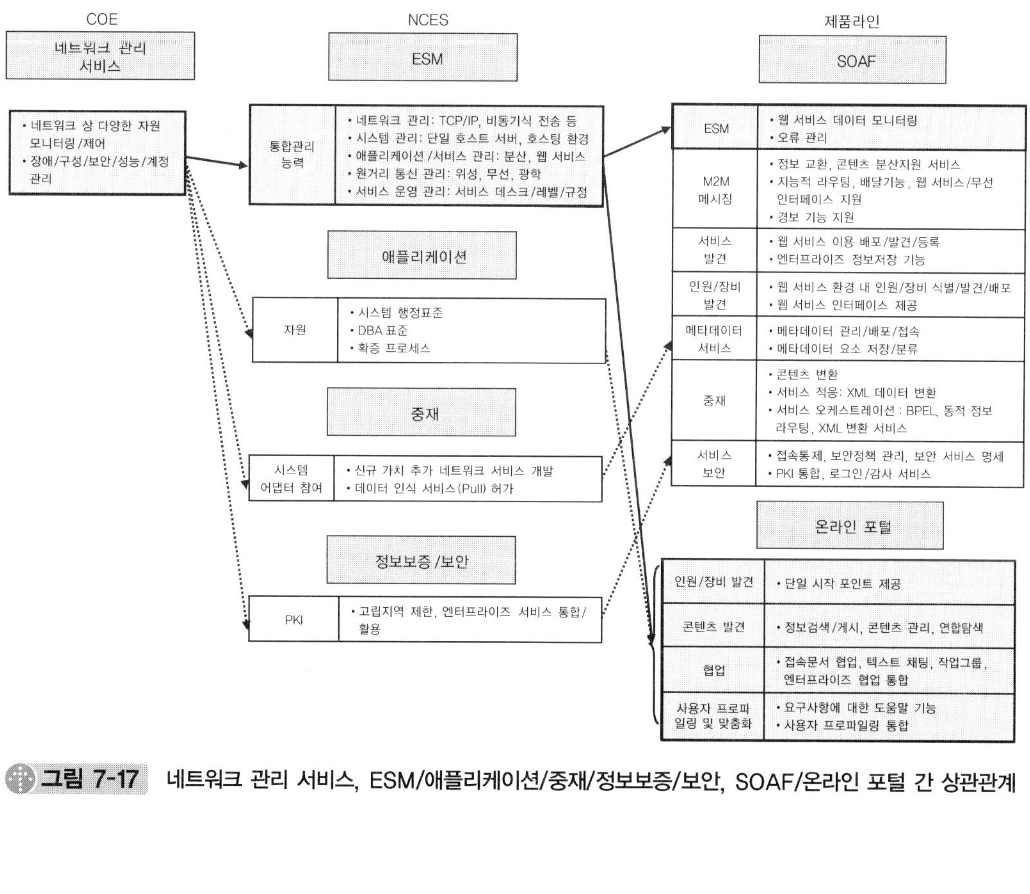

그림 7-17 네트워크 관리 서비스, ESM/애플리케이션/중재/정보보증/보안, SOAF/온라인 포털 간 상관관계

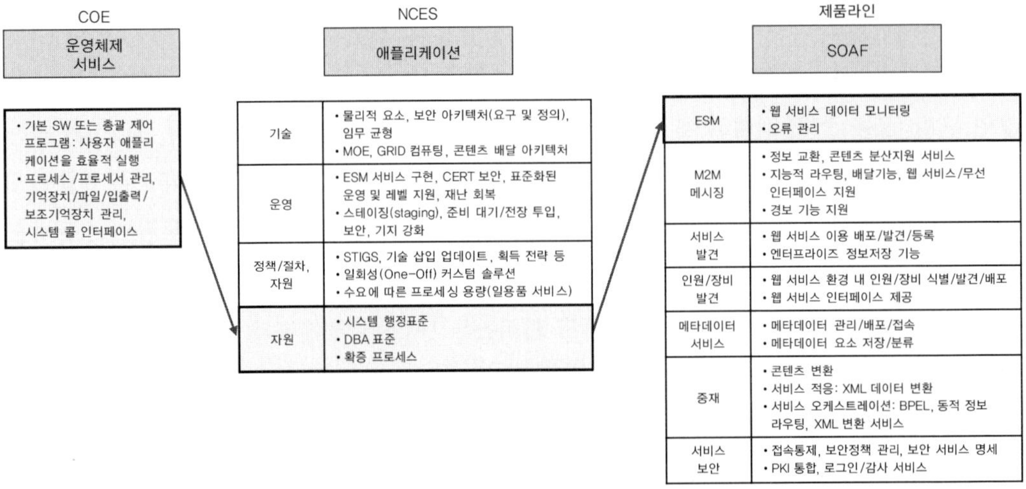

그림 7-18 운영체제 서비스, 애플리케이션, SOAF 간 상관관계

고 제품라인(PL)의 SOAF와 온라인 포털 간의 상관관계가 그림 7-17에 도시되어 있다.

7.3.1.3.4 운영체제 서비스

운영체제 서비스는 "기본 SW 또는 총괄제어 프로그램으로서 프로세스 및 프로세서 관리, 기억장치/파일/입출력/보조기억장치 관리" 등의 역할을 수행한다. 운영체제 서비스와 높은 상관관계를 갖고 있는 NCES에는 자원 서비스가 있다. 자원 서비스는 "시스템 행정표준 및 DBS 표준, 확증 프로세스"가 운영체제 서비스와 기능이 동일하다.

그리고 NCES의 애플리케이션 서비스는 제품라인(PL)의 구성요소 중에서 SOAF의 ESM을 통해 "웹 서비스 데이터 모니터링과 오류 관리" 기능을 제공한다.

COE의 운영체제 서비스, NCES의 애플리케이션 서비스 그리고 제품라인(PL)의 SOAF 간의 상관관계가 그림 7-18에 도시되어 있다.

7.3.1.3.5 상관관계 종합

COE의 커널 계층과 NCES 그리고 제품계열(PL) 구성요소 간의 상관관계를 종합하면 그림 7-19와 같이 나타낼 수 있다. 그림 좌측의 정육면체는 커널 계층의 4개 서비스를 나타내며, 중앙 사각형은 이들 4개 서비스와 높은 상관관계를 갖고 있는 NCES를 나타내며, 우측 사각형은 이들 NCES 서비스를 사용자가 이용하거나 구체적으로 제품화시켜 줄 때 사용되는 제품계열(PL)의 구성요소를 나타낸다.

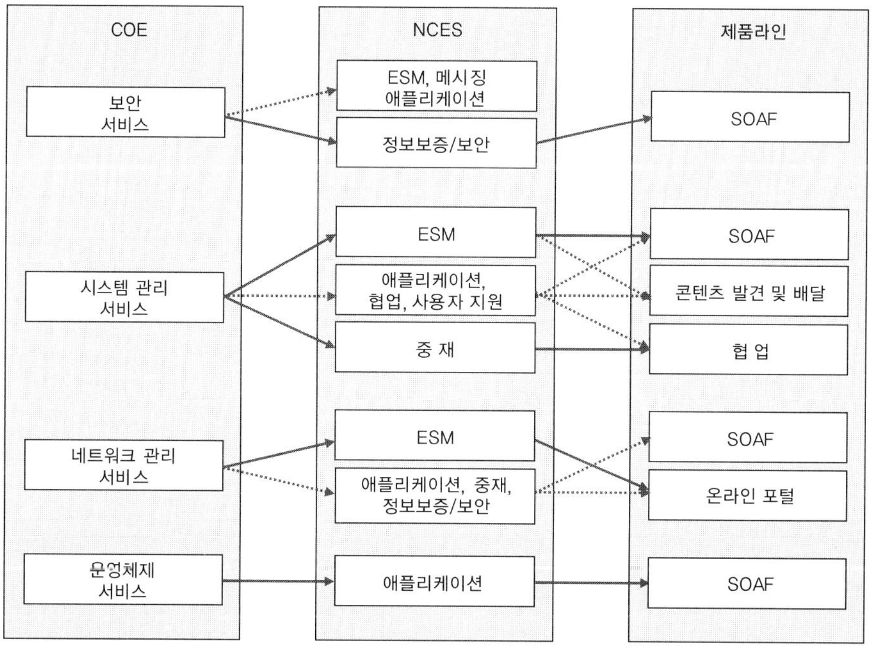

그림 7-19 COE의 커널 계층, NCES, 제품라인(PL) 구성요소 간 상관관계

7.3.1.4 SHADE 계층

COE의 SHADE 계층 구성요소는 데이터 액세스 서비스이며, 이들 서비스의 상관관계는 다음과 같다.

7.3.1.4.1 데이터 엑세스 서비스

데이터 액세스 서비스는 "데이터 통합/접속 및 실시간 접속 기능"의 역할을 수행한다. 이 서비스와 높은 상관관계를 갖고 있는 NCES에는 발견의 디렉토리 서비스와 저장의 기술, 운영, 정책/절차 및 자원 서비스가 있으며, 낮은 상관관계로는 애플리케이션의 자원 서비스가 있다. 즉 발견의 디렉토리 서비스는 "글로벌 디렉토리 시스템, 객체 레지스트리", 저장 서비스는 "저장 아키텍처, 안정된 저장관리, 수요에 따른 저장" 등의 역할로 그 기능이 데이터 접속 서비스와 동일하다.

그리고 NCES의 애플리케이션, 발견 및 저장 서비스는 제품라인(PL)의 구성요소 중에서 SOAF의 메타데이터 서비스를 통해 "메타데이터 관리, 배포, 접속, 메타데이터 레파지토리 저장 및 분류" 기능을 제공하며, 콘텐츠 발견 및 배달의 엔터프라이즈 콘텐츠 배달 네트워크를 통해 "스마트-캐시 방식을 이용한 정보 이동 및 정보 저장, 저장 접속, 데이터 저장시설의 표준 명세를 제공하는 캐싱 명세, 데이터 응답지원 기능, 인증 및 신뢰성 있는 배달능력 제공" 등의 기능을

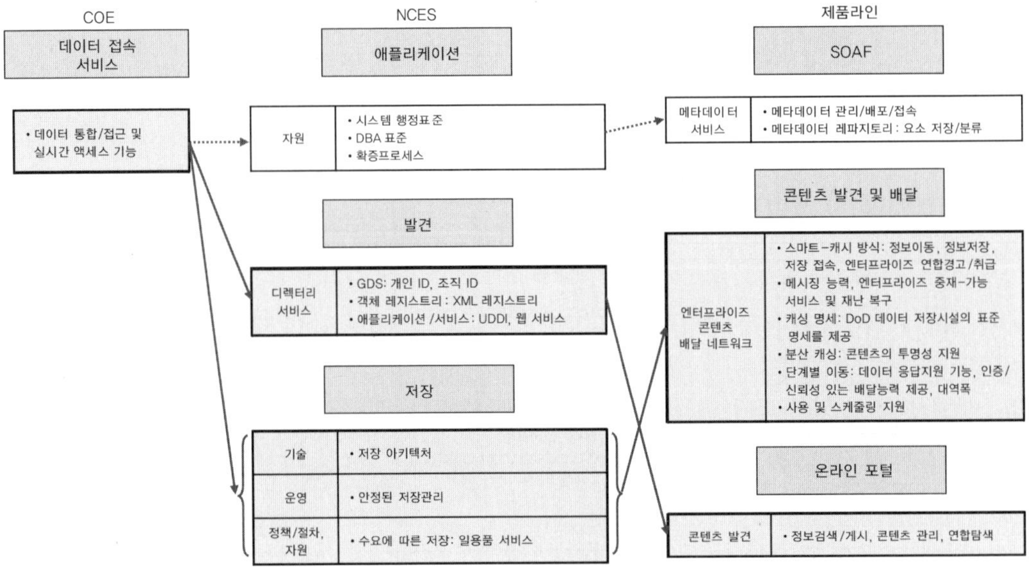

그림 7-20 데이터 접속 서비스, 애플리케이션/발견/저장, SOAF/콘텐츠 발견 및 배달/온라인 포털 간 상관관계

제공하고, 온라인 포털의 콘텐츠 발견을 통해 "정보 검색 및 게시, 콘텐츠 관리" 등의 기능을 제공한다.

COE의 데이터 접속 서비스, NCES의 애플리케이션, 발견, 저장 서비스 그리고 제품라인(PL)의 SOAF, 콘텐츠 발견 및 배달, 온라인 포털 간의 상관관계가 그림 7-20에 도시되어 있다.

7.3.1.4.2 상관관계 종합

COE의 SHADE 계층과 NCES 그리고 제품계열(PL) 구성요소 간의 상관관계를 종합하면 그림 7-21과 같이 나타낼 수 있다. 그림 좌측의 정육면체는 커널 계층의 데이터 엑세스 서비스이며, 중앙 사각형은 이 서비스와 높거나 낮은 상관관계를 갖고 있는 NCES를 나타내며, 우측 사각형은

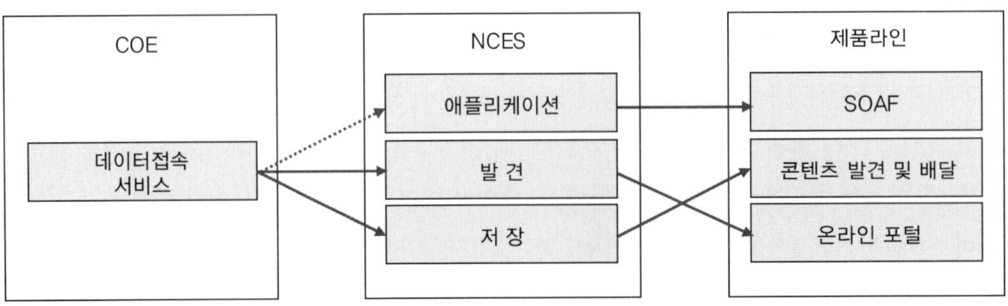

그림 7-21 COE의 SHADE 계층, CES, 제품라인(PL) 구성요소 간 상관관계

이들 NCES 서비스를 사용자가 이용하거나 구체적으로 제품화시켜 줄 때 사용되는 제품계열(PL)의 구성요소를 나타낸다.

7.3.1.5 소프트웨어 개발 서비스 계층

COE의 소프트웨어 개발 서비스 계층의 구성요소는 소프트웨어 개발 서비스이며, 이 서비스의 상관관계는 다음과 같다.

7.3.1.5.1 소프트웨어 개발 서비스

소프트웨어 개발 서비스는 "임무관련 애플리케이션 SW의 개발을 지원하며 개발자 툴킷 및 지원도구의 집합" 등의 역할을 수행한다. 이 서비스와 높은 상관관계를 갖고 있는 NCES에는 애플리케이션의 정책/절차 및 자원 서비스이고, 낮은 상관관계로는 애플리케이션의 운영 서비스가 있다. 즉 정책/절차 및 자원 서비스는 "기술 삽입 업데이트, 획득 전략, 일회성 커스텀 솔루션" 등의 역할이 있는데 이 기능이 소프트웨어 개발 서비스의 기능과 동일하며, 운영 서비스는 "ESM

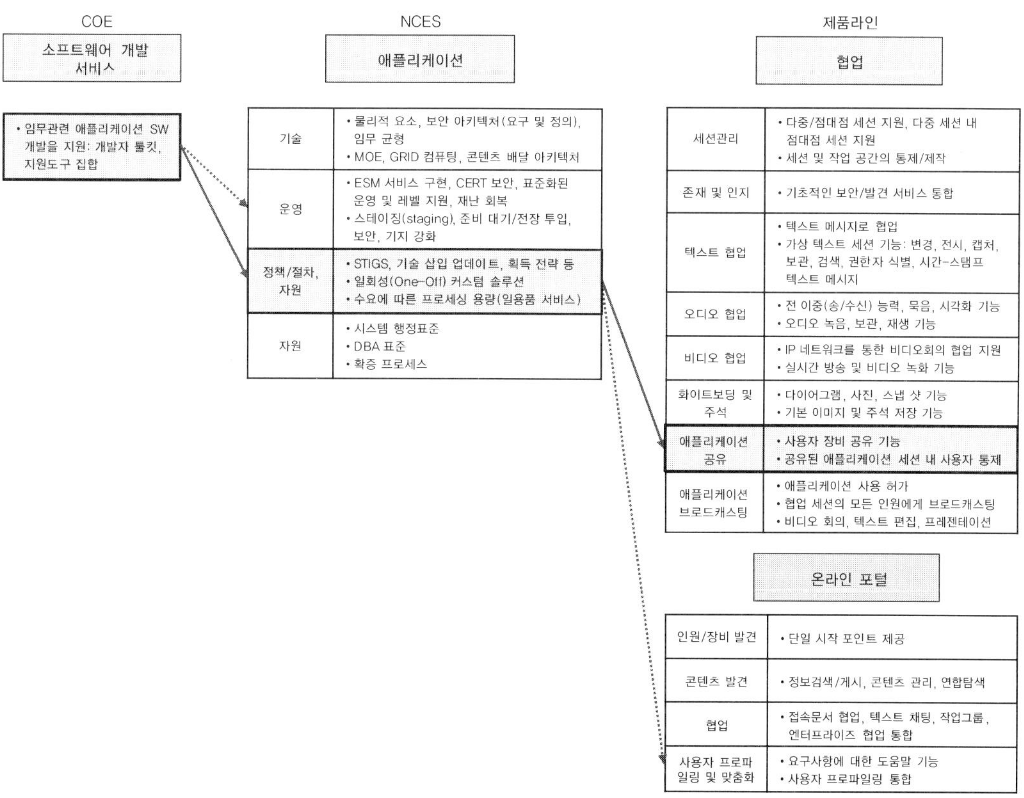

그림 7-22 소프트웨어 개발 서비스, 애플리케이션, 협업/온라인 포털 간 상관관계

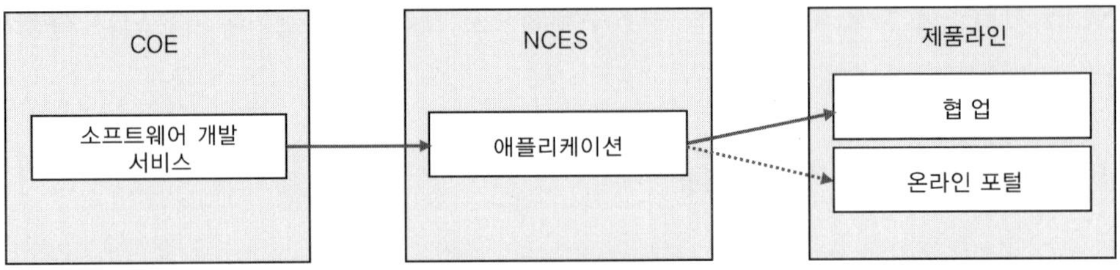

그림 7-23 COE의 SW 개발 서비스 계층, NCES, 제품라인(PL) 구성요소 간 상관관계

서비스의 구현"이 일부 유사하다.

그리고 NCES의 애플리케이션 서비스는 제품라인(PL)의 구성요소 중에서 협업의 애플리케이션 공유를 통해 "사용자 장비공유 기능, 공유된 애플리케이션 세션 내 사용자 통제" 기능을 제공하며, 온라인 포털의 사용자 프로파일링 및 맞춤화를 통해 "요구사항에 대한 도움말 기능, 사용자 프로파일링 통합" 기능을 제공한다.

COE의 소프트웨어 개발 서비스, NCES의 애플리케이션 서비스 그리고 제품라인(PL)의 협업 및 온라인 포털 간의 상관관계가 그림 7-22에 도시되어 있다.

7.3.1.5.2 상관관계 종합

COE의 소프트웨어 개발 서비스 계층과 NCES 그리고 제품계열(PL) 구성요소 간의 상관관계를 종합하면 그림 7-23과 같이 나타낼 수 있다. 그림 좌측의 정육면체는 소프트웨어 개발 서비스 계층의 소프트웨어 개발 서비스이며, 중앙 사각형은 이 서비스와 높은 상관관계를 갖고 있는 NCES를 나타내며, 우측 사각형은 이들 NCES 서비스를 사용자가 이용하거나 구체적으로 제품화시켜 줄 때 사용되는 제품계열(PL)의 구성요소인 협업과는 높은 상관관계, 온라인 포털과는 낮은 상관관계가 있음을 나타낸다.

7.3.2 COE 세그먼트와 NCES 기술 요소 종합

7.3.2.1 공통지원 애플리케이션 세그먼트

공통지원 애플리케이션 세그먼트와 관련된 NCES 및 제품계열(PL)의 라운드트립(Round Trip) 매트릭스의 결과는 그림 7-24와 같다. 이 결과를 획득하기 위해서는, 먼저 공통지원 애플리케이션의 각 세그먼트 별로 기능을 추출하여 우측에 나열하고, 이들 세그먼트 기능과 관련 있는 NCES 능력을 매핑한 후 이를 적합한 관련 NCES와 매핑한다. 최종적으로 NCES와 관련된 제품계열을 매핑한다. 최종 매트릭스 결과를 분석하면, 공통지원 애플리케이션의 각 세그먼트가 어

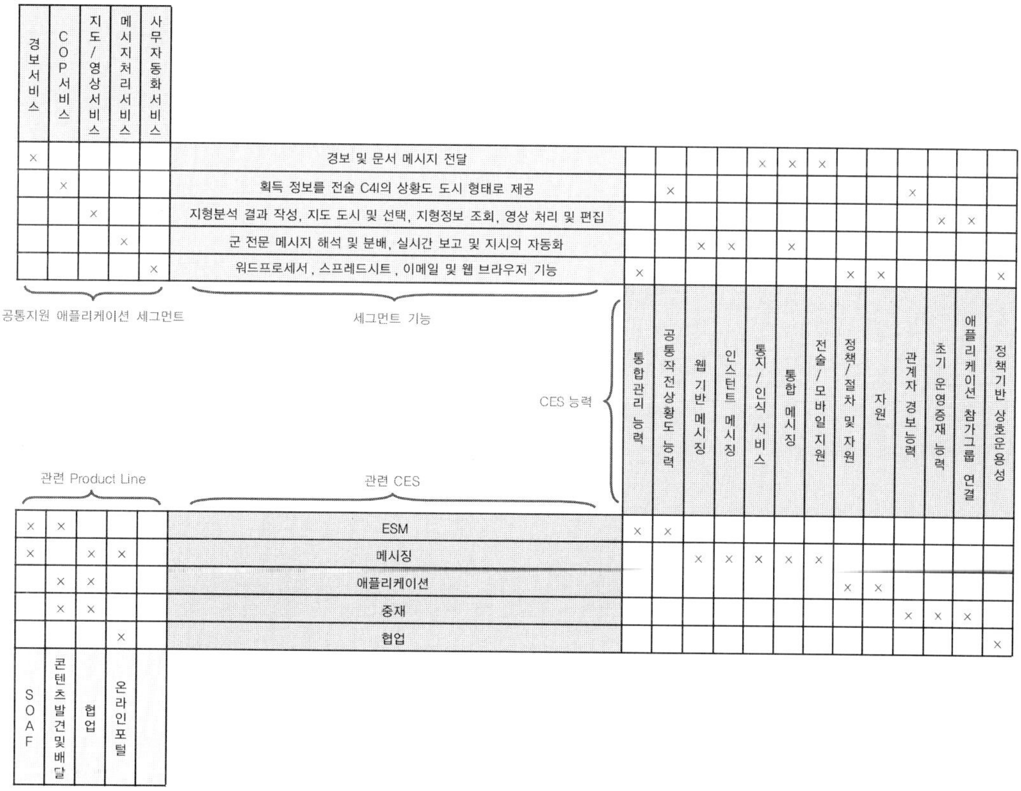

그림 7-24 공통지원 애플리케이션 세그먼트와 관련 NCES 및 제품계열(PL) 구성요소 간 라운드트립 매트릭스

떤 NCES와 관련되는지, 그리고 어떤 제품계열(PL)을 통해 각 기능이 소비자에게 제공되는지를 전체적으로 고찰할 수 있다.

예를 들어, COE의 공통지원 애플리케이션 세그먼트인 경보서비스는 "경보 및 문서 메시지 전달" 기능을 갖는데, 이 기능은 NCES 중 메시징 서비스의 "통지/인식 서비스, 통합메시징, 전술/모바일 지원" 등의 능력과 매핑되며, 또한 제품계열(PL)의 SOAF, 협업, 온라인 포털 등과 매핑됨을 알 수 있다.

7.3.2.2 기반구조 서비스 세그먼트

기반구조 서비스 세그먼트와 관련된 NCES 및 제품계열(PL)의 라운드트립(Round Trip) 매트릭스의 결과는 그림 7-25와 같다.

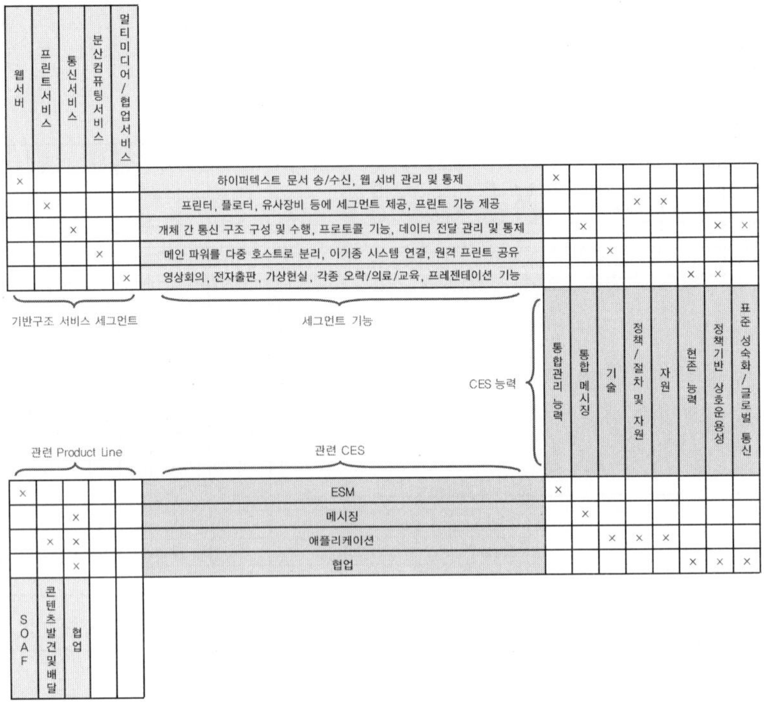

그림 7-25 기반구조 서비스 세그먼트와 관련 NCES 및 제품계열(PL) 구성요소 간 라운드트립 매트릭스

7.3.2.3 커널 세그먼트

커널 세그먼트와 관련된 NCES 및 제품계열(PL)의 라운드트립(Round Trip) 매트릭스의 결과는 그림 7-26과 같다.

7.3.2.4 SHADE 세그먼트

기반구조 서비스 세그먼트와 관련된 NCES 및 제품계열(PL)의 라운드트립(Round Trip) 매트릭스의 결과는 그림 7-27과 같다.

커널 세그먼트 / 세그먼트 기능 / 관련 CES 능력

보안서비스	시스템관리서비스	네트워크관리서비스	운영체제서비스	세그먼트 기능	통합관리능력	전술/정책 및 절차지원	웹 기반 메시징	기술	운영	자원	초기운영 중재 능력	시스템 어댑터 참여	서비스 레벨 관리	융합 능력 개선	동기화 능력 개선	표준기반 서비스로 진화	PKI	접속관리서비스	보안 도메인	보안 로그	스마트 에이전트 파일럿
×				사용자/네트워크 접근 관리 및 통제, 보안감사, 바이러스 및 해커 침입방지		×	×		×								×	×	×	×	
	×			개방 시스템 환경 관리 및 통제	×			×			×	×	×	×	×	×					×
		×		네트워크 상 자원 모니터링 및 제어, 장애/구성/보안/성능/계정 관리	×					×		×						×			
			×	사용자 애플리케이션의 효율적 실행, 프로세스/기억장치/입출력 장치 관리						×											

관련 Product Line / 관련 CES

SOAF	콘텐츠발견및배달	협업	온라인포털	관련 CES	통합관리능력	전술/정책 및 절차지원	웹 기반 메시징	기술	운영	자원	초기운영 중재 능력	시스템 어댑터 참여	서비스 레벨 관리	융합 능력 개선	동기화 능력 개선	표준기반 서비스로 진화	PKI	접속관리서비스	보안 도메인	보안 로그	스마트 에이전트 파일럿
×	×		×	ESM	×	×															
				메시징			×														
×			×	애플리케이션				×	×	×											
×		×		중재							×	×	×	×	×						
		×		협업												×					
×				정보보증/보안													×	×	×	×	
×	×			사용자 지원																	×

그림 7-26 커널 세그먼트와 관련 NCES 및 제품계열(PL) 구성요소 간 라운드트립 매트릭스

SHADE 세그먼트 / 세그먼트 기능 / CES 능력

데이터액세스서비스			세그먼트 기능	애플리케이션 자원	발견 자원	기술	운영	정책/절차 및 자원
×			데이터 통합/접근 및 실시간 액세스 기능	×	×	×	×	×

관련 Product Line / 관련 CES

SOAF	콘텐츠발견및배달	온라인포털	관련 CES	애플리케이션 자원	발견 자원	기술	운영	정책/절차 및 자원
×			애플리케이션	×				
		×	발견		×			
	×		저장			×	×	×

그림 7-27 SHADE 세그먼트와 관련 NCES 및 제품계열(PL) 구성요소 간 라운드트립 매트릭스

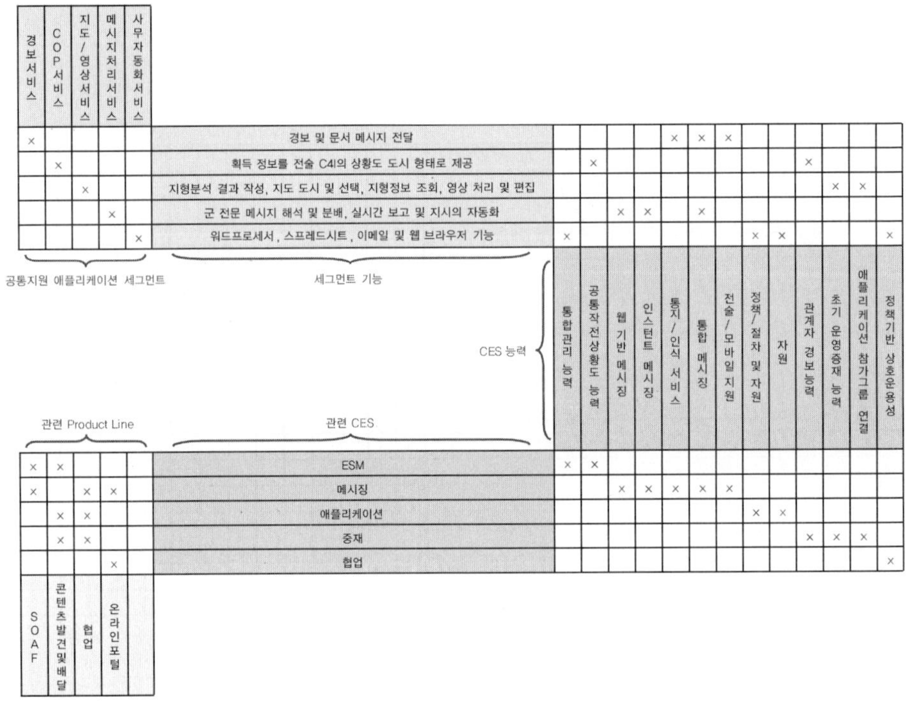

그림 7-28 소프트웨어 개발 서비스 세그먼트와 관련 NCES 및 제품계열(PL) 구성요소 간 라운드트립 매트릭스

7.3.2.5 소프트웨어 개발 서비스 세그먼트

기반구조 서비스 세그먼트와 관련된 NCES 및 제품계열(PL)의 라운드트립(Round Trip) 매트릭스의 결과는 그림 7-28과 같다.

7.3.2.6 종합 비교 결과

COE의 각 계층별 세그먼트와 NCES 그리고 제품계열(PL) 구성요소를 전체적으로 비교하기 위해 각 계층별 라운드트립 매트릭스인 그림 7-24, 그림 7-25, 그림 7-26, 그림 7-27, 그림 7-28을 종합하면 각 항목 간에 상호 연관되어 있는 매핑요소를 쉽게 식별할 수 있다는 장점이 있으며, 이렇게 해서 종합한 결과가 그림 7-29에 나타나 있다.

종합결과를 분석해보면, NCES가 COE의 발전 및 진화의 연장선상에 있다는 것과 COE의 각 계층별 세그먼트 기능은 대부분 NCES 능력으로 구현된다는 것을 알 수 있다. 다만 세그먼트 기능별로 일부 차이점이 있는데, 이 차이점은 과거에 대한 현재나 미래의 기술수준 격차(Gap) 때문인 것으로 분석된다.

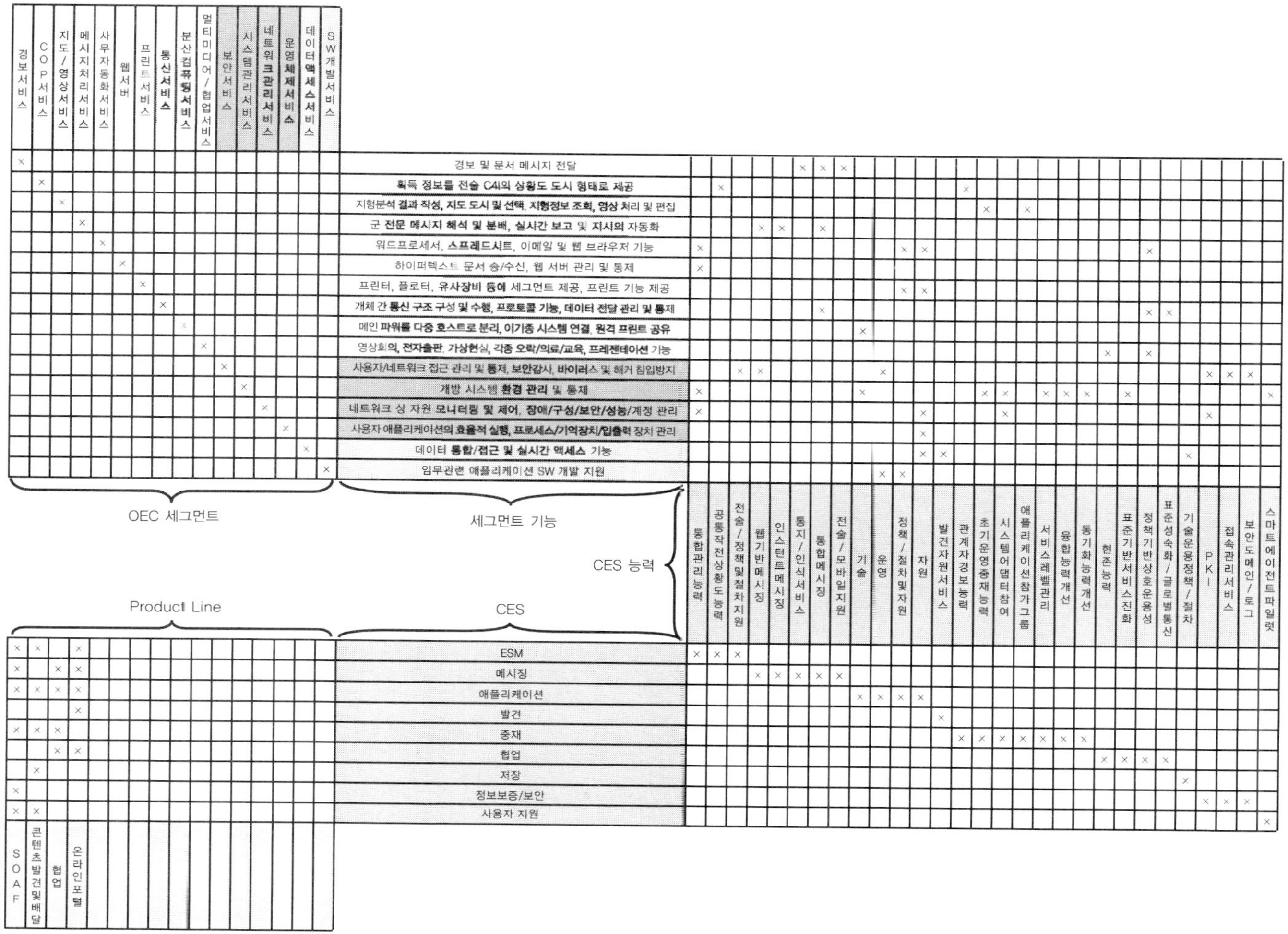

그림 7-29 COE 세그먼트, 관련 NCES 및 제품계열(PL) 구성요소 간 라운드트립 매트릭스 종합결과

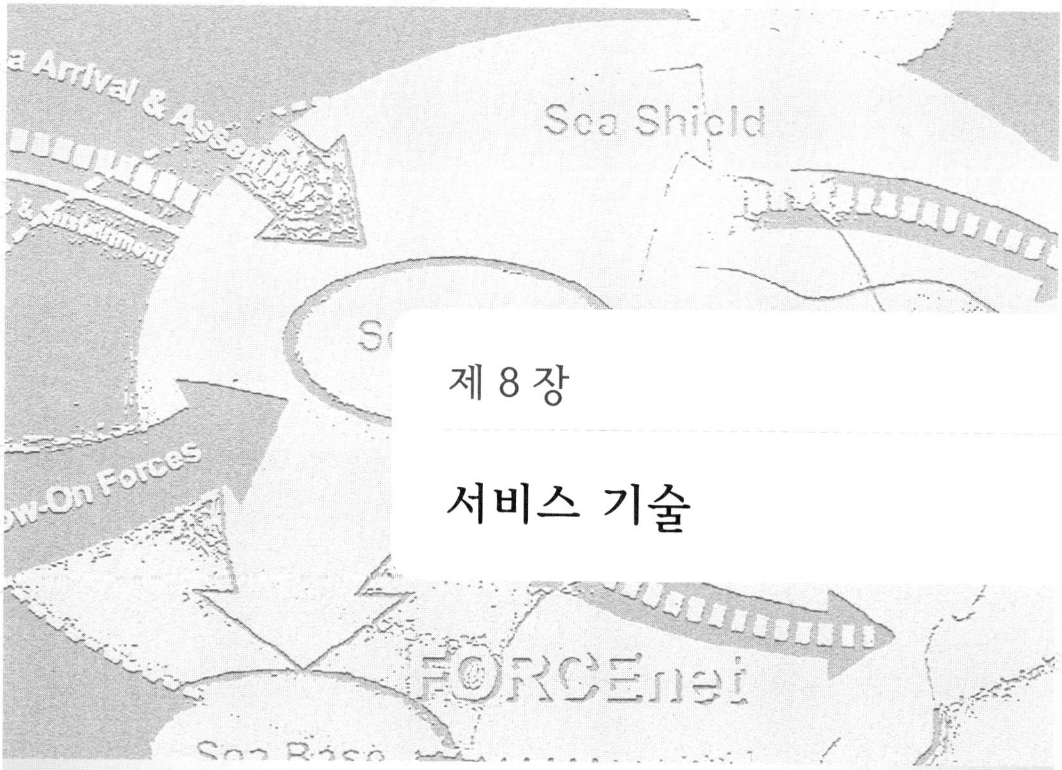

제 8 장

서비스 기술

본 장에서는 NCW 서비스 구축을 위해 필요한 서비스 기술을 핵심 서비스 기술과 미래 예상 서비스 기술로 구분하여 설명한다. 핵심 서비스 기술에서는 최초 9개 서비스의 개념 및 능력을 간략히 제시한 후, 각 서비스 능력 구현에 필요한 기술이나 기술 표준, 그리고 이러한 기술을 이용하여 구현한 시스템 사례나 군 적용사례 등을 제시한다. 향후 NCES 11개 전 서비스 기술에 대한 관련 내용이 분석되는 대로 보완작업을 거쳐 제시할 예정이다. 미래 예상 서비스도 마찬가지로 관련 기술에 대한 세부내용이 공개되어 있지 않아 개략적인 서비스 내용에 대해서만 설명하며 관련 기술에 대한 세부내용은 향후 공개되는 대로 보완작업을 거쳐 개정판에서 제시할 수 있기를 기대한다. 본 장은 다음과 같이 구성된다.

8.1 핵심 서비스 기술

8.2 미래 예상 서비스 기술

8.1 핵심 서비스 기술

3.3절에서 이미 설명한 바와 같이, 2010년 9월 29일 완전 작전능력(FOC)을 선언하면서 개발이 완료된 NCES의 핵심 서비스는 총 11개이었지만, 2004년 3월경 최초 9개 서비스가 구축을 시작한 이래 2006년 10월경 그리고 2007년 6월경 두 번에 걸쳐 변경 및 보완되면서 현재의 11개 서비스로 최종 확정되었다. 이로 인해 최초 9개 서비스는 그 내용이 비교적 상세히 공개되어 있으나 새로 추가되거나 서비스 내용이 변경 및 보완된 서비스들은 개략적인 능력과 이점에 대해서만 공개되어 있는 상태이다.

따라서 본 절에서는 최초 9개 서비스 중 서비스 내용에 변함이 없거나 내용 상 큰 차이가 없었던 사용자 지원(사용자 접속), 협업, 발견(인원 발견, 서비스 발견, 콘텐츠 발견, 콘텐츠 배달), ESM, 중재, 메시징, 정보보증/보안(서비스 보안) 서비스, 그리고 서비스 내용이 현저히 변경되었거나 제외되었던 저장 서비스(메타데이터 관리)와 애플리케이션 서비스 순으로 개념 및 능력을 간략히 제시한 후, 각 서비스의 개념 및 능력을 구현하는데 필요한 기술 (또는 기법)이나 기술 표준, 이러한 기술을 이용하여 구현한 시스템 사례 및 군 적용사례 등을 기술한다. 향후 NCES 11개 전 서비스 기술에 대한 세부내용은 보완작업을 통해 제시할 예정이다.

8.1.1 사용자 지원(User Assistant)

사용자 지원(User Assistant) 서비스는 최종 사용자가 직접 이용하거나 최종 사용자의 활동을 가능하게 하는 서비스로서 사용자들의 노력을 감소시키기 위해 자동화된 능력을 제공하는 것이 목적이다.

사용자 지원의 기본 능력으로 웹 기반의 사용자 접속 검증 툴, 스마트 에이전트, 소프트웨어 로보틱스 등이 있다. 본 절에서는 스마트 에이전트 기술에 대한 개념 및 기능에 대해서 간략히 소개한다.

8.1.1.1 스마트 에이전트

에이전트는 자율성, 학습 그리고 협력이라는 3개의 기본적인 행동 속성에 따라 구분된다. 에이전트는 보통 하나 혹은 두 가지 속성을 가지는 것이 일반적이지만 가장 이상적인 에이전트로 알려진 스마트 에이전트는 위 세 가지 속성을 모두 갖춘 에이전트이다. 여기서 에이전트의 속성인 자율성은 에이전트가 인간의 가이드가 필요 없이 스스로 작동할 수 있는 원리를 의미하며, 학습은 에이전트가 외부 환경과 상호작용하면서 학습해서 스스로 행동을 조정할 수 있는 능력을 의

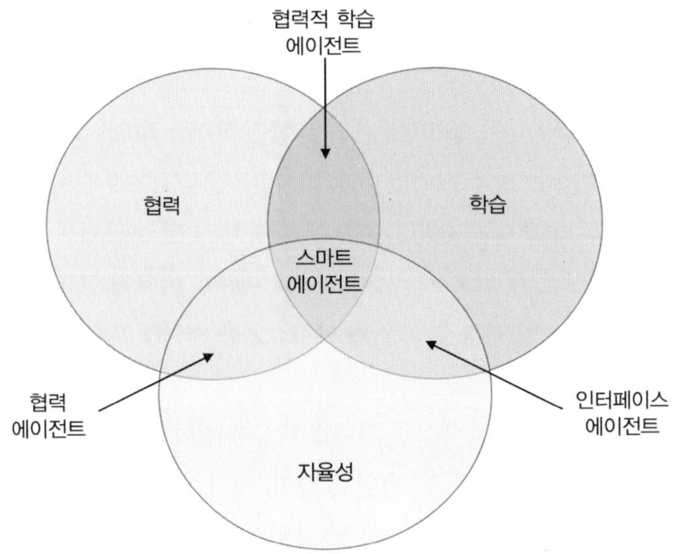

그림 8-1 기본적 행동 속성에 따른 에이전트 위상도

미하고, 협력은 에이전트가 통신언어를 통해 다른 에이전트와 더 나아가서는 인간과 상호작용하면서 스스로 능력을 향상시키기 위해 협력할 수 있는 능력을 의미한다. 따라서 에이전트는 위 세 가지의 속성에 따라 협력 에이전트, 협력적 학습 에이전트, 인터페이스 에이전트, 그리고 스마트 에이전트의 네 가지 에이전트로 구분할 수 있으며, 이들 각 에이전트 간의 위상도는 그림 8-1과 같이 나타낼 수 있다.

이러한 스마트 에이전트 기술이 GIG 환경 내에서 어떻게 최종 사용자인 전투원을 지원하기 위해 사용되었는지 살펴보기 위해서는 발견 서비스와의 관계를 비교할 필요가 있다. 즉 사용자를 지원하기 위해 네트워크상에서 인원 및 서비스 그리고 콘텐츠 등을 발견해서 최종 사용자에게 제공하는 것이 발견 서비스의 기본 능력이라면, 사용자 지원 서비스는 이러한 능력에 추가해서 스마트 에이전트라는 기술을 이용하여 서비스 공급자가 제공한 콘텐츠를 능동적으로 감시하고 이를 통해 획득한 최신 정보를 최종 사용자가 활용할 수 있도록 지원하는 서비스라 할 수 있다. 예를 들면 사용자는 발견 서비스를 통해 뉴스 기사를 제공하는 공급자가 방송국이라는 사실을 확인할 수 있지만 뉴스 기사 내에 어떠한 내용이 포함되어 있는지를 알지 못한다. 그렇지만 사용자 지원 서비스는 스마트 에이전트라는 기술을 이용해서 방송국에서 제공하는 뉴스 기사 내에 어떠한 정보가 들어 있는지를 실시간으로 감시해서 최종 사용자에게 핵심 정보의 내용을 경보를 통해 알려줄 수 있다는 것이다.

즉 스마트 에이전트 기술은 서비스 공급자가 제공하는 다양한 출처의 콘텐츠로부터 제공이 가능한 핵심 이벤트에 대한 인식을 사용자가 지속적으로 유지할 수 있도록 지원하는 기술이다. 이러한 스마트 에이전트 기술을 개발해서 GIG 내 최종 사용자인 전투원들을 효율적으로 지원하기 위해서는 먼저 다음과 같은 전략적 능력들이 필요하게 된다.

- 이익공동체(COI)의 능동적 참여를 위한 맞춤형 에이전트 형상관리
- 스마트 에이전트 질의 기반의 특정 COI에 대한 경보 제공 능력
- 수집된 보고 자료의 실시간 제공 능력
- 특정 에이전트 전시기 맞춤화(PDA, WAP, WAF 등) 능력

8.1.2 협업(Collaboration)

협업(Collaboration) 서비스는 메시징, 중재, 발견과 같은 다른 서비스들을 보완하고 언제, 어디서나 어떤 매체, 장비, 애플리케이션이든지 정보에 대한 논리적인 접속을 제공하는 서비스이다. 또한 보안 및 운영 요구사항에 완벽히 호환하는 상용표준에 기반을 두고 상호운용이 가능한 협업 능력을 사용자에게 제공한다.

협업의 기본 능력은 채팅/인스턴트 메시징(IM), 오디오 및 비디오 공유, 애플리케이션 및 파일 공유, 가상 작업 공간, 인식 등이 있다. 본 절에서는 미 공군연구소의 협력 기술 시뮬레이션 시부 연구팀이 조사한 6가지의 협력적 의사결정 지원 기술인 다중자원 다형성 협력(MRPC: Multi-Resource Polymorphic Collaboration), 분산 스마트 엔터프라이즈 객체 모델링(DSEOM: Distributed Smart Enterprise Object Modeling), 이기종 엔터프라이즈, 그리드, 에이전트, 합동 전장 인포스피어(JBL: Joint Battlespace Infosphere) 협력 인터페이스 등에 대한 핵심 내용을 제시하고, 미군에서 사용되고 있는 협력 툴(Collaboration Tool) 중에서 미 해군연구소(ONR: Office of Naval Research)에서 선정한 6가지 주요 협력 툴과 미 국방부의 개방형 정부계획(버전 1.1, 2010년 6월 25일자)에서 발표한 미 국방부의 협력 툴 중에서 국방 연결 온라인(Defense Connect Online)과 향후 국방 협력 신규 서비스 그리고 위키(Wiki) 접근법을 이용한 협력 툴에 대해 소개한다.

8.1.2.1 협력적 의사결정 지원 기술

8.1.2.1.1 다중자원 다형성 협력(MPRC) 기술

다중자원 다형성 협력(MRPC) 기술은 Ball Aerospace & Technologies Corporation과 미 공군연구소의 협력 기술 시뮬레이션 지부가 발표한 웹 서비스를 이용한 세션 관리, 적응형 사용자 인터페이스(UI) 및 자원 통합을 위해 만들어진 서비스 지향 프레임워크이다.

MRPC는 협력자들의 현재 위치나 사용하는 하드웨어 장치의 유형에 관계없이 정보를 제공해야 하기 때문에 MRPC 환경에서는 이기종 장치를 지원하고 동적인 협력 세션을 창출해야 하며, 이를 위해 협력 세션을 획득해서 재사용하는 능력도 또한 있어야 한다.

- **이기종 장치 지원 능력** 사용자에게 사용자 인터페이스나 데이터 시각화 등과 같은 더 생산적인 협력적 경험을 제공하며 지리적 다양성이나 위치에 관계없는 정보 교환 능력을 제공한다.
- **동적 협력 세션 창출 능력** 참여자들이 협력을 위해 세션에 들어오고 나갈 수 있는 능력과 소규모 그룹이 신속히 모임을 갖고 협력 후 해산하는 식의 일정치 않은 수명주기를 제공한다.

8.1.2.1.2 분산 스마트 엔터프라이즈 객체 모델링(DSEOM) 기술

분산 스마트 엔터프라이즈 객체 모델링(DSEOM)은 스마트한 분산 객체들이 엔터프라이즈 기술과 통합 시 협력을 위해 사용되는 엔터프라이즈 사용성 및 확장성 그리고 효과성을 향상시킬 수 있는 기술로서 DSEOM 기술의 개념은 다음과 같다.

먼저 DSEOM에서 분산 객체는 도메인과는 독립적으로 다중 플랫폼 전반에 걸쳐 공유되는 객체로서, 분산 객체의 모든 컴포넌트들은 접근을 허용하며 컴포넌트의 각 기능들은 네트워크를 통해 활용된다. 분산 객체로는 CORBA, DCOM, RMI 등이 있으며, 이들 객체 모델 시스템들은 객체 발견, 객체 수명주기 관리, 보안, 참조에 의한 객체 접근 등의 능력을 제공한다. 그리고 객체 모델은 지식이나 지능형 솔루션을 포함하는 객체를 지원할 때 스마트해야 하는데, 이때 지식은 객체에 대한 정황 정보, 상호관계 정보, 사용 정보 또는 동작 정보 등을 포함한다. 여기서 객체가 스마트하다는 것은 적응적 시스템의 동작과 같이 객체의 동작이 정황에 맞게 적응하거나 객체가 이전 사용을 기반으로 객체 스스로 주어진 양상에 적응한다는 것을 의미한다. 또한 문제 해결을 위해 상황인식 패러다임 내에서 다른 객체와 팀을 이룬다거나 또는 의사결정자가 의사결정을 할 수 있도록 옵션을 제공한다는 것을 의미한다.

협력적 엔터프라이즈 환경(CEE) 프레임워크의 한 가지 핵심적인 특징은 스마트 엔터프라이즈 공통 객체 모델(SECOM: Smart Enterprise Common Object Model)을 갖는 것이다. 구현된 SECOM을 활용하여 미 공군연구소의 협력 시뮬레이션 기술연구팀은 협력적 엔터프라이즈 정황, 즉 DSEOM 내에서 스마트한 분산 객체를 구축할 때 기반구조에 최소한의 영향을 미치는 방법 및 기법에 대해 조사하였으며, 조사 결과 최소한의 영향만을 주기 위해서는 다음과 같은 핵심 특징들을 가져야 한다.

- 협력적 엔터프라이즈 환경(CEE)을 위해 시멘틱 웹 규칙 언어(SWRL)나 시멘틱 웹 서비스 이니셔티브(SWSI)와 같은 최신 규격을 이용하여 온톨로지를 읽고 쓰는 능력들을 통합할 수 있

어야 한다.

- 각각의 온톨로지 내에서 2개의 유사한 온톨로지 및 병렬배치 데이터 요소들을 분석할 수 있는 능력이 있어야 한다.
- 온톨로지 데이터 요소들에 대해 정황에 민감한 탐색을 수행할 수 있는 능력이 있어야 한다.
- 원인추구자(Reasoner)를 세워서 통합하고 엔터프라이즈 전역에 걸쳐 데이터마이닝을 성취하는 능력이 있어야 한다.

8.1.2.1.3 이기종 엔터프라이즈 기술

이기종 엔터프라이즈 기술은 DSEOM 기술과 강하게 결합되어 있는 기술로서, 독립적으로 구분되어 있는 엔터프라이즈 도메인들을 강하게 결합시키기 위해 이들 사이에 시멘틱 브릿지(Semantic Bridge)를 구축하는 기술이다. 이 기술을 위해서는 엔터프라이즈가 해당 도메인에만 특유하도록 만드는 것이 중요한데, 이를 위해서는 협력을 수행하는 팀 조직의 모든 양상들, 소프트웨어 툴이나 데이터와 같은 요구 자원들, 그리고 엔터프라이즈 제품의 개념에서 배치까지 변화시키는데 사용되는 프로세스 등을 캡슐화(Encapsulation)하는 것이 필요하다.

현재 협력적 엔터프라이즈 환경(CEE)의 기반구조를 통해 엔터프라이즈 간 공유나 연결을 제한적으로나마 지원하는 방법이 있다. 그러나 이러한 공유는 2개 또는 그 이상의 엔터프라이즈 사이에 시멘틱 브릿지 구축을 지원하지 못하기 때문에 독립적으로 구분되어 있는 각 엔터프라이즈 도메인들에게 강건하고 지능적이며 강한 결합을 제공할 수 없다. 따라서 이들 독립적 엔터프라이즈 도메인을 결합하는 시멘틱 브릿지를 구축해야 하는데, 구축된 결과를 이기종 엔터프라이즈라 한다.

DSEOM의 여러 특징들을 통해 의미적으로 브릿지 역할을 할 수 있는 이기종 엔터프라이즈를 구축할 수 있다. 그러나 이 기술은 다중의 독립 도메인들, 즉 수송, 작전, 정보, 인사운영 등과 같은 도메인들이나 육군, 해군, 공군, 해병대와 같은 도메인들이 의미적으로 연결되어야 하는 협력적 NCOW 환경을 구축해야 한다.

8.1.2.1.4 그리드 기술

GIG는 정교하게 상호 연결된 하드웨어 파이프들이나 위성 및 전술통신망 등을 통해 전투원들에게 광대한 양의 정보를 직접 제공하고 있고 GIG 엔터프라이즈 서비스(GES)를 통해 핵심 서비스를 제공하고 있다. 이에 따라 미 공군연구소의 협력 기술 시뮬레이션 연구팀은 클라이언트-서버 접근법부터 그리드와 같은 웹 서비스 접근법까지 협력적 엔터프라이즈 환경(CEE)을 구현시키기 위해 그리드(GIG) 기술을 통합하는 방법을 제안하였다.

그리드 기술과의 통합은 엔터프라이즈 솔루션을 GIG 전역에 광범위하게 분산시킬 수 있으며, 특히 협력적 커뮤니티의 개념을 구현하는데 도움을 줄 수 있다. 커뮤니티는 여러 이기종 엔터프라이즈의 연결뿐만 아니라 끊김이 없는 백업 및 중단되지 않는 엔터프라이즈 서비스를 제공한다.

8.1.2.1.5 에이전트 기술

에이전트 기술은 에이전트, 온톨로지 웹 언어(OWL), 시멘틱 웹과 관련된 최신 기술과 중앙 서버 접근법을 제거하여 전체 시스템의 신뢰성 및 성능을 향상시킨 에이전트 커뮤니티(Community of Agent) 구현에 요구되는 핵심 특징에 대한 식별을 포함한다. 이와 같은 에이전트 기술에 대해 미공군연구소의 협력 기술 시뮬레이션 연구팀이 제안한 단기 및 중 · 장기 개발의 중점내용을 살펴보면, 먼저 단기 개발에서는 에이전트 기반구조에 요구되는 능력에 중점을 두는 것이 아니라 협력적 엔터프라이즈 환경(CEE) 에이전트의 기반구조 변경에 중점을 두며, 중 · 장기 개발에서는 그리드 접근법과 같은 에이전트 기반구조의 혁신에 중점을 두고 있다.

에이전트 기술 중에서 에이전트 커뮤니티의 개념을 구현하기 위해서는 표준 지식 언어 및 프로토콜을 이용하는 방법, 지식 기반을 이용하는 방법, 그리고 모바일 에이전트를 위해 지원사항을 통합하는 방법의 3가지 방법이 있으며, 이들 방법의 세부 내용은 다음과 같다.

- 표준 지식 언어 및 프로토콜을 이용하는 방법 이 방법은 하나의 에이전트가 최소의 지식으로 다른 에이전트와 상호작용을 허용한다. 여기서 표준 지식 언어는 OWL에 기반을 둘 필요는 없으며 지식 질의 및 조작어/지식 교환 포맷(KQML/KIF)은 옵션으로 사용된다.
- 지식 기반을 이용하는 방법 이 방법은 지식 서비스의 한 부분으로 지속적이고 쉬운 에이전트 설계를 제공한다. 또한 외부 에이전트나 합의가 되지 않은 에이전트와 상호작용 시 보안 기능을 제공한다.
- 모바일 에이전트를 위해 지원사항을 통합하는 방법 이 방법은 에이전트에 대해 자원 간의 이동을 허용함으로써 가용한 자원 및 데이터를 더 효과적으로 사용할 수 있도록 허용한다. 또한 동적인 에이전트 클러스트를 만들기 위해 에이전트의 복제를 허용하는데, 이로 인해 에이전트에게 향상된 성능을 제공하며 네트워크로부터 연결이 끊어지기 전에 자원이 에이전트를 지역적으로 복제하는 이식성을 제공한다.

8.1.2.1.6 합동 전장 인포스피어(JBI) 협력 인터페이스 기술

합동 전장 인포스피어(JBI)는 위기 또는 분쟁기간 동안 이를 해결하기 위해 요구되는 도메인의 특정 정보를 사용자에게 제공하는 전투정보 관리시스템이다. 또한 JBI는 네트워크 중심 시스템의 개념을 확장하여 지능형 데이터 변환, 정보 교환, 지식 공유 및 처리 능력을 제공하며, 발간-구독-질의 아키텍처 패러다임을 이용하여 정보 중개 기능을 촉진시켜 준다.

이러한 JBI 구독을 통해 획득한 도메인 특정 정보가 CEE 워크플로우와 에이전트를 동작시킬 수 있도록 의사결정 지원시스템을 설계할 수 있다. 여기서 워크플로우는 정보를 처리하고, 협력을 위해 데이터를 구성하며, 협력 결과를 다시 JBI로 발간하는 역할을 담당한다. CEE는 정보 프레임워크를 통해 JBI를 활용하며, 정보 프레임워크는 JBI 클라이언트와 사용자들을 위해 다음 세대의 협력 기술을 가능하게 한다. 현재 이러한 통신을 구축하기 위해서는 다음과 같은 2가지 방법이 있다.

- CEE 개발자를 위해서는 RMI 미들웨어 시스템을 통해 JBI API를 동적으로 래핑한다.
- 통신을 위해서는 웹 서비스를 가진 가장 최근의 JBI 서버를 활용한다.

위의 2가지 방법 모두 CEE 애플리케이션 개발자가 독립 클라이언트를 만들지 않고서도 JBI를 활용할 수 있도록 허용한다. 이러한 JBI 능력은 JBI 정보를 전투원 엔터프라이즈 프로세스에 통합 시 능률적이며 단순화시켜 준다.

8.1.2.2 미군의 주요 협력 툴(미 ONR 선정)

본 절은 미 해군연구소(ONR)가 선정한 6가지 주요 팀 협력 툴인 해상 협력(CAS: Collaboration at Sea), 협력 정보 환경(CIE: Collaborative Information Environment), 국방 협력 툴 스위트(DCTS: Defense Collaboration Tool Suite), InfoWorkSpace(IWS), Intelink, WebEx에 대해 소개한다.

8.1.2.2.1 해상 협력(CAS)

해상 협력(CAS)은 IBM, Lotus Sametime, Domino collaboration 툴셋을 기반으로 하며, 동맹군과의 작전 지원을 위해 현재 기획분야(J5 또는 N5)와 관련되어 있는 이익공동체(COI)에서 사용하고 있다. CAS는 1999년부터 2000년까지 미 해군의 니미츠급 핵추진 항공모함인 USS John C. Stennis와 USS George Washington 항모전투단에서 사용했으며, 2001년부터 2002년까지 핵추진 항공모함인 USS Carl Vinson 항모전투단에서 지식웹(K-Web)과 함께 사용하였다. 합동특수임무부대 및 제2함대 사령부, 나토 대서양 타격함대 등에서 CAS를 사용하였으며, 그 이후 미 해군은 많은 동맹군과의 협력을 위해 CAS를 사용하였다.

8.1.2.2.2 협력 정보 환경(CIE)

협력 정보 환경(CIE)은 미 합동전력사령부(USJFCOM)가 지원하고 있으며, 2003년 11월에 실제 동작하는 CIE 프로토타입이 미 남부사령부(SOUTHCOM) 및 태평양사령부(USPACOM)에 제공되었다. 최근 CIE는 혁신적 지식관리(KM)를 위한 공공부문의 우수 협력 툴로 선정되었으며, Standing Deployed Joint Task Force(SDJTF) 프로젝트에 의해 기금을 제공받고 있다.

8.1.2.2.3 국방 협력 툴 스위트(DCTS)

DISA의 지원을 받는 국방 협력 툴 스위트(DCTS)는 미 국방부, 예하 기관, 전투부대 및 각 군에 상호운용되고 동기 및 비동기 협력 능력을 제공하는 유연한 애플리케이션의 통합체이다. 2002년 4월부터 시작하여 전 세계 101개 사이트에 DCTS 버전 1.1.12가 배치되었고, 2003년 6월에는 56개 사이트에 버전 2.0이 배치되었으며, 2004년에는 또 다른 218개 사이트에 버전 2.0이 배치되었고, 현재도 지속적으로 각 군 예하 전투부대를 중심으로 배치 중에 있다.

DCTS는 미 국방부와 합참에 의해 잠정 표준으로 인정받은 미 국방부의 협력 툴 스위트로서, 미전략사령부(STRATCOM)의 지휘통제 LAN 상에서 상호운용을 위해 사용되고 있다. 또한 위기상황에서의 기획 및 관리를 지원하기 위해 음성, 화상회의, 문서 및 애플리케이션 공유, 인스턴트 메시징과의 결합을 이용하여 실시간 및 비동기 협력을 제공하고 있으며, 현재 많은 군사령부에서 임무기획 프로세스를 위해 사용되고 있는 협력 툴 스위트이다.

8.1.2.2.4 InfoWorkSpace(IWS)

InfoWorkSpace(IWS)는 미 합동정보사령부의 합동정보가상현실 상황실(JIVA: Joint Intelligence Virtual Architecture)을 통해 사용되는 공식 협력 툴이다. IWS는 연합작전군사령부(JFCOM)의 합동전투관리 지휘통제(JBMC2: Joint Battle Management Command and Control) 프로젝트에서 사용되었으며, 또한 태평양사령부(PACOM), 유럽군사령부(EUCOM), 수송사령부(TRANSCOM), 그리고 중부군사령부(CENTCOM)에서도 사용되었다.

IWS는 마이크로소프트의 Placeware, 선마이크로시스템의 IPlanet, 아파치소프트웨어의 Tomcat 서블릿 엔진 등을 포함하여 여러 제품들로 구성되어 있으며, 사용자들이 실시간으로 프로젝트 상에서 상호작용이 가능한 온라인 미팅 장소를 만들 수 있도록 빌딩, 마루, 방으로 구성된 안전한 가상사무실을 제공한다. IWS는 웹 브라우저나 자바 클라이언트를 통해 접속이 가능하며 인스턴트 메시징 클라이언트, 텍스트 채팅, 오디오, 웹 비디오, 애플리케이션 캐스팅, 데스크탑 화상회의, 가상파일 캐비닛, 전자우편 게시판, 협력 화이트보드 및 공유 텍스트 툴, 뉴스 그룹, 메일, 그리고 캘린더와 같은 여러 특징들을 가지고 있다.

8.1.2.2.5 Intelink

Intelink는 미국의 정보기관이 기밀로 분류하여 관리하고 있는 고도로 안전한 자체 인터넷으로서 오직 인가된 사용자에게만 접근을 허용하고 있으며 채팅룸, 메시지 보드, 탐색 엔진, 웹메일과 수천의 서버로 구성되어 있는 것으로 알려져 있다. 최근에는 인스턴트 메시징과 Intelipedia 그리고 위키-기반의 협력 및 정보 공유 툴을 함께 제공하고 있다.

8.1.2.2.6 WebEx

WebEx는 기존 연방정부의 국가기밀 통신 및 협력 시스템이었던 JWICS(Joint Worldwide Intelligence Communications System)에 새로운 협력적 특징들을 확장시켜 만든 시스템이다. 이를 위해 WebEx는 기존의 룸-기반 비디오 협력 전략을 탈피하여 데스크탑 화상회의 시스템으로 전환하기 위해 DISA의 지원으로 7,500여 개의 Tandberg 화상회의 시스템과 기타 IBM Lotus 인스턴트 메시징, Bantu IM, 그리고 Wired Red 화상회의 제품들과 같은 협력 제품들을 도입하여 만든 협력 툴 시스템이다.

WebEx는 전 세계에 퍼져있는 미국의 군, 기관 및 정보 조직들 간의 통신 및 조정을 개선시키기 위해 주문형 방식의 화상회의 서비스를 제공하는 베이크 오프(Bake-off) 시스템이다. 여기서 베이크 오프 시스템이란 미 국방부에서 일괄적으로 서비스를 제공하는 것이 아니라 미 국방부가 획득한 정보를 WebEx로 연결되어 있는 각 사이트에 제공하면, 각 사이트가 자체적으로 정보를 처리하고 융합하여 각자의 환경에 적합한 서비스를 만드는 시스템을 의미한다.

8.1.2.3 미군의 주요 협력 툴(미 개방형 정부계획 발표자료)

본 절은 2010년 6월 25일 미 국방부의 개방형 정부계획(버전 1.1)에서 발표한 미 국방부의 협력 툴 중에서 국방 연결 온라인(DCO: Defense Connect Online)과 향후 국방 협력 신규 서비스에 대한 소개와 최근의 위키(Wiki) 접근법을 이용한 협력 툴에 대해서도 같이 소개한다.

8.1.2.3.1 국방 연결 온라인(DCO)

국방 연결 온라인(DCO)은 오디오, 비디오, 채팅, 인스턴트 메시징 및 스크린 공유 등과 같은 웹 화상회의 및 채팅 능력을 국방의 전 사용자에게 제공하는 협력 툴이다. DCO는 2개의 상용 툴과 하나의 맞춤식 포털로 구성되어 있는데, 2개의 상용 툴로서는 웹 화상회의를 위한 Adove의 Connect 애플리케이션과 채팅 서비스를 위한 Jabber의 XMPP(eXtensible Messaging and Presence Protocol)를 이용한다. 참고로 XMPP는 원래 Jabber가 개발한 인스턴트 메시징 소프트웨어에서 사용되던 프로토콜을 개량한 것으로 메시지 교환이나 로그인 상황 통지 등에 사용하는 XML 기반 프로토콜이며, 2004년 1월에 IETF에 의해 표준으로 인정되었다.

8.1.2.3.2 각 군의 협력 플랫폼 및 툴

미군의 각 군은 자군의 필요 및 작전에 부합하는 다양한 협력 플랫폼과 툴을 관리하고 있다. 이러한 플랫폼 및 툴에는 미 국방부의 DKO(Defense Knowledge Online), 미 육군의 AKO(Army Knowledge Online), 미 해군의 NKO(Navy Knowledge Online), 미 공군의 AFKN(Air Force Knowledge Now), 그리고 미 해병대의 MarineNet이 있다.

8.1.2.3.3 향후 국방 협력 신규 서비스

향후 새로운 국방 협력 서비스가 현재의 국방 연결 온라인(DCO)과 각 군 및 국방 조직에서 사용 중에 있는 많은 개별 시스템들을 대체할 전망이다. 현재 이러한 이전이 진행 중에 있고 수년 내에 완료될 것으로 보인다. 신규 시스템은 국방의 전 조직 및 각 군에 표준 플랫폼을 제공할 것이며 이 플랫폼에는 채팅, 비디오 화상회의, 그리고 기타 협력 툴들이 포함될 전망이다. 이러한 프로젝트의 장기 목표로는 모든 국방 협력 툴을 보유하고 통신 환경을 기반으로 다양한 인터넷 프로토콜상에서 상호운용이 가능한 공통의 발간 엔터프라이즈 표준을 기반으로 협력 능력 및 활동을 진화시켜 나가는 것이다.

8.1.2.3.4 위키(Wiki) 접근법을 이용한 협력 툴

| DoDTechipedia |

2008년 미 기술/물류획득국에서 사용하기 시작한 DoDTechipedia는 미 국방부의 기술전략을 책임지는 최고기술경영자(CTO)인 DDR&E(Director of Defense Research and Engineering)의 지시에 의해 국방기술정보센터(DTIC)가 주관하고 있다. 국방부서 전체 차원의 과학 및 기술 위키(wiki)인 DoDTechipedia는 국방에 속해 있는 과학자, 공학자, 프로그램 관리자 및 전투원들 간 통신 및 협력을 향상시키기 위해 설계되었으며, 상호 간에 기술적 해결책들을 협력시키게 하고 비용은 줄이면서 능력은 증가시켜 주며 중복을 회피시켜 주는 능력을 제공한다.

| ACQuipedia |

2008년에 사용이 시작된 ACQuipedia는 국방획득 기관들을 위해 미국의 국방획득대학(DAU)에서 시작된 위키-기반의 협력 툴로서 공통의 국방획득 토픽들을 위한 온라인 백과사전 기능을 제공하고 있다. 이 툴은 획득 종사들에게 간결하고 요약된 포맷으로 관련 정보에 대한 신속한 접근을 제공한다.

| Wikified Army Field Guide |

미 육군의 야전교범(Army Field Manual) 또는 육군 전술, 기법 및 절차교범은 육군에서 생활하기 위해 필요한 모든 양상들을 병사들에게 가르치는 교범이다. 전장이 빠르게 변하면 변할수록 야전교범도 이에 맞추어 변경해야 하지만, 현재의 교범을 변경하는 방식으로는 변화된 많은 부분 중에서 오직 소수의 몇몇 부분만 업데이트되기 때문에 병사들이 알아야 하는 최신 지식을 반영하지 못하고 있는 실정이었다.

그러나 위키피디아(Wikipedia)에 배경을 둔 무료 소프트웨어인 "육군 "Wikified" 야전교범은 실시간으로 육군 전술, 기법 및 절차교범을 협력적인 방식으로 업데이트하도록 허용한다. 미 육군은 전장에서의 경험이나 조언 등을 서로 공유할 수 있도록 수단을 제공하고 있으며, 이로 인해 Wikified 육군 야전교범은 병사들이 필요할 때면 언제 어디서나 가능한 최적의 정보를 획득할 수 있는 기능을 제공한다.

8.1.3 발견(Discovery)

발견(Discovery) 서비스는 네트워크 중심의 정보기술(IT) 서비스 및 능력으로 변환시켜 주는 NCES의 핵심 요소로서 네트워크 중심 환경(NCE)에서 정보와 가용 서비스에 대한 가시성 및 접근성을 제공한다.

발견의 기본 능력에는 데이터 소스 발견, 콘텐츠 관리, 이익공동체(COI) 온톨로지 관리, 그리고 지식 기반 기능 지원 등이 있다. 따라서 본 절에서는 썬마이크로시스템즈의 자바(Java) 기술에 기반을 둔 자바 지능 네트워크 기반구조(JINI: Java Intelligent Network Infrastructure) 미들웨어, 마이크로소프트의 플러그 앤 플레이 모델을 발전시킨 유니버설 플러그 앤 플레이(UPnP: Universal Plug and Play) 미들웨어, IETF에서 제정한 서비스 발견 프로토콜인 서비스 위치추정 프로토콜(SLP: Service Location Protocol) 등을 설명한다.

8.1.3.1 자바 지능 네트워크 기반구조(JINI)

8.1.3.1.1 JINI 개념

자바 지능 네트워크 기반구조(JINI)는 썬마이크로시스템즈의 자바 기술에 기반을 둔 미들웨어로서 프로토콜에 관계없이 네트워크에서 주변장치들에 대해 발견을 가능하게 하는, 즉 각 자바 객체 간의 통신방법을 정의한 네트워크 분산 기술이다. JINI는 PC, 주변기기, 휴대전화, 무선호출기, 가전제품 등을 단일 네트워크 환경에서 제어할 수 있으며, 특히 아날로그를 기반으로 한 네트워크 환경에서도 활용할 수 있다.

JINI 기술은 스캐너, 프린터 등과 같은 주변기기를 운용체제(OS)에 관계없이 활용할 수 있어 단일 OS에 의해 데이터가 제어될 때 발생하는 데이터 접속부하를 줄여 네트워크 기기 간의 분산 환경을 강화시키는 장점도 있다. 예를 들면, 통신망에 인쇄기가 접속된 경우 JINI 대응의 PC나 디지털 기메리를 그 통신망에 접속하면 JINI가 자동적으로 인쇄기의 드라이버 소프트웨어를 찾아내어 설정한다. 이용자 자신이 드라이버 소프트웨어를 설치하거나 설정할 필요가 없다.

8.1.3.1.2 JINI 컴포넌트

JINI 컴포넌트는 기반구조, 프로그래밍 모델, 그리고 서비스로 세그먼트된다. 기반구조는 연합된 JINI 시스템 구축을 가능하게 하는 컴포넌트 집합인데 비해 서비스는 연합(Federation)의 속성이 된다. 프로그래밍 모델은 신뢰성 있는 서비스 구축을 가능하게 하는 인터페이스의 집합으로 기반구조의 일부분을 포함하며 연합 안으로 결합된다. 이들 3개 범주를 가진 JINI 아키텍처의 세그먼테이션이 표 8-1에 나타나 있다.

- JINI 기반구조
  - **발견 및 가입 프로토콜:** 하드웨어와 소프트웨어 발견 시 사용되는 서비스 프로토콜이며, 연합의 다른 구성원들에게 지원되는 서비스가 무엇인지 알려주는 역할을 한다.
  - **분산 보안시스템:** 자바 플랫폼의 보안 모델이 전 분산시스템으로 확장되어 RMI로 통합된 시스템이다.
  - **조회 서비스:** 서비스의 저장소 역할을 한다. 조회 서비스 내 엔트리들은 자바 프로그래밍 언어로 작성된 객체이며, 이들 객체들은 조회 오퍼레이션의 부분으로 서비스에 대한 로컬 프록시로서 동작한다.
- 프로그래밍 모델
  - **리싱(Leasing) 인터페이스:** 갱신이 가능한 지속-기반 모델을 이용하여 자원의 할당 및 해제방식을 정의한다.

표 8-1 JINI 아키텍처 세그먼테이션

구분	기반구조	프로그래밍 모델	서비스
Base Java	Java VM	Java APIs	JNDI
	RMI	JavaBeans	Enterprise Beans
	Java Security	…	JTS
Java + JINI	Discovery/Join	Leasing	Printing
	Distributed Security	Transactions	Transaction Manager
	Lookup	Events	JavaSpaces Services

- **트랜잭션 인터페이스:** 변경사항 모두를 그룹에게 일어나게 하거나 아니면 아무것도 일어나지 않게 하는 방식 모두를 이용하여 엔티티들의 협력을 가능하게 한다.
- **이벤트 및 공지 인터페이스:** JavaBeansTM 컴포넌트에 의해 사용되는 이벤트 모델의 확장으로서 JINI 기술을 사용하는 서비스 간에 이벤트-기반 통신을 가능하게 한다.

• 서비스
- **프린팅 서비스:** 레거시 애플리케이션뿐만 아니라 JAVA 프로그래밍 언어로 작성된 애플리케이션에서도 프린트하는 서비스이다.
- **트랜잭션 관리자:** 객체 그룹을 프로그래밍 모델에 의해 규정된 JINI 트랜잭션 프로토콜에 참여시키는 서비스이다.
- **JavaSpaces 서비스:** 간단한 통신이나 자바 프로그래밍 언어로 작성된 관련 객체 그룹을 저장하는 서비스이다.

8.1.3.2 유니버설 플러그 앤 플레이(UPnP)

8.1.3.2.1 UPnP 개념

유니버설 플러그 앤 플레이(UPnP)는 마이크로소프트의 플러그 앤 플레이 모델을 발전시킨 미들웨어로서 네트워크 디바이스, 서비스, 가전기기 등의 제어 및 탐색 등을 가능하게 하는 것이 주요 목표이다. UPnP 환경에서 디바이스는 자유롭게 네트워크에 참여할 수 있고, IP주소를 부여받아 다른 기기들과 기능을 서로 공유할 수 있으며, 네트워크에서의 탈퇴도 원하는 시기에 자연스럽게 이루어지는 특징이 있다.

그리고 UPnP는 장비 간의 1:1 통신(Peer-to-Peer)을 기반으로 하고 있고 인터넷 표준 프로토콜인 TCP/IP를 이용하여 구조를 정의하고 있어 장비마다 IP를 부여하고 동적으로 IP를 할당받기 때문에, 동적 호스트 설정 프로토콜(DHCP)을 사용하여 자동으로 IP주소를 할당하는 방안과 IP주소의 크기를 늘린 IPv6를 사용하는 방안을 제공하기도 한다.

> **동적 호스트 설정 프로토콜(DHCP: Dynamic Host Configuration Protocol)**
>
> TCP/IP 통신을 실행하기 위해 필요한 설정 정보를 자동적으로 할당하고 관리하기 위한 프로토콜이다. DHCP는 TCP/IP 환경의 통신망에서 IP주소를 일률적으로 관리하는 서비스를 제공한다. 초기적재 프로토콜(BOOTP)과 마찬가지로 사용자 데이터그램 프로토콜(UDP)상의 프로토콜로서 DHCP 서버는 클라이언트의 요구에 따라 IP주소를 할당하며, BOOTP는 서버/클라이언트 간 송수신 기능을 담당한다. DHCP는 BOOTP를 확장한 프로토콜로서 할당된 IP주소에 임대기간을 설정할 수 있다는 점이 BOOTP와 다른 점이다.

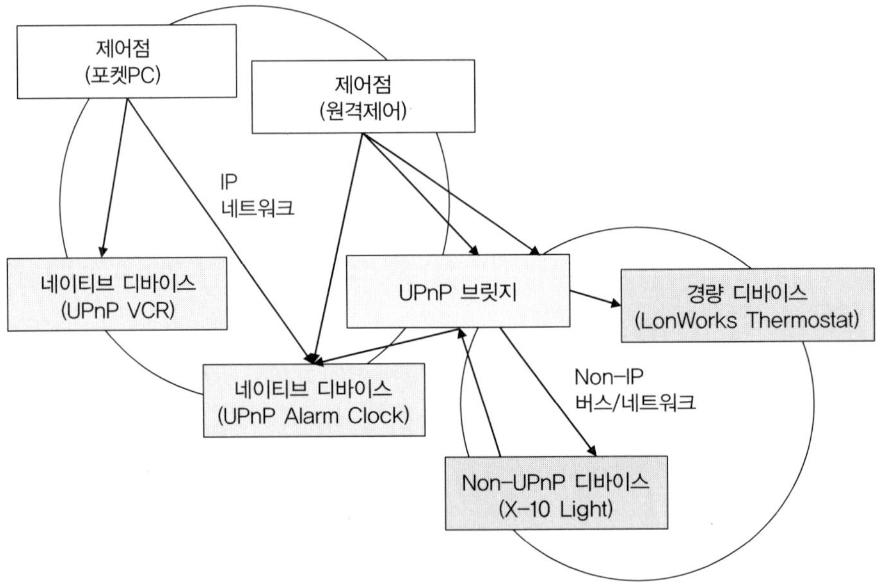

그림 8-2 브릿지 디바이스를 포함한 UPnP 네트워크

UPnP는 소규모에서 대규모의 네트워크로 확장이 용이하고, PnP를 지원하여 장비의 접속과 분리를 자동으로 인지할 수 있으며, 개발이 용이해서 작은 리소스로도 이용이 가능하고, 정보가전에 속하는 기기처럼 IP가 없는 장비에 대해서는 단순한 기능을 가진 SCP(Simple Control Protocol)라는 프로토콜을 통하여 네트워크 프로토콜 변환기(Bridge)로 연결할 수 있도록 지원한다.

8.1.3.2.2 UPnP 프로토콜

UPnP 네트워크 매체

UPnP는 네트워크 매체로 표준 IP 프로토콜을 이용한다. UPnP 네트워크 디바이스는 유 · 무선 RF, 폰 라인, 전원 라인, IrDa, 이더넷, 그리고 IEEE 1394 등을 포함한 어떠한 통신 매체라도 연결할 수 있다. 즉 네트워크 디바이스를 사용할 수 있는 매체라면 UPnP를 사용할 수 있으며, 다만 유의해야 할 점은 매체는 사용목적에 맞는 대역폭이 지원되어야 한다는 것이다.

UPnP는 개방형의 표준 프로토콜인 TCP/IP, HTTP, 그리고 XML 등을 이용하지만, 비용이나 기술 요구사항 또는 레거시 지원 문제 등의 이유로 HAVi, CeBus, LonWorks, EIB, 또는 X10과 같은 네트워킹 기술들이 네트워크 디바이스와 함께 사용되기도 한다. 또한 이 기술들은 UPnP 브릿지(Bridge)나 프록시 등을 통해서도 UPnP 네트워크에 참여한다. 브릿지 디바이스를 포함하고 있는 UPnP 네트워크의 모습은 그림 8-2와 같다.

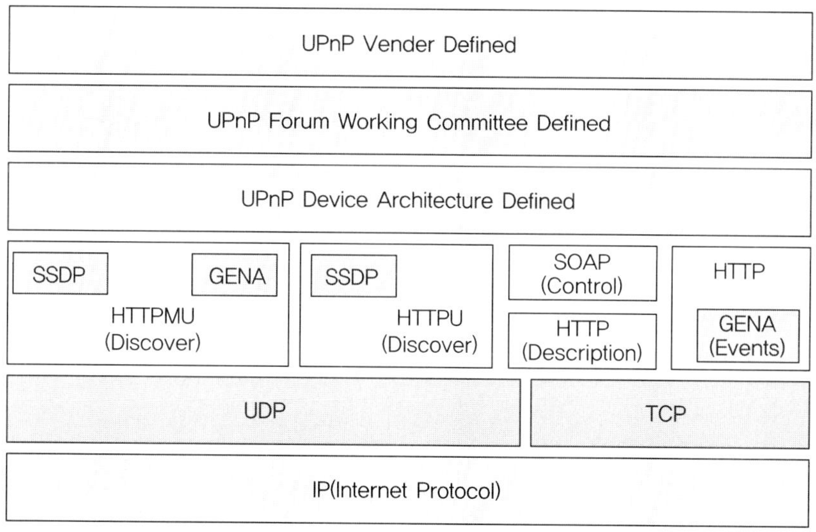

그림 8-3 UPnP 프로토콜 스택

UPnP 프로토콜

UPnP는 많은 표준 프로토콜을 이용하며, 이들 표준 프로토콜들은 벤더 제품들 간의 상호운용성을 보장해준다. UPnP 구현에 사용된 프로토콜 스택이 그림 8-3에 나타나 있다.

- UPnP 특정 프로토콜 UPnP 벤더, UPnP 포럼 운영위원회, 그리고 UPnP 디바이스 아키텍처 문서 등은 UPnP 구현에 필요한 가장 상위계층의 프로토콜들을 규정한다. 디바이스 아키텍처를 기반으로 운영위원회에서 VCR, HVAC 시스템 등과 같은 특정 디바이스 유형에 대한 정보를 정의하며, 디바이스 벤더들은 모델명, URL 등과 같은 디바이스의 데이터 규격을 정의한다.
- TCP/IP TCP/IP 네트워킹 프로토콜 스택은 나머지 UPnP 프로토콜을 구축하는데 이용되는 기반 프로토콜이다. TCP/IP 프로토콜을 이용함으로써, UPnP는 프로토콜 능력을 다른 여러 물리적 매체로 확장시킬 수 있으며 다중 벤더들 간 상호운용성을 보장해준다. UPnP 디바이스들은 DHCP 및 DNS와 같은 TCP/IP 서비스뿐만 아니라 TCP, UDP, IGMP, ARP, 그리고 IP를 포함한 TCP/IP 스택상에 있는 많은 프로토콜들을 사용할 수 있다.
- HTTP, HTTPU, HTTPMU TCP/IP는 UPnP 디바이스들 간 네트워크 연결성을 제공하는 기반 프로토콜이다. 인터넷 연결을 책임지는 HTTP도 UPnP의 핵심 부분이다. HTTP의 변형인 HTTPU와 HTTPMU는 TCP/IP 대신 UDP/IP상에서 메시지 전달을 담당하며, SSDP 프로토콜을 이용하고 HTTP 메시지 포맷을 같이 사용한다.
- SSDP 단순 서비스 발견 프로토콜(SSDP: Simple Service Discovery Protocol)은 네트워크상

에서 어떻게 네트워크 서비스를 발견하는지를 정의하고 있는 프로토콜이다. SSDP는 HTTPU와 HTTPMU 위에 구축되며, 네트워크상에 관심 자원들의 위치를 찾아주는 제어점(Control Point)과 이들 자원들의 가용여부를 알려주는 디바이스들을 정의한다. 부팅 시, UPnP 제어점은 네트워크상에서 가용한 디바이스들과 서비스들을 발견하기 위해 HTTPMU 상에서 SSDP 탐색 요청을 전송한다.

- GENA 일반 이벤트 공지 아키텍처(GENA: Generic Event Notification Architecture)는 TCP/IP 및 다중캐스트 UDP상에서 HTTP를 이용한 공지사항들의 전송 및 수신 능력을 제공하는 프로토콜이다. GENA는 이들 공지사항들에 대한 게시자 및 구독자의 개념을 정의하고 있으며 SSDP를 이용한 존재 여부를 발표하기 위해 GENA 포맷을 이용한다. 수신 이벤트 공지와 관련된 제어점은 구독을 위해 관심 서비스, 이벤트 전송 위치, 구독 시간 등을 요청한다.
- SOAP 단순 객체 접근 프로토콜(SOAP: Simple Object Access Protocol)은 XML과 HTTP 등을 기반으로 하여 다른 컴퓨터에 있는 데이터나 서비스를 원격으로 호출하기 프로토콜이다. SOAP는 RPC 기반의 인터넷을 통한 통신의 표준이다. UPnP는 제어 메시지를 디바이스에 전송 및 수신하기 위해 SOAP 프로토콜을 사용한다.
- XML W3C에서 정의한 확장성 생성 언어(XML: Extensible Markup Language)는 구조화된 데이터를 웹상에서 구현할 수 있는 포맷으로 HTTP와 매우 유사하게 태그와 속성을 이용한다. XML은 디바이스와 서비스 설명, 제어 메시지 및 이벤트에 사용되는 UPnP의 핵심 부분이다.

8.1.3.3 서비스 위치추정 프로토콜(SLP)

8.1.3.3.1 SLP 개념

서비스 위치추정 프로토콜(SLP)은 네트워크 서비스를 발견하고 선정하기 위해 확장성있는 프레임워크를 제공하는 IETF에서 제정한 서비스 발견 프로토콜이다. SLP는 네트워크에 관한 자원 정보를 보다 쉬운 인터페이스로 제공하기 위해 만들어졌으며, 에이전트 간 발생하는 통신 및 연산을 정의하고 감시한다. 따라서 서비스의 재배열이나 유지관리, 새로운 장치의 설치 등을 개별 워크스테이션을 새롭게 구성하지 않고서도 가능하다는 특징이 있다.

8.1.3.3.2 SLP 에이전트

SLP 에이전트에는 다음과 같이 사용자 에이전트, 서비스 에이전트, 그리고 디렉토리 에이전트의 세 가지 유형이 있다.

- 사용자 에이전트 사용자 애플리케이션을 위한 서비스 획득 에이전트

- 서비스 에이전트 서비스 공고 에이전트
- 디렉토리 에이전트 인터넷이나 인트라넷상에서의 서비스 수집 에이전트

SLP는 다음과 같이 핵심 기능을 수행하는 2개의 주요 컴포넌트와 보조 기능을 수행하는 3개의 보조 컴포넌트로 구성된다.

- 2개의 핵심 기능
  - 사용자 에이전트를 위한 서비스의 획득
  - 공지 서비스 디렉토리의 운영유지
- 3개의 보조 기능
  - 가용 서비스의 속성 발견
  - 가용 디렉토리 에이전트 발견
  - 가용 서비스 에이전트의 유형 발견

SLP 에이전트의 기본 동작을 요약해보면, 클라이언트는 하나 또는 그 이상의 디렉토리 에이전트에 등록되어 있는 서비스 위치(Location)를 발견하기 위해 디렉토리 에이전트에 접촉하여 서비스 위치 정보를 요청한다. 여기서 클라이언트는 사전에 위치 정보를 설정해 놓거나, DHCP를 이용하거나, 아니면 디렉토리 에이전트 발견 다중캐스트 주소에 질의를 하든지 해서 디렉토리 에이전트의 소재를 발견할 수 있다.

SLP에서 서비스 발견을 위한 3가지 에이전트 간 트랜잭션 관계가 그림 8-4에 도시되어 있다.

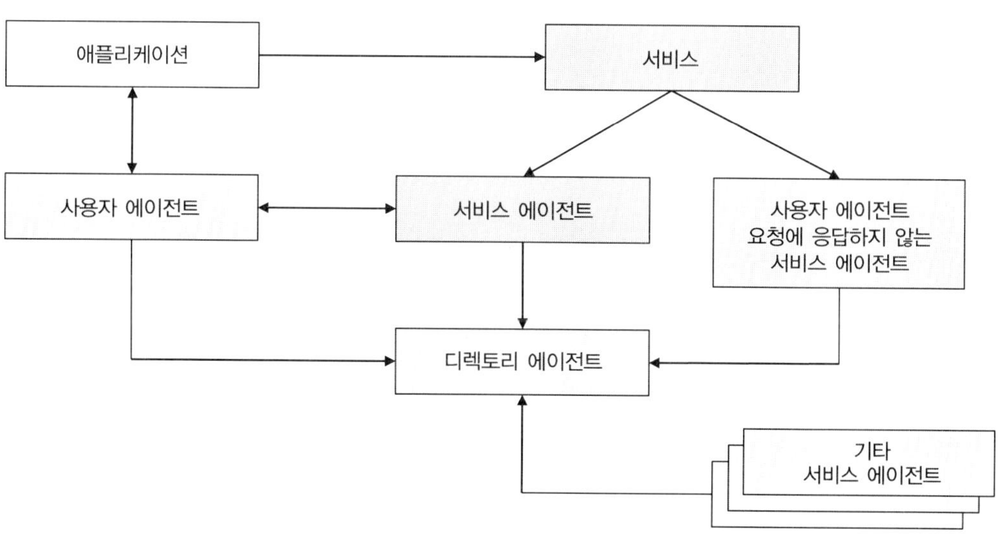

그림 8-4 SLP의 서비스 발견을 위한 에이전트 간 트랜잭션 관계

- 사용자 에이전트의 2가지 동작방식
  - 사용자 에이전트가 디렉토리 에이전트 위치를 기 확보 시, 사용자 에이전트는 특정 요청을 해결하기 위해 요청을 유니캐스트(Unicast), 즉 특정 수신자에게 송신한다. 디렉토리 에이전트는 사용자 에이전트에게 응답한다. 만약 디렉토리 에이전트가 요청에 대한 서비스를 할 수 없으면 사용자 에이전트는 응답을 얻을 때까지 디렉토리 에이전트에게 요청을 반복한다.
  - 사용자 에이전트가 디렉토리 에이전트의 위치를 알지 못하거나 사이트 네트워크상에 디렉토리 에이전트가 없을 시, 사용자 에이전트는 요청을 다중캐스트(Multicast) 주소를 이용하여 다중캐스트, 즉 여러 사용자에게 동시에 전송한다. 요청을 수신한 모든 서비스 에이전트들은 응답하고 서비스 에이전트의 요청을 제공한다. 이 때 서비스 에이전트들은 반드시 디렉토리 에이전트에 등록되어 있어야 한다.

8.1.4 엔터프라이즈 서비스 관리(ESM)

ESM은 NCES가 제공하는 전체 능력 및 서비스 수명주기를 관리하며 네트워크 운영 및 보호 능력을 제공한다. 즉 ESM은 NCES의 프로세스 단위, 절차 및 서비스 능력을 제공하며, 글로벌 네트워크 구성을 위한 엔터프라이즈 레벨 모니터링 및 활동 감시, 기반구조 및 서비스 관리, 성능관리, 생존성 및 결함허용 관리, 그리고 관련 지원 정책 및 절차 유지 등의 광범위한 능력을 제공한다.

ESM의 능력은 NCES 서비스, 서비스 레벨 및 서비스 수명주기 관리, 형상관리, 종단 간 성능 모니터링 및 분석, 기반구조 관리, 통합서비스 관리, 도메인 간 정보교환 관리, QoS 관리, 운영 프로세스 관리, 상황인식, 정보보증 및 보안, 엔터프라이즈 소프트웨어 배포, 사용자 준비 및 프로파일 관리 등이 있다. 따라서 본 절에서는 ESM 능력 개발을 위해 사용되는 다양한 종류의 ESM 기술 표준을 나열한 후 향후 기술 전망을 제시한다.

8.1.4.1 ESM 기술 표준

ESM은 네트워크 관리, 시스템 관리, 엔터프라이즈 관리에서 장기간에 걸쳐 현재의 표준 형태로 진화되었으며, 표준은 개방형 시스템의 초기 버전인 단순 네트워크 관리 프로토콜(SNMP) 및 FCAPS(Fault, Configuration, Accounting, Performance, Security) 프레임워크로부터 진화되었다. ESM 능력 개발을 위해 사용되는 기술 표준은 다음과 같다.

- IETF 단순 네트워크 관리 프로토콜(SNMP)　IETF가 네트워크 관리를 위해 규약화한 것으로

UDP/IP 상에서 동작하는 비교적 단순한 형태의 메시지 교환형 네트워크 관리 프로토콜이다. 주요 특징으로 구조가 간단하고 구현이 용이하여 쉽게 관리 적용이 가능하고, TCP/IP를 기반으로 하는 네트워크에서는 기본적인 네트워크 관리도구의 역할을 하며, 단순 요청/응답 메커니즘으로 관리자/대리인의 형태로 동작한다. SNMP의 관리용 통신 프로토콜로는 관리정보 구조인 SMI(Structure of Management Information)와 관리정보 기반인 MIB(Management Information Base)가 있다. 주요 구성요소는 다음과 같은 4가지이다.

- 클라이언트(관리자): 관리시스템 안에 탑재되어 관리용 메시지를 에이전트에 요청
- 네트워크 관리 시스템(NMS)
- 에이전트(관리장치): 관리되는 장치 안에 탑재되는 관리 모듈
- 관리되는 장비: 허브 라우터, 스위치, 브릿지, 호스트 등

- **OSI 공통 관리정보 프로토콜(CMIP)** 1980년대에 제안된 조직적이고 규모가 큰 네트워크 관리를 위한 프로토콜로서, TCP/IP 기반의 중 · 소규모의 네트워크 관리를 위한 SNMP와는 달리 대규모의 통일화된 네트워크 관리를 위해 OSI 프로토콜 스택상에서 동작하는 네트워크 관리 프로토콜이다. 주요 특징으로 계층적 구조로 대규모 네트워크 관리에 적합하며 타겟의 동적인 상태에 따라 동작이 필터링되므로 데이터 트래픽이 줄어든다. 그 외 연결-지향 방식으로 통신하며 자동적인 이벤트 통지가 가능하다. CMIP의 관리기능은 OSI FCAPS의 5가지 기능과 같으며 주요 내용은 다음과 같다.
  - 결점 관리(Fault Management): 장애 발견, 격리 및 회복
  - 형상 관리(Configuration Management): 관리자원의 특성 결정 및 변화관리
  - 과금 관리(Accounting Management): 통신자원 사용에 대한 요금 조정 및 감시
  - 성능 관리(Performance Management): 성능 감시 및 조정
  - 보안 관리(Security Management): 자원 접근 및 조정
- **OSI FCAPS 프레임워크** 네트워크 관리와 관련하여 OSI에서 개념화시킨 다음과 같은 주요 기능 5가지에 대한 영문 약어 첫 글자들을 상징화하여 만든 용어이다.
  - 결점 관리(Fault Management)
  - 형상 관리(Configuration Management)
  - 과금 관리(Accounting Management)
  - 성능 관리(Performance Management)
  - 보안 관리(Security Management)
- **분산관리 태스크포스(DMTF) 웹 기반 엔터프라이즈 관리(WBEM)** WBEM은 엔터프라이즈 컴퓨

터 환경 관리를 통합하기 위해 분산관리 태스크 포스(DMTF)에 의해 개발된 기술이다. WBEM을 사용하여 조직에서 통합된 표준 기반의 관리 도구 집합을 제공할 수 있으며, 낮은 개발 비용으로 상호운용이 가능한 제품을 만들 수 있다.

- DMTF 데스크탑 관리 인터페이스(DMI)   LAN 등 컴퓨터 통신네트워크상의 모든 데스크탑 컴퓨터(PC, Notebook 등) 또는 서버의 구성과 상태를 중앙컴퓨터에서 일괄 관리하기 위한 표준 프레임워크이다. 표준화는 컴퓨터 제조업체 단체인 DMTF에서 진행하고 있고, 1994년에 DMI 버전 1.0 이 만들어졌으며, 주요 구성요소는 다음과 같다.
  - 관리 인터페이스 포맷(MIF)
  - 서비스 계층(Serviced Layer)
  - 컴포넌트 인터페이스(CI)
  - 관리 인터페이스(MI)
- DMTF 공통정보 모델(CIM)   1997년 4월에 분산 네트워킹 환경을 기술하기 위해 표준화 단체인 DMTF가 제시한 분산 시스템 관리의 개념적인 객체지향 모델로서, 플랫폼에는 독립적이나 기술은 중립적으로 관리정보를 교환하기 위한 관리 표준이다. CIM의 주요 목적은 웹 기반 네트워크 관리 기술에서 사용될 수 있는 공통 모델을 제시하는 것과 현존하는 네트워크 관리 표준인 SNMP, CMIP, DMI 등을 통합하기 위한 것이다.
- OMG CORBA   분산 컴퓨팅 환경을 위해 OMG에서 1991년부터 제정하고 있는 분산 객체 컴퓨팅을 위한 표준으로 1992년에 CORBA 버전 1.1이 발표되었다. 주요 특징을 보면, CORBA는 시스템 통합 시 시스템 구성요소 간의 상호운용성에 대한 표준을 정의한 명세서로서 응용 프로그램들이 어디에 위치하든, 누가 만들었건 간에 관계없이 상호간 통신을 보장함으로써 다양한 HW나 SW가 함께 작동할 수 있게 하는 분산처리 네트워킹 환경을 이루도록 하고 있다. 그리고 CORBA에서의 규정은 각 객체가 메시지를 전달할 때, 객체 간 위치와 구현에 관한 투명성을 보장한다. 이러한 방법으로 응용 프로그램과 객체 시스템은 이기종의 분산 환경 하에서 서로 다른 시스템에서 실행되면서도 정보를 용이하게 교환하도록 한다.
- WWW 컨소시엄 SOAP   분산 환경에서 웹 서비스 정보를 교환할 수 있도록 마이크로소프트사와 IBM사에서 개발하여 보급하고 있는 표준의 간단한 통신 프로토콜이다. 즉 SOAP는 인터넷을 통해 웹 서비스가 통신할 수 있도록 해주는 메시지 교환형 프로토콜로서 특정 모델이나 프로그래밍 언어를 사용하지 않아도 메시지 전송 아키텍처 구축이 가능하다. SOAP는 클라이언트의 작업 요청과 서버 측 응답을 XML 문자열로 포장하고 전송용 프로토콜로는 HTTP를 사용한다. 구성요소로는 SOAP Envelop, SOAP Encoding, SOAP Binding, SOAP

RPC Representation 등이 있다.

- OASIS WAS 웹 사이트와 웹 애플리케이션 보안을 다루는 정보기술의 한 분야로서, 2003년 5월부터 시작한 웹 보안 취약성에 대한 분류계획 및 지침을 제공하는 모델이다.
- 웹 서비스 분산관리(WSDM) 2003년 2월부터 시작한 웹 서비스 아키테처와 분산자원 관리 기술을 사용한 웹 서비스 관리에 대한 정의이다.
- 저장소 관리 이니셔티브-규격(SMI-S) 저장소 네트워킹 산업협회(SNIA)에서 다른 벤더들의 다양한 저장 능력을 관리하기 위해 개발하고 유지하는 저장소 표준으로서 2003년 6월에 버전 1.0을 발표하였다. SMI-S는 공통 정보모델과 웹-기반 엔터프라이즈 관리표준을 기반으로 하며 이기종 저장소를 가진 벤더 시스템들 간의 상호운용성을 가능하게 하는 것이 주목적이다.
- 개방형 그룹 엔터프라이즈 관리 포럼 1995년부터 시작한 시스템 관리를 위한 표준 및 기술을 통합한 콘소시엄이다.
- OGC IT 기반구조 리이브러리(ITIL) 1980년 후반에 영국의 OGC(Office of Government Commerce)가 처음 문서화하였으며, 정보기술(IT) 서비스를 지원하고 구축하며 관리하는 프레임워크이다. 효과적인 IT 서비스 관리를 위한 일종의 모범사례로서 ITIL에서 제시하는 서비스 관리 수준(SLA) 프로세스는 사전 준비, SLA 개발, 운영 및 개선 단계의 수명주기를 거치며 반복된다. 2001년에 발표된 비진 2가 그림 8-5와 같이 프로세스 정립에 대한 주안섬을 프로세스(Process) 지향 ITIL로 두었다면, 2007년에 발표한 버전 3은 그림 8-6과 같이 프로세스보다는 IT가 현업에 제공하는 서비스의 수명주기에 초점을 맞추어 서비스 전략 수립 및 의사결정 부

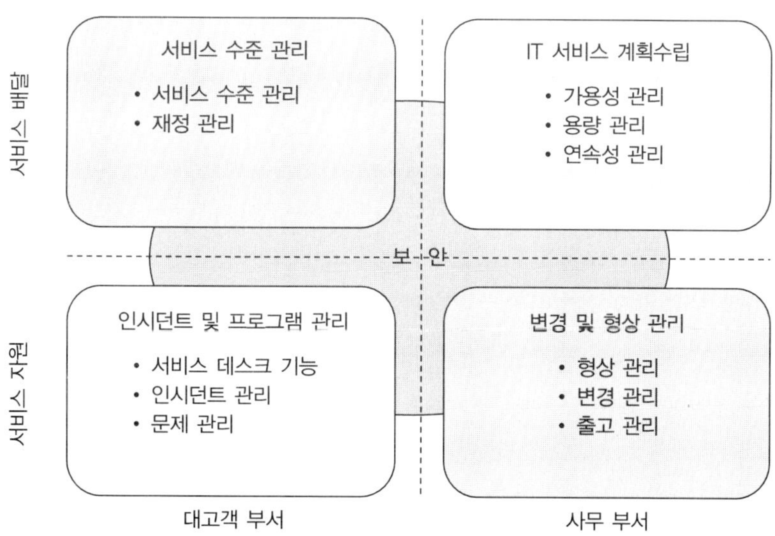

그림 8-5 프로세스(Process) 지향 ITIL

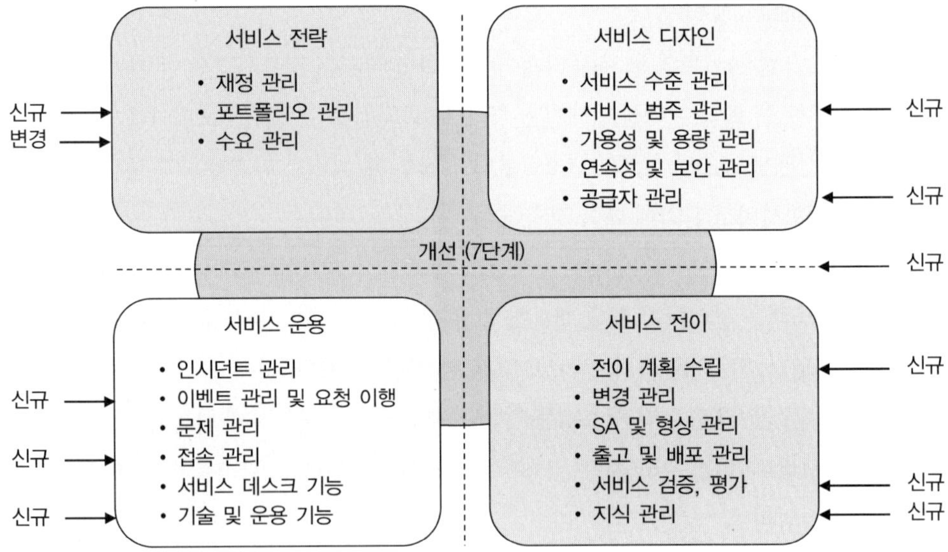

그림 8-6 수명주기(Lifecycle) 지향 ITIL

분을 추가한 수명주기(Lifecycle) 지향 ITIL이었으며, 철저한 현업 중심과 비즈니스 중심의 IT를 강조한 것이 특징이다. ITIL 버전 3의 주요 특징은 다음과 같다.

- 서비스 개선: 프로세스의 지속적인 성숙화 방안을 제시하였으며 정량적 측정이 가능한 모형으로 제시
- 서비스 설계: 최근의 IT 서비스 추세를 포함하여 내용을 제시
- 서비스 전이: 프로세스 도입에 따른 조직의 변화관리를 다루어 실용적인 측면을 강조
- 서비스 운영: 실질적인 서비스 운영 프로세스의 부분과 개념적 IT 서비스 운영모델을 제시

8.1.4.2 ESM 기술 전망

단기적으로 서비스 기반 관리 솔루션의 지침을 제공하는 표준 기반의 수명주기 지향 IT 기반구조 라이브러리(ITIL) 프레임워크를 따를 것으로 전망된다. 서비스 레벨 관리(SLM)와 네트워크 및 시스템 관리 능력을 향상시킬 수 있는 기술이 개발될 것이며, 전투원, 비즈니스 및 정보 커뮤니티 도메인 내 실시간 IT 서비스 지원을 위해 ESM 모델 거버넌스의 증진 기술도 개발될 것으로 전망된다.

중 · 장기적으로 종단 간 전투원 서비스 관리, ESM 및 보안관리 서비스의 완전한 통합, 핵심 엔터프라이즈 서비스(CES)의 자동화된 수명주기 관리, 관리가 불가능하거나 동의되지 않은 서비스들을 관리할 수 있는 서비스 기반의 관리 아키텍처 대체 등의 기술이 요구될 것으로 전망된

다. 또한 분산된 단일 관리센터의 전체 도메인 및 이익공동체(COI)를 위한 서비스의 글로벌 뷰(view), 전투원을 지원하는 전체 서비스의 QoS 통제를 위한 실시간 능력 등의 기술도 추가로 요구될 것으로 전망된다.

8.1.5 중재(Mediation)

중재(Mediation) 서비스는 정보 제공자 및 소비자 사이에서 정보 및 데이터를 처리하는 중간계층으로 배달, 번역, 변환, 융합 및 지능형 라우팅 등의 자동화 능력을 제공하는 서비스이다. 중재 기능에는 전송 및 데이터 전환 능력을 포함하며 전송은 메시지 큐잉, 배포 및 구독 기능을 포함한다. 그리고 공개된 정보가 항상 사용자의 필요에 적합한 포맷이 아니기 때문에 XSLT를 이용하며 XML 문서로 변환하는 능력과 메타데이터 저장소 내 매핑 기능을 제공한다.

현재 지휘통제, 정보, 재정, 인사, 기상, 지형, 수송, 관리, 훈련, 보안, 법률, 의료 등의 수많은 임무를 위해 다양한 이기종의 시스템을 사용하고 있기 때문에 중재를 위한 단일 표준은 고려할 수 없는 상황이며 관용, 상용, 국제 표준, 업체 표준 등 다양한 기술 표준을 채택하고 있다.

중재의 기본 능력에는 배달 보장 및 감사, 콘텐츠 변환 및 융합, 데이터 번역, B2B 지원, 엔터프라이즈 애플리케이션 통합(EAI), 비즈니스 프로세스 관리 등이 있다. 따라서 본 절에서는 그 동안 학계에 발표되었던 중재 기술 중에서 그리드 데이터 중재 서비스(GDMS: Grid Data Mediation Service), 분산 데이터 중재 서비스(DDMS: Data Distributed Mediation System), 그리고 글로벌 통신 미들웨어인 트리플 공간 컴퓨팅(TSC: Triple Space Computing) 중재 서비스에 대한 개념 및 아키텍처를 소개한 후, 군의 중재 및 상호운용성 문제를 해결하기 위해 실제로 군에 적용했던 사례인 동적 운영 객체 등록 서비스(DOORS: Dynamic Operational Object Registration Service)에 대해 설명한다.

8.1.5.1 그리드 데이터 중재 서비스(GDMS)

8.1.5.1.1 GDMS 개념

그리드 데이터 중재 서비스(GDMS)는 애플리케이션의 복잡성으로 인해 중복 수행되는 것을 방지하기 위해 그리드상에서 각각의 애플리케이션들이 직접 데이터베이스를 연결하여 연합 문제를 해결할 수 있도록 연합데이터 자원을 지원하는 서비스이다. 이러한 GDMS 서비스의 개념이 그림 8-7에 나타나 있다. 이 그림에서 중앙에 있는 컴포넌트가 GDMS 서비스의 기능을 수행하는 중재자이며 관계형 데이터베이스(RDB)와 XML 데이터베이스에 연결되어 있고 응집력이 강한 하나의 데이터 저장소를 갖고 있다. 서비스 데이터 요소(SDE: Service Data Element)와 Perform 포

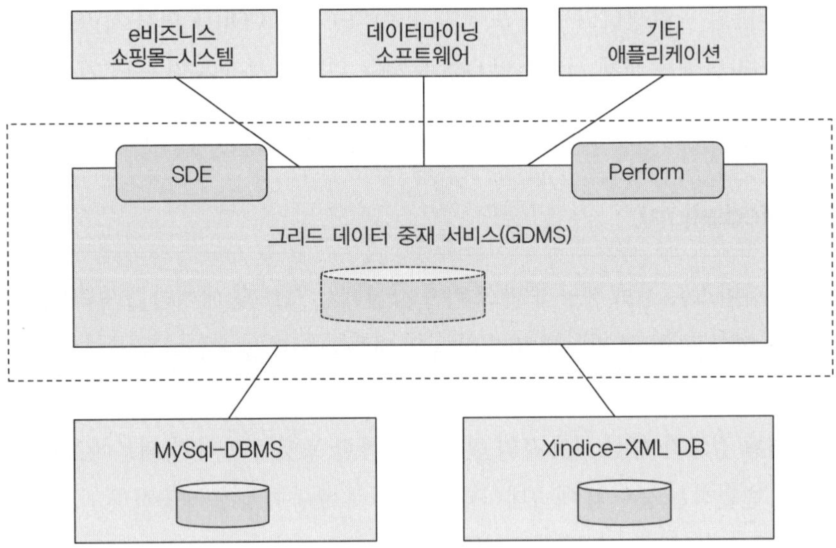

그림 8-7 그리드 데이터 중재 서비스(GDMS)의 개념

트를 이용하여, 애플리케이션들은 중재 서비스의 특징(메타데이터), 상태 정보, 그리고 데이터베이스의 데이터 등에 대해 질의할 수 있다.

8.1.5.1.2 GDMS 아키텍처

GDMS의 아키텍처는 그림 8-8과 같다. 그림의 좌측은 개방형 그리드 서비스 기반구조(OGSA)의 데이터베이스 접속 및 통합(DAI: Database Access and Integration) release 2 프로토타입의 간단한 기능 구조로서, 그리드 데이터 서비스 레지스트리(GDSR: Grid Data Service Registry), 그리드 데이터 서비스 팩토리(GDSF: Grid Data Service Factory), 그리고 그리드 데이터 서비스(GDS: Grid Data Service)의 3가지 그리드 서비스를 제공한다. 그림의 우측은 통합 중재 컴포넌트의 구성도이다. 서로 다른 데이터 소스들을 통합하기 위해서는 데이터 소스들에 대한 중재 기능이 필요한데, 이때 GDMS는 가상 데이터 소스와 참여 데이터 소스 간 매핑 정보가 정의된 매핑 스키마를 이용한다.

그림 8-8의 좌측에 도시된 OGSI-DAI 컴포넌트들의 세부 기능을 설명하면 다음과 같다.

- 그리드 데이터 서비스 레지스트리(GDSR) GDSR은 OGSA-DAI 서비스를 위한 디렉토리 기능을 제공한다. 즉 OGSA-DAI 서비스는 GDSR을 이용하여 등록된다. 클라이언트들은 GDSR을 탐색하여 요구사항에 일치하는 서비스를 찾으며, GDSR은 찾은 서비스를 클라이언트에 반환한다.

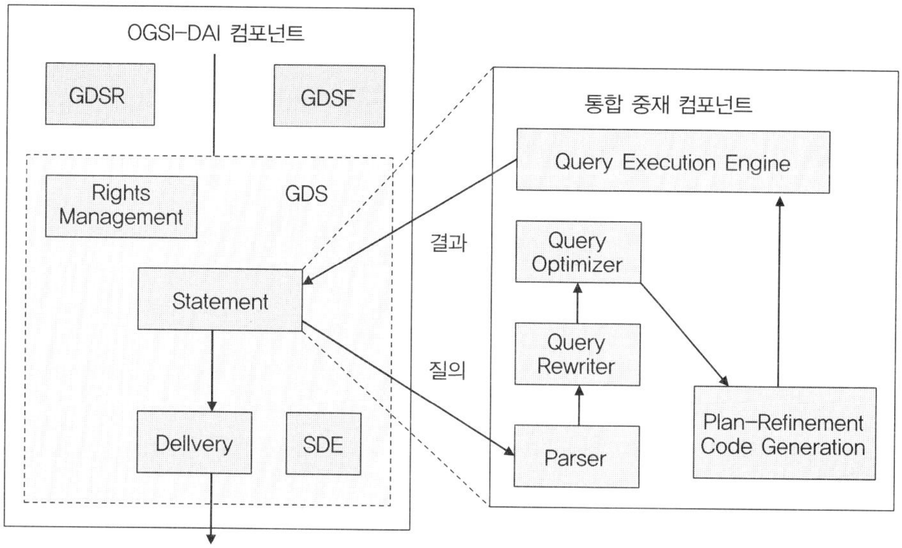

그림 8-8 그리드 데이터 중재 서비스(GDMS)의 아키텍처

- 그리드 데이터 서비스 팩토리(GDSF)　GDSF는 서비스의 생성 기능을 제공하며 특정 데이터 자원에 접근할 수 있는 그리드 데이터 서비스(GDS)를 생성한다. 클라이언트는 특정 데이터 자원을 제공하는 GDS 생성을 GDSF에 요청하며 GDSF는 그리드 서비스 컨테이너가 생성되면 GDS를 생성한다.
- 그리드 데이터 서비스(GDS)　GDS는 OGSA-DAI 서비스로서 문서-지향 모델을 이용하여 데이터 자원에 접속할 수 있는 기능을 제공한다. 클라이언트는 GDS-수행 문서라 불리는 XML 문서 형태의 데이터 검색 및 갱신 요청을 제출한다. GDS는 요청을 수행하고 요청 결과를 담은 XML 문서를 반환한다. GDS는 GDSF와 GDSR과는 다르게 일시적인 서비스이지만 클라이언트는 필요 시 GDS의 수명을 연장할 수 있다.
- Rights Management　가상조직(VO)의 개념을 지원한다. 각 가상조직에 대해 데이터 소스에 접근할 수 있는 권한을 규정할 수 있다.
- 서비스 데이터 요소(SDE)　GDS 내에 있는 서비스 데이터 요소(SDE)를 이용하여 서비스 인스턴스의 메타데이터가 제공된다. 이 메타데이터는 데이터 자원에 대한 논리적 정보뿐만 아니라 물리적 정보도 포함하고 있다.

그림 8-8의 우측에 도시된 통합 중재 컴포넌트의 세부 기능을 설명하면 다음과 같다.

- 파서(Parser)　첫 번째 단계에서 질의는 후반 단계 시 쉽게 프로세싱될 수 있도록 해석되고 내

부 표현(예: 질의 그래프)으로 변환된다.

- 질의 재작성기(Query rewriter) 질의는 시스템의 물리적 상태에 상관없이 최적화가 수행되도록 변환된다. 매핑 스키마나 GDSF에 저장된 논리적 스키마를 이용하여 중재를 수행한다.
- 질의 최적화기(Query Optimizer) 시스템의 물리적 상태를 고려하여 최적화를 수행한다.
- 계획 정제기(Plan Refinement)/코드 발생기(Code Generation) 질의 최적화기에서 만들어진 계획을 실행 가능한 계획으로 변환한다.
- 질의 실행엔진(Query Execution Engine) 반복 모델을 기반으로 모든 운영자에게 포괄적인 구현방법을 제공한다. 반복 모델에서 운영자는 반복자로서 구현되며 모든 반복자들은 동일한 인터페이스를 갖는다. 그 결과, 2개의 반복자는 계획의 소비자 및 제공자로서 함께 접속되며, 이에 따라 어떠한 계획도 실행될 수 있다.

8.1.5.2 분산 데이터 중재 서비스(DDMS)

8.1.5.2.1 DDMS 개념

분산 데이터 중재 서비스(DDMS)는 가장 기본이 되는 물리적 데이터 소스들을 감추는 반면 사용자 글로벌 뷰와 통합 데이터 스키마를 제공함으로써 분산 데이터 소스들을 가상화시켜 효율적인 중재 기능을 수행하는 서비스이다. 이 서비스는 글로벌 스키마와 관련된 질의를 로컬 질의로 번역하고, 물리적 데이터 소스들의 접근을 관리하며, 글로벌 스키마에 따라 로컬 질의로부터 나온 결과들을 통합하는 접근법을 이용하고 있다. 또한 이 서비스는 개별 사용자나 또는 사용자 그룹의 니즈에 맞게 반복적으로 구성하는데, 그 이유는 클라이언트 애플리케이션을 물리적 데이터 소스로부터 느슨하게 연결시켜 복잡성은 줄이고 유지보수성은 향상시키기 위해서이다.

DDMS는 복잡한 데이터 통합 시나리오를 최적화시키기 위해 분산 질의 실행 엔진을 고려하고 있는데, 이 방법은 가상 데이터 소스뿐만 아니라 물리적 데이터 소스를 포함한 분산 데이터 소스에 대해 병렬 및 분산 프로세싱을 지원하기 때문에 끊김이 없는 데이터 중재 능력을 제공해 주는 이점이 있다.

8.1.5.2.2 DDMS 아키텍처

DDMS 아키텍처는 그림 8-9와 같이 개방형 소스 프레임워크인 아파치와 톰캣 기반의 서비스 호스팅 환경에 배치된 데이터 중재 엔진과 분산 질의 프로세싱 엔진, 그리고 데이터 서비스 배치 시 추가로 구성되는 로깅, 보안, 모니터링 등의 서비스 컴포넌트들로 구성된다.

DDMS 아키텍처의 구성요소들을 살펴보면, 먼저 분산 질의 프로세싱을 위해 아파치나 톰캣 웹 서버와 같은 호스트들이 설치되며 통합될 데이터 소스들은 분리된 원격 호스트 상에 위치한

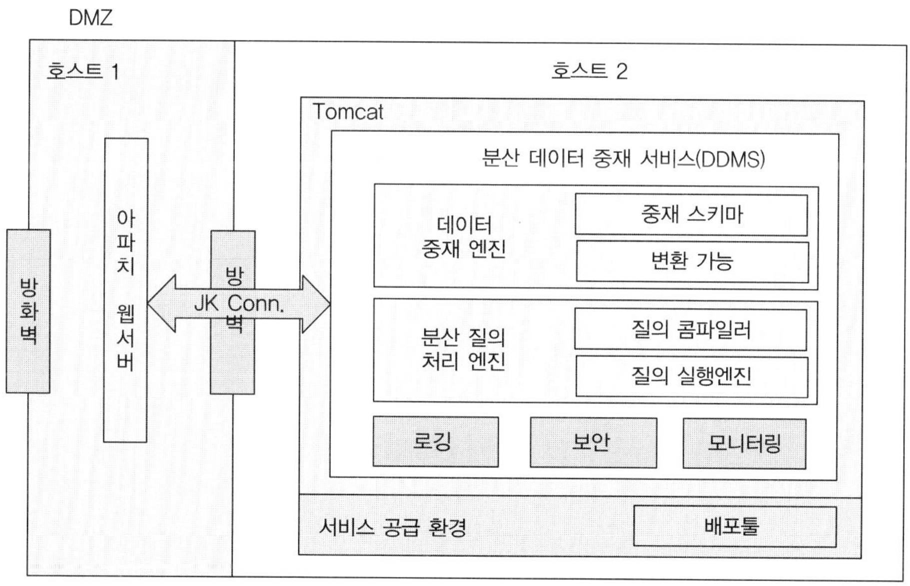

그림 8-9 분산 데이터 중재 서비스(DDMS)의 아키텍처

다. 클라이언트 애플리케이션에서 데이터 서비스에 쉽게 접근하기 위해 DDMS는 서비스 발견 메커니즘을 지원하는 고수준의 클라이언트 API를 제공한다. 배치툴은 그래픽 사용자 인터페이스(GUI)를 경유하여 호스팅 환경 하에서 데이터 서비스의 구성 및 배치를 자동화할 때 사용된다. 데이터 서비스 배치 시, DDMS는 데이터 스트리밍, 모니터링 및 로깅 메커니즘을 제공하는 서비스 컴포넌트들로 추가되어 구성된다. 다음은 DDMS의 각 구성요소에 대한 세부 기능에 대한 설명이다.

- DDMS　DDMS는 통합 글로벌 스키마와 다중 데이터 소스를 제공하는 가상 데이터 소스를 구축한다. DDMS는 또한 가상 데이터 소스를 알리고 질의하기 위해 내부적으로 OGSA-DAI를 이용하며 데이터 중재 엔진과 분산 질의 프로세싱 엔진을 그 기반으로 한다. 배치 프로세스가 수행되는 동안, 가상 데이터 소스의 글로벌 스키마와 로컬 데이터 소스의 통합을 규정한 중재 스키마가 제공되어야 하며, 분산 질의 프로세서는 질의 실행을 위해 사용되는 평가 서비스들로 구성된다.
- 데이터 중재 엔진　데이터 중재 엔진은 그리드 데이터 중재 서비스(GDMS) 엔진을 개선하고 발전시킨 엔진으로서 질의를 실행 가능한 질의로 번역하는 역할을 수행한다. 데이터 소스 통합은 글로벌 스키마와 매핑 규칙(예: Join, Union, Select 등)으로 구성된 중재 스키마를 경유하여 정의되며, 중재 스키마는 XML과 변환 기능으로 정의된다.

- **분산 질의 프로세싱 엔진** DDMS는 분산 질의를 실행하기 위해 OGSA의 분산 질의 프로세싱(DQP)을 이용한다. DQP 서비스 프레임워크는 그리드 분산 질의 서비스(조정자)와 질의 평가 서비스(평가자)를 포함한다. 질의 실행 엔진을 포함하고 있는 조정자 서비스는 클라이언트에 질의 인터페이스를 제공하며, 일반적으로 원격 호스트에 배치되어 있는 평가자 서비스는 질의를 해석하기 위해 질의 컴파일러를 이용하며, 질의를 OGSA-DQP 질의 계획으로 번역하는 역할을 수행한다.

8.1.5.3 트리플 공간 컴퓨팅(TSC) 중재 서비스

8.1.5.3.1 TSC 중재 서비스 개념

트리플 공간 컴퓨팅(TSC)에서의 중재 프로세스는 요청자의 RDF 스키마에서 대상자의 RDF 스키마까지 통신 중에 필요한 규격과 매핑 규칙들의 프로세싱을 포함한다. 여기서 매핑 규칙은 서로 다른 특정 RDF 인스턴스들 간의 연결방법을 정의한 것이다.

RDF 스키마 레벨에서의 TSC 중재 개념이 그림 8-10에 나타나 있다. 이 그림은 한 부서의 참여자가 다른 부서의 참여자와 트리플 공간상에서 통신하는 실제 시나리오를 보여주고 있다.

> **트리플 공간 컴퓨팅(TSC: Triple Space Computing)**
>
> TSC는 기존의 튜플(Tuple) 공간 컴퓨팅을 확장한 개념으로서 메시지 기반 통신의 결함을 극복하기 위해 웹 디자인 원칙을 따르면서 호환성을 추가시킨 시멘틱 웹 서비스를 위한 통신 패러다임이다.

그림 8-10의 좌측 상단에 있는 전송자는 오직 자기 부서의 온톨로지(소스 스키마 1)를 기반으로 메시지를 만들어 전송하며, 우측 상단의 수신자도 자기 부서의 온톨로지(타겟 스키마 2)를 기반으로 수신된 메시지를 이해할 뿐이다. 그러나 이러한 방식은 통신 간 충돌을 유발시킬 수 있기 때문에, 전송자의 데이터를 수신자가 사용할 수 있도록 변환시켜 주는 데이터 중재가 트리플 공간상에서 필요하다. 그림에서 보면, 중재 프로세스는 각각의 RDF 스키마 쌍을 위해 설계 시 만들어지는 매핑 규칙을 이용하여 하나의 RDF 스키마의 인스턴스와 또 다른 RDF 스키마의 인스턴스 간을 매핑시킨다. 이러한 중재 프로세스는 중재 규칙에 따라 그림 중앙에 위치한 TSC 중재 엔진에 의해 참여자 간 통신 중에 실행된다.

8.1.5.3.2 TSC 중재 엔진의 아키텍처

트리플 공간 커널(TS Kernel) 내에 위치한 TSC 중재 엔진의 아키텍처가 그림 8-11에 나타나 있으며, 각 컴포넌트의 기능은 다음과 같다. 여기서 TSC 중재 엔진은 사용자가 중재 관리 인터페이

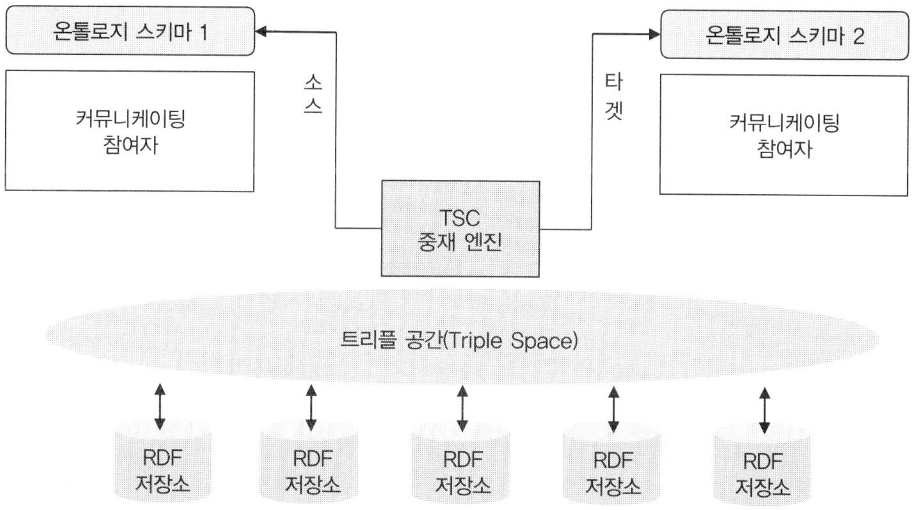

그림 8-10 트리플 공간 컴퓨팅(TSC) 중재 개념

스를 통해 중재 매핑 규칙을 추가할 때 동작을 시작한다.

- **중재 관리 인터페이스** 참여자와 중재 관리자 간의 상호작용을 위해 사용자 인터페이스를 이용해 중재 엔진을 결합시키는 역할을 한다. 상호작용에는 템플릿 매칭 이전에 중재 엔진 동작 및 중지, 매핑 규칙의 추가, 대체 및 제거 등이 있다.
- **중재 관리자** 중재 엔진 내 위치하며, 트리플 공간상에서 매핑 규칙을 수신하여 이를 번호순으로 나열하고, 매핑 규칙을 추가, 대체, 제거하는 역할도 함께 수행한다.
- **시스템 인터페이스** 중재 매핑 규칙을 이용한 RDF의 자원 발견을 위해 중재 엔진과 운영 계층 간의 통신을 담당한다. 참고로 TSC 참여자가 트리플 공간상에서 무엇인가를 탐색하고자 할 때, 운영 계층은 참여자가 요구한 RDF 트리플에 관한 정보를 포함한 템플릿을 생성하여 이를 중재 엔진의 시스템 인터페이스로 내보낸다.
- **템플릿 파서** 운영 계층의 템플릿 핸들러에 의해 제공된 템플릿을 수신하고, 이를 RDF 자원 클래스나 특징 등으로 해석해서 중재 매퍼(Mapper)로 내보내는 역할을 한다.
- **규칙 생성기(또는 표현 생성기)** RDF 트리플 집합을 추출하고, 이를 매핑 표현으로 재조정해서 중재 매퍼(Mapper)로 내보내는 역할을 한다.
- **중재 매퍼(Mapper)** 중재 엔진의 핵심 컴포넌트로서, 운영 계층에서 제공된 템플릿의 모든 RDF 자원들을 대상으로 일치하는 RDF 자원들을 발견하기 위해 매핑 규칙을 처리한다.
- **템플릿 생성기** 중재 매퍼로부터 일치하는 RDF 자원들을 수신하고 질의 엔진이 트리플 공간

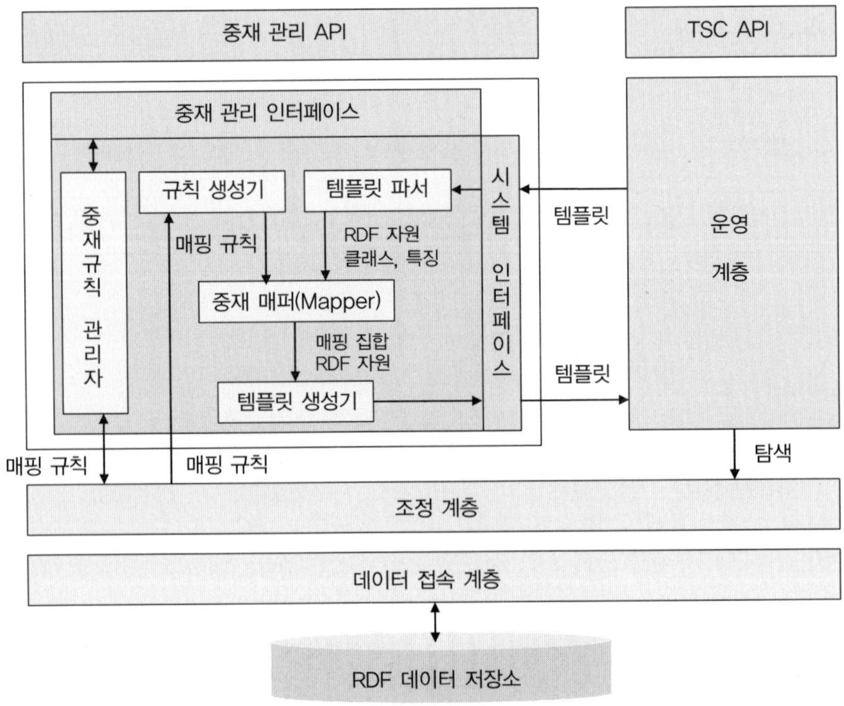

그림 8-11 트리플 공간 컴퓨팅(TSC) 중재 엔진의 아키텍처

에서 탐색할 수 있도록 다중 템플릿을 생성하여 운영 계층으로 내보내는 역할을 한다.

8.1.5.4 동적 운영 객체 등록 서비스(DOORS) 시스템

8.1.5.4.1 DOORS 시스템의 개념

동적 운영 객체 등록 서비스(DOORS) 시스템은 다음과 같은 3가지의 운영절차로 구분되어 제공되는 중재 서비스를 통해 군의 상호운용성 문제를 해결하는 시스템이다.

- 지휘통제(C2) 및 C4I 시스템에 적합한 객체(Objects)를 공통 표현과 관련된 표준에 근거하여 "상호운영이 가능한 정보"로 번역한다.
- 합동 및 연합기동부대의 효율적인 작전을 지원하기 위해 "상호운용이 가능한 정보"를 지휘관의 정보교환 요구사항이 반영된 등록-발간-구독 매타포어(Metaphor)에 따라 교환한다.
- 교환된 DOORS 정보를 기동부대 중심의 작전망에서 신뢰성 있게 배달하고 근 실시간으로 배포한다.

DOORS 프로그램은 NCES의 기반구조로서의 기능을 담당한다. DOORS에 참여하는 시스템에는 전투원 C4ISR, C3I, C2, M&S 시스템 또는 기타 관련 시스템들이 있는데, 이런 시스템들은 DOORS에 참여하고 있는 다른 시스템들과의 정보교환을 위해 자신의 정보를 등록해야 한다. DOORS는 다음과 같은 3가지 상황을 이용하여 DOORS의 핵심 엔터프라이즈 서비스에 연결된 참여 시스템들 간의 정보 교환 기능을 제공한다.

- 참여 시스템들 간 중재 기능이나 중개 계층(Brokering Layer)을 제공
- 한 시스템에 특정한 전투원 객체들의 집합을 공통 도메인 지식 표현이나 온톨로지로 번역
- 참여 시스템들의 원래 포맷으로 직접 번역

DOORS는 기동부대 환경에서 운용 중인 각각의 C2 시스템들을 이용하여 사용자들 사이에 공유되는 정보에 대한 맞춤식 뷰를 제공하는데, 이 뷰에서 기동부대 지휘관들에게 제공할 수 있는 기능에는 작전 중에 사용할 수 있는 편리한 보고 기능, 시각화 기능 등 여러 기능들을 포함하고 있다. 또한 DOORS의 핵심 엔터프라이즈 서비스는 네트워크 내에서 상호운용이 가능한 정보를 참여 시스템들에게 확실히 배달하기 위해 기존의 배포 및 복제 메커니즘을 활용하고 있다. 이러한 DOORS의 핵심 엔터프라이즈 서비스를 지원하기 위해 필요한 3가지 기술은 다음과 같다.

- XML 기반 C2/C4I 어휘 또는 공통 온톨로지 구성 기술
- 시멘틱 매핑 기법을 이용한 C2 시스템들 간의 메타데이터 기반 온톨로지 번역 기술
- 상호운용성, 확장성, 배포를 위한 하이브리드 Peer-to-Peer 객체 교환 모델이나 웹 서비스 등의 분산 정보 아키텍처 활용 기술

C2/C4I 시스템들은 다양한 종류의 운용 객체들을 생산하는 제공자이자 사용하는 소비자이며, 자기 자신의 내부 데이터 구조에 아주 적절하게 부합되도록 객체들을 등록하고 생산하며 구독하는 시스템들이다. DOORS는 다양한 객체 포맷이나 표준뿐만 아니라 각기 독립된 시스템들의 특정 표현들 간에도 객체 교환을 할 수 있도록 시멘틱 매핑 기법을 채택하고 있기 때문에 다양한 목적이나 다양한 표준에 의해 만들어진 시스템들 간에도 데이터 중재 서비스를 제공할 수 있다. 예컨대 작전용 C2 시스템들은 모델링 및 시뮬레이션 시스템에 의해 구동될 수 있으며, 하나의 시스템에 의해 제공된 합동 가변메시지 포맷(JVMF: Joint Variable Message Format) 메시지는 군사지도의 기호표시 표준인 MIL-STD-2525로 번역될 수 있다.

8.1.5.4.2 DOORS 아키텍처

DOORS 시스템 아키텍처는 그림 8-12와 같이 GIG 네트워크상에 존재하는 DOORS 웹 서비스에서 DOORS 인터페이스를 경유해 참여 시스템들 간의 정보 교환을 지원하는 구조로 되어 있다.

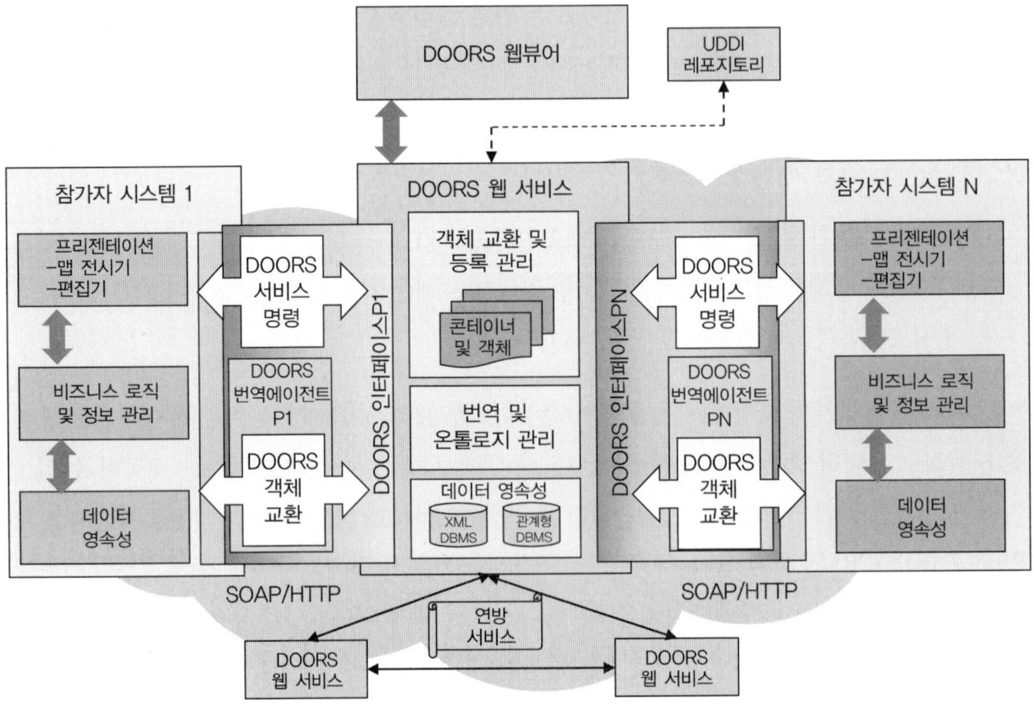

그림 8-12 DOORS 시스템 아키텍처

이를 위해 DOORS 웹 서비스는 객체 교환 및 등록 관리 컴포넌트, 번역 및 온톨로지 관리 컴포넌트, 그리고 객체 데이터를 저장하고 관리하는 XML 및 관계형 DBMS로 구성된다. 또한 참여 시스템들 간의 정보 교환을 위해 제공된 객체들의 동기화 및 복제를 활용하기 위해 다른 서비스들과 연합되며 웹 뷰어도 제공한다.

DOORS는 NCES를 위해 고안되었으며, 그림 8-13과 같이 기술적 토대로 웹 서비스를 포함하고 있다. DOORS는 웹 서비스 정의어(WSDL)로 기술된 단순 객체 접근 프로토콜(SOAP) 인터페이스를 이용하여 선마이크로시스템의 Java/J2EE 아키텍처상에 구축되고, 핵심 엔터프라이즈 서비스는 UDDI 저장소를 통해 GIG상에 공지된다.

그림 8-12에 나타나 있는 DOORS 아키텍처 컴포넌트 세부 기능을 참가자 시스템(1~N), 인터페이스(1~N), 웹 서비스, 그리고 웹 뷰어 순으로 설명하면 다음과 같다.

참가자 시스템(1~N)

참가자 시스템 각각은 프리젠테이션(맵 전시, 편집, 보고서 생성), 비즈니스 로직 및 정보 관리(n-티어 애플리케이션, 공통, 지원 서비스), 그리고 영속성을 갖는 데이터(데이터베이스, 파일시스

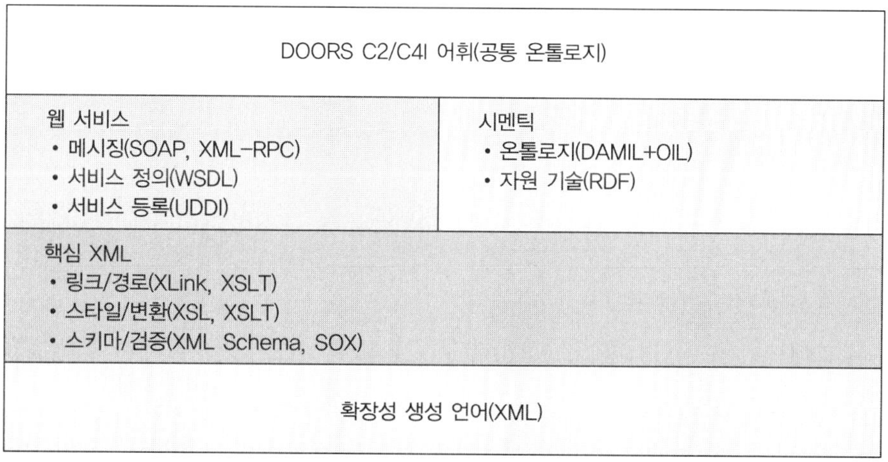

그림 8-13 DOORS의 XML 기반 기술적 토대

템)로 구성된 아키텍처 계층을 갖고 있다. 참가자 시스템들은 인터페이스 역할을 담당하는 DOORS 클라이언트 에이전트를 생성하고, 시멘틱 매핑 기술을 이용하여 스키마 번역을 제공하는 DOORS 번역 에이전트를 이용하여 참여 시스템의 지식 표현과 DOORS의 공통 온톨로지 또는 C2/C4I 어휘 간 번역을 수행한다.

DOORS 인터페이스(1~N)

DOORS는 각각의 참가자 시스템(1-N)에 대해 다음의 2가지로 구성된 SOAP/XML 인터페이스를 제안한다.

- DOORS 서비스 명령　모든 DOORS 클라이언트 에이전트에 공통인 등록, 공지, 제어, 그리고 기타 시스템 수준의 명령이다.
- DOORS 객체 교환　시스템 특정 DOORS 번역 에이전트가 규정한 속성 및 메소드를 포함한 운영 객체 정보를 교환한다.

DOORS 웹 서비스(Web Service)

DOORS 웹 서비스는 다음과 같은 주요 서브시스템으로 구성된다.

- 객체 교환 및 등록 관리　참가자 시스템이 관리하는 DOORS 클라이언트 에이전트와의 통신을 제어하기 위해 DOORS 서비스 명령과 DOORS 객체 교환을 발행하여 등록, 발간 및 구독 메커니즘을 관리하는 서브시스템이다.
- 번역 및 온톨로지 관리　C2/C4I 어휘를 대표하는 공통 온톨로지 스키마를 정의하고 참가자 시

스템들과 공통 온톨로지 간 시멘틱 매핑을 수행하는 서브시스템이다. 또한 이 서브시스템은 내부 객체 및 SOAP/XML 인터페이스를 포함하고 있는 DOORS 번역 에이전트를 생성하고 검증하는 기능을 수행한다.

- 영속성 데이터 공유 DOORS 객체들의 비동기 저장뿐만 아니라 DOORS 웹 서비스 관리 정보 및 공통 온톨로지 스키마를 영속적으로 저장하는 XML 및 관계형 데이터베이스 시스템이다.

DOORS 웹 뷰어(Web Viewer)

DOORS는 그래픽 사용자 인터페이스(GUI)로 구성된 웹 뷰어를 제공하여 세션 관리(등록, 발간, 구독), 행정 관리, 시멘틱 매핑 및 번역 툴을 지원한다. DOORS 웹 서비스와 SOAP/XML 인터페이스, 지원 GUI, 그리고 사용자 인증 및 접속제어를 위한 보안 모델은 BEA 시스템의 WebLogic 플랫폼상에 설치되어 있다.

8.1.6 메시징(Messaging)

메시징(Messaging)은 NCES의 핵심 서비스 중 하나로서 협업, 중재 및 발견 서비스를 위해 언제 어디서나 정보에 대한 논리적인 접속을 제공하고 고정된 기반구조를 이용하는 다양한 사용자와 관련된 서비스이다.

메시징의 기본 능력은 브라우저 기반 이메일, 인스턴트 메시징, 경량 무선 지원, 통합팩스, 오디오 및 비디오 서비스, 상호운용 가능한 글로벌 통신 등이 있다. 따라서 본 절에서는 메시징 기술을 이용한 인스턴트 메시징 시스템(IMS)과 통합메시징 시스템(IMS)에 대해 설명한 후, 메시징 기술을 군에 적용한 미 육군의 BVTC(BVTC: Battlefield Video Teleconferencing), 합동 임무계획 및 리허설 시스템(JEMPERS: Joint Enroute Mission Planning and Rehearsal System), 보안통신 개선 패키지(SECOMP-I), 그리고 비동기 자바스크립트 및 XML(Ajax: Asynchronous JavaScript and XML) 사례에 대해 소개한다.

8.1.6.1 인스턴트 메시징 시스템(IMS)

8.1.6.1.1 IMS 개념 및 특징

인스턴트 메시징 시스템(IMS)은 미국의 AOL에 의해 1997년 처음 시작된 이후 이용자들의 인기를 얻으면서 단순히 텍스트를 주고받던 초기 인스턴트 메시징 서비스에서 점차 파일 전송, 화상회의, 인터넷 폰, 뉴스, 음악 등 각종 인터넷 콘텐츠를 제공하는 기능을 추가하면서 영역을 늘려가고 있다. 또한 1대1 대화, 채팅, 동호회 구성 등 사이버 공간 내에서의 쌍방향 커뮤니케이션을 실현하고 온라인상의 사용자들이 즉각적으로 메시지를 주고받을 수 있으며 상대방의 온라인 상태 정보를 알려주는 기능을 포함하고 있다.

인스턴트 메시징 시스템(IMS)의 특징은 다음과 같이 크게 4가지로 분류된다.

- 메시징 인스턴트 메시징의 가장 기본적인 기능으로서 인스턴트 메시징을 송・수신할 수 있고, 수신자가 로그인되어 있지 않을 경우 메시지를 일시 저장하여 로그인 시 다시 전송할 수 있다.
- 온라인 프리젠스 인식 다른 이용자들이 어떤 상태를 계속 모니터링할 수 있도록 하며, 이를 통해 인스턴트 메신저 이용자들은 커뮤니티를 형성할 수 있고 통신의 즉시성을 보장받을 수 있다. 여기서 프리젠스(Presence) 정보란 이용자의 통신 상태, 즉 어떤 이용자가 온라인 상태인지 또는 오프라인 상태인지 그리고 미디어 종류는 어떤 것인지 등의 정보를 말한다.
- 가용 사용자 명단 인스턴트 메신저 네트워크에서 자신이 포함된 커뮤니티 그룹을 말하는데, 이 그룹은 버디 리스트(Buddy List)로 구체화되며 그룹 내 사용자에 대한 신상 파악이 가능하다.
- 협업 인스턴트 메신저는 협업 툴로 이용되며 실시간 컨퍼런싱을 가능하게 하는 화이트보드 기능과 공동 브라우징 기능을 제공한다.

8.1.6.1.2 IMS 기술 분류

인스턴트 메시징 시스템(IMS)의 기술 분류는 개발업체마다 그 기능이 조금씩 차이가 있지만 대부분 장치 기반 시스템에서 네트워크 기반 시스템으로 변화되고 있는 추세이다. 이러한 변화는 사용자의 편의성 때문으로 네트워크 기반 시스템의 경우에는 사용자가 장소에 구애받지 않고 어느 곳에서나 인스턴트 메시징을 이용할 수 있기 때문이다. 인스턴트 메시징 시스템의 기술은 저장방식, 접속형태, 구성범위 그리고 유・무선 여부에 따라 다음과 같이 분류된다.

- 저장방식
  - **장치 기반 시스템:** 초기 인스턴트 메시징의 형태로서 사용자의 모든 정보가 클라이언트에 전부 저장되는 방식이다. 이 저장방식은 정보 수정 시 불편한 단점이 있다.
  - **네트워크 기반 시스템:** 현재의 인스턴트 메시징의 형태로서 사용자의 모든 정보가 서버에 전부 저장되는 방식이다. 이 저장방식은 장치 기반 시스템에 비해 정보 수정이 용이하다.
- 접속유형
  - **중앙집중형 네트워크:** 이전의 MSN 메신저의 유형으로서 인스턴트 메시징 서버를 통해 통신하는 접속유형이다.
  - **P2P 연결:** ICQ 메신저의 유형으로서 중앙 서버가 온라인 상태의 사용자 정보를 제공하며 인

스턴트 메시징 클라이언트 간에는 직접 통신이 가능한 접속유형이다. 이 접속유형은 대용량 파일의 고속 전송이 가능하다.

- **중앙집중형 네트워크 + P2P 연결:** AOL 인스턴트 메신저와 윈도우 메신저의 유형으로서 텍스트 메시지를 전달 시 중앙집중형 네트워크 접속유형을 이용하고 파일, 그림, 음성 메시지를 전달 시 P2P 연결 접속유형을 이용한다.

• 구성범위
  - **인터넷 기반 시스템:** 인터넷을 통해 메시지를 전달하는 방식이다.
  - **인트라넷 기반 시스템:** 인트라넷을 통해 메시지를 전달하는 방식이다.

• 유 · 무선 여부
  - **모바일 메시징:** 이동성을 부가적으로 갖춘 애플리케이션과 유 · 무선 애플리케이션의 대표적인 모델이다. 대표적인 예로는 SMS, EMS, MMS 등이 있다.
    - **단문 메시징 서비스(SMS)** 모바일 장치 등을 이용하여 간단한 문자 메시지를 전송할 수 있는 무선데이터 서비스이다.
    - **확장 메시징 서비스(EMS)** 기존 네트워크의 모바일 장치에서 사용할 수 있도록 SMS를 애플리케이션 레벨로 확장시킨 SMS와 MMS의 중간에 위치한 기술이다. 이탤릭과 굵은 글씨체와 같은 특수 형태의 텍스트 포맷, 동영상, 그림, 아이콘, 음성 효과, 전화벨 소리 등을 주고받을 수 있는 서비스이다.
    - **멀티미디어 메시징 서비스(MMS)** 모바일 네트워크를 이용하여 그림, 동영상, 문자, 음악 등의 개별적 콘텐츠를 다양한 서비스 성격에 맞는 새로운 리치 멀티미디어 메시지로 구성하여 서로의 모바일 장치, 메일 또는 온라인 앨범을 비롯한 다양한 형태의 부가서비스로 전달하는 유무선 연동 3G 멀티미디어 메시징 서비스이다.

8.1.6.1.3 IMS 기술의 표준화 동향

인스턴트 메시징 시스템(IMS) 기술의 표준화 동향으로 국제 표준인 인스턴트 메시징 및 프리젠스 프로토콜(IMPP), 인스턴트 메시징 및 프리젠스 확장을 위한 세션 초기화 프로토콜(SIMPLE), 프리젠스 및 인스턴트 메시징(PRIM), 애플리케이션 교환(APEX)과 업계 표준인 Wireless Village, Jabber 등이 있다.

• **인스턴트 메시징 및 프리젠스 프로토콜(IMPP)** 이용자의 프리젠스(Presence) 정보를 실시간으로 제공하고 네트워크에 연결되어 있는 이용자 간에 간단한 메시지를 신속하게 주고받을 수 있는 통합 서비스 지원 통신 규약이다. 프리젠스 정보를 이용해 온라인 상태에 있는 이용자에

게 메시지를 보내는 것이 IMPP의 일반적인 유형이다.

- 인스턴트 메시징 및 프리젠스 확장을 위한 세션 초기화 프로토콜(SIMPLE) 세션 초기화 프로토콜(SIP) 표준 프로토콜을 기반으로 인스턴트 메시징 및 프리젠스 프로토콜에 적합한 서비스 표준이다. SIMPLE 그룹에서 제안한 SIP 인스턴트 메시지 세션에서는 인스턴트 메시지가 서버를 거치지 않고 사용자 에이전트(UA) 간 직접 주고받을 수 있도록 정의하고 있으며, UA가 서버에 로그온 시 서버에서 IP 주소와 사용 중인 포트번호 및 현재 위치를 알려주어 특정 UA에 대한 프리젠스 정보를 클라이언트 UA에게 전송하는 기능들을 정의하고 있다. 이와 같은 방법은 상대적으로 크기가 큰 메시지를 전송할 때 생길 수 있는 병목 현상이나 서버 대기시간을 줄일 수 있다.
- 프리젠스 및 인스턴트 메시징(PRIM) IMPP 워킹그룹에서 정의한 인스턴트 메시징의 최소한의 요건을 만족하는 프로토콜 규격이다. PRIM에서 규정하고자 하는 프로토콜은 TCP상에서 작동하고 인증절차를 로그온 시에만 수행하도록 하여 오버헤드를 줄이며 침입차단시스템이 설치되어 있어도 잘 작동할 수 있는 구현된 프로토콜이다.
- 애플리케이션 교환(APEX) 인터넷 애플리케이션 통신을 위한 프로토콜과 데이터 형식을 규정한 통신 규약이다. APEX 프로토콜에 기반을 둔 애플리케이션 계층상의 텍스트 기반 인스턴트 메시징에 대한 표준도 연구 중에 있다.
- Wireless Village 에릭슨, 노키아, 모토롤라가 중심이 되어 만든 무선 인스턴트 메시징의 상호연동이 가능한 표준을 만들기 위한 그룹으로, XML, SMS, MMS뿐만 아니라 무선 애플리케이션 프로토콜(WAP), 세션 초기화 프로토콜(SIP) 등을 기반으로 한 프로토콜도 제안하였다. Wireless Village의 인스턴트 메시징 시스템에서는 각 사용자의 위치정보와 사용 중인 클라이언트 디바이스의 성능 등을 프리젠스 서비스에 포함한 것이 기존 다른 무선 인스턴트 메시징과 다른 점이다.
- Jabber 실시간 메시징을 위한 XML 기반의 데이터 모델과 프로토콜에 대한 업계 표준이다. Jabber 시스템은 개방형 소스 프로젝트로서 일반적인 메시징 시스템이 제공하는 기본적인 기능을 충실하게 지원하면서 다양한 실시간 메시징 시스템과의 통신 기능까지 제공함으로써 보다 효율적인 메시징 서비스를 개발할 수 있는 방법을 제공한다. Jabber 인스턴트 메시징 시스템은 기존의 AOL, MSN, Yahoo 등 주요 인스턴트 메시징 시스템들과 호환되고 다른 상용 인스턴트 메시징 시스템처럼 서버와 클라이언트를 두고 있어서 서버를 통해 AOL 등의 인스턴트 메시징 서비스를 받을 수 있는 형태이다.

8.1.6.2 통합메시징 시스템(UMS)

8.1.6.2.1 UMS 개념 및 특징

통합메시징 시스템(UMS)은 유 · 무선 전화와 인터넷을 막론하고 가입자의 전화, 팩스, PC 등 단말기의 종류와 시간, 장소에 관계없이 음성메일, 팩스메일, 이메일 등 다양한 종류의 메시지를 하나의 메시지 박스에서 통합 관리하고 단일 인터페이스로 주고받을 수 있게 하는 시스템이다. 즉 기존의 일반전화망, 무선전화 인터넷망 등으로 구분되던 각종 통신망을 단일망으로 통합해 사용자가 원하는 형태로 메시지를 주고받을 수 있도록 하는 최첨단 통신서비스이다.

이용자는 ID 하나만 가지지만 전화, 휴대전화, 인터넷 이메일, 팩스 등 매체에 상관없이 메시지를 주고받을 수 있다. UMS 서비스가 대중화되면 이메일 확인을 위해 PC를 켜고, 음성메시지를 받기 위해 전화기와 휴대폰을 열며, 종이로 들어오는 정보를 위해 팩스 앞에서 기다릴 필요가 없다. UMS는 일단 자신에게 온 이메일을 휴대폰을 통해 음성으로 확인한 뒤, 다시 제3자에게 팩스로 전송할 수 있다. 또 이메일 착신통보, 이메일 음성 전환, 전화를 통한 이메일 확인, 음성메시지로 이메일 송신, 팩스로 이메일 보내기 등 다양한 형태의 서비스가 가능하다.

UMS는 다양한 메시지 변환이 핵심기술로 텍스트 데이터를 팩스로 보내는 TTF(Text To Fax), 이미지 문서를 데이터로 전환하는 OCR(Optical Character Recognition), 문자를 음성으로 변환하는 TTS(Text To Speech), 음성을 인식하는 SR(Speech Recognition) 기술 등이 결합된 것으로 문자인식, 음성인식, 그리고 변환기술에 의해 서비스의 질이 좌우된다.

통합메시징 시스템(UMS)은 다음과 같이 지능망 기반 UMS와 인터넷 기반 UMS로 구분된다.

- 지능망 기반 UMS　전자메일, 음성, 팩스 등 다양한 형태의 메시지를 단말기에 구애받지 않고 주고받을 수 있는 서비스로서 접속된 단말기가 받아볼 수 있는 형태로 메시지를 변환하여 이용자에게 전달한다.
- 인터넷 기반 UMS　VoIP 기술을 기반으로 한 통합 메세징 서비스(UMS)로서 VoIP를 이용한 인터넷 망과의 유연한 연동과 대용량 음성정보의 신속한 전송 등의 특징이 있다.

미군의 통합메시징 개념은 사용자에게 유 · 무선 전화, PC 등을 이용하여 음성, 팩스, 이메일 메시지를 하나의 인터페이스를 통해 확인이 가능한 여러 통신매체가 결합된 메시지 관리 솔루션으로서 인스턴트 메시징 서비스나 멀티미디어 메시징 서비스까지 제공된다. 즉 스마트 폰이나 PDA 등으로 메시지가 도착했다는 연락을 받으면 유선전화와 마찬가지로 무선 장치를 이용하여 메시지 확인이 가능한 특징이 있다. 그리고 통합 커뮤니케이션은 기존의 통합메시징 서비스가 음성 메시지 등을 지원하는 정도에서 한층 더 나아가 여러 형태로 들어온 메시지를 수신자

편의에 맞는 메시지 형태로 변환하여 재 발송 해주는 기능까지 포함하고 있다.

8.1.6.3 메시징 기술의 군 적용사례

8.1.6.3.1 미 육군 전장 비디오 화상회의(BVTC)

미 육군에서 사용하고 있는 전장 비디오 화상회의(BVTC)는 병사들과 지휘관들이 전장에서 랩톱, 카메라, 마이크로폰 등을 이용하여 가상으로 서로 얼굴을 맞대고 의사소통을 할 수 있는 능력을 제공한다. 이 능력을 이용하여 지휘관들은 쉽고 더 효과적으로 병사들을 교육시키고 군에 필요한 핵심 정보들을 찾아내며 전장에서 근 실시간 상황인식을 가능하게 해준다.

그리고 BVTC는 전술 지휘관들에게는 효과적인 명령 하달, 분명한 지휘의도 전달, 그리고 예하 지휘관 및 핵심 참모들과 함께 협력적인 전투계획 수립 및 워게임 연습 제공을 가능하게 한다. 또한 BVTC는 예하부대와 공동작전을 가능하게 해주며, 특히 모든 장비들이 외부 충격 등에도 견딜 수 있게 서버형태로 설치되어 현재 이라크에 실전 배치되어 운영 중에 있다. 이라크에 실전 배치되어 운영 중인 BVTC의 한 예가 그림 8-14에 나타나 있다.

전장 비디오 화상회의(BVTC)의 제원은 다음과 같다.

- AN/TYQ-122(화상회의 시스템)
  - 다중 위치에서 동시 의사소통을 제공하는 2개 또는 그 이상의 유닛으로 구성된 시스템으로,

그림 8-14 미 육군 전장 비디오 화상회의(BVTC) 구축사례

그래픽, 오디오, 동영상 교환을 가능하게 한다. 이 시스템은 텔레비전 카메라, LAN 네트워킹 시스템, 관련 하드웨어로 구성되며, 이동용 또는 고정용 시스템이 있다.

- 하드웨어: GETAC 랩톱, 카메라, 50W 스피커, 헤드셋, 마이크로폰, 오디오 모니터
- 소프트웨어: Windows 2000 Professional, IE 6.0, ONWAN (Snapshot, Phonebook, Dialing, Self Viewing, Audio Volume Controlling, Status Monitoring), NetMeeting(T.120), Norton Antivirus, Adobe Acrobat

8.1.6.3.2 합동 임무계획 및 리허설 시스템(JEMPERS)

합동 임무계획 및 리허설 시스템(JEMPERS)은 음성 및 영상 통신, 프로그램 공유, 화이트보드 및 채팅, 이메일, 파일 전송(FTP), 웹 서비스, 네트워크 접속 등의 기능을 제공한다. 이 시스템은 그림 8-15와 같이 목표 지점의 함정, 수송지원 임무 항공기, 지상 작전 부대, 본토를 인공위성 등을 이용하여 직접 연결한다. JEMPERS는 다음의 2가지 요소로 구성된다.

- 장거리 SATCOM용 INMARSAT
- 모듈러 데이터시스템과 사용자 장치

8.1.6.3.3 보안통신 개선 패키지(SECOMP-I)

보안통신 개선 패키지(SECOMP-I)는 통신여단의 항공기 및 지상부대 간 위성연결을 위한 통신 패키지로서, C-130과 C-17 항공기에 탑승한 상태에서 고품질의 음성 및 데이터 통신을 통해 모

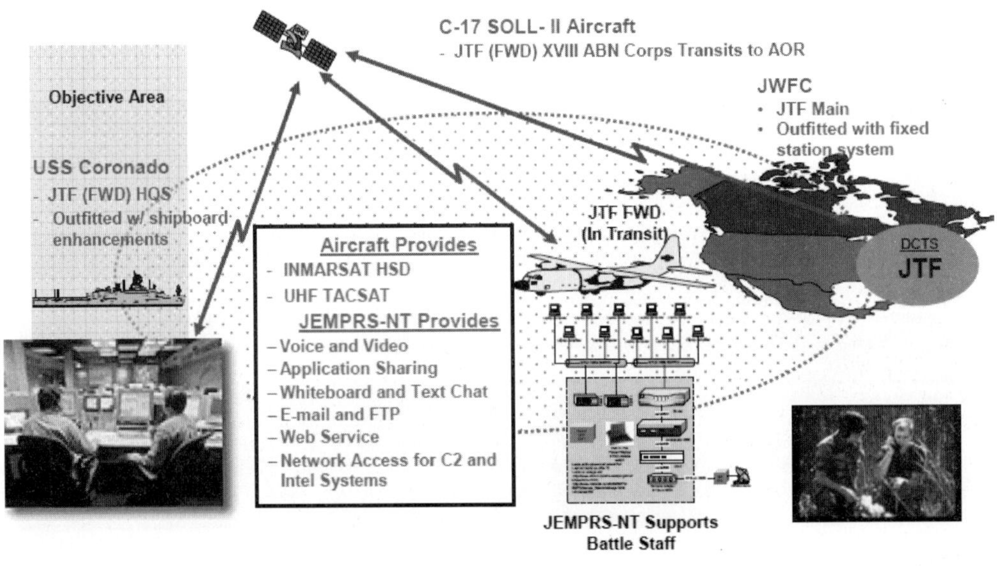

그림 8-15 합동 임무계획 및 리허설 시스템(JEMPERS) 개념도

든 작전지역과의 정보교환을 가능하게 하고 위험 상황에서도 지속적인 통신이 이루어질 수 있도록 주요 지휘관들을 지원하는 통합된 음성 · 데이터 통신시스템이다.

또한 JEMPERS의 방법과 동일한 형태로 구성되며, CTM Express 기술을 이용하고, 대략 3,000여명 정도의 동시 사용자수를 확보하여 항공기와 지상부대 간 음성, 영상, 데이터 협업 등을 지원한다. 여기서 CTM Express 기술은 사용자 인터페이스를 통한 카스토마이징이 뛰어나 NASA 운용자들이 실시간으로 전 세계 32개 NASA 및 ISS 지점들을 연동하여 협업하는데 사용되는 기술이다. C-130 항공기에 탑재된 SECOMP-I 시스템의 모습이 그림 8-16에 나타나 있다.

8.1.6.3.4 비동기 자바스크립트 및 XML(Ajax)

2005년 초부터 이라크에 파견 근무 중인 미군들은 일반적으로 많이 사용되는 MSN 메신저 등 인스턴트 메시징 소프트웨어가 지나치게 많이 차지하는 대역폭으로 인해 부대 내 컴퓨터에서 가족이나 친구들과 인스턴트 메시징 서비스로 대화를 나누는데 제한이 있었다. 그러나 미보(meebo.com)라는 회사가 웹 기반 기술을 이용해 굳이 인스턴트 메시징 소프트웨어를 다운받을 필요 없이 MSN 메신저, 야후 메신저, AOL 메신저 등을 사용할 수 있는 비동기 자바스크립트 및 XML(Ajax) 프로그램을 개발하였다.

Ajax는 사용자 요청을 즉시 처리하는 대화형 형식의 웹 응용프로그램을 만들기 위한 컴퓨터 프로그래밍 방법으로서, 웹 기반 프로그램이 마치 자신의 하드 디스크에 저장된 프로그램인 것처럼 빠르고 편리하게 사용할 수 있으며, 서버 작업량을 최소한으로 줄여 정밀한 부하 예측 및

그림 8-16 항공기에 탑재된 보안통신 개선 패키지(SECOMP-I) 시스템

로딩시간 단축 등의 특징을 가지고 있다.

8.1.7 정보보증/보안(IA/Security)

정보보증(IA)/보안(Security) 서비스는 일관성을 가지고 효과적인 보안능력을 제공하는 프레임워크이자 서비스로서, 각 군 및 정부조직의 비즈니스 및 정책 요구사항 반영 그리고 이에 따른 비용 감소 등을 만족시키기 위해서 서비스 제공자 및 서비스 사용자와 밀접한 관계를 갖고 있는 서비스이다.

정보보증(IA)/보안 서비스의 기본 능력은 신원정보 관리, 확증 및 권한 부여 등의 접속 관리, 분류 간 연결 그리고 로그인 및 감사 등이 있다. 따라서 본 절에서는 NCES 내에서 정보보증/보안 서비스의 기본 능력을 수행하기 위해 필요한 정보보증/보안 서비스의 기능 범주와 이러한 범주 내에서의 에지 애플리케이션 및 웹 서비스 제공자 간의 관계를 나타내는 논리적 보안 아키텍처에 대해 고찰한다. 그런 다음 NCES의 보안 서비스 기술 스택을 제시하고 각 스택 내 보안 서비스 기술 중에서 중요한 웹 서비스 보안(WS-Security), XML 키 관리 규격(XKMS), 보안 어설션(Assertion) 마크업 언어(SAML), 확장 접속 제어 마크업 언어(XACML)에 대한 기능과 특징에 대해 간략히 설명한다.

8.1.7.1 정보보증/보안 서비스 및 논리적 보안 아키텍처

네트워크 중심 정보교환 시 정보보증 및 보안이 매우 중요한 수단으로서 요구되기 때문에 보안 메커니즘은 반드시 GIG 범위 내에서 이해되고 구현되어야 하며 NCES의 핵심 서비스들은 보안 메커니즘을 기반으로 구현되어야 한다. 이를 위해 정보보증/보안 서비스 내에 필요한 기능 범주를 설정해야 하는데, 이에 대한 미 국방부의 정보보증/보안 서비스의 범주와 각 범주별 현 서비스 및 미래 서비스의 예가 표 8-2에 나타나 있다. 현재 제공 중인 보안 서비스의 예로는 자격 검증, 정책 결정, 정책 검색, 정책 행정, 주요 속성 서비스 등 5개의 보안 서비스가 있고, 미래 제공 예정인 보안 서비스의 예로는 검색, 등록, 정책 예약, 자원 속성, 환경 속성, 보안 문맥, 보안 로그인 및 감사 서비스 등 총 8개의 보안 서비스가 있다.

미 국방부는 정보보증/보안 서비스 범주별로 제공되는 현 서비스를 기반으로 웹 포털과 같은 에지 애플리케이션과 웹 서비스 제공자 간에는 웹 서비스 보안(WSS: WS-Security), 웹 서비스 제공자와 NCES 서비스 보안 간에는 표준 기반의 보안 정보교환 플랫폼인 XML 키 관리 규격(XKMS: XML Key Management Specification), 보안 어설션(Assertion) 마크업 언어(SAML: Security Assertion Markup Language), 확장 접속 제어 마크업 언어(XACML: eXtensible Access Control

표 8-2 미 국방부의 정보보증/보안 서비스의 예

보안 서비스 범주	현 서비스	미래 서비스
자격 관리 서비스	• 자격 검증 서비스 진단	• 검색 서비스 진단 • 등록 서비스 진단
권한 서비스	• 정책 결정 서비스 • 정책 검색 서비스 • 정책 행정 서비스	• 정책 예약 서비스
속성 서비스	• 주요 속성 서비스	• 자원 속성 서비스 • 환경 속성 서비스
보안 문맥 서비스	없음	• 보안 문맥 서비스
감사 및 로그인 서비스	없음	• 보안 로그인 서비스 • 감사 서비스

Markup Language)를 이용하도록 하였고, 이용 시에는 반드시 서명된 메시지로만 정보를 공유하거나 교환할 수 있도록 하고 있다. 이와 같은 에지 애플리케이션 및 웹 서비스 제공자 그리고 NCES 서비스 보안 간 논리적 보안 아키텍처가 그림 8-17에 도시되어 있다. 그림에서 보면, 현재 제공 중인 NCES 서비스 보안의 종류에는 자격 검증 서비스, 정책 결정 서비스, 정책 검색 서비스, 정책 행정 서비스, 주요 속성 서비스 등이 있고 XKMS, SAML-P, XACML 등의 표준 기반의 보안 정보교환 플랫폼을 이용해 서명된 메시지로 웹 서비스 제공자와 서로 정보를 주고받고 있음을 알 수 있다.

8.1.7.2 NCES 보안 서비스 기술 스택

NCES의 핵심 엔터프라이즈 서비스(CES) 구현 시 사용되는 표준 기반의 보안 서비스 기술 스택이 그림 8-18에 나타나 있다. 이 기술 스택은 NCES 보안 아키텍처, 애플리케이션 메시지 보안 컨텍스트, 메시지 보안 프레임워크, 그리고 보안 기본구조 토대와 관련된 서비스 지향 애플리케이션 계층과 공통의 네트워크 보안 접근법 및 물리적 보호와 관련된 표준 네트워킹 계층으로 구분되며, 각 기술 스택 중에서 웹 서비스 보안(WS-Security), XML 키 관리 규격(XKMS), 보안 어설션(Assertion) 마크업 언어(SAML), 그리고 확장 접속 제어 마크업 언어(XACML)에 대한 기능과 특징은 다음과 같다.

- **웹 서비스 보안(WS-Security)** 웹 서비스 보안은 산업 컨소시엄(IBM, Microsoft, Verisign 등)

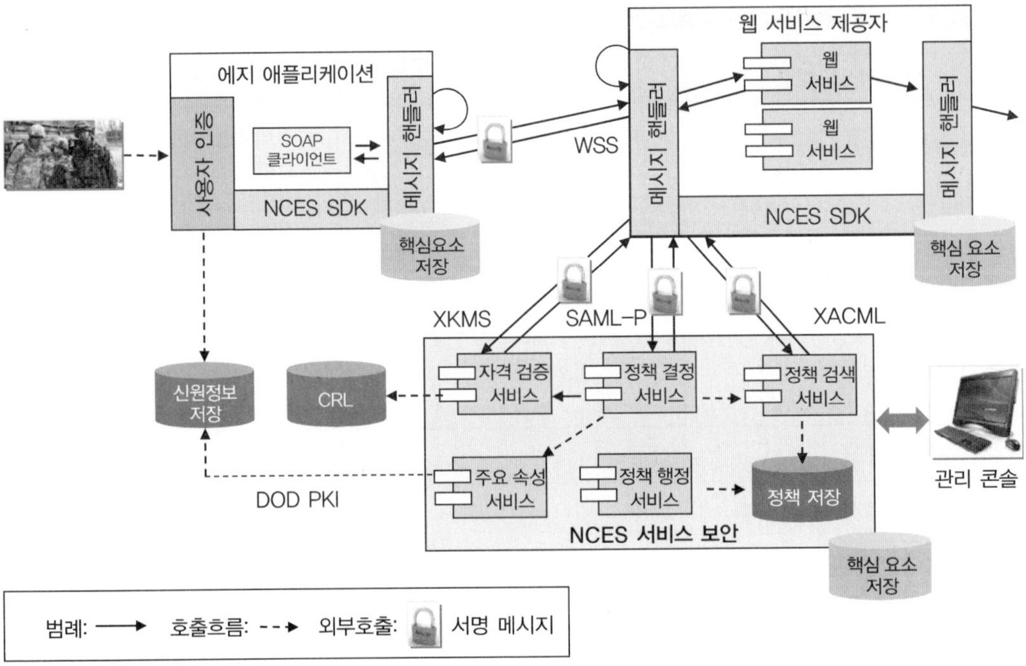

그림 8-17 NCES 내 논리적 보안 아키텍처

이 제안하고 OASIS가 승인한 합동 표준으로서 SOAP 레벨의 보안 이슈를 다루는 토대가 되며, 다음 3가지 사항이 제안되었다.

- 사용자 신원 확인 및 인증을 위해 SOAP 헤더에 보안 토큰 사용
- 메시지 통합 및 진위 여부 확인을 위해 XML-서명 표준 사용
- 메시지 비밀유지를 위해 XML-암호 사용

• XML 키 관리 규격(XKMS) 가장 근본적인 PKI 기반구조의 추상 인터페이스를 정의하기 위해 W3C에서 제안한 규격으로, 다음의 두 부분으로 구성되어 있다.

- XML 키 등록 서비스 규격(X-KRSS): 공개 키 등록 및 취소
- XML 키 정보 서비스 규격(X-KISS): 키 위치 확인 및 검증

• 보안 어설션 마크업 언어(SAML) SAML은 OASIS의 보안 서비스 기술위원회에서 정의한 보안 도메인 간 인증과 권한부여에 관련된 보안 정보를 교환할 수 있는 XML 기반의 표준이다. 여기서 보안 정보는 인증물, 권한부여 결정, ID 정보와 관련된 사용자(대상)의 속성 등이 해당되며, 이러한 보안 정보가 어설션(Assertion)이라 부르는 XML 구조로 표현된다. 그리고 SAML에서는 어설션을 교환하기 위해 프로토콜, 전송 바인딩, 사용 프로파일 등이 정의되어 있다.

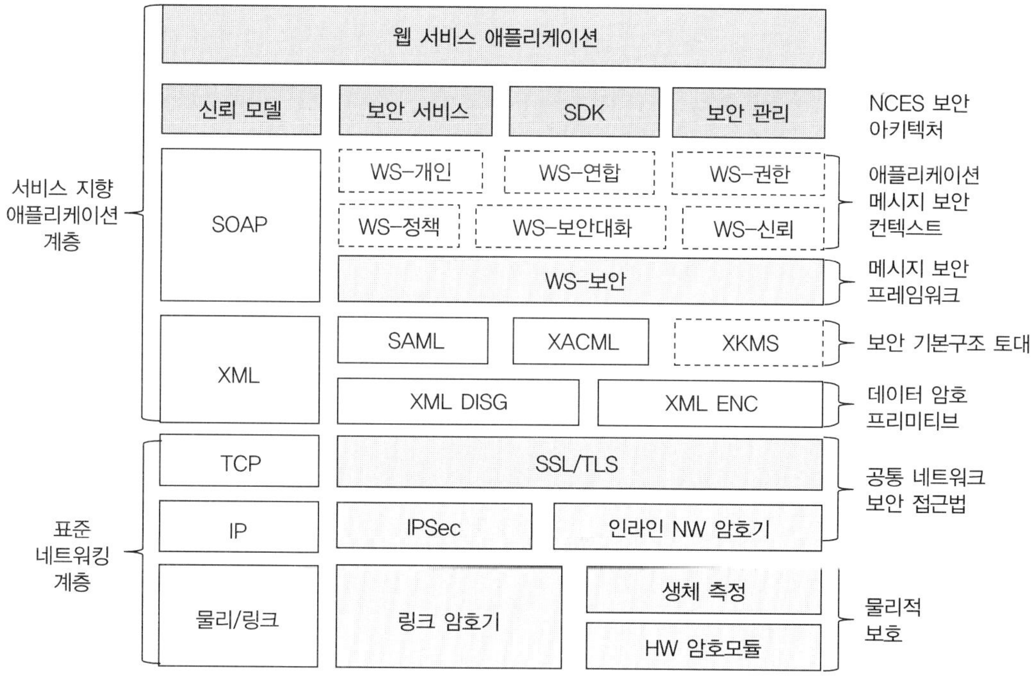

그림 8-18 NCES 보안 서비스 기술 스택

- **확장 접속 제어 마크업 언어(XACML)** XACML은 2003년 2월 OASIS에서 승인한 표준으로 일반적인 인증 아키텍처와 XML을 이용한 접속 제어 정책 정보(정책, 규칙, 결합 알고리즘 등)의 표현 및 교환에 대해 정의하고 있다. XACML은 SAML과 서로 보완하여 정책 결정이 표준 방식으로 교환되도록 하거나 정책들이 스스로 잘 이행될 수 있도록 하고 있다.

참고사항으로, 모든 보안 기반구조 컴포넌트들을 처음부터 다시 구현하는 것보다 개념적 엔터프라이즈 보안 아키텍처인 그림 8-19의 우측에 나와 있는 기존의 보안 서비스들을 활용하는 것도 좋은 방법이 될 것이다. 예를 들면 웹 포털, CAC, 생체측정과 같은 신원정보 관리를 위한 인증 메커니즘, 보안정책, 통합 백플레인을 통한 PKI 기반구조 등이 있다.

8.1.8 저장(Storage)

저장(Storage) 서비스는 GIG 내에서 장소에 구애받지 않고 수많은 양의 데이터와 정보를 보다 빠르고 안정하게 저장할 수 있는 능력을 제공하는 서비스로서, 기존의 플랫폼 중심의 데이터 및 정보 저장방식에서 최신의 저장 및 검색 기술을 이용한 엔터프라이즈 형태의 데이터 및 정보 저장방식을 제공하고 있다. 이러한 저장방식은 네트워크 접속 스토리지(NAS)와 스토리지 영역 네

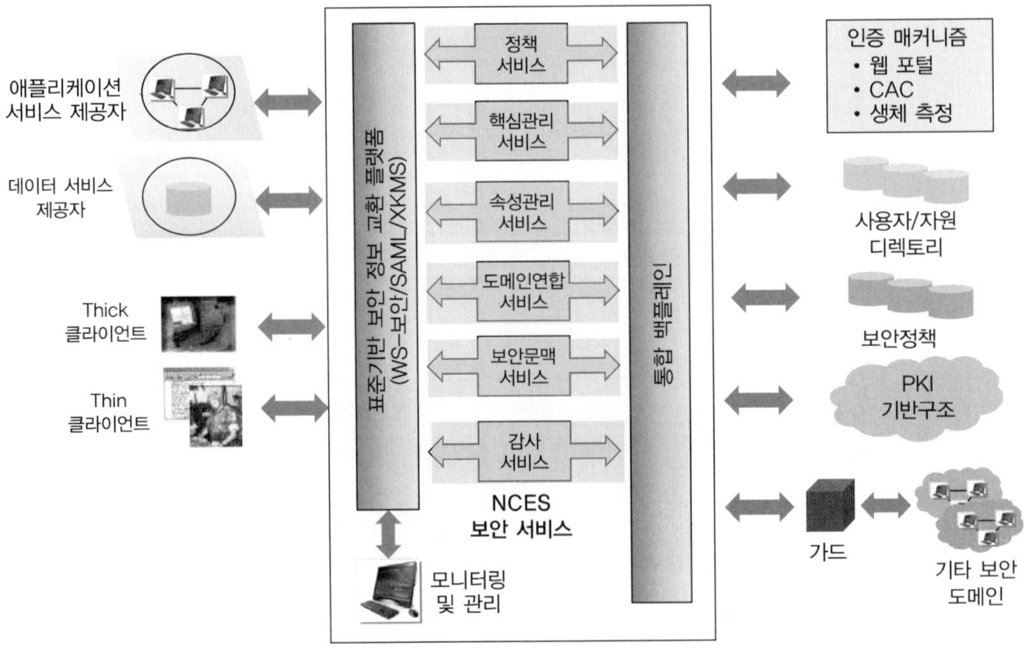

그림 8-19 개념적 엔터프라이즈 보안 아키텍처

트워크(SAN)를 활성화시킬 뿐만 아니라 다양한 COI 애플리케이션과 서비스에 더 쉽고 광범위하게 접속할 수 있도록 최종 사용자가 요구 시마다 정보를 저장하고 검색할 수 있는 환경을 만들어준다.

저장의 기본 능력은 저장 용량 공유, 엔터프라이즈 저장 아키텍처, 수요에 따른 저장 용량, 그리고 저장 관리 기능 등이 있다. 본 절에서는 네트워크 중심 데이터 전략을 성공적으로 수행하기 위해 미 국방부에서 추진했던 저장 기술의 핵심요소인 메타데이터 레지스트리(MDR)의 개념 및 목적 그리고 주요 이점 등에 대해 간략히 소개하고 일반적인 MDR 워크플로어에 대해 소개한다.

8.1.8.1 미 국방부의 메타데이터 레지스트리(MDR) 기술

메타데이터는 네트워크 중심 데이터 전략(NCDS)을 성공적으로 추진하기 위한 핵심요소이며 중재 서비스와 같은 타 핵심 엔터프라이즈 서비스(CES)의 토대가 된다. 이에 따라 미 국방부는 메타데이터를 효율적으로 등록하고 인증하는 시스템을 통해 표준화된 메타데이터를 유지하고 관리할 수 있도록 메타데이터 레지스트리(MDR)를 구축해서 운용하고 있다.

미 국방부가 MDR을 운용하는 목적은 다음의 세 가지로 크게 요약할 수 있다. 첫째는 미 국방부가 기존에 보유하고 있던 데이터 자산, 즉 구조적 메타데이터와 시멘틱 메타데이터를 미 국방부의 능력 개발자와 이익공동체(COI)가 재사용하고, 이해하며, 통합하고 공유할 수 있도록 온라인 레포지토리를 제공하는 것이고, 둘째는 데이터 자산을 발간하기 위해 DODD 8320.02(Data Sharing in a Net-Centric Department of Defense, 2004.12.2.)로부터 권한을 위임받는 것이며, 셋째는 개발자 접속을 위한 포털과 M2M 접속을 위한 웹서비스를 제공하는 것이다.

2010년 5월 현재 미 국방부의 메타데이터 레지스트리에는 1만 명 이상의 사용자, 16만 8천개 이상의 등록된 자산(통제 대상이나 비밀로 분류되지 않은 일반 정보), 900개 이상의 지원 프로그램이 등록되어 있으며 미 국방부(DOD), 국토안보부(DHS), 연방항공우주국(NASA), 정보본부(IC) 및 북대서양조약기구(NATO) 등에서 지원하고 있고, NIPRnet과 SIPRnet에서 모두 사용할 수 있다. 이 MDR의 주요 이점으로는 메타데이터의 재사용 및 효율적인 데이터 자산 관리가 가능하고 ebXML 레지스트리 서비스 및 공공 URL을 경유하여 실시간 접속이 가능하다는 점이 있다.

미 국방부의 메타데이터 레지스트리(MDR)에 대한 일반적인 워크플로우가 그림 8-20에 나타나 있다.

미 국방부의 MDR 워크플로우를 간략히 설명하면, 사용자인 개발자는 단계 1부터 6까지의 과정을 통해 데이터 공유를 위한 정보 자원(IR)을 요구하고 검색하며 개발한다. 그리고 7부터 11까지의 단계에서 개발자는 새로운 데이터 포맷을 구축하고 이름공간 관리자와 협력하여 등록해야 할 이름공간을 식별한 후 레지스트리 관리자에게 등록을 요청한다. 등록 시, 레지스트리 관

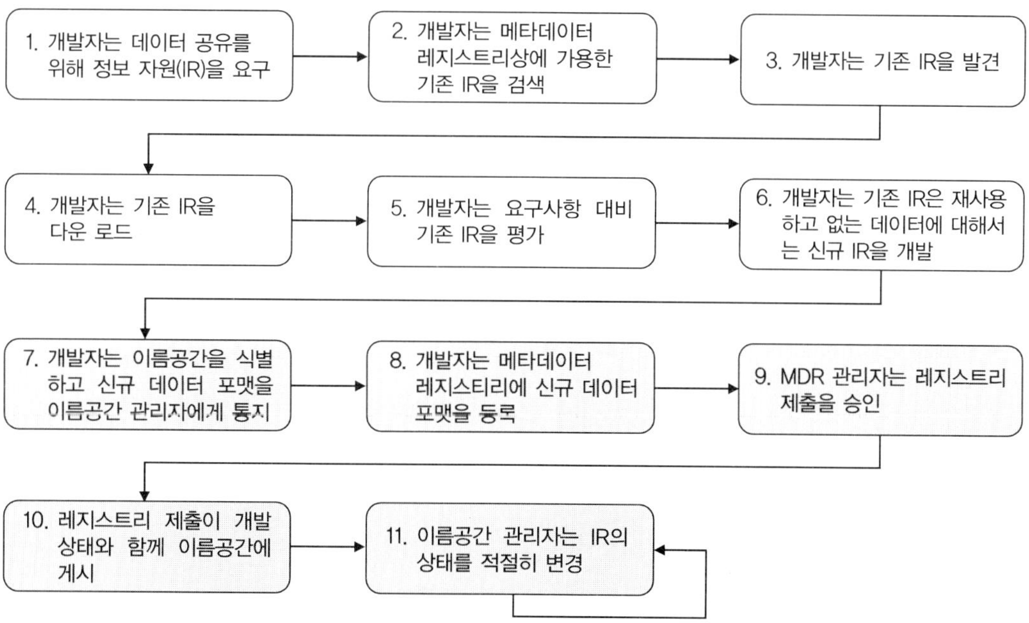

그림 8-20 미 국방부의 일반적인 메타데이터 레지스트리(MDR) 워크플로우

리자가 이름공간에 적합한 데이터 포맷인지 확인하고 이를 승인하면 메타데이터 레지스트리 내에 데이터 포맷이 정보 자원으로 등록된다. 필요시 정보 자원의 상태와 일정 수준의 정보 자원 형상관리를 책임지는 이름공간 관리자가 정보 자원의 상태를 변경할 수 있다.

8.1.9 애플리케이션(Application)

애플리케이션(Application) 서비스는 NCES와 이익공동체(COI)의 애플리케이션 및 서비스를 지원하는 네트워크 수립 시에 기본이 되는 서비스로서, NCES 및 COI 서비스에 사용되는 일반 하드웨어 플랫폼, 운영체제, 핵심 애플리케이션 등에 보호된 운영 호스팅 환경을 제공하고 있고 NCES 및 COI 호스팅 환경에 서버 모델 운영환경(MOE)이라 불리는 개념을 채택하여 보다 구조화된 접근을 가능하게 해주는 서비스이다.

애플리케이션(Application) 서비스의 기본 능력은 보호된 호스팅 환경, 모델 운용환경(MOE), 수요에 따른 컴퓨팅 용량, 그리고 표준 운용관리 및 지원 등이 있다. 따라서 본 절에서는 애플리케이션 서비스를 지원하는데 필요한 애플리케이션 호스팅 서비스 설비와 호스팅 환경 보호 접근법 그리고 모델 운용환경(MOE)에 대한 개념 및 특징에 대해 간략히 설명한다.

8.1.9.1 애플리케이션 서비스 지원 기술

애플리케이션 호스팅 서비스 설비들은 다양한 NCES 서비스와 이익공동체(COI) 서비스에 의해 구현되어야 하는 아주 많은 수의 네트워킹 요구사항들과 보안 정책들을 동시에 지원하고 집행할 수 있도록 아주 강력하고 유연한 네트워크 및 보안 아키텍처 능력을 가지고 있어야 한다. 이러한 설비들은 모든 데이터와 정보가 전송되거나 혹은 중지될 때, 그리고 프로세스가 진행되는 도중에 필요한 보호 레벨을 가져야 할뿐만 아니라 데이터는 반드시 권한을 부여받은 서비스나 개별 사용자들에 의해서만 접속될 수 있어야 한다. 애플리케이션 호스팅 서비스 설비들의 내부 LAN 기반구조는 GIG-대역폭 확장 프로그램에서 제공하는 다중의 개별 네트워크 연결을 가진 기가비트-이더넷을 기반으로 해야 한다.

호스팅 환경을 보호하는 애플리케이션 서비스는 다계층의 종심 방어 접근법을 이용해야 한다. 이 접근법은 스마트 구현을 통해 네트워크, 호스트 그리고 운용체제 레벨의 보호 메커니즘을 제공하고 방화벽, 안티-바이러스 기술(AV), 가상 사설네트워크(VPN), 침입탐지시스템(IDS), 그리고 보안 기술 구현가이드(STIG)를 이용하고 있으며, 물리적 접속을 제한하고 제어하는 물리적 보안뿐만 아니라 논리적 데이터 및 정보 접속을 제한하고 제어하는 논리적 보안도 가능하게 해준다.

모델 운용환경(MOE)은 애플리케이션 서비스의 중심이자 핵심으로서 NCES 서비스 및 기능 애플리케이션의 개발, 테스팅, 배포, 그리고 운영에 필요한 모든 공통 환경을 제공하는 하드웨어 플랫폼과 소프트웨어 도구로 구성되어 있다. 이러한 MOE를 이용하면 특정 목적의 단일 플랫폼을 선정할 필요 없이 컴퓨팅 기반구조 전체에 걸쳐 향상된 공통성을 제공할 수 있게 된다. 이러한 MOE 기반의 컴퓨팅 환경으로 이동한다는 것은 서비스 개발자들에게는 매우 중요한데, 그 이유는 여러 장소에서 동시 운용되는 서비스나 애플리케이션을 배포하고 지원하기 위해 이들 각각에 대해 개별적으로 작업해야 하는 필요성을 크게 줄여주거나 제거시켜 줄 수 있기 때문이다. MOE는 특정 메인프레임 컴퓨터, 다양한 유닉스, 윈도우, 그리고 리눅스 운용체제에서 개발되고 운용될 것이며, 주요 데이터베이스 애플리케이션의 지원도 가능할 뿐만 아니라 엔터프라이즈 자원 계획수립(ERP)에 대한 솔루션도 지원할 수 있을 것이다.

8.2 미래 예상 서비스 기술

미래 예상 서비스는 미 국방부에서 2010년 9월 29일 완전 작전능력(FOC)을 선언한 이후 2011년 이후의 엔터프라이즈 서비스 진화 계획을 수립하면서 신규 서비스와 기존 서비스의 혁신적 전이를 통해 나타날 수 있는 서비스 중 두 가지의 서비스 범주를 미래 예상 서비스의 후보로 결정하였으나, 아직까지 이들 서비스의 세부내용뿐만 아니라 관련 기술에 대해서도 공개되지 않은 상태이다. 따라서 본 절에서는 미래 예상 서비스에 대한 개략적인 능력 및 이점에 대해서만 3.3.2절의 내용을 다시 한 번 제시하며, 관련 기술은 향후 공개되는 대로 보완작업을 통해 개정판에서 제시할 수 있기를 기대한다.

8.2.1 신규 서비스

8.2.1.1 전략적 지식통합망(SKIWEB)

현재 파워포인트로 보고하는 수직적 지휘체계로는 정보화시대에 효율적으로 대처할 수 없다고 판단한 미 전략사령부가 블로깅과 채팅을 이용해 정보수집 및 전술상황 대처능력을 높이고 적응능력을 향상시키고자 보안절차를 밟은 미군이면 누구나 접근할 수 있는 전략적 지식통합망(SKIWEB: Strategic Knowledge Integration WEB)이라는 네트워크를 구축하였으며, 이 네트워크를 통해 제공하는 서비스는 다음과 같은 능력 및 이점이 있다.

- 이벤트 가입 및 스레드(Thread)식 논의를 제공한다.

- 책임 제어에 대한 양도 없이 임무 영역에 대한 비 중앙집중식, 즉 분산 기획 및 의사결정 그리고 실행을 가능하게 한다.
- 타 도메인에서 발생하는 이벤트 상에서 상황인식을 향상시킨다.

8.2.1.2 일반 정보 공유(Unclassified Info Sharing)

일반 정보를 미 국방부 및 관련 파트너(예: 각 군, 예하 기관, 연합군 및 동맹군 등)가 아닌 일반 사용자들과 상용 인터넷을 이용해 상호작용할 수 있도록 하기 위한 서비스로서 다음과 같은 능력 및 이점이 있다.

- 상호작용할 수 있는 협력적 환경 및 협력 툴을 제공한다.
- 미 국방부의 획득 기획 및 결정 주기 내에 특별한 임무 파트너와 신속한 통합을 가능하게 한다.
- 인도주의적 임무 및 재난 회복 임무 등을 위해 상황인식과 정보교환을 향상시킨다.

8.2.2 혁신적 전이가능 서비스

8.2.2.1 합동 사용자 메시징(Joint User Messaging)

미 합참에서 주관해서 실시하는 혁신적 전이 프로그램을 통해 합동임무에 참여하는 전투원, 즉 합동 사용자를 위한 메시징 기능을 제공하는 서비스로서 다음과 같은 능력 및 이점이 있다.

- M2M 서비스뿐만 아니라 사용자 인터페이스를 제공한다.
- 실시간 공지(통지) 및 정보 업데이트를 통해 상황인식을 향상시킨다.
- 발간/구독 접근법을 통한 시스템 인터페이스를 위해 개별 시스템에 대한 필요성을 제거한다.

8.2.2.2 이벤트 관리 프레임워크(Event Management Framework)

합동개념기술시범(JCTD: Joint Capability Technology Demonstration) 제도라는 혁신적 전이 프로그램을 통해 이벤트를 효과적으로 관리할 수 있는 프레임워크를 개발하는 서비스로서 다음과 같은 능력 및 이점이 있다.

- 지휘소 감시요원의 지휘 및 통제 결정을 지원한다.
- 자동화된 콘텐츠 발견, 데이터 정리(압축), 데이터 상관관계 및 경보 능력 등을 제공한다.
- 비가공 데이터를 어떤 목적이나 문제 해결을 위한 행동 혹은 조치를 취할 수 있는 결정 정보로 전이함으로써 효율성 및 효과성을 향상시킨다.

약어

AC	Access Control
ACTD	Advanced Concept Technology Demonstration
AES	Advance Encryption Standard
AF	Architecture Framework
AJAX	Asynchronous JavaScript and XML
ANL	Aronne National Laboratory
APEX	APplication EXchange
API	Application Program Interface
AV	All View
BAM	Business Activity Monitoring
BCT	Brigade Combat Team
BGL	Blue Green Laser
BPEL	Business Process Execution Language
BPML	Business Process Modeling Language
BSS/OSS	Business Support System/Operation Support System
BVTC	Battlefield Video Teleconferencing
C4ISR	Command, Control, Communications, Computers, Intelligence, Surveillance and Reconnaissance
CADM	Core Architecture Data Model
CASSI	Content Addressable Storage Solutions Initiative

CCR	Concurrency and Coordination
CCRP	C4ISR Cooperative Research Program
CDD	Capability Development Document
CDS	Cross Domain Solution
CES	Core Enterprise Service
CI	Capability Interface
CI	Component Interface
CIM	Common Information Modeling
CIO	Chief Information Officer
CJCSI	Chairman of the Joint Chiefs of Staff Instruction
CMIP	Common Management Information Protocol
CMO	Collaboration Management Office
CoABS	Control of Agent-Based Systems
COE	Common Operating Environment
COI	Community Of Interest
CONOPS	Concept of Operations
COP	Common Operational Picture
COPS	Common Open Policy Service Protocol
CORBA	Common Object Request Broker Architecture
COTS	Commercial-Off-The-Shelf
CPD	Capability Production Document
CRL	Certificate Revocation List
CRM	Customer Relationship Management
C/S/A	Combatant Commands/Services/Agencies
CWM	Common Warehouse Metamodel
DAI	Database Access and Integration
DARPA	US Defense Advanced Research Projects Agency
DARS	DoD Architecture Repository System
DBA	Database Administrator
DCE	Distributed Computing Environment
DCOM	Distributed Component Object Model
DCTS	Defense Collaboration Tool Suite

DDMS	DoD Discovery Metadata Standard
DDMS	Data Distributed Mediation System
DDN	Defense Data Network
DECOM	Distributed Component Object Model
DEN	Directory Enabled Networking
DII	Defense Information Infrastructure
DISA	Defense Information Systems Agency
DISN	Defense Information Systems Network
DISR	DoD Information Technology Standards Registry
DMI	Desktop Management Interface
DMS	Defense Messaging System
DMTF	Distributed Management Task Force
DoD	Department of Defense
DRM	Data Reference Model
DoD RM	Department of Defense Reference Model
DOORS	Dynamic Operational Object Registration Service
DPI	Data Protection Initiative
DRM	Digital Rights Management
DRSN	Defense Red Switch Network
DS	Differentiated Services
DSA	Digital Signature Algorithm
DSN	Defense Switch Network
DSS	Decentralized Software Services
DSS	Digital Signature Standard
DTD	Data Type Declaration
E3	Effective Engagement Envelope
EA	Enterprise Architecture
EA	Executive Agent
EAI	Enterprise Application Integration
EC	Electronic Commerce
ECDN	Enterprise Content Delivery Network
ECS	Environment Control Service

EDA	Event Driven Architecture
EIE	Enterprise Information Environment
EIEMA	EIE Mission Area
EJB	Enterprise JavaBeans
EmBot	Embedded Robot
EMS	Express Mail Service
ERP	Enterprise Resource Planning
ESB	Enterprise Service Bus
ESM	Enterprise Service Management
ESS	Enterprise Service Strategy
FBE	Fleet Battle Experiment
FCAPS	Fault, Configuration, Accounting, Performance, Security
FCS	Future Combat System
FIPA	Foundation for Intelligent Physical Agents
FOAF	Friend of a Friend
GCCS	Global Command Control System
GDMS	Grid Data Mediation Service
GDS	Grid Data Service
GDS	Global Directory Service
GDSF	Grid Data Service Factory
GDSR	Grid Data Service Registry
GES	GIG Enterprise Service
GGF	Global Grid Forum
GIG	Global Information Grid
GIGBE	GIG-Bandwidth Expansion
GIG ES ICD	GIG Enterprise Services Initial Capabilities Document
GIOP	General Inter-ORB Protocol
GloMo	Global Mobile system
GMPLS	Generalized MPLS
GOE	Grid Operating Environment
HGS	High Grade Services
HMMS	HyperMedia Management Schema

I&RTS	Integration and Runtime Specification
IA	Information Assurance
ICD	Initial Capability Document
IDA	IDentify Author
IDEF	Integration DEFinition for function modeling
IDL	Interface Definition Language
IDM	Information Dissemination Management
IDS	Intrusion Detection System
IETF	Internet Engineering Task Force
IIOP	Internet Inter-ORB Protocol
ILMI	Information Lifecycle Management Initiative
IMPP	Instant Messaging and Presence Protocol
IPTV	Internet Protocol TV
IPv6	IP version 6
ISP	Information Support Plan
ISS	International Space Station
ITIL	IT Infrastructurc Library
IVoDS	Internet Voice Distribution System
JMAPI	Java Management API
JCIDS	Joint Capability Integration and Development
JDBC	Java DataBase Connectivity
JEMPERS	Joint Enroute Mission Planning and Rehearsal System
JITC	Joint Interoperability Test Command
JROCM	Joint Requirements Oversight Council Memorandum
JTA	Joint Technical Architecture
JTRS	Joint Tactical Radio System
JVMF	Joint Variable Message Format
KISTI	Korean Institute of Science & Technology Information
LDAP	Light Weight Directory Access Protocol
LD-CELP	Low Delay-Code Excited Linear Prediction
MANET	Mobile Ad-hoc NETwork
MCU	Multipoint Conferencing Unit

MGS	Medium Grade Services
MI	Management Interface
MIF	Management Interface Format
MMS	Multimedia Messaging Service
MoBot	Mobile Robot
MOE	Measure Of Effectiveness
MOE	Model Operating Environment
MOF	Managed Object Format
MOF	Meta-Object Facility
MOM	Message Oriented Middleware
MOSA	Modular Open Systems Approach
MPLS	Multi-Protocol Label Switching
MPP	Massively Parallelled Processing
MSP	Managed Service Providers
NAS	Network Attached Storage
NCDS	Network Centric Data Strategy
NCE	Net-Centric Environment
NCES	Network Centric Enterprise Service
NCOW RM	Net-Centric Operation and Warfare Reference Model
NCS	Network Computing System
NCSS	Net-Centric Services Strategy
NCW	Network Centric Warfare
NEC	Networked Enabled Capability
NECC	Network Enabled Command Control
NEO	Network Enabled Operations
NETCOP	NetOps Common Operational Picture
NetOps	Network Operations
NIPRNET	Nonsecure Internet Protocol Router Network
NIPRNET	Nonsecure Information Processing and Receiving Network
NITF	National Imagery Transmission Format
NR-KPP	Net-Ready Key Performance Parameter
NSS	National Military Strategy Plan

NSS	National Security Strategy
OASIS	Organization for the Advancement of Structured Information Standards
OCR	Optical Character Recognition
OCSP	Online Certificate Status Protocol
ODBC	Open DataBase Connectivity
OHIO	Only Handle Information Once
OGC	Office of Government Commerce
OGSA	Open Grid Service Architecture
OLF/OCX	Object Linking & Embedding/OLE Control eXtension
OMA	Open Mobile Alliance
OODA	Observe Orient Decide Act
OOIM	Object Oriented Information Modeling
ORB	Object Request Broker
OV	Operating View
O&M	Operated and Maintained
PCM	Pulse Code Modulation
PCW	Platform Centric Warfare
PDM	Program Decision Memorandum
PDP	Policy Decision Point
PEP	Policy Enforcement Point
PIPs	Partner Interface Process spec
PKIX	Public Key Infrastructure X
PL	Product Line
PML	Process Modeling Language
PMS	Provisioning and Mediation System
POP	Point Of Presence
POR	Program of Record
POSIX	Portable Operating System for Information Exchange
QDR	Quadrennial Defense Review
RDF	Resource Description Framework
REST	Representational State Transfer
RMI	Remote Method Invocation

RNIF	RosettaNet Implementation Framework
RPC	Remote Procedure Call
RSS	Rich Site Summary or Really Simple Syndication
RTCD	Real Time communication Dashboard
RT COE	Real Time Extended DII COE
RTE	Real Time Enterprise
SaaS	Service as a Software
SAML	Security Assertion Markup Language
SAN	Storage Area Network
SATCOM	Satellite Command and Control
SCM	Supply Chain Management
SCOR	Supply Chain Operations Reference Model
SDE	Service Data Element
SDK	Software Development Kit
SDR	Software Defined Radio
SHADE	SHAred Data Environment
SIMPLE	Session Initiation Protocol for Instant Messaging and Presence Leveraging Extensions
SIP	Session Initiation Protocol
SIPRNET	Secure Internet Protocol Routed Network
SIS	Service Inquiry Service
SLA	Service Level Agreement
SLP	Service Location Protocol
SMIL	Synchronized Multimedia Integration Language
SMI-S	Storage Management Initiative-Specification
SMS	Short Message Service
SNIA	Storage Network Industry Association
SNMP	Simple Network Management Protocol
SOA	Service Oriented Architecture
SOAF	SOA Foundation
SOAP	Simple Object Access Protocol
SoBot	Software Robot
SOSCOE	System of Systems COE

SPS	Service Publishing Service
SRM	Service Component Reference Model
SSL	Secure Sockets Layer
SST	Service Specification Template
STB	Set Top Box
STIGS	Security Technical Implementation Guide
SV	System View
SVG	Scalable Vector Graphics
SyncML	Synchronous Mark-up Language
TC	Transformational Communications
TCA	Transformational Communications Architecture
TCS	Transformational Communications System
TLS	Transport Layer Security
TPED	Task-Process-exploit-Disseminate
TPPU	Task-Post-Process-Use
TRM	Technical Reference Model
TSAT	Transformational SATellite
TSC	Triple Space Computing
TTF	Text To Fax
TTS	Text To Speech
TTV	Target Technical View
UA	User Agent
UbiBot	Ubiquitous Robot
UCS	Universal Multiple-Octet Coded Character Set
UDDI	Universal Description Discovery and Integration
UDOP	User Defined Operational Picture
UIS	User Interface Specification
UML	Unified Modeling Language
UPnP	Universal Plug and Play
VO	Virtual Organization
W3C	World Wide Web Consortium
WAF	Web Application Framework

WAP	Wireless Application Protocol
WAS	Web Application Security
WAS	Web Application Server
WBEM	Web-Based Enterprise Management
WDM	Wavelength Division Multiplexing
WebDAV	Web Distributed Authoring and Versioning
WIN-T	Warfighter Information Network-Tactical
WSCOE	Weapon System COE
WSCI	Web Services Choreography
WSDL	Web Services Description Language
WSFL	Web Services Flow Language
WWMCCS	Worldwide Military Command and Control Systems
XACML	XML Access Control Markup Language
X-KISS	XML Key Information Service Specification
XKMS	XML Key Management Specification
X-KRSS	XML Key Registration Service Specification
XML	eXtensible Markup Language
XPATH	XML Path Language
XSL	Extensible Stylesheet Language
XSLT	Extensible Stylesheet Language Transformation

참고문헌

국 문

- 국방부, 『국방 아키텍처 프레임워크(MND-AF)』, Ver. 1.2, 2007.8.
- 박찬규 외4, 『국방 임베디드 소프트웨어의 현황분석 및 발전전략 연구』, 국방소프트웨어산학연협회, 2010.2.
- 손태종 외2, 『국방 공통운용환경(COE) 아키텍처』, KIDA, 2006.
- 윤희병 외2, 『차세대 국방 COE 환경 분석』, 국방대학교 정책보고서, 2008.5.31.
- 윤희병, "무기체계 내장형 소프트웨어 구축을 위한 개방형 아키텍처 컴퓨팅 환경," 국방대학교 군사과학정책연구, 2008.11.21.
- 윤희병, "네트워크 중심 서비스 전략과 서비스 모델 분석에 관한 연구," 국방대학교 교수논총, 2008.12.
- 윤희병 외1, "네트워크 중심 작전환경(NCOE)에서의 지휘통제요구능력 달성을 위한 IT환경 구축 방안," ADD 40주년 학술대회, 2010.8.
- 이태공, 『NCW 이론과 응용』, 홍릉과학출판사, 2008.
- 합동참모본부, 『합동개념요구능력서(I)』, 2008.3.4.

영 문

- Andrew Feickert and Nathan Jacob Lucas, "Army Future Combat System(FCS) Spin-Outs and Ground Combat Vehicle(GCV): Background and Issues for Congress," CRS Report for Congress, 30 Nov. 2009.
- Anthony H. Cordesman, "The Future Combat System: What Future Can the Army Afford?," CSIS, 5 Feb. 2009.
- Arthur K. Cebrowski and John J. Garstka, "Network-Centric Warfare: Its Origin and Future," Proceeding Magazine, 1998.
- Daniel Gonzales et., "Network-Centric Operations Case Study: Air-to-Air Combat With and Without Link 16," RAND, 2005
- David S. Alberts, John J. Garstka and Frederick P. Stein, "Network Centric Warfare: Developing and Leveraging Information Superiority," 2nd edition(revised), DoD CCRP, Feb. 2000.
- DISA, "DII COE 5.x Strategic Objectives," 2000.
- DISA, "NCES Net-Centric Enterprise Services", 2003.
- DISA, "Net-Centric Enterprise Service(NCES) Metadata Management Capability," Open Forum 2003 Metadata Registries, Jan. 2003.
- DISA, "Net-Centric Enterprise Services(NCES) Service Discovery Core Enterprise Services(CES) Architecture Ver. 0.4," March 2004.
- DISA, "DoD Software Transformation SOA-The Road Toward Net Centric Operation," 2005.
- DISA, "GIG Bandwidth Expansion and DISN Next Generation," 2005.
- DISA, "NCES Update", 2005.1.
- DISA, "NCES Service Discovery Overview," 2006.
- DISA, "Concept of Operations for the DoD Metadata Registry Ver. 1," 1 Feb. 2007.
- DISA, "Department of Defense Fiscal Year (FY) 2011 President' s Budget," Feb. 2010.
- DoD, "Global Information Grid Architecture Ver. 2, Net-Centric Operation and Warfare Executive Summary", 2003.
- DoD, "Global Information Grid Core Enterprise Services Strategy ? Draft Ver. 1.1a," July 2003.
- DoD, "The DoD Net-Centric Data Strategy And Discovery & Mediation Enterprise Services," Sep. 2003.
- DoD, DoD Architecture Framework Ver. 1.0, 2004.
- DoD, "Joint Transformation Roadmap," 2004.
- DoD, "Net-Centric Operation and Warfare Reference Model(NCOW RM)," 2004.

- DoD, "DoD Enterprise Architecture Reference Model Maintenance Process," 2005.
- DoD, "Information Technology Portfolio Management, Directive 8115.01," 2005.
- DoD, "Capability Development Document(CDD) for Net-Centric Enterprise Services(NCES)," 2005.
- DoD, "Vision for a Net-Centric, Service-Oriented DoD Enterprise Ver. 1.0," June 2007.
- DoD, "DOD Programs-NCES," 2009.
- GAO, " Defense Acquisitions The Global Information Grid and Challenges Facing Its Implementation," 2004.
- Gary A. Whitted and Mary E. Just, "Advanced collaborative technologies supporting the 21st century warfighter in a network centric environment," International Symposium on Collaborative Technologies and Systems, pp.399-406, 2005.
- Hasik Analytic LLC, "The Once and Future Combat System," The Third in a Series on Military-Industrial Markets in 2009, 21 July 2009.
- Hasik Analytic LLC, "The Armies after FCS," The Fourth in a Series on Military-Industrial Markets in 2009, 28 Dec. 2009.
- Heather W. Schoenborn, "GIG ES Core Enterprise Services: Enterprise Service Management Applications Storage User Assistant," 2003.
- Jaewook Nah et al., "A Desigh and Implementation of a Mobile Instant Messaging System with Extensible Presence Capabilities," Journal of KIISE: Information Communication, Vol. 33, No. 3, pp.257-268, June 2006.
- Joanna Sliwa and Marek Amanowicz, "A mediation service for Web Services provision in tactical disadvantaged environment," IEEE MILCOM 2008, pp.1-7, 2008.
- Jonathan C. Bollers, "A Network-Centric Enterprise Service for Mediation and Interoperability: The Dynamic Operational Object Registration Service(DOORS)," 2006.
- Keonwoong Lee et al., "Expending Jabber Messaging System for Effective Collaboration," Journal of KIPS: Part D, Vol. 10-D, No. 7, pp.1161-1170, Dec. 2003.
- Lucie M.J. Robillard, "DII COE for Real Time: Becoming Reality," The Journal of Defense Software Engineering, 2001.
- Luca Valcarenghi, "Resilient Network Infrastructure for Global Grid Computing," Stanford University, 2004.
- Matt Murray et al., "Enterprise Architecture Special Interest Group(EA-SIG) Enterprise Service Management Working Group(ESM)," EA-SIG Enterprise Service Management White Paper, 2004.
- Michael G. Shanley et al., "Supporting Training Strategies for Brigade Combat Teams Using Future Combat Systems (FCS) Technologies," RAND, 2007.

- Mike Matthews et al., "Technical Approaches for Achieving Multi- resource Polymorphic Collaboration," International Symposium on Collaborative Technologies and Systems, pp.321-326, 2005.
- Mike Williamson, "Future Combat Systems(FCS) System of Systems Common Operating Environment(SOSCOE)," AFCEA Conference, 2006.
- OASD(C31), "TPPU Concept for Network Centric Operations," 2003.
- Rob Walker, "Common Operating Environment(COE) and Global Information Grid(GIG) Enterprise Services(GES)," DISA, 2003.
- Terry Mayfield, "Net Centric Operations & Warfare Reference Model Version 1.0," National Defense Industry Association, 2003.
- Valerie Reed and Jessica Guiney, "Future Combat System: Is It Worth It? ," Center for Defense Information , 30 May 2008.
- Wu Chen and E. Chang, "An Analysis of Web Services Mediation Architecture and Pattern in Synapse," 21st International Conference on Advanced Information Networking and Applications Workshops, Vol. 1, pp.1001-1006, 2007.

찾아보기

ㅇ

정가 25,000원

NCW 서비스와 기술

2011년 6월 10일 초판 인쇄
2011년 6월 20일 초판 발행

저 자 : 윤 희 병
발행자 : 우 명 찬 · 송 준
발행처 : 홍릉과학출판사
주 소 : ㊮ 142-885 서울시 강북구 인수동 455-60
등 록 : 1976년 10월 21일 제5-66호
전 화 : 999 − 2274~5, 996 − 8341, 903 − 7037
팩 스 : 905-6729
ISBN : 978-89-7283-969-9

저자와의 협의하에 인지생략

hongpub@hongpub.co.kr
www.hongpub.co.kr